KB042409

Private investigator and Real estate transaction

탐정과 부동산 거래

강동욱 · 윤현종
한국탐정학회

박영사

머 리 말

본서인 「탐정과 부동산 거래」는 한국탐정학회와 동국대학교 법무대학원의 협력에 의하여 탐정(법)학에 관한 시리즈 교재를 발간하기로 한 후, 제3호 도서로서 제1호 도서인 「탐정과 법」(박영사, 2019), 제2호 도서인 「탐정학개론」(박영사, 2019)에 이어 발간된 책이다. 특히 본서는 우리나라에서 발간된 탐정관련 특정 전문업무영역에 관한 최초의 실무서적이라는 점에서 그 의의가 크다.

탐정업이 국가기관이 개입할 수 없는 사적 영역 또는 국가기관이 개입하기 어렵거나 신속한 개입을 기대할 수 없는 영역에 있어서 민간차원에서 일반시민의 이익을 보호하고 구제하기 위한 역할을 수행하는 직업이라는 점은 이미 주지된 사실이다. 따라서 탐정의 업무영역은 매우 다양하며 포괄적이라고 하지 않을 수 없다. 그러나 탐정이 이러한 모든 분야에서 전문성을 갖추고 업무를 수행하기는 쉽지 않을 것으로 판단된다. 따라서 탐정이 법제화되는 경우에도 전문탐정으로서 의뢰인의 의뢰사항을 충족시키기 위해서는 다른 직역에서와 마찬가지로 탐정업무영역 중에서 특화된 영역을 개척하는 것이 필요하고, 이들 영역에 대한 차별적인 전문성을 확보해 가는 것이 필요하다.

우리나라의 현재의 사정을 고려하면 탐정업무영역 중에서도 부동산관련 영역은 가장 활성화될 수 있는 분야 중의 하나이다. 최근 우리 사회에서 부동산에 대한 수요가 많아지면서 기획부동산업체의 불법적인 활동을 비롯하여 여러 유형의 부동산 사기사건이 빈번하게 발생하고 있다. 일반시민의 경우 부동산에 대한 투자는 사실상 유일한 재테크 수단이자 삶의 터전을 확보하는 것임에도 불구하고 부동산 또는 부동산 거래에 대한 지식부족으로 인하여 종종 사기를 당하고 재산을 탕진하는 경우도 적지 않다. 하지만 이러한 경우 피해자가 사기당한 사실을 알고 난 후에는 이미 사기범들은 도주한 후이거나 사취한 금액을 모두 은닉한 후인 경우가 대부분이어서 경찰신고를 하거나 사기범을 잡더라도 피해자가 실제로 구제를 받는 것은 쉽지 않으며, 공권력에 의한 해결도 사실상 기대하기 어렵다. 따라서 이러한 사례들을 고려하면, 탐정이 부동산 거래에 있어서 사전에 개입하여 거래상대방의 신뢰성과 거래대상 부동산의 정확한 실태를 조사하여 파악하므로써 부동산 거래사고를 미연에 방지할 수 있는 한편, 부동산 거래사고가 발생한 경우에는 사기범의 소재파악이나 은닉재산의 발견에 있어서 의미 있는 역할을 수행할 수 있을 것으로 기대된다. 그러한 점에서 본서는 부동산 거래의 특성과 관련 내용에 대한 기본지식은 물론이고, 부동산 거래에서의 유의사항과 부동산 거래사고의 유형 및 관련된 조사방법 등을 포함하고 있다는 점에서 부동산전문 탐정을 위한 기본서로서 역할을 할 수 있을 것으로 생각된다. 뿐만 아니라 일반인의 경우에도 본서를 통해 부동산 거래 및 거래사고에 관련된 법적·실무적 지식을 습득하게 된다면 부동산 거래에서 사기를 당하거나 부당하게 손해를 입는 것을 방지하는 데 많은 도움이 될 수 있을 것이다. 다만, 탐정업이 아직 법제화되지 않고 있음에 따라 탐정활동이 활성화되지 않은 상태이기 때문에 부동산 거래사고에 관한 실제 사례가 많지 않아서 탐정실무서적으로서 다소 부족한 점이 없지 않지만 앞으로 계속해서 보완해 나갈 것을 약속드리며, 많은 조언을 부탁드리는 바이다.

끝으로 본서의 출판에 있어서 교정의 수고를 해 준 선영화 박사와 동국대학교 대학원 박사과정 수료생인 최형보 군에게 감사의 뜻을 전하며, 어려운 여건 속에서도 이 책을 출간하게 해 주신 박영사 안종만 회장님과 편집부 김선민 이사님, 그리고 직원 여러분들에게 큰 고마움을 전하는 바이다.

2020년 새해에
목멱산 자락 연구실에서 저자 드림

차 례

제1장 부동산 거래 일반

제2장　부동산 거래 관련 법률관계

제3장　부동산 거래 관련 범죄

제1절　부동산범죄의 의의　170

제5장 부동산범죄 및 사고사례 분석

제 1 장

부동산 거래 일반

제1장 부동산 거래 일반

제1절 부동산의 의의와 특성

1. 부동산의 의의

우리나라에서 부동산 관련 용어는 조선말기 1906년 10월 31일 시행된 '토지 및 가옥증명규칙'에서 '토지와 가옥'이라는 명칭으로 사용되었으며, 부동산이라는 용어는 1912년 3월 공포된 「조선부동산증명령」과 「부동산등기령」에서 처음 사용되었다. 부동산은 한자로는 不動産(움직이지 않는 산물)로 표현되며, 영어로는 'property' 또는 'real estate'로 표현되는데, 우리나라에서는 주로 'real estate'를 사용하고 있다.

부동산 개념은 관점에 따라 다양하게 정의되고 있다. 그러나 「민법」 제99조 제1항에서는 "토지 및 그 정착물은 부동산이다"라고 규정하고, 동조 제2항에서 "부동산 이외의 물건은 동산이다"라고 규정함으로써 동산과 구분하여 정의하고 있다. 따라서 토지에 부착하고 있는 물건이라도 그 정착물이 아닌 물건(예: 석탑, 가식중의 수목, 가건물 등)은 동산이다.

토지는 필(筆)로 나누고 거기에 지번(地番)을 붙여 특정하며, 1필의 토지는 1개의 부동산이 된다. 토지의 소유권은 정당한 이익이 있는 범위 내에서 토지의 상하(上下)에 미친다(제212조[1]). 즉, 토지란 일정한 범위의 지면을 말하며, 정당한 이익이 있는 범위 내에서 지하, 지표, 지중에 영향을 미친다. 토지의 구성물인 암석·토사·지하수 등은 토지의 구성부분이지만 미채굴의 광물은 국유에 속하고 광

---

1) 이하 법률명을 기재하지 않고 법조문만 기술한 것은 「민법」 조항임

업권의 객체가 된다. 바다와 하천은 사적 소유권의 대상이 되지 않으나 어업권, 공유수면매립권, 점용권 등은 성립될 수 있다. 도로는 사적 소유권의 대상이 될 수 있지만 그 행사에 있어서는 여러 가지 제한을 받게 된다

　　또한 토지의 정착물로서 건물은 토지로부터 독립된 별개의 부동산이 된다. 다만, 수목(樹木)은 토지와 분리되지 않은 상태에서는 토지의 일부분에 지나지 않지만 「입목에 관한 법률」에 따라 등기되었거나 관습법상의 명인방법(明認方法)을 갖춘 때에는 토지로부터 독립된 별개의 부동산으로 된다. 수목에 달린 미분리과실(果實)은 관습법상의 명인방법을 갖춘 때에는 독립한 물건으로 다루어지지만 부동산으로 보기 어렵다(민사집행법 제189조 제2항 제2호 참조). 농작물은 타인의 토지에 경작한 때는 정당한 권원(權原)의 존부를 불문하고, 토지로부터 독립된 별개의 부동산으로 된다(제256조 단서). 기타 돌담, 교량, 도로의 포장 등은 토지로부터 독립된 별개의 물건으로 취급되지 않는다.

2. 부동산의 특성

　　부동산의 특성은 토지의 특성과 건물의 특성으로 나누어 볼 수 있다. 토지의 특성은 다시 자연적 특성과 인문적 특성으로 나누어 볼 수 있다.

　　토지의 자연적 특성으로는 토지는 움직이지 않는다는 부동성(고정성), 영구불변이라는 불변성(영속성), 생산이 불가능하며 늘어나지 않는다는 부증성(비생산성), 다른 것으로 대체할 수 없다는 개별성(비동질성) 등이 있으며, 인문적 특성으로는 합병·분할의 가능성, 사회적·경제적·행정적 위치의 가변성, 변화시켜서 용도를 다양하게 쓸 수 있다는 용도의 다양성, 사회성과 공공성 등을 들 수 있다.

　　건물의 특성으로는 토지와는 달리 영구적이지 못하다는 비영속성, 생산이 가능하다는 생산가능성, 이동가능성, 토지에의 종속성, 동일한 형이나 구조 및 규격의 건물을 생산할 수 있다는 동질성 등이 있다.

제 2 절 부동산의 분류와 용도적 기능

1. 토지의 용도적 분류와 기능

1) 지목

토지는 「공간정보의 구축 및 관리 등에 관한 법률」(이하 '공간정보관리법'이라한다)에 따라 28개의 지목으로 분류하고 있다. 여기서 '지목(地目)'이란 토지의 주된 용도에 따라 토지의 종류를 구분하여 지적공부 등에 등록한 것을 말한다(제2조 제24호). 다시 말해서 지목은 사용용도에 따라 나누어진 토지를 일컫는 말입니다. 지목은 전, 답, 과수원, 목장용지, 임야, 광천지, 염전, 대(垈), 공장용지, 학교용지, 주차장, 주유소용지, 창고용지, 도로, 철도용지, 제방, 하천, 구거(溝渠), 유지(溜池), 양어장, 수도용지, 공원, 체육용지, 유원지, 종교용지, 사적지, 묘지, 잡종지로 구분된다(제67조). 「공간정보관리법 시행령」 제58조(지목의 구분)에 따르면 그 내용은 다음과 같다.

(1) 전, 답, 과수원

'전(田)'이란 물을 상시적으로 이용하지 않고 곡물·원예작물(과수류는 제외한다)·약초·뽕나무·닥나무·묘목·관상수 등의 식물을 주로 재배하는 토지와 식용으로 죽순을 재배하는 토지, 즉 밭을 의미한다(제1호). 반면, '답(畓)'은 물을 상시적으로 직접 이용하여 벼·연(蓮)·미나리·왕골 등의 식물을 주로 재배하는 토지, 즉 논을 의미한다(제2호). 또 '과수원'은 사과·배·밤·호두·귤나무 등 과수류를 집단적으로 재배하는 토지와 이에 접속된 저장고 등 부속시설물의 부지를 말한다(제3호).

(2) 목장용지, 임야, 광천지, 염전

'목장용지'는 축산업 및 낙농업을 하기 위하여 초지를 조성한 토지와 가축을 사용하는 축사 등의 부지, 그리고 이러한 토지와 접속된 부속시설물의 부지 등을 말한다(제4호). 여기서 가축은 사육하는 소·말·면양·염소(유산양을 포함한다)·돼지·사슴·닭·오리·거위·칠면조·메추리·타조·꿩, 그 밖에 농림축산식품부령[2]으로 정하는 동물(動物) 등을 말한다. '임야'는 산림 및 원야를 이루고 있는 수림지·죽림지·암석지·자갈땅·모래땅·습지·황무지 등의 토지를 말한다(제5호). '광천지'는 지하에서 온수·약수·석유류 등이 용출되는 용출구와 그 유지에 사용되는 부지를 말한다. 다만, 온수·약수·석유류 등을 일정한 장소로 운송하는 송수관·송유관 및 저장시설의 부지는 제외한다(제6호). '염전'은 바닷물을 끌어들여 소금을 채취하기 위하여 조성된 토지와 이에 접속된 제염장 등 부속시설물의 부지를 말한다. 다만, 천일제염 방식으로 하지 아니하고 동력으로 바닷물을 끌어들여 소금을 제조하는 공장시설물의 부지는 제외한다(제7호).

(3) 대, 공장용지, 학교용지

'대'는 영구적 건축물 중 주거·사무실·점포와 박물관·극장·미술관 등 문화시설과 이에 접속된 정원 및 부속시설물의 부지, 「국토의 계획 및 이용에 관한 법률」 등 관계 법령에 따른 택지조성공사가 준공된 토지를 말한다(제8호). 보통 집을 지을 수 있는 땅의 종류가 바로 '대'라고 할 수 있다. '공장용지'는 제조업을 하고 있는 공장시설물의 부지, 「산업집적활성화 및 공장설립에 관한 법률」 등 관계 법령에 따른 공장부지 조성공사가 준공된 토지, 이들 토지와 같은 구역에 있는 의료시설 등 부속시설물의 부지를 말한다(제9호). '학교용지'는 학교의 교사(校舍)와 이에 접속된 체육장 등 부속시설물의 부지를 말한다(제10호).

---

2) '그 밖에 농림축산식품부령으로 정하는 동물 등'이란 1. 노새·당나귀·토끼 및 개, 2. 기러기, 3. 꿀벌, 4. 그 밖에 사육이 가능하며 농가의 소득증대에 기여할 수 있는 동물로서 농림축산식품부장관이 정하여 고시하는 동물이다(축산법 시행규칙 제2조) 여기서 '농림축산식품부장관이 정하여 고시하는 동물'이란 1. 짐승(1종) : 오소리, 2. 관상용 조류(15종) : 십자매, 금화조, 문조, 호금조, 금정조, 소문조, 남양청홍조, 붉은머리청홍조, 카나리아, 앵무, 비둘기, 금계, 은계, 백한, 공작, 3. 곤충(14종) : 갈색거저리, 넓적사슴벌레, 누에, 늦반딧불이, 머리뿔가위벌, 방울벌레, 왕귀뚜라미, 왕지네, 여치, 애반딧불이, 장수풍뎅이, 톱사슴벌레, 호박벌, 흰점박이꽃무지, 4. 기타(1종) : 지렁이이다(농림축산식품부 고시 제2019-36호 '가축으로 정하는 기타 동물').

(4) 주차장, 주유소용지, 창고용지, 도로, 철도용지

'주차장'은 자동차 등의 주차에 필요한 독립적인 시설을 갖춘 부지와 주차전용 건축물 및 이에 접속된 부속시설물의 부지를 말한다. 다만, 「주차장법」 제2조 제1호 가목 및 다목에 따른 노상주차장 및 부설주차장(「주차장법」 제19조 제4항에 따라 시설물의 부지 인근에 설치된 부설주차장은 제외한다)과 자동차 등의 판매 목적으로 설치된 물류장 및 야외전시장은 제외한다(제11호). '주유소용지'는 유·석유제품 또는 액화석유가스 등의 판매를 위하여 일정한 설비를 갖춘 시설물의 부지와 저유소(貯油所) 및 원유저장소의 부지와 이에 접속된 부속시설물의 부지를 말한다. 다만, 자동차·선박·기차 등의 제작 또는 정비공장 안에 설치된 급유·송유시설 등의 부지는 제외한다(제12호).

'창고용지'는 물건 등을 보관하거나 저장하기 위하여 독립적으로 설치된 보관시설물의 부지와 부속시설물의 부지를 말한다(제13호). '도로'는 일반 공중(公衆)의 교통 운수를 위하여 보행이나 차량운행에 필요한 일정한 설비 또는 형태를 갖추어 이용되는 토지, 「도로법」 등 관계 법령에 따라 도로로 개설된 토지, 고속도로의 휴게소 부지, 2필지 이상에 진입하는 통로로 이용되는 토지를 말한다. 다만, 아파트·공장 등 단일 용도의 일정한 단지 안에 설치된 통로 등은 제외한다(제14호). '철도용지'는 교통 운수를 위하여 일정한 궤도 등의 설비와 형태를 갖추어 이용되는 토지와 이에 접속된 역사(驛舍)·차고·발전시설 및 공작창(工作廠) 등 부속시설물의 부지를 말한다(제15호).

(5) 제방, 하천, 구거, 유지

'제방'은 조수·자연유수·모래·바람 등을 막기 위하여 설치된 방조제·방수제·방사제·방파제 등의 부지를 말하며(제16호), '하천'은 자연의 유수가 있거나 있을 것으로 예상되는 토지를 말한다(제17호). '구거'는 용수 또는 배수를 위하여 일정한 형태를 갖춘 인공적인 수로·둑 및 그 부속시설물의 부지와 자연의 유수(流水)가 있거나 있을 것으로 예상되는 소규모 수로부지를 말한다(제18호). 즉, 하천이 구거보다 큰 규모의 물줄기가 흐르는 땅이다. '유지'는 물이 고이거나 상시적으로 물을 저장하고 있는 댐·저수지·소류지(沼溜地)3)·호수·연못 등의 토지와 연·왕골 등이 자생하는 배수가 잘 되지 않는 토지를 말한다(제19호).

(6) 양어장, 수도용지, 공원, 체육용지, 유원지

'양어장'은 육상에 인공으로 조성된 수산생물의 번식 또는 양식을 위한 시설을 갖춘 부지와 이에 접속된 부속시설물의 부지를 말하며(제20호), '수도용지'는 물을 정수하여 공급하기 위한 취수·저수·도수·정수·송수 및 배수시설의 부지 및 이에 접속된 부속시설물의 부지를 말한다(제21호). '공원'은 일반 공중의 보건·휴양 및 정서생활에 이용하기 위한 시설을 갖춘 토지로서 「국토의 계획 및 이용에 관한 법률」에 따라 공원 또는 녹지로 결정·고시된 토지를 말하며(제22호), '체육용지'는 국민의 건강증진 등을 위한 체육활동에 적합한 시설과 형태를 갖춘 종합운동장·실내체육관·야구장·골프장·스키장·승마장·경륜장 등 체육시설의 토지와 이에 접속된 부속시설물의 부지를 말한다. 다만, 체육시설로서의 영속성과 독립성이 미흡한 정구장·골프연습장·실내수영장 및 체육도장, 유수(流水)를 이용한 요트장 및 카누장, 산림 안의 야영장 등의 토지는 제외한다(제23호). '유원지'는 일반 공중의 위락·휴양 등에 적합한 시설물을 종합적으로 갖춘 수영장·유선장(遊船場)·낚시터·어린이놀이터·동물원·식물원·민속촌·경마장 등의 토지와 이에 접속된 부속시설물의 부지를 말한다. 다만, 이들 시설과의 거리 등으로 보아 독립적인 것으로 인정되는 숙식시설 및 유기장(遊技場)의 부지와 하천·구거 또는 유지[공유(公有)인 것으로 한정한다]로 분류되는 것은 제외한다(제24호).

(7) 종교용지, 사적지, 묘지, 잡종지

'종교용지'는 일반 공중의 종교의식을 위하여 예배·법요·설교·제사 등을 하기 위한 교회·사찰·향교 등 건축물의 부지와 이에 접속된 부속시설물의 부지를 말한다(제25호). '사적지'는 문화재로 지정된 역사적인 유적·고적·기념물 등을 보존하기 위하여 구획된 토지를 말한다. 다만, 학교용지·공원·종교용지 등 다른 지목으로 된 토지에 있는 유적·고적·기념물 등을 보호하기 위하여 구획된 토지는

---

3) 소류지는 하천이 잘 발달하지 않은 지역에서 경작지에 공급할 농업용수를 확보하기 위해 극히 규모가 작은 저수시설로써 평지를 파고 주위에 둑을 쌓아 물을 담아 놓은 형태를 말한다.

제외한다(제26호). '묘지'는 사람의 시체나 유골이 매장된 토지, 「도시공원 및 녹지 등에 관한 법률」에 따른 묘지공원으로 결정·고시된 토지 및 「장사 등에 관한 법률」 제2조 제9호에 따른 봉안시설과 이에 접속된 부속시설물의 부지를 말한다. 다만, 묘지의 관리를 위한 건축물의 부지는 '대'로 한다(제27호). '잡종지'는 갈대 밭, 실외에 물건을 쌓아두는 곳, 돌을 캐내는 곳, 흙을 파내는 곳과 야외시장, 비행장, 공동우물, 영구적 건축물 중 변전소, 송신소, 수신소, 송유시설, 도축장, 자동차운전학원, 쓰레기 및 오물처리장 등의 부지 및 다른 지목에 속하지 않는 토지를 말한다. 다만, 원상회복을 조건으로 돌을 캐내는 곳 또는 흙을 파내는 곳으로 허가된 토지는 제외한다(제28호).

2) 용도지역과 기능

용도지역은 토지의 합리적 이용 및 관리를 위하여 「국토의 계획 및 이용에 관한 법률」(이하 '국토계획법'이라고 한다)에 근거하여 해당 토지의 용도에 일정한 행정규제를 가함으로써 해당 지역의 적합한 용도에 사용되도록 지정된 곳을 말한다. 다시 말해서 용도지역은 토지의 이용 및 건축물의 용도, 건폐율, 용적률, 높이 등을 제한함으로써 토지를 경제적·효율적으로 이용하고 공공복리의 증진을 도모하기 위하여 서로 중복되지 아니하게 도·시·군관리계획으로 결정하는 지역을 말한다.

용도지역은 토지의 이용실태 및 특성, 장래의 토지 이용 방향, 지역 간 균형 발전 등을 고려하여 크게 도시지역, 관리지역, 농림지역, 자연환경보전지역 등 네 가지로 구분되며, 각각의 대분류는 다시 세분하여 지정될 수 있다.

(1) 도시지역

인구와 산업이 밀집되어 있거나 밀집이 예상되어 당해 지역에 대하여 체계적인 개발·정비·관리·보전 등이 필요한 지역을 말하며(법 제6조 제1호), 주거지역(전용주거지역 – 제1종·제2종, 일반주거지역 – 제1종·제2종·제3종, 준주거지역), 상업지역(중심상업지역, 일반상업지역, 근린상업지역, 유통상업지역), 공업지역(전용공업지역, 일반공업지역, 준공업지역), 녹지지역(보전녹지지역, 생산녹지지역, 자연녹지지역)으로 세분화 된다(법 제36조 제1항 제1호, 시행령 제30조). 국가나 지방자치단체는 그 지역이 체계적이고 효율적으로 개발·정비·보전될 수 있도록 미리 계획을 수립하고 그 계획을 시행하여야 한다.

(2) 관리지역

도시지역의 인구와 산업을 수용하기 위하여 도시지역에 준하여 체계적으로 관리하거나 농림업의 진흥, 자연환경 또는 산림의 보전을 위하여 농림지역 또는 자연환경보전지역에 준하여 관리가 필요한 지역을 말하며(법 제6조 제2호), 보전관리지역, 생산관리지역, 계획관리지역으로 세분화된다(법 제36조 제1항 제2호). 국가나 지방자치단체는 필요한 보전조치를 취하고 개발이 필요한 지역에 대하여는 계획적인 이용과 개발을 도모하여야 한다.

(3) 농림지역

도시지역에 속하지 아니하는 「농지법」에 따른 농업진흥지역 또는 「산지관리법」에 따른 보전산지 등으로서 농림업을 진흥시키고 산림을 보전하기 위하여 필요한 지역을 말한다(법 제6조 제3호). 국가나 지방자치단체는 농림업의 진흥과 산림의 보전·육성에 필요한 조사와 대책을 마련하여야 한다.

(4) 자연환경보전지역

자연환경·수자원·해안·생태계·상수원 및 문화재의 보전과 수산자원의 보호·육성 등을 위하여 필요한 지역을 말한다(법 제6조 제4호). 국가나 지방자치단체는 환경오염 방지, 자연환경·수질·수자원·해안·생태계 및 문화재의 보전과 수산자원의 보호·육성을 위하여 필요한 조사와 대책을 마련하여야 한다.

2. 건축물의 분류

용도별 건축물의 종류는 유사한 구조, 이용목적 및 형태별로 묶어 분류한 것을 말하며, 그 종류는 국토계획법의 용도지역, 용도지구 안에서 건축제한 등 관계 법령과 연계되어 있다. 「건축법」상 용도별 건축물의 종류는 1. 단독주택, 2. 공동주택, 3. 제1종 근린생활시설, 4. 제2종 근린생활시설, 5. 문화 및 집회시설,

6. 종교시설, 7. 판매시설, 8. 운수시설, 9. 의료시설, 10. 교육연구시설, 11. 노유자(老幼者: 노인 및 어린이)시설, 12. 수련시설, 13. 운동시설, 14. 업무시설, 15. 숙박시설, 16. 위락(慰樂)시설, 17. 공장, 18. 창고시설, 19. 위험물저장 및 처리시설, 20. 자동차 관련시설, 21. 동물 및 식물관련시설, 22. 자원순환 관련시설, 23. 교정 및 군사시설, 24. 방송통신시설, 25. 발전시설, 26. 묘지관련시설, 27. 관광휴게시설, 28. 장례시설, 29. 야영장 시설 등으로 구분한다(건축법 제2조 제2항, 동법 시행령 제3조의5 [별표1]). 용어만으로 개념 정립이 어려운 몇 가지만 상세 설명한다.

1) 단독주택

단독주택(단독주택의 형태를 갖춘 가정어린이집·공동생활가정·지역아동센터 및 노인복지시설을 포함)은 1동의 주택의 소유권자가 1명인 단독주택, 다중주택, 다가구주택, 공관을 말한다. 다중주택은 학생 또는 직장인 등 여러 사람이 장기간 거주할 수 있는 구조로 되어 있는 것으로 독립된 주거의 형태를 갖추지 아니한 것(각 실별로 욕실은 설치할 수 있으나, 취사시설은 설치하지 아니한 것)이어야 하며, 1개 동의 주택으로 쓰이는 바닥면적의 합계가 330㎡ 이하이고 주택으로 쓰는 층수(지하층은 제외)가 3개 층 이하이어야 한다.

다가구주택은 공동주택에 해당하지 않는 것으로 주택으로 쓰는 층수(지하층은 제외)가 3개 층 이하이고(다만, 1층의 전부 또는 일부를 필로티 구조로 하여 주차장으로 사용하고 나머지 부분을 주택 외의 용도로 쓰는 경우에는 해당 층을 주택의 층수에서 제외), 1개 동의 주택으로 쓰이는 바닥면적(부설 부차장 면적은 제외)의 합계가 660㎡ 이하이어야 하며, 19세대(대지 내 동별 세대수를 합한 세대를 말함) 이하가 거주할 수 있는 주택을 말한다(건축법 시행령 제3조의5 [별표1]).

2) 공동주택

공동주택(공동주택의 형태를 갖춘 가정어린이집·공동생활가정·지역아동센터 및 노인복지시설 및 주택법 시행령 제10제1항 제1호에 따른 원룸형 주택을 포함)은 1동의 건물의 소유권자가 구분소유권의 형태로 여러 명인 아파트, 연립주택, 다세대주택, 기숙사를 말한다. 다만, 아파트와 연립주택의 경우 1층의 전부 또는 일부를 필로티 구조로 하여 주차장으로 사용하는 경우에는 필로티 부분을 충수에서 제외하고, 다세대주택의 경우 1층의 전부 또는 일부를 필로티 구조로 하여 주차장으로 사용하고 나머지 부분을 주택 외의 용도로 쓰는 경우에는 해당 층을 주택의 충수에서 제외하며, 모든 공동주택에서 지하층은 주택의 충수에서 제외한다.

아파트는 주택으로 쓰는 충수가 5개 층 이상인 공동주택을 말하며, 연립주택은 주택으로 쓰는 1개 동의 바닥면적(2개 이상의 동을 지하주차장으로 연결하는 경우에는 각각의 동으로 본다) 합계가 660㎡를 초과하고, 충수가 4개 층 이하인 주택을 말한다. 다세대주택은 주택으로 쓰는 1개 동의 바닥면적 합계가 660㎡ 이하이고, 충수가 4개 층 이하인 주택(2개 이상의 동을 지하주차장으로 연결하는 경우에는 각각의 동으로 본다)을 말한다. 기숙사는 학교 또는 공장 등의 학생 또는 종업원 등을 위하여 쓰는 것으로서 1개 동의 공동취사시설 이용 세대 수가 50% 이상인 것(교육기본법 제27조 제2항에 따른 학생복지주택 포함)을 말한다(건축법 시행령 제3조의5 [별표1]).

3) 제1종 근린생활시설

① 식품·잡화·의류·완구·서적·건축자재·의약품·의료기기 등 일용품을 판매하는 소매점으로서 같은 건축물(하나의 대지에 2동 이상의 건축물이 있는 경우에는 이를 같은 건축물로 본다. 이하 같다)에 해당 용도로 쓰는 바닥면적의 합계가 1,000㎡ 미만인 것

② 휴게음식점, 제과점 등 음료·차(茶)·음식·빵·떡·과자 등을 조리하거나 제조하여 판매하는 시설(후술하는 제2종 근린생활시설 ⑯ 또는 공장[4])에 해당하는 것은 제외)로서 같은 건축물에 해당 용도로 쓰는 바닥면적의 합계가 300㎡ 미만인 것

③ 이용원, 미용원, 목욕장, 세탁소 등 사람의 위생관리나 의류 등을 세탁·수선하는 시설(세탁소의 경우 공장에 부설되는 것과 「대기환경보전법」, 「물환경보전법」 또

---

4) 물품의 제조·가공[염색·도장(塗裝)·표백·제봉·건조·인쇄 등을 포함한다] 또는 수리에 계속적으로 이용되는 건축물로서 제1종 근린생활시설, 제2조의 근린생활시설, 위험물저장 및 처리시설, 자동차 관련 시설, 자원순환 관련 시설 등으로 다로 분류되지 않은 것을 말함(제3조의5 [별표1] 제17호)

는 「소음·진동관리법」에 따른 배출시설의 설치 허가 또는 신고의 대상인 것은 제외)

④ 의원, 치과의원, 한의원, 침술원, 접골원(接骨院), 조산원, 안마원, 산후조리원 등 주민의 진료·치료 등을 위한 시설

⑤ 탁구장, 체육도장으로서 같은 건축물에 해당 용도로 쓰는 바닥면적의 합계가 500㎡ 미만인 것

⑥ 지역자치센터, 파출소, 지구대, 소방서, 우체국, 방송국, 보건소, 공공도서관, 건강보험공단 사무소 등 공공업무시설로서 같은 건축물에 해당 용도로 쓰는 바닥면적의 합계가 1,000㎡ 미만인 것

⑦ 마을회관, 마을공동작업소, 마을공동구판장, 공중화장실, 대피소, 지역아동센터(단독주택과 공동주택에 해당하는 것은 제외) 등 주민이 공동으로 이용하는 시설

⑧ 변전소, 도시가스배관시설, 통신용 시설(해당 용도로 쓰는 바닥면적의 합계가 1,000㎡ 미만인 것에 한정한다), 정수장, 양수장 등 주민의 생활에 필요한 에너지공급·통신서비스제공이나 급수·배수와 관련된 시설

⑨ 금융업소, 사무소, 부동산중개사무소, 결혼상담소 등 소개업소, 출판사 등 일반업무시설로서 같은 건축물에 해당 용도로 쓰는 바닥면적의 합계가 30㎡ 미만인 것

4) 제2종 근린생활시설

① 공연장(극장, 영화관, 연예장, 음악당, 서커스장, 비디오물감상실, 비디오물소극장, 그 밖에 이와 비슷한 것)으로서 같은 건축물에 해당 용도로 쓰는 바닥면적의 합계가 500㎡ 미만인 것

② 종교집회장(교회, 성당, 사찰, 기도원, 수도원, 수녀원, 제실(祭室), 사당, 그 밖에 이와 비슷한 것)으로서 같은 건축물에 해당 용도로 쓰는 바닥면적의 합계가 500㎡ 미만인 것

③ 자동차영업소로서 같은 건축물에 해당 용도로 쓰는 바닥면적의 합계가 1,000㎡ 미만인 것

④ 서점(제1종 근린생활시설에 해당하지 않는 것)

⑤ 총포판매소

⑥ 사진관, 표구점

⑦ 청소년게임제공업소, 복합유통게임제공업소, 인터넷컴퓨터게임시설제공업소, 그 밖에 이와 비슷한 게임 관련 시설로서 같은 건축물에 해당 용도로 쓰는 바닥면적의 합계가 500㎡ 미만인 것

⑧ 휴게음식점, 제과점 등 음료·차(茶)·음식·빵·떡·과자 등을 조리하거나 제조하여 판매하는 시설(⑯ 또는 공장에 해당하는 것은 제외)로서 같은 건축물에 해당 용도로 쓰는 바닥면적의 합계가 300㎡ 이상인 것

⑨ 일반음식점

⑩ 장의사, 동물병원, 동물미용실, 그 밖에 이와 유사한 것

⑪ 학원(자동차학원·무도학원 및 정보통신기술을 활용하여 원격으로 교습하는 것은 제외), 교습소(자동차 교습·무도 교습·정보통신기술을 활용하여 원격으로 교습하는 것은 제외), 직업훈련소(운전·정비 관련 직업훈련소는 제외)로서 같은 건축물에 해당 용도로 쓰는 바닥면적의 합계가 500㎡ 미만인 것

⑫ 독서실, 기원

⑬ 테니스장, 체력단련장, 에어로빅장, 볼링장, 당구장, 실내낚시터, 골프연습장, 놀이형시설(「관광진흥법」에 따른 기타유원시설업의 시설) 등 주민의 체육 활동을 위한 시설(전술한 제1종근린 ⑤는 제외)로서 같은 건축물에 해당 용도로 쓰는 바닥면적의 합계가 500㎡ 미만인 것

⑭ 금융업소, 사무소, 부동산중개사무소, 결혼상담소 등 소개업소, 출판사 등 일반업무시설로서 같은 건축물에 해당 용도로 쓰는 바닥면적의 합계가 500㎡ 미만인 것(제1종 근린생활시설에 해당하는 것은 제외)

⑮ 다중생활시설(다중이용업소의 안전관리에 관한 특별법에 따른 다중이용업 중 고시원업의 시설로서 국토교통부장관이 고시하는 기준에 적합한 것)로서 같은 건축물에 해당 용도로 쓰는 바닥면적의 합계가 500㎡ 미만인 것

⑯ 제조업소, 수리점 등 물품의 제조·가공·수리 등을 위한 시설로서 같은 건축물에 해당 용도로 쓰는 바닥면적의 합계가 500㎡ 미만인 것으로서 「대기환경보전법」, 「물환경보전법」 또는 「소음·진동관리법」에 따른 배출시설의 설치 허가 또는 신고의 대상이 아니거나 「대기환경보전법」, 「물환경보전법」 또는 「소음·진동관리법」에 따른 배출시설의 설치 허가 또는 신고의 대상이나 귀금속·장신구 및 관련 제품 제조시설로서 발생되는 폐수를 전량 위탁처리하는 것

⑰ 단란주점으로서 같은 건축물에 해당 용도로 쓰는 바닥면적의 합계가 150㎡ 미만인 것

⑱ 안마시술소, 노래연습장

제 3 절 부동산 거래의 유형

부동산 활동은 크게 소유활동과 거래활동으로 나뉜다. 소유활동은 다시 부동산이용활동, 부동산관리활동, 부동산개발활동으로 나뉘고, 거래활동은 부동산취득·처분활동, 임차활동, 부동산감정평가활동, 부동산권리분석활동, 부동산중개활동, 부동산금융활동, 부동산수급활동, 부동산입지선정활동, 부동산경영활동, 부동산측량·등록·등기활동 등 10가지로 나뉜다. 이외에 소유활동과 거래활동에 속하지 않은 것으로 공익부동산활동에 해당하는 부동산정책과 행정활동이 있다.

그러나 부동산 거래활동 분류는 강학상 부동산학을 정의하는 것에 따른 것이므로 이들 부동산 거래의 유형을 모두 살펴보는 것은 무리가 있다. 이에 부동산에 대한 권리가 발생·변경·소멸될 수 있는 경우로서 매매·교환·환매·증여·임대차·사용대차·전세권설정·지상권설정·지역권설정·저당권설정 등 「민법」상 규정된 유형을 중심으로 살펴보기로 한다.

1. 매매

부동산의 소유권을 취득하는 원인으로는 일반적으로 매매, 신축, 증여 등이 있으나 가장 일반적이고 다수를 차지하는 형태는 매매계약에 의한 부동산취득이다. 「민법」 제563조에서는 "매매는 당사자 일방이 재산권을 상대방에게 이전할 것을 약정하고, 상대방이 그 대금을 지급할 것을 약정함으로써 그 효력이 생긴다"고 규정하고 있다. 따라서 매매는 전형적인 유상·쌍무계약이며, 금전을 수수하는 점에서 교환과 다르다.

이것은 당사자들이 '합의' 즉 의사가 합치하면 법적으로 계약이 성립하고, 계약금을 지급한다든가 계약서를 작성한다든가 하는 것을 요구하는 것은 아니다. 이

처럼 당사자들의 의사합치만 있으면 성립하는 계약들을 낙성계약이라고 한다. 또한 부동산 매매계약은 계약금 등의 현물의 지급이 없어도 성립하는 불요물계약이고, 일정한 서식에 기재하지 않아도 합의만 있으면 성립하는 불요식계약이다. 따라서 계약금을 수수하는 것은 계약해제권의 유보나 위약시의 손해배상액을 예정하기 위한 것에 지나지 않고, 계약의 성립여부를 결정하는 것은 아니다. 매매를 원인으로 소유권이전등기신청을 할 때 일정한 사항이 기재된 계약서를 제출(검인계약서-그러나 부동산 실거래 신고를 하는 경우에는 검인을 받은 것으로 간주)하는 것은 등기신청을 위한 것이고, 매매의 성립을 위해 요구되는 것은 아니다.

[요물계약과 요식계약]

계약금의 지급이나 현물의 인도 등 현실적인 급부가 있어야 성립되는 계약을 요물계약(要物契約, 천성계약, 실천계약)이라고 한다. 「민법」에서는 실제 거래에서의 불편을 고려하여 계약의 대부분은 낙성계약으로 규정하고, 현상광고만이 유일한 요물계약으로 되어 있다. 다만, 대물변제·매매 등의 계약금계약, 임대차의 보증금계약 등은 요물계약의 성질을 갖는다는 입장이 학계 다수설의 입장이다. 그러나 판례는 "계약금을 주지 않았더라도 한쪽에서 일방적으로 계약을 취소할 수 없다"(2007다73611)는 입장을 취함으로써 계약금의 지급이 계약의 성립요소는 아니라는 입장을 명백히 한바 있다. 또 그 합의가 계약서를 작성하거나 그 서면에 공증을 받는 등으로 일정한 형식을 갖추어야 하는 등, 서류에 기재하여야 할 사항과 방식이 법으로 정해져 있는 계약을 요식계약이라고 한다.

---

2. 교환

교환은 당사자 쌍방이 금전 이외의 재산권을 상호 이전할 것을 약정함으로써 성립하는 계약(거래)이다(제596조). 교환은 낙성·쌍무·유상·불요식의 계약인 점은 매매와 같지만, 교환의 목적물이 금전 이외의 재산권에 한정한다는 점에서 매매와 다르다. 교환에 관해서는 매매에 관한 규정이 일반적으로 준용된다. 교환에 있어서는 당사자 쌍방이 금전 이외의 재산권을 서로 이전할 것을 약정하면서 일방 당사자가 일정액의 금전을 보충지급할 것을 약정하는 경우가 있다. 이것은 쌍방이 서로 교환하는 목적물 내지 재산권의 가격이 균등하지 않을 때에 그 차액을 보충하기 위한 특칙으로, 이를 '보충금'이라 한다. 이때 당사자 일방이 교환에 따

른 재산권이전과 금전의 보충지급을 약정한 때에는 그 금전에 대하여는 매매대금
에 관한 규정을 준용한다(제597조).

3. 증여

증여는 당사자 일방이 자기의 부동산을 무상으로 상대방에게 수여하는 의사
표시를 하고, 상대방이 이를 승낙함으로써 그 효력이 발생하는 계약을 말한다. 증
여는 증여자만이 의무를 부담한다는 점에서 편무계약이며, 대가없이 상대방에게
재산을 수여하는 무상계약으로 증여자의 재산이 감소하고 수증자의 재산을 증가
하게 하는 모든 행위를 포함한다. 증여는 상대방의 승낙의 의사표시가 있어야 성
립한다는 점에서 낙성계약이며, 증여의 성립에는 특별한 방식이 요구되지 않는다
는 점에서 불요식계약이다. 그러나 「민법」에서는 증여의 의사가 서면으로 표시되
지 아니한 경우에는 각 당사자는 이를 해제할 수 있도록 하고 있다(제555조).

4. 임대차

임대차라 함은 당사자 일방이 상대방에게 부동산을 사용·수익하게 할 것을
약정하고, 상대방이 이에 대하여 차임을 지급할 것을 약정함으로써 성립하는 계약
을 말한다(제618조). 임대차는 타인의 물건을 사용·수익한 임차물 자체를 반환하
여야 한다는 점에서 사용대차와 같지만, 대주(貸主)가 금전 기타 대체물의 소유권
을 상대방, 즉 차주(借主)에게 이전할 것을 약정하고 상대방은 동종·동질·동량의
물건을 반환할 것을 약정함으로써 성립하는 계약인 소비대차와는 다르다. 또한 그
소유권을 취득하지 않고 사용·수익의 대가로서 차임을 지급하는 점에서 사용대
차와 다르다. 그러나 낙성계약이라는 점에서는 3자는 같다.

5. 사용대차

사용대차는 당사자 일방이 상대방에게 무상으로 사용·수익하게 하기 위하여
목적물을 인도할 것을 약정하고, 상대방은 이를 사용·수익한 후 그 물건을 반환

할 것을 약정함으로써 성립하는 계약을 말한다(제609조). 목적물 이용의 대가를 지급하지 않는 무상이라는 데에 본질적 특징이 있다.

6. 전세권

전세권은 전세금을 지급하고 타인의 부동산을 점유하여 그 부동산의 용도에 좇아 사용·수익하는 용익물권으로, 그 부동산 전부에 대하여 후순위권리자 기타 채권자보다 전세금을 우선변제 받을 수 있는 효력이 인정된다(제303조). 종래 '임대차와 소비대차의 결합체'로서 관습상 행해져 온 채권적 전세제도를 「민법」에서 이용권을 강화하여야 한다는 요청에 따라 물권으로 규정한 것이다. 즉, 임차권에 물권적 효력을 부여할 필요가 있고, 가옥과 금전의 상호대차라는 서민층의 관행을 법제화할 필요가 있다는 점을 고려한 것이다. 전세권은 서양의 법제를 도입한 것이 아니라 우리나라에서 발달하여 온 제도를 입법화하였다는 데에 특별한 의의가 있다.

전세제도는 타인의 부동산을 이용할 수 있게 하는 법률적 방법으로서 중요한 작용을 할 뿐만 아니라 부동산담보의 기능도 겸유하고 있다. 전세권은 타인의 부동산을 그의 용도에 좇아 사용·수익하는 물권이므로, 보통은 부동산 소유자와 비소유자 사이의 설정계약과 등기에 의하여 설정·취득되면, 양도나 상속이 가능하다.

7. 지상권

지상권은 타인의 토지에 건물 기타 공작물이나 수목을 소유하기 위하여 그 토지를 사용하는 물권을 말한다(제279조). 일종의 차지권(借地權)이다. 타인의 토지는 1필 토지의 일부라도 무방하며, 지표 내지 지상에 한하지 않고 지하의 사용을 내용으로 할 수 있다(구분지상권). 공작물은 지상 및 지하에 인공적으로 설치된 모든 건설물 내지 설비를 말하며, 따라서 건물·도로·연못·교량·각종의 탑·전신주·기념비·담 등의 지상공작물뿐만 아니라, 지하철·터널·우물 등의 지하공작물도 포함한다. 수목이라 함은 식림의 대상이 되는 식물을 말하며, 경작의 대상이 되는 식물은 포함되지 않는다. 지상권은 토지의 사용을 본체로 하므로 공작물이나 수목이 현존하지 않은 때에도 설정할 수 있으며, 물권이므로 상속과 양도가 가능하다.

8. 지역권

지역권은 일정한 목적을 위하여 타인의 토지를 자기 토지의 편익에 이용하는 권리를 말한다(제291조). 따라서 반드시 두 개의 토지의 존재를 전제로 하며, 그 중 편익을 얻는 토지를 '요역지(要役地)'라고 하고, 편익을 주는 토지를 '승역지(承役地)'라고 한다. 지역권은 용익물권의 일종이며, 특정의 토지 즉, 요역지의 편익을 위하여 승역지를 이용하는 권리이다.

지역권의 설정에 의하여 요역지는 그의 이용가치를 증대시키는 반면, 그에 대응하여 승역지의 이용은 제한된다. 「민법」은 인접하는 토지의 이용을 조절하기 위하여 상린관계(相隣關係)의 규정을 두고 있는데, 지역권의 기능도 이와 유사하다. 다만, 상린관계는 법률상 당연히 발생하는 최소한의 이용의 조절로서, 그것은 소유권 그 자체의 기능이 미치는 범위여야 하는 데 반하여, 지역권은 당사자의 계약에 의하여 성립하고 상린관계의 규정에 의한 이용의 조절을 다시 확대하는 것이어서 토지소유권 이외의 독립한 물권이라는 성질을 가진다.

[상린관계]

상린관계는 부동산의 소유자에게 사용·수익의 권능을 일부 유보하여 서로 협력할 것을 요구하는 것으로서, 부동산소유권을 한편으로는 제한하고 한편으로는 확장하는 효과가 있다. 동산에 대하여는 인정되지 않는다. 상린관계는 소유권에 관하여 규정되고 있으나(제215~제244조), 지상권자(제290조)와 전세권자(제319조)에 대하여 준용되며, 명문의 규정은 없으나 임차권자에게도 준용되어야 한다고 본다. 상린관계는 부동산에 대한 이용조절이라는 점에서는 지역권과 유사하지만 지역권과는 발생 원인, 성질, 대상, 내용, 등기, 시효의 적용 등에서 크게 다르다. 그 규정의 성질에 대하여는 임의규정이라고 한 판례가 있다.

---

9. 저당권

저당권은 채무자 또는 제3자(물상보증인)가 채무의 담보로 제공한 부동산 기타의 목적물을 채권자가 질권에 있어서와 같이 제공자로부터 인도받지 않고서, 그 목적물을 관념상으로만 지배하여 채무의 변제가 없는 경우에 그 목적물로부터 우선변제를 받는 담보물권이다. 일정한 경우에 법률상 당연히 성립하는 법정저당권이 있으나, 이는 예외적인 것에 지나지 않는다. 저당권은 우선변제를 받는 권리라는 점에서 질권과 공통의 성질을 가지지만, 설정자가 목적물을 계속 점유하기 때문에 유치적 효력을 가지지 않는다는 점에서 구분된다.

저당권은 그 담보할 채무의 최고액만을 정하고, 채무의 확정을 장래에 보류하여 이를 설정할 수 있다. 이 경우에는 그 확정될 때까지의 채무의 소멸 또는 이전은 저당권에 영향을 미치지 아니한다(제357조). 다만, 장래의 특정의 채무를 담보하려면 일반저당권을 설정하면 되고, '장래 증감·변동하는 불특정 다수의 채무'를 담보하려면 근저당권을 설정하여야 한다. 즉, 근저당권은 '결산기의 도래' 등으로 채무가 확정되는 시점에 '일반저당권으로 전환'되고, 그때까지는 비록 채무가 기간 내에 전부 변제되어 '0원'으로 되더라도 이로 인하여 소멸하지 않고 기간 내에 채무가 다시 발생하면 그 동일성을 유지하면서 그 채권을 담보하는 점에서 일반저당권과는 다른 특색이 있다. 근저당권은 은행과 상인 간에 신용거래를 하기 위하여 예전부터 널리 활용하는 제도로서 당좌대월계약, 어음할인계약 등의 계속적 거래관계에서 요청되어 온 제도이다. 근저당권에 있어서의 채권최고액은 목적물로부터 우선변제를 받는 최고한도이다. 한편, 채무의 이자는 최고액 중에 산입되는 것으로 본다. 따라서 최고액의 범위 내이면 되므로 일반저당권에 있어서 1년분의 지연배상만 담보된다는 규정은 근저당의 경우에는 적용되지 않는다. 그러나 저당권실행비용은 최고액에 포함되지 않으며, 그 비용은 별도로 우선변제를 받는다.

현행법상 저당권이 성립하는 경우로는 첫째, 당사자 사이의 저당권 설정계약에 관한 합의와 등기에 의한 성립, 둘째, 부동산공사수급인에게 인정되는 저당권 설정청구권의 행사에 의한 성립(제666조), 셋째, 일정한 요건하에 법률상 당연히 성립하는 경우(제649조－임대인이 임차지상의 건물에 대하여 압류한 때)의 세 가지가 있다. 이들 세 가지 중 첫 번째의 경우가 저당권이 성립하는 가장 원칙적인 경우이며, 부동산 거래에 해당한다.

제 4 절 부동산 거래사고의 유형

1. 부동산 거래사고의 의의

종래의 부동산 거래사고는 타인의 부동산 소유권을 사취하거나 자신이 소유권을 사취당하는 것을 의미하였다. 그러나 최근에는 보다 넓은 의미로 부동산 거래 사고란 '거래 대상인 부동산에 하자가 있었음에도 이를 발견하지 못하고 그대로 거래를 완료하여 거래목적을 달성할 수 없는 경우'를 말한다. 따라서 부동산 거래 사고는 다양한 형태의 부동산 거래에서, 거래의 당사자가 당연히 누려야 할 권리자로서의 지위를 위협받는 일체의 상황을 총칭하는 것이라고 할 수 있다.

2. 부동산 거래사고의 유형

1) 부동산학 관점에 따른 분류

일반적으로는 부동산 거래사고를 타인의 부동산소유권을 사취하는 등의 협의적인 것으로만 생각하는 경향이 있다. 부동산학의 관점에서는 전통적으로 부동산을 법률·경제·기술의 세 가지 복합개념으로 이해하며, 부동산활동의 개념 또한 그러한 세 가지의 복합개념을 바탕으로 파악한다. 따라서 부동산 거래사고도 법률적 사고, 경제적 사고, 기술적 사고의 세 가지 유형으로 파악하고, 이외에 부동산의 거래시간이 비정상적으로 장기화되는 등의 유통적 사고를 거래사고에 추가할 수 있다.

(1) 법률적 측면의 거래사고

거래 대상 부동산의 법률상 권리관계의 하자로 인하여 발생하는 형태의 거래사고로서, 사법적인 측면뿐만 아니라 공법·행정법규·부동산등기법·세법 등 제반 법률적 하자가 그 대상이 되는 경우를 말한다.

① 권리의 취득이 불가능한 경우

어떤 권리의 취득을 목적으로 하는 부동산활동에 있어 권리의 전부 또는 일부를 적법하게 취득하지 못하는 경우이다. 이에는 소유권이전과 기타의 필요한 등기행위까지를 종료한 경우와 등기행위까지는 이르지 않았지만 일종의 기대이익을 상실한 경우로 유형화할 수 있다. 이는 매도인의 부동산 소유권에 대해 어떤 하자가 있었거나 권리의 취득과정에서 법률상 하자가 있는 경우이다. 이러한 거래사고의 원인으로는 주로 소유권의 하자나 등기상 하자에 의한 것이 많다. 예를 들면, 불법적으로 보존등기나 이전등기한 무권리자와 거래하여 결국 거래된 부동산의 권리를 취득하지 못하는 경우, 사기나 허위의 방법으로 소유권자가 된 자와 거래하여 결국 부동산 권리를 취득하지 못하는 경우 등이 있다.

② 목적물의 인수가 불가능한 경우

부동산 거래에 있어서 등기부상 소유권 등의 권리를 취득하였으나 현실적으로는 목적물의 전부 또는 일부를 인수할 수 없는 경우이다. 등기부상에 나타나지 않는 권리, 예를 들면 등기상 소유권을 취득하기는 하였으나 유치권, 법정지상권, 분묘기지권, 채석권, 온천권 등의 권리로 인하여 목적물을 인수받지 못하거나 소기의 목적대로 부동산을 이용할 수 없는 경우를 말한다. 예를 들면, 토지를 매입하였으나 지상에 있는 건물을 철거할 수 없는 법정지상권이 성립한 경우, 임야를 매입하였으나 분묘기지권이 있는 분묘가 있는 경우, 대상 부동산의 점유자가 유치권이나 점유권을 행사하는 경우, 대상 부동산을 불법적으로 점유한 자가 있는 경우 등이 있다.

③ 목적물의 이용이 불가능한 경우

부동산 거래에 있어서 소유권 등의 취득에는 하등의 이상이 없으나 토지이용에 관한 공법상의 규제 또는 사법상의 제한 때문에 토지의 전부 또는 일부의 이용이 불가능한 경우이다. 예를 들면, 용도지역이나 용도지구의 지정내용에 대한 판단이 잘못되어 소기의 건축활동 기타의 토지이용을 못하는 경우, 건폐율이나 용적률에 대한 판단이 잘못되어 건축행위에 차질이 생기는 경우 등이 있다.

④ 공용징수나 징발의 대상이 된 부동산을 취득한 경우

대상 부동산이 수용이나 징발의 대상이 되어 있음에도 그러한 사실을 알지 못하고 소유권을 취득하는 경우이다. 이러한 유형의 거래사고의 원인은 거래당사자가 수많은 해당 법규상의 규제내용을 잘 알지 못하는 데에 있다. 특히 수용 등의 대상물을 사전에 공시하는 수단이 불완전하기 때문이기도 하고, 그러한 하자를 알고 있음에도 이를 고지하지 않은 매도인의 고의에 기인하기도 한다.

⑤ 불법적인 건물을 취득한 경우

「건축법」 등의 규정상 적법하지 않은 건물을 취득한 경우이다. 이 거래사고는 건물 등이 법규에 타당한 것인지에 대한 충분한 검토가 선행되면 거래사고를 예방할 수 있다.

⑥ 과다하거나 불합리한 세금을 부담하게 된 경우

조세제도와 세법의 무지, 기타의 원인에 의하여 과다한 세금을 부담하는 경우이다. 때로는 매도인의 미납액에 대한 납세의무를 본의 아니게 승계하게 되는 경우도 있다. 구체적인 예를 들면, 매도자가 대상 부동산과 관련한 제반 세금을 납부하지 않은 경우, 적정한 세율을 적용하지 않아서 세금을 부당하게 과납하게 되는 경우 등이 있다.

(2) 경제적 측면의 거래사고

부동산의 매매 등에 있어 부동산의 경제적 가치를 불합리하게 반영하는 형태의 거래사고로서 대상 부동산의 거래가격이나 자료 등이 부적정한 경우 등을 말한다. 예를 들면, 거래가격이나 임료 등이 불합리한 경우, 순수익이 예상외로 기준치에 미달하는 경우, 수익용 상가나 임대용 건물 등의 수익판단이 잘못된 경우, 개발사업 대상 부동산의 입지선정이 잘못된 경우, '최유효이용상태'에 있지 않은 부동산을 '최유효이용상태'에 해당한다고 오판하여 거래한 경우 등을 들 수 있다.

거액의 자금이 소요되는 거래인만큼 부동산의 경제적 측면의 거래사고는 법률적 측면의 거래사고 못지않게 체계적인 방지대책을 강구하지 않으면 안 된다.

(3) 기술적 측면의 거래사고

거래목적인 대상 부동산의 기술적 측면에 하자가 발생하여 나타나는 형태의 거래사고를 말한다. 예를 들면, 주택 및 아파트, 빌딩 등의 건물의 설계 및 설비 등이 불량한 경우, 건물의 견고성과 내용년수 등에 대한 판단이 잘못된 경우, 건물의 구조부분에 있어 물리적인 판단을 잘못한 경우, 기술적 요인으로 인하여 목적에 따른 이용이 순조롭지 못한 경우, 건물이나 구조물에 붕괴위험이 있거나 물리적·기능적인 하자가 있는 경우, 토지의 지반침하 등을 예견하지 못한 경우, 매설물의 위치·내용이 거래내용과 다른 경우 등이 있다.

기술적 측면의 거래사고는 법률적·경제적 측면의 거래사고와는 달리 물리적·기능적인 거래사고이므로 건물의 붕괴와 인명피해까지 발생할 수 있는 위험성이 내포되어 있기 때문에 소홀히 여겨서는 아니 된다. 따라서 부동산의 기술적 측면의 거래사고를 방지하기 위해서는 건축공사의 감독을 철저히 함은 물론, 준공검사자의 책임 있는 검사기능이 확립되어야 한다.

(4) 유통적 측면의 거래사고

부동산 활동주체의 잘못으로 그 유통성(시장성)이 크게 저하되어 목적한대로 환금이나 임대가 되지 않는 경우와 같은 형태의 거래사고를 말한다. 특히, 부동산 중개업자의 판단 잘못으로 그러한 사태가 벌어지는 경우가 많다. 부동산이 판매의 목적으로 시장에 나오면 당연히 표준적인 거래시간에 매각되어야 개인적·사회적으로 바람직하다. 주택이 매도의 목적으로 시장에 나올 경우 주택이 합리적인 시간 내에 매각되지 않음으로 인해 개인적·사회적으로 손해를 가져올 수 있을 것이다. 특히, 직장을 이동하게 되면 '직주근접의 원칙'에 따라서 주거를 이동하게 된다. 하지만 주택이 시장에 나오면 그 주택은 매수인이 이를 인수할 때까지 주택으로서의 고유의 기능이 중단된 것으로 보아야 한다. 따라서 부동산의 유통기능이 보다 능률화되어 거래에 소요되는 시간이 크게 단축된다면 곧 그만큼 새로운 주택을 공급하는 것과 같은 주택정책상 효과가 생기게 된다.

2) 추상적 유형에 따른 분류

(1) 사기성 거래사고

사기성 거래사고(협잡성 사고)는 일명 '부동산 사기사건'이라고 불리어지는 것으로, 등기서류의 위조·변조 등 불법·사기·허위의 수단에 의하며, 소송 등의 합법적 절차를 이용하기도 한다. 부동산 거래사고의 대부분이 이 유형에 해당한다. 예를 들면, 타인명의의 부동산을 자기명의로 보존등기 또는 이전등기하는 경우로 상속인 없는 사망자의 부동산, 행방불명자의 부동산, 재외교포의 부동산, 장기해외체류자의 부동산 등이 그 대상이 된다. 또한 국가소유 부동산을 자기명의로 등기하는 경우로서 일본인명의 부동산, 무주(無主)의 부동산, 부실관리 부동산 등이 그 대상이 된다.

(2) 조작성 거래사고

조작성 거래사고는 법률지식을 악용하여 상대방의 권리행사를 저지·방해하거나 권리취득을 어렵게 하는 형태의 거래사고를 말한다. 예를 들면, 담보가등기를 설정하고 변제기회를 고의로 상실케 하여 부동산을 가로채는 경우, 상황을 조작하여 유치권을 행사하는 경우 등을 들 수 있다.

(3) 선의성 거래사고

선의성 거래사고는 당해 부동산의 권리관계에 하자가 있음을 알지 못하고 거래 상대방의 사회적·경제적 지위만을 믿거나 설마 하는 심리상태에서 주의를 기울이지 않고 거래가 이루어지는 형태의 거래사고를 말한다. 예를 들면, 권리관계에 하자가 있는 물건을 취득한 선의의 취득자가 그와 같은 사실을 모르고 그대로 처분하였을 경우 등이 있다.

3. 부동산 거래사고의 원인

일반적으로는 부동산 거래사고의 발생원인을 제도적 측면, 역사적 측면, 사회적 측면, 개인적 측면으로 나누어 기술하고 있다. 제도적 측면의 원인으로는 부동산등기의 공신력 결여, 등기공무원의 실질적 심사권한 부재, 등기와 지적의 이원화, 부동산권리분석전문가제도의 부재 등이 있다. 역사적 측면의 원인으로는 근대화 초기 일제의 경제지배 공작으로 진행된 토지제도개편, 1949년도「농지개혁법」의 유명무실화 등이 있다. 그리고 사회적 측면의 원인으로는 사회질서의 혼란, 등기부의 소실 및 부재자 발생, 부동산 투기풍조, 토지이용규제의 증가 등이 있다. 개인적 원인으로는 부동산 관련 지식의 결여, 부동산 거래당사자의 경솔·무경험, 부동산 브로커의 농간, 중개업자의 윤리의식 부재 등이 있다. 이외에 기술적 원인, 즉 부동산에 대한 기술적 분석 분야의 미발달이 중요한 원인이 되고 있다.

1) 제도적 측면

(1) 부동산등기의 공신력 부재

부동산 물권변동에 있어 진정한 권리관계와 권리외관이 불일치하는 경우에 그 외관을 신뢰하고 외관대로 부동산물권을 취득한 때에도 그 선의의 상대방을 보호하여야 한다는 것이 '공신의 원칙'이다. 그러나 우리나라에서는 '등기의 공신력'을 인정하지 않고, '등기의 추정력'만 인정하고 있기 때문에 부동산 거래사고가 빈번하게 발생하는 원인이 되고 있다. 독일, 스위스, 미국 등에서는 등기의 공신력을 인정함으로써 부동산 거래의 안전이 유지된다. 특히, 미국의 '토렌스제도'는 부동산권리를 관할법원에 등록하게 하고, 법원에 등록된 부동산에 대한 권리를 보증하는 제도로 미국의 몇몇 주에서 채택하고 있는 제도이다.

하지만 이러한 공신력을 인정하면 물권변동에 있어서 거래의 안전은 보호되지만 진정한 권리자를 해하게 되는 문제점이 있다. 따라서 우리나라에서도 사회적·경제적 여건의 변화, 진정한 권리자의 손실 보전, 부동산 등기제도의 보완이 전제되고 국민적 합의가 있다면 부동산등기에도 공신력을 인정할 수 있을 것이며, 이것은 부동산 거래사고를 줄이는 대안이 될 수 있을 것이다. 우리나라에서 공신의 원칙이 적용되기 위한 전제조건으로는, 첫째, 진정한 권리자를 희생하고서라도 거래의 상대방을 보호할 만한 사회경제적 필요성이 있어야 하고, 둘째, 등기와 진정한 권리관계가 일치할 수 있는 등기제도가 완비되어야 하며, 셋째, 공신력 인정에 의해 권리를 박탈당하는 진정한 권리자의 손실을 보전할 수 있는 제도가 확립되어야 한다.

(2) 등기공무원의 실질적 심사권의 부재

등기신청이 있으면 등기관은 등기신청서류를 심사한 후, 신청에 따르는 등기를 할 것인지 아니면 신청을 각하할 것인지를 결정하여야 한다. 등기는 실체관계와 최대한 일치하여야 한다. 그러므로 등기관이 등기신청서류를 접수하였을 때에 실체관계와 일치하는 등기의 신청이 이루어졌는지를 심사하여야 한다.

이러한 등기관의 등기신청서류의 심사에 관하여는 '형식적 심사주의'와 '실질적 심사주의'가 대립하고 있다. '형식적 심사주의'는 오로지 등기절차상 적법성 여부만을 심사하는 입법주의이고, '실질적 심사주의'는 등기절차법상 적법성 여부는 물론 등기신청의 실질적 이유 내지 원인의 존부와 효력까지도 심사하는 입법주의이다. 형식적 심사주의하에서는 등기절차가 신속히 처리되지만, 허위의 등기가 될 위험이 크고, 등기제도의 목적을 충분히 달성할 수 없게 되는 단점이 있다. 이와 달리 실질적 심사주의하에서는 등기와 실질관계의 일치를 꾀할 수 있기 때문에 등기제도에 대한 높은 신뢰성을 유지할 수 있는 장점이 있지만, 등기절차가 지연될 수 있는 단점이 있다.

특히, 실질적 심사주의가 시행되기 위해서는 많은 등기공무원이 충원되어야 하고 업무수행 능력도 배양되어야 하며, 등기공무원의 고의·과실 없이 부실등기가 발생하여도 등기공무원에게 책임을 물을 수 있어야 한다. 또한 등기원인은 공정증서로 작성하여 제출하도록 함으로써 등기절차의 지연을 방지할 수 있어야 한다. 그러나 부실등기의 경우 고도의 위조기술에 의하여 인감증명·주민등록등본·등기필증 등을 위조하여 등기신청을 하거나 미등기부동산을 대상으로 하는 것이므로 공증인이 등기원인을 증명하는 서면을 공증한다 하더라도 부실등기를 막기는 대단히 어렵다는 견해가 있다.

(3) 등기와 지적공부의 일원화의 미비

등기부는 부동산의 권리관계를 공시하기 위한 공부로서 등기소에 비치되어 사법부에서 관장하고, 토지 및 건축물대장은 부동산의 사실상태를 파악함을 목적으로 하는 공부로서 행정자치부 산하의 시·구·군 등에 비치되어 행정부에서 관장하고 있다. 이처럼 이 두 제도의 목적과 관장기관은 다르나, 이 양자는 지극히 밀접한 관계에 있기 때문에 양자 사이에 그 표시상 불일치가 생기지 아니하도록 「부동산등기법」에서도 많은 규정을 두고 있다. 즉, 토지와 건축물의 보존등기는 위 대장등본에 의하도록 하였고, 또 양자의 표시가 일치하지 아니할 때에는 먼저 부동산의 표시변경등기에 의하여 양자를 일치시킨 후가 아니면 다른 등기를 신청할 수 없도록 하고 있다.

그러나 이와 같은 조치에도 불구하고 대장의 변경사항을 등재하려면 원칙적으로 신고에 의하여야 하지만 신고가 없을 때에는 직권등록이 가능하다. 이에 반해, 등기는 언제나 신청에 의하게 되어 있고, 현실적으로 등기소에서 간혹 변경통지가 누락되는 일도 있으며, 대장 소관청에서도 그 통지서에 의하여 대장정리를 하여야 하는데 이를 소홀히 하는 경우가 있어서 실제상 대장의 표시와 일치하지 않는 등기가 발생하게 된다. 이렇게 됨으로써 부동산의 거래나 각종 행정상 시책에 많은 지장을 주게 되고, 그 뿐만 아니라 양 제도가 병존함으로써 당사자는 공부이용시 2중의 수고와 시간의 낭비 및 비용 등이 들게 되는 폐단이 있다. 따라서 등기나 대장의 불일치를 완전히 제거하고 당사자에게 2중의 수고와 비용 등을 부담시키는 폐단을 시정하기 위하여서라도 결국 양자를 한 개의 공부로 통합시키는 것이 바람직하다.

(4) 부동산권리분석제도의 미비

부동산을 거래하는 자는 누구나 법률상 안전하고 하자가 없는 권리를 취득하기를 원하고 있다. 그러나 오늘날 부동산거래는 사법상의 권리관계가 직접·간접으로 연결되어 이루어져 있기 때문에 거래당사자가 부동산에 대한 전문지식을 갖기가 어렵고 복잡한 공법상 또는 사법상 규제에 따른 권리관계를 일일이 파악하는 것은 거의 불가능하다. 부동산권리분석제도가 도입된다면 부동산등기제도의 미비점과 문제점으로 인한 등기제도의 취약성은 여러 가지 면에서 보완될 수 있으며, 공법과 사법상의 규제 및 권리관계에 대한 충분한 조사와 분석이 가능하게 됨으로써 부동산거래사고도 미연에 방지할 수 있는 대안이 될 수 있는 것이다.

2) 역사적 측면

부동산 거래사고의 원인을 역사적 측면에서 살펴본다면, 우리나라 근대화 초기에 이루어졌던 토지제도의 개편이 일제의 경제적 지배의 기초공작으로서 이루어졌다는 사실에서부터 부동산 거래질서 혼란의 원인을 찾을 수 있다. 1910년에서 1918년도 사이에 전국적인 토지조사사업이 완료되고, 1912년에 「토지조사령」, 「부동산등기령」, 「부동산증명령」을 발표하여 토지소유권을 확립하였다. 그러나 당시의 토지조사사업은 그 권원을 조사하여 소유권을 확정한 것이 아니고 '신고주의'를 취하였다. 소유권 개념이 분명치 못하고, 절차에 익숙치 못할 뿐더러 그 인식조차 보급되지 못했던 당시에는 오히려 실질적 소유자가 그 권리를 상실하고 소작으로 전락하고, 일부 자의적인 신고자만이 신흥지주로 등장하게 되었던 것이다.

그 후 1949년도에 「농지개혁법」이 실시되었으나 임야, 대지 등은 그 대상에서 제외되고, 농지에 있어서도 분배농지의 양도양수로 농지소유의 재집중화, 부재지주의 재출현 등으로 「농지개혁법」은 유명무실화되고, 오히려 분배과정과 상환과정 및 그 거래과정에 있어 새로운 분규를 초래하게 되었다. 특히, 1950년에 발발된 한국전쟁으로 인하여 등기부를 비롯한 많은 권리문서가 소실되었을 뿐만 아니라 수많은 행방불명자가 발생하였고, 장기국외체류자 및 이민자 등이 발생하였다. 이러한 원인으로 소유자가 불분명한 부동산, 관리가 소홀하고 방치된 부동산이 나타나게 되었고, 이는 토지사기꾼들의 표적이 되어 수많은 부동산 거래사고의 원인이 되었다.

3) 사회적 측면

(1) 사회질서의 혼란

우리나라는 8.15 해방 후의 격동, 한국전쟁, 4.19에서 5.16에 이르는 정치적 혼란 등으로 인한 사회적 불안정이 부동산 거래질서에 많은 영향을 미쳤다. 해방 직후 귀속재산을 둘러싸고 일어나기 시작한 분쟁을 비롯하여 창씨명의를 악용하거나 연고권 조작 등의 여러 수법으로 부동산권리에 관한 많은 협잡이 일어났으며, 최근까지도 대형 부동산 거래사고의 주된 요인이 되고 있다.

또한 1960년대 후반부터 경제개발이 본격적으로 진행되면서 공업용지, 공공택지 등의 토지수요가 급증하면서 토지가격이 상승하였고, 1970년대의 도시집중화·핵가족화 현상은 주택난을 가중시키고 부동산투기 풍조와 부동산 거래질서를 문란하게 하는 원인이 되었다. 1997년 IMF사태를 겪으며 엄청난 혼란이 있었다. 전국적으로 50%에 육박하는 주택, 상가, 건물 등의 소유자가 경매를 통하여 바뀌었고, 그곳에 거주하고 영업하던 임차인들도 많은 손실과 고통을 겪는 과정 속에 수많은 거래사고를 당하였다. 2017년 하반기부터 폭등하기 시작하여 2018년말 정점을 찍은 서울의 아파트값은 수많은 서민층·중산층에게 박탈감을 가져다주었고, 급등에 놀란 정부의 각종 규제정책들은 시장의 수급을 교란함으로써 향후 경제적 측면의 사고, 유통적 측면의 사고를 초래할 가능성이 있다.

(2) 토지이용 규제의 증대

우리나라는 1960년대 후반부터 공업화의 추진과 함께 국토개발에 대한 관심도가 높아지면서 부동산의 사회성과 공공성이 강조되고, 토지의 효율적 이용을 목표로 한 여러 가지 규제가 가해졌다. 특히, 1970년대 중반 이후 투기현상이 심화되자 토지 등의 거래에 대하여 1978년 8.8조치 등의 획기적인 규제가 이루어지기 시작하였고, 이후에도 여러 가지 규제가 추가되었다. 따라서 부동산 거래에 있어서 종래보다 훨씬 복잡한 절차를 거치게 됨으로써 전문지식의 필요성이 증대되었음에도 불구하고 당사자는 부동산 거래에 대한 지식이 여전히 미흡하고, 이러한 상황을 악용하려는 자들의 출현으로 인해 피해자가 속출하고 있다.

4) 개인적 측면

(1) 부동산 관련 지식의 부족

부동산 거래활동의 당사자가 부동산에 관하여 충분한 지식을 가지고 있다면 부동산 거래사고는 훨씬 줄어들 것이다. 그러나 우리나라는 오랫동안 부동산활동을 터부시하였으며, 속물적인 자들의 활동으로 간주하는 사회적 기피영역이었다. 따라서 개인의 경우 대부분 그에 대한 연구가 부족하였고, 교육 또한 소홀하였다.

이는 국민들의 부동산 관련 지식의 부족으로 이어졌을 뿐만 아니라 부동산활동이 낙후성을 면하지 못함으로 인해 부동산 거래사고의 발생 원인이 되고 있다.

(2) 당사자의 경솔·무경험

부동산 거래사고 중에는 당사자가 약간의 경험이 있거나 또는 신중을 기한다면 방지할 수 있을 단순하고 간단한 성질의 사고가 많다. 그와 같은 사고는 당사자가 성급하게 경솔한 처리를 하거나 경험이 없으면서도 타인의 조력을 받지 않은데서 발생하고 있다. 부동산 거래에 있어서 성급한 판단이나 고집에 의한 의사결정은 부동산 거래사고의 원인이 되는 경우가 많다. 또한 거래 당사자의 적당주의, 무사안일주의, 맹목적 믿음 등이 거래사고의 큰 원인이 되고 있다.

(3) 부동산범죄인의 활동

주택난 또는 투자열기 등에 편승하여 부동산범죄인들이 시세를 조작할 뿐 아니라 사기·배임·횡령 등으로 부동산 거래사고를 일으키고 있다. 등기권리증, 매매계약서 또는 인장 등을 위조하고 관계인을 기망하여 타인의 토지를 매각하거나 또는 저당권설정 등으로 대금을 편취하는 경우도 있고, 혹은 부동산 거래에 개입하여 대금 일부를 착복하고 이중매매 등을 자행하는 경우도 있다. 뿐만 아니라 이들은 일부 법률사무소 종업원들과 결탁하여 타인의 민사소송 혹은 형사소송에 개입하거나, 또는 이를 청부받아 증인이나 문서 등 증거를 조작하여 제출하고 혹은 당사자도 알지 못하는 사이에 소송 또는 고소를 취소하거나 법정화해를 하여 일방당사자를 희생시키는 대신 다른 당사자로부터 많은 사례비를 받는 등의 수법을 쓰기도 한다.

(4) 중개업자의 직업윤리의식 부재

중개업자 중에는 타인의 전 재산을 다루는 업무에 종사하면서도 전문적인 지식을 갖추지 못한 상태에서 일하는 사람들이 아직도 많이 있는 편이다. 이는 공인중개사의 과다배출에도 그 원인이 있을 것이고, 시험방법상 문제도 있을 것이다. 또한 눈앞의 이익만 생각한 채 전문적인 중개서비스를 하지 못하고, 중개를 서두르는 속성 때문에 중개사고가 많이 발생한다. 정부에서는 수수료를 현실화시켜주는 대신, 사고에 대해서는 엄격한 책임을 묻고, 중개인 스스로도 사회적 사명감을 갖고 업무에 임하도록 유도한다면 부동산 거래사고를 상당히 줄일 수 있을 것이다.

5) 기술적 측면

(1) 자료판독기술의 미발달

우리나라의 부동산 관련 공적장부는 관리하는 기관의 다원화로 인한 공부 상호간의 불일치, 대장과 도면의 불일치, 공부정보와 현실정보의 불일치, 공부의 등록정보에 대한 신뢰도의 부족, 공부의 공신력 불인정, 등기 없이 법률의 규정에 의해 변동하는 물권 등의 문제로 인해 판독에 어려움이 많은 것이 현실이다. 따라서 정확하고 종합적인 판독을 위해서는 실무종사자들이 각 공부의 특성과 문제점을 충분히 이해하고 판독할 수 있는 지침이 마련되어야 함에도 이에 관한 연구자료와 전문가가 매우 부족한 것이 현실이다.

(2) 임장활동요령의 부족

부동산분석에 있어서 임장활동은 부동산을 상대로 벌이는 활동 가운데 현장이나 현물에 대한 확인 및 조사활동이라 할 수 있다. 임장활동은 필요로 하는 거래의 형태에 따라, 대상에 따라, 지적체계의 영역에 따라 다를 수 있고, 활동방법 또한 각기 달리할 필요가 있다. 원칙이나 고도의 기법 없이 대충하는 임장활동은 오히려 역효과를 가져올 수 있고, 거래사고 예방에 전혀 기여할 수 없게 된다. 임장활동의 기본사항 확정에서 조사계획의 수립, 자료의 수집, 현장조사, 조사결과의 평가에 이르기까지의 절차를 지키는 것은 물론 탐문자세, 탐문요령 등의 세부적인 기법 등에 대한 연구와 자료가 턱없이 부족한 것이 현실이다.

(3) 체크리스트작성 기법의 미발달

부동산 종류별로 그 특성에 따라 체크리스트의 내용과 작성기법이 달라져야 함에도 현행 체크리스트제도(중개대상물확인설명제도)는 그 특성을 전혀 구별할 수 없는 내용으로 구성되어 있고, 그를 운용하는 세부적인 내용도 부실하여 유명무실한 제도가 되고 있다. 따라서 제도적인 보완과 더불어 부동산의 특성에 따른 작성 기법에 대한 연구가 필요하다.

제 2 장

부동산 거래 관련 법률관계

제 2 장 부동산 거래 관련 법률관계

제 1 절 부동산 계약법

1. 계약의 성립

1) 부동산 계약의 의의

부동산 계약은 금전 등의 대금을 지급하고 부동산을 사는 계약을 말한다. 「민법」에서는 "매매는 당사자 일방이 재산권을 상대방에게 이전할 것을 약정하고 상대방이 그 대금을 지급할 것을 약정함으로써 그 효력이 생긴다"(제563조)고 규정하고 있다. 따라서 부동산 계약은 당사자들의 '합의', 즉 의사가 합치하기만 하면 법적으로 계약이 성립하고, 계약금을 지급한다든가 계약서를 작성한다든가 하는 것은 계약성립과는 직접적인 관련성이 없다. 이처럼 당사자들의 의사가 합치하기만 하면 성립하는 계약들을 낙성계약이라고 한다. 「민법」에서는 원칙적으로 매매계약뿐만 아니라 임대차계약을 포함한 기타의 모든 계약은 원칙적으로 낙성계약으로 하고 있다. 다만, 합의가 성립하기 위해서는 객관적 합치와 주관적 합치가 있어야 한다. 객관적 합치란 의사표시가 내용적으로 일치하는 것을 말하고, 주관적 합치란 계약의 상대방을 누구로 하여 그러한 의사표시를 하는 것이냐에 대한 잘못이 없어야 하는 것을 말한다.

2) 계약의 의의

계약은 당사자의 청약과 그에 대한 상대방의 승낙으로 성립한다. 청약은 이에 대응하는 승낙과 결합하여 일정한 계약을 성립시킬 것을 목적으로 하는 일방적 ·

확정적 의사표시로서 상대방으로 하여금 자기에게 청약을 해오도록 유인하기 위한 청약의 유인(예: 단순구인광고, 하숙방있다는 광고, 물품판매광고, 상품목록의 배부, 기차 등의 시간표의 게시 등)과는 구별된다. 청약의 유인은 계약을 구성하는 의사표시가 되지 못하며, 유인을 받은 자가 그것을 기초로 청약을 했을 경우 유인한 자가 다시 이에 대해 승낙을 하여야만 비로소 계약이 성립된다.

(1) 청약

청약은 청약자가 누구인지가 청약의 의사표시 속에 명시적으로 표시되어야 하는 것은 아니다(예: 자동판매기의 설치). 그리고 청약을 받는 상대방은 특정인이 아닌 불특정 다수인에 대한 것도 유효하다(예: 자동판매기의 설치, 신문광고에 의한 청약, 버스의 정류장에의 정차, 입찰공고, 정가를 붙인 상품의 진열 등). 청약의 효력은 청약의 의사표시가 상대방에게 도달한 때부터 발생한다. 청약의 효력이 발생한 때에는 청약자가 이를 철회하지 못한다(제527조).

(2) 승낙

승낙은 청약의 상대방이 청약자가 행한 청약내용을 모두 수용하고 계약을 성립시킬 목적으로 청약자에 대하여 행하는 상대방 있는 의사표시로써 계약이라는 법률행위를 구성하는 법률사실이다. 승낙은 반드시 특정의 청약자에 대하여 하여야 하며, 청약의 내용과 일치하여야 한다. 만일 청약에 조건을 붙이거나 그 내용에 변경을 가한 승낙은 승낙이 되지 않고, 청약의 거절과 동시에 새로운 청약을 한 것으로 간주된다(제534조).

승낙의 효력은 승낙기간이 정해져 있는 경우에는 승낙의 통지가 그 기간 내에 도달하지 않는 한 계약은 성립하지 않는다. 승낙의 통지가 승낙기간 후에 도달한 경우에 보통 그 기간 내에 도달할 수 있는 발송인 때에는 청약자는 지체 없이 상대방에게 그 연착의 통지를 하여야 한다. 그러나 그 도달 전에 지연의 통지를 발송한 때에는 그러하지 아니하다. 이때 청약자가 이 통지를 하지 아니한 때에는 승낙의 통지는 연착되지 아니한 것으로 본다(제528조). 하지만 승낙의 기간을 정하지 아니한 계약의 청약은 청약자가 상당한 기간 내에 승낙의 통지를 받지 못한 때에는 그 효력을 잃게 되므로(제529조) 그 이후에 한 승낙은 계약을 성립시키지 못한다. 다만, 연착된 승낙은 청약자가 이를 새 청약으로 볼 수 있다(제530조).

3) 계약의 성립시기

계약의 성립시기에 대하여 「민법」에서는 "격지자간의 계약은 승낙의 통지를 발송한 때에 성립한다"(제531조)고 규정하여, 의사표시의 효력발생시기에 관한 일반원칙인 도달주의에 대한 예외로서 '발신주의'를 취하고 있다. 대화자 사이의 성립시기에 관하여 「민법」에 명문의 규정은 없다. 따라서 도달주의 원칙에 따라 승낙의 의사표시가 도달한 때에 계약이 성립하는 것으로 해석한다.

청약자의 의사표시나 관습에 의하여 승낙의 통지가 필요하지 아니한 경우에는 계약은 승낙의 의사표시로 인정되는 사실이 있는 때에 성립하며(제532조), 당사자간에 동일한 내용의 청약이 상호교차된 경우에는 양 청약이 상대방에게 도달한 때에 계약이 성립한다(제533조).

4) 계약금의 의의와 종류

(1) 계약금의 의의

우리나라 부동산 거래의 실태를 보면, 부동산을 산 매수인이 대금을 한꺼번에 지급하지 않고 계약을 체결하면서 계약금으로 대금의 약 10% 가량을 지급하고, 나머지 대금은 중도금 또는 잔금이라 하여 통상 몇 번에 나누어 지급한다. 이처럼 애초에 지급하는 계약금은 적어도 계약이 성립되었다는 증거가 되고, 또 대금의 일부를 지급한다는 의미가 있다. 계약을 체결할 때 이처럼 당사자 일방이 상대방에 대하여 금전 기타의 물건을 교부하는 수가 많은데, 구 「민법」에서는 이를 '수부'라고 하였으나 현행 「민법」에서는 계약금, 보증금이라는 용어(제565조)를 언급하고 있으며, 거래계에서는 내금, 선금, 착수금, 약정금 등의 용어가 쓰이고 있다. 계약금은 그 작용에 따라 증약금, 위약금, 해약금으로 구분할 수 있다.

(2) 계약금의 종류

① 증약금

증약금(증약계약금)은 계약체결의 증거로서의 의미를 갖는 계약금으로서, 계약

체결에 있어서 당사자 사이에 어떤 합의가 있었고 그에 따른 계약금이 교부되어 있으면 그것은 적어도 어떤 합의가 있었다는 증거가 된다, 따라서 계약금은 언제나 증약금으로서 작용한다.

② 위약금

위약금(위약계약금)은 계약금을 교부한 자가 계약상의 이행을 하지 않을 때에 그것을 몰수하고, 그에 따른 손해까지 배상하는 손해배상예정의 성격을 겸하는 계약금으로 계약서에 손해배상금을 약정하는 경우가 있다. 즉, 위약벌로서 성질과 손해배상의 예정으로서의 성질이 있다. 그 형태로는 '계약금을 10% 정도 받고 해약시 계약금을 포기하는 방법', '계약금을 10% 정도로 정하여 놓고, 계약시에는 그 중 일부만 지급한 경우라도 계약을 해제할 시에는 계약금으로 정한 10%에 해당하는 금액을 모두 지급한다는 약정을 하는 방법', '계약을 체결할 때 지급한 계약금의 금액에 관계없이 매매대금의 30%에 해당하는 금액을 배상하여야 해약할 수 있다고 정하는 방법' 등이 있다.

매매계약서용지에 "매도인이 계약을 위반하면 계약금의 배액을 변상하고 매수인이 계약을 위반하면 계약금을 몰취한다"는 문구가 기재되어 있는 경우, 이러한 계약서를 사용하면 이때의 계약금은 위약금 약정이 된다.

③ 해약금

해약금(해약계약금)은 계약해제권을 유보하는 작용을 갖는 계약금을 말하며, 이 계약금을 교부한 자는 그것을 포기함으로써, 그리고 이 계약금을 받은 자는 그 배액을 상환함으로써 계약을 해제할 수 있다. 계약을 해제할 수 있는 권한을 매매계약 당사자 쌍방이 가지게 되는 것이다. 흔히 '계약의 해제'라는 제목으로 '당사자가 이행에 착수(중도금 또는 잔금 지급)할 때까지 교부자는 이를 포기하고 수령자는 그 배액을 상환하여 매매계약을 해제할 수 있다'고 규정되어 있으면, 이는 해약금 약정에 관한 기술을 한 것이다.

「민법」에서는 위약금 약정 등 당사자 간에 아무런 특약이 없었다면 계약금은 해약계약금으로 추정하고 있다(제565조). 해약금은 설혹 계약위반이 있더라도 계약금 전액을 당연히 몰수당하거나 배액을 상환하는 것은 아니고, 통상의 손해를 청구할 수 있을 뿐인데, 이 또한 실제 손해를 입증하여야만 가능한 것이기에 실질적으로 배상을 받기가 어려운 것이 현실이다. 이 점이 위약금과 다른 점이다.

계약금이 증약금의 성질만을 가지는지, 아니면 해약금 또는 위약금의 성질을 가지는지는 사적 자치의 원칙상 당사자가 어떠한 의사 내지 목적으로 계약금을 수수하였는지에 달려 있다. 즉, 당사자가 계약금을 수수하면서 이행착수 전의 해약권을 유보하는 대가로서 계약금을 수수한 경우 그 계약금은 해약금에 해당하고, 당사자 일방의 계약불이행시 그 계약불이행에 대한 대가로서 계약금을 몰취 또는 배액배상하기 위하여 계약금을 수수한 경우라면 그 계약금은 위약금의 성질을 가진다. 다만, 당사자의 의사가 분명하지 않은 경우에는 해약계약금으로 추정하는 것이 통설·판례의 입장이다.

2. 계약의 효력

1) 일반원칙

계약이 성립되면 그 계약은 원칙적으로 바로 그 계약의 내용대로의 효과를 가지게 된다. 계약이 「민법」에서 중요한 지위를 차지하는 것은 이처럼 계약이 일단 성립하면 그 계약의 내용대로의 법률효과가 성립하기 때문이다. 부동산 매매계약이 성립되면, 매수인은 소유권이전채권과 대금지급채무를, 매도인은 대금채권과 소유권이전채무를 각각 부담하게 된다.

목적이 불능한 계약을 체결할 때에 그 불능을 알았거나 알 수 있었을 자는 상대방이 그 계약의 유효를 믿었음으로 인하여 받은 손해를 배상하여야 한다. 그러나 그 배상액은 계약이 유효함으로 인하여 생길 이익액을 넘지 못한다. 다만, 상대방이 그 불능을 알았거나 알 수 있었을 경우에는 적용하지 아니한다(제535조).

2) 계약의 일반적 효력발생요건

계약은 그 내용대로 효력이 발생하려면, 당사자가 권리능력 및 행위능력을 가지고 있어야 하고, 또한 그 내용이 확정·가능·적법하고 사회적 타당성이 있어야 한다.

유효한 계약에서 생기는 구체적 법률효과는 계약의 종류·내용 등에 따라 각

각 다르다. 「민법」에서는 계약의 효력으로서 동시이행의 항변권(제536조), 위험부담(제537조~538조), 제3자를 위한 계약(제539조~542조), 채무자의 제3자에 대한 최고권(제540조), 제3자의 권리의 확정(제541조), 채무자의 항변권(제542조)에 관하여 규정하고 있다.

3) 쌍무계약

매매계약 중 대표적인 것이 쌍무계약이다. 매수인이 대금지급채무를 부담하는 것은 소유권이전채권을 취득하기 위한 것이고, 매도인의 소유권이전채무도 대금채권을 얻기 위한 것이다. 이처럼 '다른 것을 받기 위하여 이것을 준다'는 관계에 있는 채권채무를 발생시키는 계약을 쌍무계약이라고 한다.

쌍무계약에서 쌍방 당사자의 채무는 서로 의존관계에 서고 있다. 이러한 쌍무계약의 채무 상호 간의 의존관계를 '채무의 견련성'이라고 한다. 쌍무계약에서의 채무의 견련성은 세 방향, 즉, 채무의 성립, 채무의 이행, 채무의 소멸에서 나타난다. 다시 말하면 쌍무계약관계에 있어서는 각 채무는 그 발생·이행·존속에 있어서 운명을 같이하는 관계에 있게 된다.

(1) 성립상 견련성

채무의 발생 내지 성립에 관한 견련성은 쌍무계약에 의하여 발생할 일방의 채무가 불능·불법 기타의 이유로 성립되지 않거나 또는 무효·취소된 때에는 그 대가적 의미를 갖는 타방의 채무도 성립하지 않는다는 것을 말한다. 예를 들면, 이미 소실된 건물의 매매계약에 있어서, 매도인의 소유권이전채무는 원시적 불능이므로 그에 대한 채무자의 대금지급채무도 성립하지 않는 경우를 들 수 있다.

(2) 이행상 견련성

이행상 견련성은 쌍무계약의 각 채무는 일방의 채무가 이행될 때까지는 타방의 채무도 이행되지 않아도 좋다는 것을 말한다. 쌍무계약의 각 채무는 서로 대가적 의미를 갖고 있으므로 자기의 채무는 이행함이 없이 상대방에 대하여 채무의 이행을 요구하는 것은 공평의 원칙에 반하고, 또한 일방이 먼저 채무를 이행해 버리면 상대방의 채무이행을 요구하는 것이 그만큼 곤란하게 된다. 이 관계에서 타당한 해결을 꾀하기 위한 제도가 '동시이행의 항변권'이다. 「민법」에서는 "쌍무계약의 당사자 일방은 상대방이 그 채무이행을 제공할 때까지 자기 채무의 이행을 거절할 수 있다"고 규정하고 있다(제536조 제1항).

(3) 존속상 견련성

존속상 견련성은 쌍무계약에 있어서 일방의 채무가 채무자에게 책임 없는 사유로 이행불능이 되어 소멸한 경우에는 그와 대가관계에 있는 상대방의 채무도 원칙적으로 소멸한다. 타방의 채무에 미치는 영향을 말한다. 이것은 '위험부담의 문제'이다. 물건인도 채무자가 물건도 잃고, 채권자로부터 대가도 받지 못하는 경우를 가리켜 '채무자위험부담'이라고 하고, 반대로 채권자가 물건도 받지 못하면서 대가를 지급하여야 하는 경우를 '채권자위험부담'이라고 한다. 「민법」에서는 "쌍무계약의 당사자 일방의 채무가 당사자 쌍방의 책임 없는 사유로 이행할 수 없게 된 때에는 채무자는 상대방의 이행을 청구하지 못한다"(제537조)고 규정함으로써 '채무자위험부담주의'를 규정하고 있다.

4) 동시이행의 항변권

(1) 의의

동시이행의 항변권은 쌍무계약으로부터 생기는 각 당사자의 채무가 서로 대가적인 의미를 가지고 있으므로 당사자 일방은 상대방이 그 채무의 이행을 제공할 때까지 자기 채무의 이행을 거절할 수 있는 권리를 말한다(제536조). 이것은 쌍무계약의 이행상 견련관계에 대한 것으로 대가관계에 있는 쌍방의 채무는 동시에 이행되는 것이 공평하고, 또 신의에 적합하다는 이유에서 인정되는 제도이다.

동시이행의 항변권은 두 개의 채무가 하나의 쌍무계약에서 발생한 것이 아니라도 두 개의 채무는 한 개의 법률요건으로부터 발생하고, 두 개의 채무 사이에 상호의존성이 있으며, 상환급부하는 것이 공평에 적합한 경우에는 동시이행의 적용을 확대하고 있다.

① 민법 및 특별법에서 인정하는 것

（ⅰ) 계약해제로 인한 원상회복의무(제549조).

(ⅱ) 매도인의 담보책임(제583조).

(ⅲ) 도급인의 손해배상청구권과 수급인의 보상청구권(제667조 제3항).

(ⅳ) 종신정기금계약의 해제(제728조).

(ⅴ) 가등기담보에 있어 청산금지급채무와 목적부동산에 대한 본등기 및 인도
   의무 사이(가등기담보 등에 관한 법률 제4조 제3항).

② 판례에서 인정하는 것

(ⅰ) 계약이 무효 또는 취소된 경우의 당사자 상호 간의 반환의무(95다5469).

(ⅱ) 경매절차가 무효로 된 경우 소유권이전등기 말소의무와 배당금 반환의무
   (94다55047).

(ⅲ) 교부된 어음이나 수표가 반환 될 때까지 원인채무의 이행의 거절(93다
   11203).

(ⅳ) 임차인의 임차목적물 명도의무와 임대인의 보증금 반환의무(77다
   1241,1242).

(2) 성립요건

① 대가적 의미 있는 채무의 존재

동일한 쌍무계약에 의하여 당사자 쌍방이 서로 대가적 의미 있는 채무를 부담하고 있어야 한다. 그런데 당사자 일방에게 복수의 채무가 생기는 경우에 그 복수의 채무 중 어느 것이 동시이행관계에 있는지 문제가 되기도 한다. 예를 들면, 매수인의 잔대금지급의무와 동시이행관계가 되는 것은 매도인의 이전등기절차이행의무이지 명도의무가 아니다(76다297,298). 근저당권이 설정된 부동산의 매매시에는 매도인의 소유권이전등기의무 및 근저당등기말소의무와 매수인의 대금지급의무는 동시이행관계에 있다(79다1562).

② 상대방의 채무가 변제기에 있을 것

상대방의 채무가 변제기에 있어야 한다. 따라서 상대방의 채무가 변제기에 있지 않을 때, 즉 당사자 일방이 선이행의무를 지는 때에는 그는 동시이행의 항변권을 가지지 못한다(제536조 제1항 단서). 그러나 선이행의무자가 이행하지 않는 동안에 상대방의 채무의 이행기가 도래한 경우에는 항변권을 가진다. 예를 들면, 매

수인이 중도금지급을 지체한 채 잔대금지급기일을 경과한 경우에는 매수인의 중도금 및 이에 대한 잔금지급기일까지의 지연손해금과 잔대금의 지급채무는 매도인의 소유권이전등기의무와 동시이행의 관계에 서는 것이며, 매수인은 이때부터 중도금을 지급하지 아니한 데 따른 이행지체의 책임을 지지 않는다(88다카33442; 90다19930).

당사자 일방이 선이행의무를 지는 경우에도 '상대방의 이행이 곤란할 현저한 사유가 있는 때'에 선이행의무자는 상대방이 그 채무이행을 제공할 때까지 자기의 채무이행을 거절할 수 있다(제536조 제2항). 이를 '불안의 항변권'이라 일컫기도 한다.

③ 상대방이 그 채무이행의 제공 없이 이행을 청구하였을 것

상대방이 그의 채무를 이행 또는 그 제공을 하지 않고서 이행을 청구하였어야 한다. 따라서 상대방이 이행을 하거나 이행을 제공한 때에는 동시이행의 항변권은 인정되지 않는다. 상대방이 일부 이행이나 불완전한 이행을 한 경우에는 청구를 받은 채무를 나눌 수 있으면 원칙적으로 불이행 또는 불완전한 부분에 상당하는 만큼의 채무의 이행을 거절할 수 있다. 그러나 불이행 또는 불완전한 부분이 경미한 것이면 일부에 관한 항변권은 없고, 반대로 중요한 것이면 전부에 대한 항변권이 성립한다.

채무의 내용에 따른 제공이 있으면 상대방은 동시이행의 항변권을 잃는다. 당사자가 채무의 이행을 제공하였음에도 상대방이 이를 수령하지 않아서 수령지체에 빠진 경우에는 이행제공의 중지와 항변권의 관계에 있어서 수령지체에 빠졌던 당사자는 이 항변권을 잃느냐가 문제된다. 판례는 이때 그 이행의 제공이 계속되지 않고 한번 제공했다고 해서 채무를 면하는 것은 아니므로 항변권을 잃지 않는다고 한다(66다1174; 72다1513,1514).

(3) 효력

① 일반적 효력

동시이행의 항변권은 청구를 받은 자가 이를 행사하지 않으면 안 되지만, 일단 행사되면 상대방의 이행의 제공이 있을 때까지 일시적으로 상대방의 청구권 작용을 저지하여 이행을 거절할 수 있는, 이른바 연기적 항변권일 뿐 상대방의 청구권을 영구적으로 부인하는 것은 아니다. 한편, 동시이행의 항변권을 가지는 채무자는 비록 이행기에 이행을 하지 않더라도 채무불이행, 즉 이행지체가 되지 않는다.

② 소송상 효력

동시이행의 항변권은 당사자 일방이 주장할 때 비로소 그 효력이 생기며, 법원이 직권으로 이를 판단할 수 없다. 소송상 동시이행의 항변권이 행사된 경우에 법원은 피고에게 이행과 상환으로 이행할 것을 명하는 원고의 일부승소판결을 내려야 한다. 원고가 이 판결에 기인하여 강제집행을 하는 경우에는 원고는 강제집행의 개시까지 자기의 채무를 이행한 뜻의 증명을 하여야 한다.

③ 존재의 효과

동시이행의 항변권이 존재하는 것 자체로부터, 즉 그 행사가 없더라도 다음과 같은 효과가 발생한다. 동시이행의 항변권이 있는 채권은 이를 자동채권(상계를 주장하는 채권)으로 하여 상계하지 못한다(제492조 제1항 단서). 이를 허용한다면 상대방은 이유 없이 그의 항변권을 잃게 되기 때문이다. 동시이행의 항변권을 가지는 채무자는 이행기에 이행을 하지 않더라도 이행지체가 되지 않는다(통설·판례). 따라서 상대방이 계약을 해제하기 위해서는 자기의 채무를 제공하여야 한다.

5) 위험부담

쌍무계약의 당사자 일방의 채무가 당사자 쌍방의 책임 없는 사유로 후발적 불능이 되어 소멸한 경우에 그에 대응하는 상대방의 채무도 소멸하는지 여부가 쌍무계약에 있어 '위험부담'의 문제이다. 여기서 '위험'이란 채권의 목적이 양 당사자의 책임 없는 사유로 이행할 수 없게 된 경우에 그로 인한 불이익을 말한다. 쌍무계약에는 두 개의 채무가 대립하므로 위험에는 '물건의 위험', 즉 물건이 멸실됨으로 인해 그를 갖지 못하게 되는 불이익과 '대가의 위험', 즉 대가를 못받게 되는 불이익으로 나눌 수 있다. 그런데 쌍무계약에서는 대가의 위험을 누가 부담하느냐에 당사자의 이해가 달려 있으므로, 통상 위험이라고 하면 '대가위험'을 가리킨다. 여기서 물건의 인도 채무자가 물건도 잃고 채권자로부터 대가도 받지 못하는 경우를 가리켜 '채무자위험부담주의'라고 하고, 반대로 채권자가 물건도 받지 못하면서 대가를 지급하여야 하는 경우를 '채권자위험부담주의'라고 한다.

(1) 원칙

「민법」에서는 "쌍무계약의 당사자 일방의 채무가 당사자 쌍방의 책임없는 사유로 이행할 수 없게 된 때에는 채무자는 상대방의 이행을 청구하지 못한다"(제537조)라고 규정함으로써 '채무자위험부담주의'를 원칙으로 하고 있다. 따라서 물건 인도 채무자가 물건이 양 당사자의 책임 없는 사유로 소멸한 경우 그의 대금수령 채권도 소멸한다. 다만, 이 규정은 임의규정이므로 당사자간에 특약이 있는 때에는 그에 따른다. 이렇게 쌍방의 채무가 다 소멸하게 되면 계약이 무효가 된 것과 마찬가지로 상대방에 대하여 그 채무의 이행을 청구할 수 없는 것은 물론이고, 이미 이행한 것(계약금 등)이 있으면 부당이득으로서 그 반환을 청구할 수 있다.

(2) 예외

「민법」에서는 다음의 경우에는 채무자위험부담주의에 대한 예외로 '채권자위험부담주의'를 규정하고 있다.

① 이행불능이 채권자의 책임 있는 사유로 발생한 경우

쌍무계약의 당사자 일방의 채무가 채권자의 책임있는 사유로 이행할 수 없게 된 때에는 채무자는 상대방의 이행을 청구할 수 있다. 채권자의 수령지체 중에 당사자 쌍방의 책임없는 사유로 이행할 수 없게 된 때에도 같다(제538조 제1항 전문). '채권자의 책임 있는 사유'란 고의·과실 또는 신의칙상 이와 동일시하여야 할 사유를 말한다. 이때 채무자는 자기의 채무를 면함으로써 이익을 얻은 때에는 이를 채권자에게 상환하여야 한다(제538조 제2항).

② 채권자의 수령지체 중 당사자 쌍방의 책임 없는 사유로 이행불능이 된 경우

채권자(매수인)의 책임 있는 사유로 인한 이행불능의 경우와 동일시하여 채권자에게 위험을 부담시키고 있다(제538조 제1항 후문). 즉, 채권자위험부담주의가 적용되어 채무자(매도인)는 채권자에 대하여 반대급부를 청구할 수 있다. 이는 채권자에게 수령지체가 없었다면 채무자는 이미 이행을 완료하였을 것이므로 이행불능은 채권자에게 책임이 있다고 할 수 있기 때문이다.

3. 계약의 해제

1) 계약해제의 의의 및 성질

계약의 해제란 계약은 유효하게 성립하였는데 계약당사자의 일방이 그 계약상의 채무를 이행하지 않는 경우에 상대방이 일정한 요건하에 그 계약을 처음부터 없었던 것으로 하는 것을 말한다. 계약의 해제는 해제권자의 일방적 의사표시에 의하여 그 효력이 발생하므로 해제권은 형성권이다. 해제권은 계약당사자 또는 당사자의 지위를 승계한 자만이 할 수 있고, 해제권만의 특별승계는 인정되지 않는다.

2) 계약해제의 종류

(1) 약정해제권

당사자는 계약에 의하여 해제권을 발생시킬 수 있다(543조 제1항). 이때 그 해제권은 당사자의 일방 또는 쌍방을 위하여 유보하게 되지만, 이것은 반드시 처음의 계약에서 하여야 하는 것은 아니고, 별개의 계약에 의해서도 할 수 있다. 약정해제권을 설정하는 목적은 채무불이행이 발생하는 경우에 대비하여 요건이나 효과를 법정해제와 달리 정하거나, 해제의 경우의 손해배상액을 미리 정해 두자는데 있다. 따라서 당사자는 해제권을 유보하는 계약에서 그 해제권의 행사방법이나 효과에 관해 특약을 할 수 있고, 그 경우에는 그 특약의 내용에 따라 정해지게 된다.

「민법」에서 규정하고 있는 계약금의 교부(제565조) 또는 환매(제590조)는 약정해제권의 일종이다.

(2) 법정해제권

법정해제권의 발생원인은 채무불이행인데, 「민법」에서는 이에 해당하는 것으로 '이행지체'와 '이행불능'을 규정하고 있다. 그 외에 '사정변경'을 원인으로도 계약을 해제할 수 있다고 하지만, 판례는 부동산 거래에서 사정변경에 의한 계약의 해제는 인정하지 않고 있다.

① 이행지체

당사자의 일방이 의무이행을 지체할 때 발생하는 것으로, 매수인이 계약금 지급 후 이행기일이 경과하였음에도 중도금 및 잔금의 지급을 지체하고 있거나 매도인이 계약금 수령 후 중도금 및 잔금의 수령을 지체하는 경우를 말한다. 「민법」에서는 "당사자 일방이 그 채무를 이행하지 아니하는 때에는 상대방은 상당한 기간을 정하여 그 이행을 최고하고 그 기간 내에 이행하지 아니한 때에는 계약을 해제할 수 있다. 그러나 채무자가 미리 이행하지 아니할 의사를 표시한 경우에는 최고를 요하지 아니한다"(제544조)고 규정하고 있다.

또한 계약의 성질 또는 당사자의 의사표시에 의하여 일정한 시일 또는 일정한 기간 내에 이행하지 아니하면 계약의 목적을 달성할 수 없을 경우에 당사자 일방이 그 시기에 이행하지 아니한 때에는 상대방은 위의 최고를 하지 아니하고 계약을 해제할 수 있다(제545조).

② 이행불능

「민법」에서는 "채무자의 책임있는 사유로 이행이 불능하게 된 때에는 채권자는 계약을 해제할 수 있다"(제546조)고 규정하고 있다. 판례는 "계약의 일부의 이행이 불능인 경우에는 이행이 가능한 나머지 부분만의 이행으로 계약의 목적을 달성할 수 없는 경우에만 계약 전부의 해제가 가능하다"고 하고 있다(94다57817).

③ 사정변경

계약의 성립 후 그 이행까지의 사이에 그 계약체결의 기초가 된 사정이 뜻밖에 현저히 변경되고, 그 결과 당초의 계약내용대로 그 이행을 요구하는 것이 신의칙상 부당하다고 요구되는 경우에는 계약의 해제권을 인정할 수 있다는 것이 학계 통설의 입장이다. 하지만 판례는 가격의 변동이나 매수인의 주관적 목적달성 불능과 같은 사정변경으로는 계약은 해제할 수 없다고 판시하고 있다(63다452; 2004다31302)라고 일관된 입장을 유지하고 있다.

▪ **판례** ▪ 1. 이른바 사정변경으로 인한 계약해제는, 계약성립 당시 당사자가 예견할 수 없었던 현저한 사정의 변경이 발생하였고 그러한 사정의 변경이 해제권을 취득하는 당사자에게 책임 없는 사유로 생긴 것으로서, 계약내용대로의 구속력을 인정한다면

신의칙에 현저히 반하는 결과가 생기는 경우에 계약준수원칙의 예외로서 인정되는 것이고, 여기서 말하는 사정이라 함은 계약의 기초가 되었던 객관적인 사정으로서, 일방 당사자의 주관적 또는 개인적인 사정을 의미하는 것은 아니다. 또한 계약의 성립에 기초가 되지 아니한 사정이 그 후 변경되어 일방 당사자가 계약 당시 의도한 계약목적을 달성할 수 없게 됨으로써 손해를 입었다 하더라도 특별한 사정이 없는 한 그 계약내용의 효력을 그대로 유지하는 것이 신의칙에 반한다고 볼 수도 없다.
2. 지방자치단체로부터 매수한 토지가 공공 공지에 편입되어 매수인이 의도한 음식점 등의 건축이 불가능하게 되었더라도 이는 매매계약을 해제할 만한 사정변경에 해당하지 않고, 매수인이 의도한 주관적인 매수목적을 달성할 수 없게 되어 손해를 입었다하더라도 매매계약을 그대로 유지하는 것이 신의칙에 반한다고 할 수도 없다 (2004다31302).

3) 계약해제권의 행사

계약해제권(이하 '해제권'이라 한다)의 행사 여부는 해제권자의 자유이다. 따라서 해제권자는 해제권을 행사하지 않고 상대방에 대하여 본래의 채무의 이행을 강제할 수 있다. 약정해제의 경우에는 당사자의 특약이 있으면 그 특약에 따라 행사하여야 하지만, 특별한 약정이 없는 경우에는 법정해제권의 행사에 관한 규정이 적용된다.

해제권 행사의 상대방은 계약의 당사자인 상대방 또는 그 법률상 지위를 승계한 자이다. 해제의 의사표시 방식에는 제한이 없다. 그러나 약정해제권에 관하여는 당사자가 그 행사의 방식을 제한하고 있는 때에는 이에 따라야 한다. 해제의 의사표시에는 원칙적으로 조건과 기한을 붙일 수 없다. 그러나 상대방에게 불이익이 되지 않는 조건을 붙이는 것은 가능하다. 해제권은 해제권 소멸 전에 행사하여야 한다. 당사자의 일방 또는 쌍방이 수인인 경우에는 계약의 해제는 그 전원으로부터 또는 전원에 대하여 하여야 한다. 이때 해제의 권리가 당사자 1인에 대하여 소멸한 때에는 다른 당사자에 대하여도 소멸한다(제547조).

계약해제의 효력은 해제의 의사표시가 상대방에게 도달한 때에 발생하며, 그 효력이 발생하면 해제의 의사표시는 이를 철회하지 못한다(제543조). 계약이 해제되었다고 믿는 상대방을 보호하기 위한 취지이다.

4) 계약해제권의 소멸

해제권행사의 기간을 정하지 아니한 때에는 상대방은 상당한 기간을 정하여 해제권 행사 여부의 확답을 해제권자에게 최고할 수 있다. 이 기간 내에 해제의 통지를 받지 못한 때에는 해제권은 소멸한다(제552조).

또한 해제권자의 고의나 과실로 인하여 계약의 목적물이 현저히 훼손되거나 이를 반환할 수 없게 된 때 또는 가공이나 개조로 인하여 다른 종류의 물건으로 변경된 때에는 해제권은 소멸한다(제553조).

5) 계약해제의 효과

법정해제의 경우에는 소급적 소멸, 원상회복의무, 해제와 동시이행, 손해배상 청구권의 발생이라는 효과가 발생한다. 즉, 해제에 의하여 계약은 소급적으로 소멸한다. 그러나 계약의 이행으로서 권리를 이전 또는 설정하는 물권행위가 있고, 인도·등기 등 그 효력발생요건이 갖추어져서 권리가 변동된 물건에 해제가 있으면 당연히 복귀하는가에 대해서는 채권적 효과설(무인설), 물권적 효과설(유인설)이 대립하고 있다. 당사자 일방이 계약을 해제한 때에는 각 당사자는 그 상대방에 대하여 원상회복의 의무가 있지만, 제3자의 권리를 해하지 못한다(제548조 후문). 해제로 인한 원상회복의무와 손해배상채무는 동시이행의 관계에 있다(제549조). 또한 계약의 해제는 손해배상의 청구에 영향을 미치지 않는다(제551조). 따라서 해제와 손해배상은 둘 중의 하나를 선택하는 것이 아니고 계약을 해제함과 동시에 손해배상을 청구할 수 있는 양립의 관계에 있다.

약정해제의 효과는 약정해제권을 유보한 계약의 내용에 따라 결정된다. 특약이 없으면 법정해제의 효과에 관한 규정에 따르게 되나, 채무불이행에 의한 것이 아니기 때문에 손해배상청구권의 규정을 적용하지 않는다.

6) 해약계약금에 의한 계약해제

(1) 계약해제의 요건

매매의 당사자 일방이 계약 당시에 금전 기타의 물건을 계약금, 보증금 등의 명목으로 상대방에게 교부한 때에는 당사자들 간에 다른 약정이 없는 한 당사자의 일방이 이행에 착수할 때까지 교부자는 이를 포기하고 수령자는 그 배액을 상환[1]하여 매매계약을 해제할 수 있다(제565조 제1항). 당사자 일방이 계약을 해제하

---

1) 위 조항의 의미에 관하여 통설·판례는 당사자 간에 다른 약정이 없는 한 당사자 간에

기 위해서는 (i) 교부자는 계약금을 포기하고, 수령자는 그 배액을 상환하고, (ii) 해약계약금을 제공을 하여야 하며 단순한 의사표시로만으로는 아니되며, (iii) 당사자의 일방이 이행에 착수하기 전일 것이 요구된다.

(2) 계약의 해제방법

① 계약금 지불 후 계약해제

매매의 당사자 일방이 계약 당시에 금전 기타물건을 계약금, 보증금 등의 명목으로 상대방에게 교부한 때에는 당사자 간에 다른 약정이 없는 한 당사자의 일방이 이행에 착수할 때까지 교부자는 이를 포기하고 수령자는 그 배액을 상환하여 매매계약을 해제할 수 있다(제565조). 일반적으로 부동산 매매계약은 계약금만 지불한 상태에서는 계약당사자 중 한쪽이 일방적으로 계약을 해제할 수 있다.

② 중도금 지불 후의 계약해제

중도금이 지불되면 계약은 확정적인 것으로 되어 매도인과 매수인은 계약 의무를 이행해야 하는 법률적 구속을 받게 된다. 매수인은 잔금을 지급해야 하고 매도인은 잔금 수령과 동시에 소유권을 이전해 주어야 한다. 그러나 다음의 경우에는 계약의 해제가 가능하다.

  (a) 합의해제(해제계약) : 합의해제란 양 계약당사자가 서로 합의하여 계약을 해제하는 것이며, 언제든지 자유롭게 계약을 해제할 수 있다.

  (b) 약정해제 : 약정된 계약내용에 의한 해제 즉, 일정한 조건을 약정하여 일정조건이 성립되었을 때 계약을 해제한다는 내용을 미리 계약서에 기재해 놓고 그러한 사실이 발생한 경우에 하게 되는 해제를 말한다.

수수된 금전은 해약계약금으로 추정된다는 취지를 규정한 것으로 보고 있다. 다만, 판례는 "매매당사자의 일방 또는 쌍방이 이행에 착수한 후에 당초 계약의 내용을 그대로 유지하면서 다만, 이미 수수된 계약금과 중도금을 합계한 금액을 새로이 계약금으로 나머지 미지급 금원을 잔금으로 하고 잔금일자를 새로이 정하는 내용의 재계약을 체결하였다고 하더라도, 당사자 간에 다른 약정이 없는 한 당사자 일방이나 상대방이 새로이 결정된 계약금의 배액상환 또는 포기로서 해제권을 행사할 수는 없다"고 하였다(94다17659; 93다46742 등). 그러나 이에 대하여는 계약금을 위와 같이 해약계약금으로 추정하는 것은 계약의 구속력을 크게 약화시키는 결과가 되어 계약준수라는 근대법원리에 반하고, 계약의 구속력을 강화하기 위하여 계약금을 수수하는 당사자의 의사에도 반하는 것이라는 비판이 있다.

(c) 법정해제 : 법률의 규정에 의하여 취득하는 해제권 즉, 계약의 상대방이 채무를 이행하지 않았을 때 발생하게 된다. 이행지체, 이행불능, 불완전 이행, 채권자의 수령지체 등 채무불이행의 경우에 발생한다.

(3) 계약해제권의 행사방법

계약금의 교부자는 계약금을 포기하는 의사표시만으로 계약을 해제할 수 있다. 계약금의 포기라 함은 계약금의 반환청구권을 포기한다는 뜻이다. 해제권을 행사하면 당연히 계약금 포기의 효력이 생기며, 포기의 의사표시를 별도로 할 필요는 없다. 그러나 계약금의 수령자는 배액을 상환하여 계약을 해제할 수 있는바, 단순히 해제의 의사표시만으로는 부족하고 그 밖에 배액을 '제공'하여야 한다. 따라서 계약금 수령자는 배액이 되지 않는 일부만을 제공하여서는 계약을 해제하지 못한다. 해약금의 제공이 부적법하다면 해제권을 보유하고 있는 기간 안에 적법한 제공을 한 때에 계약이 해제된다. 그러나 제공만 하면 되고, 상대방이 이를 수령하지 않는다고 하여 공탁까지 할 필요는 없다(80다2784).

(4) 계약해제의 효과

계약금에 의한 해제의 효과는 계약의 효력이 소급하여 소멸한다는 점에서는 보통의 해제와 같으나 이행의 착수 전에 한하여 할 수 있는 것이므로 원상회복의무가 발생할 여지는 없다. 또한 계약금에 기한 해제는 채무불이행에 의한 해제는 아니므로 손해배상청구권은 수반하지 않는다. 계약금의 포기 또는 배액상환이 손해를 전보하는 취지이기 때문이다. 「민법」 제565조 제2항은 이를 특별히 규정하고 있으나 주의적 규정에 불과하다. 따라서 계약금 이상의 손해가 발생하더라도 그 손해의 배상을 청구할 수 없고, 반대로 계약금이 실손해액보다 현저히 다액인 경우에도 차액의 반환을 구할 수는 없다.

(5) 계약해제권 행사의 제한

매매계약에 있어 계약금을 제공하였다고 해서 언제든지 해약할 수 있는 것은 아니다. 계약의 해제는 당사자의 일방이 이행에 착수하기 전이어야 한다. '이행의 착수'란 객관적으로 외부에서 인식할 수 있을 정도로 채무의 이행행위의 일부를 행하거나 또는 이행을 하기 위하여 필요한 전제행위를 하는 것으로서 단순한 이행의 준비만으로는 부족하다(94다17659). '중도금을 제공'하거나 '잔대금을 준비하고 가옥의 명도 내지는 소유권이전등기를 청구'하는 것 등은 '이행에 착수한 것'으로 평가된다. 또한 매매계약의 일부이행에 착수한 당사자는 비록 상대방이 이행에 착수하지 않았다 하더라도 해제권을 행사할 수 없다(70다105).

(6) 계약금이 일부만 수수되고 계약이 해제될 경우

학계에서는 계약금약정이 성립하기 위해서는 반드시 계약금이 수수되어야 하는가 아니면 계약금을 수수하기로 하는 약정만으로도 성립이 가능한가에 관하여 견해가 대립한다. 이는 계약의 요물계약성에 관한 문제이다. 그러나 전술한 것처럼 「민법」상 계약은 당사자의 합의만 있으면 되는 낙성계약이 원칙이고, 따라서 거래의 관행을 살펴보면 계약금은 통상적으로 계약의 성립과 동시에 교부된다. 「민법」 제565조(해약금)도 그러한 경우를 상정하고 있다. 그러나 계약금은 반드시 주계약과 동시에 수수되어야 하는 것은 아니고 분할지급하거나 사후지급될 수 있다. 판례도 계약금 후지급약정의 계약의 유효성은 인정하고 있다(2007다73611). 언제까지 교부된 금품을 계약금으로 보아야 할 것인가가 문제되는데, 「민법」에서는 해제권의 행사는 이행의 착수 전까지로 국한하고 있으므로 「민법」의 규율을 받는 계약금은 최소한 이행착수 전에 교부된 것에 한정된다.

한편, 분할지급 약정이나 후지급 약정에 대하여 계약은 계약금이 현실로 수수된 범위에서만 성립한다고 할 것인지 아니면 약정된 범위에서 계약이 성립한다고 할 것인지에 대하여는 학설이 대립하고 있다. 특히, 해약금의 경우 그 효력범위와 관련하여 문제된다. 예를 들면, 당사자간에 계약금을 1,000만원 지급하기로 하되, 먼저 그 일부금인 200만원을 지급하고 일주일 후에 나머지 800만원을 지급하기로 약정한 경우, 계약 다음날 매수인이 「민법」 제565조에 따라 계약금을 포기하고 계약하고자 한다면 계약금 전액인 1,000만원을 제공하여야 할 것인지 아니면 현실로 교부된 200만원만 포기하면 가능한 것인지가 문제된다. 다수설은 계약을 체결함에 있어서 부득이 계약금의 일부만을 지급받게 되는 경우에는 현실로 수수된 금액만을 계약금으로 인정한다. 이에 대해 판례는 약정된 전체 금액을 해약금으로 한다는 입장을 명확히 하고 있다(2007다73611).

> ▪ **판례** ▪ 1. 계약금이 미처 준비되지 못한 매수인이 일단 형식상으로는 매도인에게 약
> 정한 계약금을 모두 지급한 것으로 하되, 다만, 이를 다시 매도인으로부터 돌려받아
> 매수인이 보관하는 형식으로 현금보관증을 매도인에게 작성해 준 것이라면, 매도인
> 과 매수인 사이에는 실제로 계약금이 교부된 것으로 해석할 수 있으므로, 매수인으
> 로서는 약정한 계약금을 모두 지급할 의무가 있다(99다48160).
> 2. 계약이 일단 성립한 후에는 당사자의 일방이 이를 마음대로 해제할 수 없는 것이
> 원칙이고, 다만 주된 계약과 더불어 계약금계약을 한 경우에는 민법 제565조 제1항
> 의 규정에 따라 임의 해제를 할 수 있기는 하나, 계약금계약은 금전 기타 유가물의
> 교부를 요건으로 하므로 단지 계약금을 지급하기로 약정만 한 단계에서는 아직 계약
> 금으로서의 효력, 즉 위 민법 규정에 의해 계약해제를 할 수 있는 권리는 발생하지
> 않는다고 할 것이다. 따라서 당사자가 계약금의 일부만을 먼저 지급하고 잔액은 나
> 중에 지급하기로 약정하거나 계약금 전부를 나중에 지급하기로 약정한 경우, 교부자
> 가 계약금의 잔금이나 전부를 약정대로 지급하지 않으면 상대방은 계약금 지급의무
> 의 이행을 청구하거나 채무불이행을 이유로 계약금약정을 해제할 수 있고, 나아가
> 위 약정이 없었더라면 주계약을 체결하지 않았을 것이라는 사정이 인정된다면 주계
> 약도 해제할 수도 있을 것이나, 교부자가 계약금의 잔금 또는 전부를 지급하지 아니
> 하는 한 계약금계약은 성립하지 아니하므로 당사자가 임의로 주계약을 해제할 수는
> 없다 할 것이다(2007다73611).

7) 위약금에 의한 계약해제

(1) 의의

부동산 매매계약에 있어서 계약금을 수수하면서 매수인이 위약하면 매도인이
이를 몰수하고, 매도인이 위약하면 그 배액을 배상하기로 약정하는 일이 많다. 이
것은 위약금 약정으로서, 손해배상액을 미리 예정해 놓은 것으로 추정된다(제398조
제4항). 이 경우에는 계약위반이 있으면 실제 손해의 발생 여부나 그 정도와 관계
없이 약정한 금액을 손해배상으로 청구할 수 있다. 다만, 그 금액이 부당하게 과다
하다고 인정되는 경우에는 법원이 적당한 정도로 감액할 수 있다(제398조 제2항).

(2) 종류

위약금에는 손해배상액의 예정으로서의 성질을 가지는 경우와 위약벌로서의
성질을 가지는 경우가 있다. 전자는 계약금의 몰수 또는 배액상환에 그치고, 이를
초과한 손해배상을 요구할 수 없다. 이때 채무자가 채무를 불이행하면 채권자는

손해의 발생과 그 금액을 입증할 필요 없이 예정액을 채무자에게 청구할 수 있으므로 채무자는 손해가 없거나 적다는 사실을 주장할 수 없고, 또 채권자도 실손해가 많다고 하여 더 청구할 수도 없다. 후자는 계약금의 몰수·배액상환과는 별도로 채무불이행에 의한 실손해배상을 청구할 수가 있다.

> ▪ **판례** ▪ 토지분양계약이 해제되었을 때에는 수분양자가 지급한 계약보증금이 분양자에게 귀속될 뿐만 아니라, 수분양자는 계약해제로 인하여 분양자가 입은 손해에 대하여도 배상의무를 면하지 못하는 것으로 약정한 경우, 위 계약보증금의 몰취는 계약해제로 인한 손해배상과는 별도의 성격을 가지는 것이라 할 것이고, 따라서 위 계약보증금 몰취 규정을 단순히 통상 매매계약에 있어서의 손해배상의 예정으로 보기는 어려우며, … (중략) 이른바 위약벌의 성질을 가진 것이라고 봄이 상당하다(98다33260).

(3) 위약금의 성질

위약금 약정이 손해배상액의 예정인지 혹은 위약벌의 약정인지는 계약당사자의 의사해석에 의하여야 할 것이지만 당사자의 의사가 분명하지 않은 경우에는 다툼이 생길 여지가 있다. 「민법」에서는 위약금의 약정은 손해배상액의 예정으로 추정한다(제398조 제4항). 흔히 거래관행에서는 계약을 위반한 당사자가 위약금약정과는 상관없이 상대방에게 그 계약금을 몰취당하거나 그 배액을 배상하여야 하는 것이 당연하다고 믿는 경향은 있다.

그러나 계약금은 계약금의 몰수·배액상환의 약정이 없어도 당연히 위약계약금으로 추정되는가에 대해서는 학설의 대립이 있다. 긍정설은 계약금은 특별한 약정은 없어도 당연히 손해배상액의 예정으로서의 성질을 가지는 것으로 보아야 한다고 주장한다. 이에 의하면 계약금은 손해배상액의 예정으로 추정되므로 위약한 당사자는 상대방에게 실손해액과 상관없이 계약금상당액을 상대방에게 배상해 주어야 한다. 즉, 실손해액이 약정한 손해액(계약금)을 넘더라도 예정액만을 물어주면 족하며, 반면 실손해액이 예정액에 미달하는 경우에도 예정액만을 배상하면 된다. 그러나 통설(부정설)은 계약금이 원칙적으로 해약금의 성질을 가질 뿐 특별한 약정이 없는 한 위약금으로 추정되는 것은 아니라고 한다. 이 견해는 계약금이 수수되더라도 채무불이행을 이유로 해제권을 행사하는 경우에는 「민법」

제565조(해약금)의 규정이 적용되지 않고 오로지 「민법」 제544조 이하의 규정만 적용되므로, 계약금을 위약금으로 하는 특약이 없는 한 그 손해배상액은 계약금의 액과는 상관없이 실손해액에 따라 결정된다는 점을 논거로 한다. 판례도 통설과 같은 입장을 취하고 있다.

> ▪ **판례** ▪ 계약금은 해약금의 성질은 가지나, 그 계약금을 위약금으로 하기로 하는 특약이 없는 한 손해배상액의 예정으로 볼 수 없다(70다1972; 80다2499). 계약금을 위약금으로 하기로 하는 특약이 없는 이상 계약이 당사자 일방의 귀책사유로 인하여 해제되었다 하더라도 상대방은 계약불이행으로 입은 실제 손해만을 배상받을 수 있을 뿐 계약금이 위약금으로서 상대방에게 당연히 귀속되는 것은 아니다(95다54693). 그러나 매매당사자 사이에 수수된 계약금에 대하여 "매수인이 위약하였을 때에는 이를 무효로 하고 매도인이 위약하였을 때에는 그 배액을 상환할 뜻의 약정이 있는 경우에는 특별한 사정이 없는 한 그 계약금은 「민법」 제398조 제1항 소정의 손해배상액의 예정의 성질을 가질 것으로 볼 수 있다"고 하고 있다(91다2151; 65다737).

한편, 고등법원 판례 중에는 "계약금의 지급을 곧 위약금의 약정으로 보는 것은 비록 시민들의 법적 확신에 의하여 아직 확고한 법적 규범으로 승인될 정도에는 이르지 않았으나 사회 내의 거래관행으로 생성된 사실적 규범인 관습에 해당된다"고 판시한 바 있다(서울고판 2003나38339).

한편, 부동산중개업소에서 미리 인쇄하여 놓고 사용하는 매매계약서 서식에는 위약계약금조항이 부동문자로 인쇄되어 있으므로 위와 같이 계약금의 위약금 추정문제는 논의의 실익이 없다는 주장이 있다. 그러나 실제 조사해 보면 계약서 서식에는 위약금조항이 인쇄되어 있는 경우도 있지만 해약금조항만 있는 경우도 있고, 단순한 해약금조항을 위약금조항으로 오해하는 경우도 허다하다. 즉, 계약서 서식에는 "매수인이 중도금(중도금약정이 없을 때는 잔금)을 지불하기 전까지 매도인은 계약금을 배액으로 배상하고 매수인은 이를 포기하고 계약을 해제할 수 있다"는 규정이 인쇄되어 있는 경우가 있는데 많은 사람들이 이를 위약금조항으로 오해하고 있다. 이는 위약금조항이 아니라 「민법」 제565조에 규정된 해약금조항과 거의 동일한 내용임을 알 수 있다.

(4) 위약금의 감액

위약금이 손해배상액의 예정의 성질을 가진 경우 법원은 그 예정액이 부당히 과다하다고 인정하면 이를 적당히 감액할 수 있다(제398조 제2항). 따라서 교부자가 계약금을 위약금으로 몰수당하거나 또는 수령자가 위약금으로 계약금의 배액상환을 청구당하는 경우, 위약금으로 예정된 계약금이 과다한 경우에는 그 감액을 청구할 수 있다(95다42393).

그러나 계약금이 해약금의 성질만을 가지고 위약금의 성질이 없는 경우에는 당연히 위 조항이 적용될 수 없으므로 그 감액을 청구할 수는 없다. 다만, 위약금이 해약금의 성질도 아울러 가질 경우에는 당사자가 「민법」 제565조에 따라 해약금 약정의 효력을 원용하여 해약하는 경우에도 그 감액을 청구할 수 있는가 문제된다. 예를 들면, 매매대금이 1억원인 계약을 하면서 매수인이 그 30%에 해당하는 3,000만원을 계약금으로 한 경우, 계약서에 위약시 계약금몰수·배액상환조항이 있다고 한 때에 매수인이 「민법」 제565조에 따라 이행착수 전에 계약금을 포기하여 계약을 해제하였다면 계약금이 통상의 경우(10%)보다 많음을 주장하면서 과다한 부분을 반환해 달라고 주장할 수 있는가의 문제이다. 판례는 이 경우 계약금은 손해배상의 예정으로서의 성질도 가지므로 과다한 부분의 반환을 청구할 수 있다고 한다(95다33726).

(5) 실권특약

위약금 약정에 실권특약이 붙어 있는 경우, 즉 매매계약서에 "甲(매도인)이 본 계약을 위약할 시에는 乙(매수인)로부터 영수한 계약금의 배액을 위약과 동시에 배상하기로 하고, 乙이 본 계약을 위약할 시에는 甲에게 지급한 계약금은 甲의 수득으로 하고 계약은 자동적으로 해제된다"라는 식의 약정이 있는 경우에 당사자 일방이 계약을 위반하면 자동적으로 해제된다고 볼 것인지, 아니면 「민법」 제544조에서 정한 최고 및 해제 등의 절차를 거쳐야 한다고 볼 것인지가 문제된다. 이러한 약정을 '실권약관'이라고 한다. 이것은 「민법」 제544조 이하에서 규정한 법정해제의 요건을 완화한 것으로서 채무자에 대한 이행의 최고와 해제의 의사표시를 생략할 수 있도록 하는 특약에 해당하는데, 일반적으로 채무자에게 불리한 조항이어서 문언 그대로 그 효력을 인정할 수 있는지가 문제된다.

그러나 실권특약의 효력을 그대로 인정하면 위약자인 매도인에게 유리한 경우도 있을 수 있다. 매매 후 목적물의 가격이 급등한 경우에 매도인이 자신의 위약사실, 즉 이전등기 거부의 사실만으로 계약은 자동 해제되고 손해배상으로 계약금의 배액만 지급하면 된다고 해석하는 것은 위약자가 적반하장 격으로 계약의 구속에서 벗어날 수 있는 길을 열어준다는 점에서 부당하다. 따라서 이러한 실권특약이 위약자에게 유리하든지 아니면 그 상대방에게 유리한지를 불문하고 그 효력을 제한할 필요성이 있다. 따라서 실권특약은 그 성질이 해제조건부계약으로서 사적자치의 원칙에 비추어 원칙적으로 유효한 것이라고 하더라도 매수인에게 일방적으로 불리하다는 점에서 그 효력을 제한적으로 해석하여야 한다는 것이 통설의 태도이며, 판례도 그 유형에 따라 실권특약의 효력을 제한하고 있다.

• **판례** • 판례에서 나타난 실권특약의 유형은 ① 위 계약서 조항과 같이 위약계약금조항에 부가하여 실권특약을 두는 것과 ② 중도금 또는 잔대금에 관하여 실권특약을 두는 것으로 나눌 수 있다.

후자의 경우에 대하여 매수인이 중도금을 그 약정기일에 지급하지 않으면 매매계약이 자동해제 되는 것으로 약정한 경우 그 약정대로 중도금의 불이행자체로서 그 일자에 계약은 자동해제 되는 것으로 본다(92다5928). 그러나 잔대금의 이행지체에 대하여는 동시이행의 항변과 관련하여 특수한 법리를 전개하고 있다. 즉, "매수인이 잔대금지급기일까지 그 대금을 지급하지 않으면 그 계약이 자동해제된다는 취지의 약정이 있더라도 특별한 사정이 없는 한 매수인의 잔금지급의무와 매도인의 소유권이전등기의무는 동시이행의 관계에 있으므로 매도인이 잔대금지급기일에 소유권이전등기에 필요한 서류를 준비하여 매수인에게 알리는 등 이행의 제공을 하여 매수인으로 하여금 이행지체에 빠지게 하였을 때 비로소 자동적으로 매매계약이 해제된 것으로 보아야 하고, 매수인이 그 약정기한을 도과하였더라도 이행지체에 빠진 것이 아니라면 대금미지급으로 계약이 자동해제된 것으로 볼 수 없다"고 하여 실권특약의 효력을 제한하고 있다(94다8600; 91다32022).

그러나 전자의 경우에는 위약계약금조항에 부가된 실권특약에 관하여는 그 효력을 정면으로 부정하고 있다. 즉, 위약 시 계약금 몰취·배액상환의 약정 외에 계약의 자동해제조항이 있더라도 당사자의 채무불이행사실만으로 바로 계약이 자동해제 되는 것은 아니라고 한다. 즉, "甲이 본 계약을 위약할 시에는 乙로부터 영수한 계약금의 배액을 위약과 동시에 배상하기로 하고, 乙이 본 계약을 위약할 시에는 甲에게 지급한 계약금은 甲의 수득으로 하고 계약은 자동적으로 해제 된다"는 조항은 위약한 당사자가 상대방에게 계약금을 포기하거나 그 배액을 배상하여 계약을 해제할 수 있다는 일종의 해제권유보조항이라고 할 것이지 상대방의 위약을 들어 최고나 통지 없이 계약을 해제할 수 있다거나 그 위약사유의 존재만으로 당연히 계약이 해제된다는 특약이라고는 볼 수 없다고 하였다(79다1595).

4. 계약서

1) 계약의 자유

부동산 계약은 낙성계약이며, 불요식계약이다. 즉, 당사자 간에 의사의 합치(청약-승낙)만 있으면 성립되고, 계약서 작성이 계약의 성립요건은 아니다. 따라서 계약을 체결하느냐 여부, 상대방을 누구로 하느냐 여부, 내용은 무엇으로 하느냐 여부, 방식은 어떻게 하느냐 여부는 계약당사자의 자유이다. 그러나 구두로만 한 계약은 시간이 경과하면 기억이 희미해지거나 당사자의 생각이 변하는 경우가 많고, 그 계약내용에 대하여 다툼이 있는 경우 그 내용을 증명할 수가 없다. 그래서 계약사항은 각서, 계약서 등의 서면으로 작성해 두어야 안전하다. 또한 계약서는 교환하였으나 이행방법, 손해배상, 특약사항 등을 명확하게 기재하지 않았다면 곤란한 일이 발생할 수 있다.

2) 계약서의 효력

계약서는 당사자가 주장하는 의사해석의 기준이 된다. 계약서에 의하여 당사자의 목적을 해석하게 된다. 당사자 간에 소송이 제기되는 경우 계약서는 중요한 증거자료가 되기 때문에 계약서는 잘 보관하여야 한다. 통상 매도인과 매수인이 각 1통, 중개인이 1통 보관한다. 다만, 원본을 분실했을 경우 사본도 증거자료가 될 수 있으므로 사본을 만들어 두는 것도 좋다. 공증인이 공증하는 공증증서는 공증사무소에 1부 보존되므로 만일 등본이나 정본을 멸실하거나 훼손하였을 경우에도 재발급을 받을 수 있다.

3) 계약서의 형식

부동산 계약서의 형식은 정형화된 것은 없지만 기본적으로 갖추어야 할 구성부분들이 있다. 다만, 부동산의 종류에 따라 각 서식이 약간씩 다를 수 있다. 보통은 육하원칙(누가, 언제, 어디서, 어떻게, 왜, 무엇을)에 의한 내용으로 구성된다.

부동산 계약서는 '부동산매매계약서', '부동산임대차계약서', '토지매매계약서' 등과 같이 제목을 달아 거래의 핵심적인 내용을 알기 쉽게 표시한다. 대상 부동산의 표시, 거래가격, 대금의 지급방법, 인도시기, 하자발생시 조치사항, 대금지체시의 조치사항 등을 항목별로 구분하여 표시하는데, 이는 본문에 해당한다. 계약서에는 계약서를 작성한 연월일을 기재한다. 작성일자는 계약시점을 증명하는 것이다. 계약서 작성일자가 없는 계약서는 문제가 발생하였을 때 분쟁의 소지가 된다. 거래당사자의 서명날인은 계약당사자가 직접 날인하여야 하고, 가능하면 일반인장보다는 인감도장을 날인하는 것이 좋다.

5. 계약의 당사자

매매나 임대할 아무런 권한 없는 자가 대상물의 거래계약을 체결할 경우에 거래대상 권리를 상대방에게 이전할 의무를 부담하게 되고, 이행불능이 되었을 경우에는 상대방에 대하여 손해배상의 의무가 발생하지만, 계약을 체결한 자가 변제능력이 없거나 잠적했을 때는 법적 수단을 강구해도 상대방은 유형·무형의 손해를 입게 된다. 그러므로 매도인이나 임대인 등이 실제 소유주인가 또는 정당한 권한을 가진 대리인인가를 조사하는 것은 중요한 일이다. 한편, 매수인 측이 행위무능력자로서 법률행위가 무효·취소가 될 여지는 없는지 등에 대한 매수권한 유무도 아울러 조사되어야 한다.

1) 매도인 · 임대인 소유권의 진정성 확인

주민등록증, 주민등록등본, 등기권리증, 등기부등본, 토지대장, 건축물대장, 인감증명서 등 신분증명서 및 관련 공부서류를 비교분석하여 매도인의 소유권의 진정성을 확인하여야 한다. 나아가 대상 부동산의 소재지 및 부동산 소유자의 주소지를 직접 방문하고, 주변 탐문을 통하여 매도인이 진정한 소유자인지를 철저히 검증하여야 한다.

2) 처분권한의 확인

(1) 매도인

① 개인인 경우

개인의 경우 행위자에게 의사능력이나 행위능력이 있는지 확인하여야 한다. 유아, 정신병자, 만취자 등 의사무능력자의 법률행위는 무효이다. 미성년자가 법률행위를 함에는 법정대리인의 동의를 얻어야 한다. 그렇지 않은 행위는 취소할 수 있다. 그러나 법정대리인이 범위를 정하여 처분을 허락한 재산은 미성년자가 임의로 처분할 수 있다. 또한 법정대리인은 미성년자가 아직 법률행위를 하기 전에는 동의와 허락을 취소할 수 있다.

또는 피한정후견인(질병, 장애, 노령, 그 밖의 사유로 인한 정신적 제약으로 사무를 처리할 능력이 부족한 사람)이 한정후견인의 동의가 필요한 법률행위를 동의 없이 하였을 때에는 그 법률행위를 취소할 수 있다(제13조 제4항). 미성년자는 주민등록증 여부, 주민등록등본 등을 통해 확인하고, 피한정후견인으로 의심되는 자는 후견등기사항부존재증명서를 발급(가정법원 또는 지방법원)을 요청하여 확인해야 한다. 다만, 계약당사자가 법률행위 당시 제한능력자(미성년자, 피한정후견인) 상태에 있어 성년후견 또는 한정후견 선고를 받을만한 상태에 있었다고 하여도 그 당시 법원으로부터 성년후견 또는 한정후견 선고를 받은 사실이 없는 이상, 그 후 성년후견 또는 한정후견 선고가 있어서 그의 법정대리인이 된 자는 피성년후견인 또는 피한정후견인의 행위능력 규정을 들어 그 선고 이전의 법률행위를 취소할 수 없다(92다6433 참조).

② 법인인 경우

법인의 경우에는 먼저 법인의 법인격 유무와 법인대표자를 법인등기부등본을 통하여 확인해야 한다. 또한 해당 법인이 부동산을 처분하기 위한 선결요건은 없는가를 확인해야 한다. 즉, 법인 중에는 재산의 거래시 이사회나 총회의 결의를 정관에 규정하고 있는 경우도 있고, 사립학교법인처럼 기본재산 처분시 교육부장관의 인가를 받아야 하는 경우도 있다. 사회복지법인도 기본재산 처분시 보건복지부장관의 허가를 받아야 하고, 종교법인도 재산처분시 총회결의를 거쳐야 하며,

종중도 종중재산의 처분시 종중회의의 의결을 거쳐야 한다.

③ 대리인인 경우

(a) 개인 대리인 : 개인 대리인의 경우에는 본인의 위임장·인감증명서, 대리인의 주민등록증을 통하여 정당한 대리인지 확인하고, 본인과 통화하여 위임 여부 및 위임사항에 대하여 구체적으로 확인해야 한다. 인감증명서를 위조하여 대리인 행세를 하는 경우도 종종 있다. 특히, 백지위임장의 경우에는 일단 의심하고, 백지위임장을 받게 된 경위를 철저히 확인해야 한다.

(b) 법인 대리인 : 법인 대리인의 경우에는 법인등기부등본, 법인인감증명서, 위임장과 대리인의 주민등록증을 통하여 정당한 대리인지 확인하고, 회사대표와 통화하여 위임 여부 및 위임사항에 대하여 확인해야 한다.

(c) 외국인 대리인 : 대한민국 국적을 보유하고 있지 아니한 자의 국내부동산의 처분과 관련하여 입국하지 아니하고 처분하는 경우에는 일반적으로 필요한 서면을 제외하고 처분위임장, 위임장에 한 서명이 본인이 직접 작성하였다는 취지의 본국 관공서의 증명이나 공증, 주소를 공증한 서면, 번역문 등이 필요하다. 외국거주자의 대리권한은 「재외공관 공증법」에 의거하여 영사관에서 대리권한 증빙서면을 발급받을 수 있다(법 제3조, 제21조). 외국인이 인감증명서를 발급받으려면 먼저 체류지를 관할하는 증명청에 인감을 신고하면 발급받을 수 있다(인감증명법 제3조 제3항). 외국인의 신분확인은 출입국관리소에서 발급하는 외국인등록증으로 하며, 신원이 불분명할 경우 그 외국인이 체류하는 시·군·구의 장이 관리하는 외국인등록대장에 의한다.

▪ **판례** ▪ 1. 인감도장이 날인된 인감증명서가 첨부되어 있다면, 특별한 사정이 없는 한 본인이나 그로부터 정당한 권한을 위임받은 자에 의하여 그 권한의 범위 안에서 적법하게 작성된 것으로 보아야 한다(94도1286).

2. 토지의 매매계약 체결시 매도인측이 인감증명이나 위임장, 매도증서만을 제출하였을 뿐이고 의당 제시되어야 하는 소유자명의의 등기필권리증을 제시하지 못하였을 뿐만 아니라 인감증명과 위임장 및 권리증을 제시하면서 실인(인감도장)을 소지하지 않았다면 대리인을 상대로 하고 적지 않은 값어치의 부동산을 매수하는 자로서는 의당 상대방의 대리권에 대하여 의심을 갖고 좀 더 확실한 방법에 의하여 그의 대리권의 존부를 확인하는 조치를 취하는 등 이에 대한 적절한 조사를 하였어야 한

다(73다1549).

3. 백지위임장의 경우, 작성명의인의 날인만 되어 있고 그 내용이 백지로 된 문서를 교부받아 후일 그 백지부분을 작성명의자 아닌 자가 보충한 문서의 경우에 있어서는 문서제출자가 그 기재내용이 작성명의인으로부터 위임받은 정당한 권원에 의한 것이라는 사실까지 입증할 책임이 있다(87다카576).

④ 공동소유인 경우

(a) 공유 : 공유의 목적이 된 부동산을 거래할 경우 공유자 중 1인은 자신이 지분범위 내에서만 거래계약을 체결할 권한이 있다. 공유부동산 전체를 처분하려면 다른 공유자의 동의가 있어야 한다. 공유자가 계약시에 참석할 수 없을 때에는 각각의 지분에 대해 거래를 위임하는 위임장이 있어야 한다.

(b) 합유 : 합유물을 처분 또는 변경함에는 합유자 전원의 동의가 있어야 한다. 조합계약에 의해 투자된 자금으로 매수한 부동산이라 할지라도 그 등기가 조합으로 되어있지 아니하고 개인 명의로 되어 있다면 제3자에게는 조합재산임을 주장할 수 없다(90다13161).

(c) 총유 : 종중, 부락공동체, 주택조합, 교회, 보중의 몽리민(이익을 보는 주민) 등 소유의 총유재산의 관리와 처분은 사원총회의 결의에 의한다(제276조 제1항). 종중 등 소유의 총유재산은 그 관리 및 처분에 관하여 먼저 종중규약에 정하는 바가 있으면 이에 따라야 하고, 규약이 없으면 종중총회의 결의에 의하여야 하므로 그러한 절차를 거치지 아니한 행위는 무효이다(96다18156).

(2) 매수인

매수인이 개인인 경우에는 매도인의 경우와 같은 문제가 발생할 수 있으므로 사회적 신분에 벗어나는 매입의 경우 일단 주의해야 한다. 마찬가지로 매수인이 법인인 경우에도 법인격의 유무, 대표자의 자격, 이해관계인 또는 감독자의 동의·허가의 유무 등을 꼼꼼히 검토해야 한다.

6. 계약의 목적물

1) 융통물

사법상 거래의 객체가 될 수 있는 물건은 원칙적으로 융통물이다. 사법상 거래가 허용되지 않는 불융통물은 사법상 거래에 제한이 있다. 불융통물에는 공용물, 공공용물, 금제물이 있다. '공용물'이란 국가·공공단체의 소유에 속하며, 국가나 공공단체에 의하여 공공 목적에 사용되는 물건을 말한다(예, 관공서의 건물, 국공립학교의 건물 등). '공공용물'이란 공중의 일반적 사용에 제공되는 물건으로서 (예, 도로, 하천, 공원, 항만 등) 공용물처럼 반드시 국가·공공단체에 속하여야 하는 것은 아니다(예를 들면, 도로법상 도로부지는 사인의 소유에 속할 수 있으나, 그 부지 부분에 대해서는 소유권을 행사할 수 없다). 공용물과 공공용물은 「국유재산법」상의 행정재산을 구성하여, 공용폐지가 있기까지는 사법상의 거래가 허용되지 않는다. '금제물'이란 법령의 규정에 의하여 거래가 금지되는 물건으로서 소유 또는 소지가 금지되는 것(예, 아편, 아편흡식기구, 음란한 문서, 위조 내지 변조한 통화 등)과 거래가 금지 또는 제한되는 것(예, 국보, 지정문화재 등)이 있다.

2) 토지

토지의 소유권은 정당한 이익이 있는 범위 내에서 토지의 상하에 미친다. 따라서 토지의 구성물(암석, 토사, 지하수 등)에도 그 효력이 미친다. 다만, 지하광물, 온천수 등은 특별법의 규율을 받는다. 미채굴의 광물은 국유에 속하므로 국가로부터 광업권을 취득하여야 채굴할 수 있다. 바다와 토지의 경계는 만조수위선을 기준으로 하며, '바닷가'(즉, 만조수위선으로부터 지적공부에 등록된 지역까지의 사이)와 '하천구역'은 개인 소유의 대상이 될 수 없다.

토지는 연속하고 있으나, 인위적으로 그 지표에 선을 그어서 경계로 삼고 구획되며, 지적공부에 등록된다. 등록된 각 구역은 독립성이 인정되며, 지번으로 표시되고, 그 개수는 필로써 계산된다. 모든 토지는 필지마다 지번·지목·경계 또는 좌표와 면적을 정하여 지적공부에 등록된다. 필요한 경우 1필의 토지를 수필의 토지로 분할(分筆)하거나 수필의 토지를 1필의 토지로 합병(합필)할 수 있다.

토지가 홍수 등으로 인하여 지속적으로 공유수면 아래로 잠기게 되어 사회통념상 원상복구가 불가능하게 되면(이를 '포락'이라 함), 원칙적으로 그 토지에 대한 소유권은 상실되며, 그 후 성토(盛土)되더라도 종전의 소유권이 부활되지는 않는다.

3) 토지의 정착물

토지의 정착물은 토지에 고정적으로 부착되어 용이하게 이동될 수 없는 물건으로서, 그러한 상태로 사용되는 것이 통상적으로 용인되는 것을 말한다. 예를 들면, 건물, 수목, 교량, 도로의 포장 등이 이에 해당한다. 그러나 판자집, 가식의 수목, 토지나 건물에 충분히 정착되어 있지 않은 기계 등은 정착물이 아니라 동산이다.

토지의 정착물은 토지와 독립하여 거래될 수 있는 것(예, 건물)이 있고, 토지의 일부로 토지와 합체되어 거래되는 것(예, 교량, 돌담, 포장된 도로 등)이 있다.

(1) 토지와 독립하여 거래될 수 있는 것

① 건물

건물은 그 기지(基地)가 되는 토지와는 별개의 부동산으로 다루어진다. 지상권, 임차권 등의 권원이 없이 타인의 토지에 건물을 축조한 경우라도 건물은 원칙적으로 건축한 자의 소유에 해당한다. 이 경우 토지소유자가 건물의 철거와 토지의 인도를 청구할 수 있다.

건물을 신축한 경우에는 소유권보존등기를 하지 않더라도 원칙적으로 건축주가 소유권을 원시취득한다. 기둥과 지붕 및 주벽이 갖추어지면 사회통념상 건물로서의 독립성을 갖게 된다. 따라서 건축주의 사정으로 건축공사가 중단된 후 타인이 나머지 공사를 마치고 완공한 경우에는 공사가 중단된 시점에서 사회통념상 독립한 건물이라고 볼 수 있는 형태와 구조를 갖추고 있었다면 원래의 건축주가 그 건물의 소유권을 원시취득한다.

건물을 증축한 경우에는 증축부분이 기존 부분에 부합하는지, 독립성을 갖는지는 물리적 구조, 경제적 효용 및 당사자의 의사 등을 종합하여 판단해야 한다. 아파트나 연립주택처럼 1동의 건물 중 구조상 구분된 부분이 독립한 건물로 사용될 수 있는 경우에 각 부분은 전유부분으로서 각각 구분소유권의 대상이 될 수 있다. 그러나 수 개의 전유부분으로 통하는 복도, 계단 기타 구조상 구분소유자들의 공용에 제공되는 부분(공용부분)은 구분소유권의 대상이 될 수 없다.

② 입목법에 의한 입목

토지에 부착된 수목의 집단으로서 그 소유자가 「입목에 관한 법률」에 의하여 입목등기부에 소유권보존등기를 받은 것을 '입목'이라 하는데, 입목은 이를 별도의 부동산으로 보고, 입목의 소유자는 토지와 분리하여 입목을 양도하거나 또는 저당권의 목적으로 할 수 있다.

③ 그 밖의 수목

등기된 입목이 아닌 수목(의 집단)이라도 관습법상의 명인방법을 갖추면 토지와는 별도의 소유권의 객체가 된다. '명인방법'이란 수목의 소유자가 누구라는 것을 일반인이 알 수 있게 하는 방법으로서, 나무껍질을 벗기고 소유자 성명을 묵서(墨書)한다든지, 줄 등을 둘러치고 소유자의 성명을 표시한 표찰(標札)을 세우는 것 등을 말한다. 그에 반해 토지의 주위에 울타리를 치고 그 안에 수목을 정원수로 심어 가꾸어 온 사실 또는 수목에 페인트칠을 하고 일련번호를 붙인 사실만으로는 명인방법을 갖춘 것으로 인정되지 않는다. 명인방법은 대상이 되는 수목을 특정하고, 계속 유지하여야 한다.

④ 미분리의 과실

미분리의 과실(예, 수목의 열매, 엽연초, 뽕나무잎 등)은 수목의 일부이지만, 명인방법을 갖춘 때에는 이를 토지와는 독립하여 거래할 수 있다. 그러나 이에 대해서는 동산으로 다루는 것이 타당하다는 비판적 견해가 있다.

⑤ 농작물

토지에서 재배되는 농작물(예, 약초, 양파, 마늘, 고추 등)은 토지의 일부이다. 다만, 정당한 권원에 의하여 타인의 토지에서 경작·재배한 농작물은 토지에 부합하지 않고 토지와는 독립된 부동산으로 다루어진다. 따라서 정당한 권원 없이 타인의 토지에서 경작한 농작물은 토지에 부합하고, 그 결과 독립된 부동산으로 다루어지지 않는 것이 원칙이다. 그런데 판례는 농작물의 경우 예외적으로 권원 없이 재배되었다고 하더라도 그 농작물의 소유권은 언제나, 즉 명인방법을 갖출 필요도 없이 경작자에게 있다고 한다(62다913; 68도906 등). 이에 따르면 농작물은 토지와는 독립된 부동산으로 다루어지게 된다.

(2) 토지와 합체되어 거래되는 것

① 토지의 구성부분

토지의 소유권은 정당한 이익이 있는 범위 내에서 토지의 상하에 미친다. 따라서 토지의 구성물인 암석, 토사, 지하수(온천은 제외) 등에도 그 효력이 미친다.

② 토지의 일부에 지나지 않는 것

교량, 돌담, 도로의 포장 등은 토지의 일부로 보아 토지가 매매되면 별도의 약정이 없어도 거래대상에 포함된다.

③ 종물

종물은 주물의 처분에 따른다(제100조 제2항). 따라서 주물에 대한 소유권의 양도가 있으면, 종물도 함께 양도된다. 토지의 종물인 과수원·농장의 창고, 수영장·골프장의 휴게실 등이 이에 해당한다.

④ 부합물

부동산 소유자는 그 부동산에 부합한 물건의 소유권을 취득한다(제256조 전단). 소유자가 다른 2개의 물건이 결합하여 사회관념상 분리하는 것이 불가능하거나 사회경제상 대단히 불리하여 그 복구를 허용하지 않고서 어느 누구의 소유에 귀속시키는 것을 부합이라 한다. 주유소의 유류저장탱크(소유자가 같은 경우는 종물이 됨), 기존 건물에 부속한 증축부분 등이 이에 해당한다. 그러나 타인의 권원에 의하여 부속된 것은 그러하지 아니하다(제256조 후단).

7. 임대차 계약

1) 임대차의 의의

임대차는 당사자 일방이 상대방에게 목적물을 사용·수익하게 할 것을 약정하고 상대방이 이에 대하여 차임을 지급할 것을 약정함으로써 성립하는 계약이다 (제618조). 임대차의 목적물은 물건이다. 따라서 권리나 기업을 빌리고 그 대가를 지급하는 계약은 임대차가 아니고, 임대차에 비슷한 일종의 무명계약이다. 임대차는 낙성·유상·쌍무·불요식의 계약으로, 임대인과 임차인 사이에 일정한 합의가 있으면 성립하는 것이다. 임대차에 있어서는 사용·수익의 대가로서 차임을 지급하는 것이 핵심적 요소이다.

2) 임대차를 규율하는 법률

임대차에 관한 기본적인 내용들은 「민법」의 '채권편'에 주로 규정되어 있다. 농지의 임대차에 관하여는 특별히 「농지법」에서 규정하고 있으나, 농지의 임대차는 일정한 사유가 있는 경우를 제외하고는 원칙적으로 금지하고 있으며(법 제23조), 이를 위반하여 임대한 자에 대하여는 '1,000만원 이하의 벌금'에 처하는 벌칙 규정을 두고 있다(법 제60조). 또한 주택의 임대차에 관하여는 「주택임대차보호법」 (이하 '주택임대차법'이라 한다)이, 상가·점포·건물의 임대차에 관하여는 「민법」에 대한 특별법으로써 「상가건물 임대차보호법」(이하 '상가임대차법'이라 한다)이 우선 적용된다.

3) 임차권의 강화

임대차는 타인의 물건을 대가를 지급하고서 이용하는 대표적인 계약으로서 매매와 더불어 우리의 생활에 있어서 대단히 중요한 기능을 하고 있다. 특히, 그 중에서도 부동산 임대차는 주거, 생산 기타 경제활동의 목적에서 광범위하게 이용되고 있지만 임대인과 임차인이 대등한 자격에서 계약을 체결하지 못한다는 점에서 부동산 임차권의 강화 내지는 부동산 임차인의 보호가 전세계적으로 요청되고 있는 추세에 있다. 부동산 임차권 강화의 내용으로는 일반적으로 (ⅰ) 대항력의 강화, (ⅱ) 임차권의 침해에 대한 배제, (ⅲ) 임차권의 처분 허용, (ⅳ) 임차권의 존속보장 등을 드는 것이 보통이다.

(1) 대항력

부동산임차인은 당사자간에 반대약정이 없으면 임대인에 대하여 그 임대차등기절차에 협력할 것을 청구할 수 있으며, 동산임대차를 등기한 때에는 그때부터 제3자에 대하여 효력이 생긴다(제621조). 하지만 임대인이 등기에 동의하지 않을 경우 임차권은 채권으로서 물권과의 관계에서는 후순위에 있으므로 임대차 목적물이 양도된 경우에 임차인은 새로운 소유자에 대하여 임차권을 주장할 수가 없는 등, 불안한 지위에 있다. 이에 열악한 지위를 가진 임차인을 보호하기 위하여 1981년 3월 5일 시행된 주택임대차법(법률 제3379호, 1981.3.5. 제정) 제3조(대항력)에서는 "임대차는 그 등기(登記)가 없는 경우에도 임차인(賃借人)이 주택의 인도(引渡)와 주민등록을 마친 때에는 그 다음 날부터 제3자에 대하여 효력이 생긴다. 이 경우 전입신고를 한 때에 주민등록이 된 것으로 본다"(제1항), "임차주택의 양수인은 임대인의 지위를 승계한 것으로 본다"(제3항)고 규정함으로써 일정한 법정 요건을 갖춘 경우에는 임차권에 대하여 물권적 효력을 인정하고 있다. 2002년 11월 1일에 시행된 상가임대차법(법률 제6542호, 2001.12.29. 제정) 제3조에도 동일한 내용이 규정되어 있다.

한편, 건물의 소유를 목적으로 한 토지임대차는 이를 등기하지 아니한 경우에도 임차인이 그 지상건물을 등기한 때에는 제3자에 대하여 임대차의 효력이 생긴다. 다만, 건물이 임대차기간만료 전에 멸실 또는 후폐(朽廢 - 썩어서 소용이 없게 됨)한 때에는 임대차의 효력을 잃는다(제622조).

(2) 방해배제

물권의 침해가 있는 경우에 물권에 기하여 그 방해배제를 청구할 수 있듯이, 채권으로서의 임차권에 대해 제3자의 침해가 있는 경우에 임차인은 임차권 자체에 기하여 방해배제를 청구할 수 있느냐가 문제된다. 통설은 대항력을 갖춘 임차권에 한해 이를 긍정한다.

(3) 처분가능성

임차인은 임대인이 동의가 있는 경우에는 임차권을 양도하거나 임차물을 전대할 수 있다. 그러나 임대인의 동의 없이 임차권을 양도하거나 전대한 때에는 임대인은 계약을 해지할 수 있다(제629조). 다만, 건물의 임차인이 그 건물의 소부분을 타인에게 사용케 하는 경우에는 임대인의 동의를 필요로 하지 않는다(제632조).

(4) 임차권의 존속보장

임차권의 존속에 필요한 최단존속기간에 관해서 「민법」에서는 규정을 두고 있지 않다. 다만, 주택임대차법에서는 기간을 정하지 아니하거나 2년 미만으로 정한 임대차는 그 기간을 2년으로 보되, 임차인은 2년 미만으로 정한 기간이 유효함을 주장할 수 있도록 하고 있다(법 제4조). 또한, 상가임대차법에서 1년으로 하고 있다(법 제9조). 또한 상가임대차법에서 기간을 정하지 아니하거나 기간을 1년 미만으로 정한 임대차는 그 기간을 1년으로 보되, 임차인은 1년 미만으로 정한 기간이 유효함을 주장할 수 있도록 하고 있다(법 제9조). 다만, 상가임대차법에서는 임대인은 소정의 사유가 없는 한 임차인이 임대차기간이 만료되기 6개월 전부터 1개월 전까지 사이에 계약갱신을 요구할 경우 정당한 사유 없이 거절하지 못하도록 함(법 제10조 제1항)으로서 계약갱신요구권을 인정하고, 이 계약갱신요구권은 최초의 임대차기간을 포함한 전체 임대차기간이 10년을 초과하지 아니하는 범위에서 행사할 수 있도록 하고 있다(법 제10조 제2항).

4) 임대차의 존속기간

(1) 임대차기간을 약정하는 경우

임대차기간에는 제한이 없다. 다만, 처분의 능력 또는 권한없는 자(예, 부재자 재산관리인, 권한이 정하여져 있지 않은 대리인, 후견인, 상속재산관리인 등)가 임대차를 하는 경우에는 그 임대차는 대상목적물에 따라 다음의 기간을 넘지 못한다(제619조). 즉, (ⅰ) 식목, 채염 또는 석조, 석회조, 연와조 및 이와 유사한 건축을 목적으로 한 토지의 임대차는 10년, (ⅱ) 기타 토지의 임대차는 5년, (ⅲ) 건물 기타 공작물의 임대차는 3년, (ⅳ) 동산의 임대차는 6월이다. 다만, 이 기간은 갱신할 수 있다. 그러나 그 기간만료전 토지에 대하여는 1년, 건물 기타 공작물에 대하여는 3월, 동산에 대하여는 1월 내에 갱신하여야 한다(제620조).

한편, 최단기간에 대해서는 「민법」에는 아무런 규정이 없고, 전술한 것처럼 주택임대차나 상가임대차의 경우에는 각각 2년, 1년의 제한이 있다.

(2) 임대차의 갱신

① 계약에 의한 갱신

임대차 기간에는 제한이 없으며, 그 갱신도 횟수에 제한이 없고 몇 번이든 할 수 있다. 건물 기타 공작물의 소유 또는 식목, 채염, 목축을 목적으로 한 토지임대차의 기간이 만료한 경우에 건물, 수목 기타 지상시설이 현존한 때에는 계약의 갱신을 청구할 수 있다. 다만, 임차인은 임대인이 계약의 갱신을 원하지 아니하는 때에는 상당한 가액으로 위의 공작물이나 수목의 매수를 청구할 수 있다(제643조, 제283조). 동조는 강행규정이므로, 이에 위반하는 약정으로서 임차인에게 불리한 것은 그 효력이 없다(제652조).

한편, 건물 기타 공작물의 소유 또는 식목, 채염, 목축을 목적으로 한 토지임차인이 적법하게 그 토지를 전대한 경우에 임대차 및 전대차의 기간이 동시에 만료되고 건물, 수목 기타 지상시설이 현존한 때에는 전차인은 임대인에 대하여 전전대차와 동일한 조건으로 임대할 것을 청구할 수 있다. 이때 임대인이 임대할 것을 원하지 아니하는 때에는 전대인은 상당한 가액으로 위의 공작물이나 수목의 매수를 청구할 수 있다(제644조). 동조는 강행규정이므로, 이에 위반하는 약정으로서 임차인에게 불리한 것은 그 효력이 없다(제652조).

② 묵시의 갱신(법정갱신)

임대차기간이 만료한 후 임차인이 임차물의 사용, 수익을 계속하는 경우에 임대인이 상당한 기간 내에 이의를 하지 아니한 때에는 전임대차와 동일한 조건으로 다시 임대차한 것으로 본다(제639조 제1항 전문). 이 경우에 전임대차에 대하여 제3자가 제공한 담보는 기간의 만료로 인하여 소멸한다(동조 제2항). 그러나 그 존속기간은 기간의 약정이 없는 것으로 되므로 당사자는 언제든지 해지의 통고를 할 수 있다(제639조 제1항 후문, 제635조).

③ 임대차기간을 약정하지 않은 경우

임대차기간의 약정이 없는 때에는 당사자는 언제든지 계약해지의 통고를 할 수 있다. 이때는 상대방이 그 통고를 받은 날로부터 다음의 기간이 경과하는 때에 해지의 효력이 생긴다. 즉, 토지, 건물 기타 공작물에 대하여는 임대인이 해지를 통고한 경우에는 6월, 임차인이 해지를 통고한 경우에는 1월, 동산에 대하여는 5일이다(제635조). 동조는 강행규정이므로 이에 위반하는 약정으로 임차인에게 불리한 것은 그 효력이 없다(제652조).

5) 임대차의 효력

(1) 임대인의 권리와 의무

① 임대인의 권리

임대인의 권리로서 가장 중요한 것은 차임청구권이다. 임대인은 임대물에 대한 공과부담의 증감 기타 경제사정의 변동으로 인하여 약정한 차임이 상당하지 아니하게 된 때에는 장래에 대한 차임의 증감을 청구할 수 있다(제628조).

② 임대인의 의무

(a) 목적물을 사용·수익하게 할 의무 : 임대인은 목적물을 임차인에게 인도하고 계약존속 중 그 사용, 수익에 필요한 상태를 유지하게 할 의무를 부담한다(제623조). 이 의무에 의하여 다음과 같은 여러 의무가 파생한다.

(ⅰ) 목적물인도의무 : 임대인은 목적물을 임차인에게 인도하고 존속기간 중 그 사용·수익에 필요한 상태를 유지하게 할 의무를 부담한다.

(ⅱ) 방해제거의무 : 제3자가 임차인의 사용·수익을 방해하는 행위를 하는 경우에는 임대인은 임차인을 위하여 그 방해를 제거하여야 할 의무를 진다.

(ⅲ) 수선의무 : 임대인은 계약존속 중 임차인이 사용·수익을 하는 데 필요한 상태를 유지하게 할 의무를 진다(제623조).

> ▪ **판례** ▪ 첫째, 임차목적물에 파손 또는 장해가 생기더라도 그것이 별 비용을 들이지 않고 손쉽게 고칠 수 있는 사소한 것이어서 '임차인의 사용·수익을 방해할 정도의 것이 아니면' 임대인은 수선의무를 부담하지 않는다. 둘째, 수선하지 아니하면 '임차인의 사용·수익을 방해할 상태인 경우에는 임대인은 수선의무를 지지만, 이것은 특약에 의하여 면제할 수 있다. 다만, 그 특약에 의하여 면제받을 수 있는 것은 통상 생길 수 있는 '소규모의 수선'에 한하고, '대규모의 수선'은 특약에 의하여 면제받을 수 없고 여전히 임대인이 그 수선의무를 진다(94다34692).

임대인이 임대물의 보존에 필요한 행위를 하는 때에는 임차인은 이를 거절하지 못하며(제624조), 임대인이 임차인의 의사에 반하여 보존행위를 하는 경우에 임차인이 이로 인하여 임차의 목적을 달성할 수 없는 때에는 계약을 해지할 수 있다(제625조).

(b) 임대인의 담보책임 : 임대차는 유상계약이므로 매매에 관한 규정이 준용된다(제567조). 따라서 임차인은 임대차의 목적물에 하자가 있거나 또는 그 권리에 하자가 있는 경우에는 손해배상을 청구할 수 있고, 목적물의 수량이 부족한 경우에는 차임의 감액을 청구할 수 있으며, 하자로 인하여 계약의 목적을 달성할 수 없는 없는 때에는 계약을 해제·해지할 수 있다.

(c) 비용상환의무 : 임차인이 임차물의 보존에 관한 필요비를 지출한 때에는 임대인에 대하여 그 상환을 청구할 수 있다. 또한 임차인이 유익비를 지출한 경우에는 임대인은 임대차 종료시에 그 가액의 증가가 현존한 때에 한하여 임차인이 지출한 금액이나 그 증가액을 상환하여야 한다. 이 경우에 법원은 임대인의 청구에 의하여 상당한 상환기간을 허여할 수 있다(제626조).

(d) 보호의무 : 임대인에게 임차인의 생명·신체 등을 보호해야 할 의무에 대하여 학설은 이를 인정하지 않는다. 따라서 임대인은 임차인의 안전을 배려하여 주거나 도난을 방지하는 등의 보호의무까지 부담하지는 않는다(99다1004). 또한 상가임대차의 경우에도 상가임대인이 상가가 활성화되고 상권이 형성된 상태를 조성하여야 할 의무까지는 부담하지 않는다고 한다(2008다94769). 다만, 일시사용을 위한 임대차에서 임차인의 안전을 배려해야 할 임대인의 계약상의 의무, 즉 보호의무를 인정한 판례가 있다.

(2) 임차인의 권리와 의무

① 임차인의 권리

(a) 임차권 : 임차인은 계약 또는 목적물의 성질에 의하여 정하여진 용법으로 이를 사용·수익할 권리를 가진다. 임차인이 이에 위반하여 생긴 손해에 대해서는 임대인은 목적물의 반환을 받은 날로부터 6개월 이내에 그 배상청구를 하여야 한다(제654조, 제617조). 다만, 임차인은 임대인의 동의 없이 임차권을 양도하거나 임차물을 전대하지 못하고 이에 위반한 때에는 임대인은 계약을 해지할 수 있다(제

629조). 그러나 건물의 임차인이 그 건물의 소부분을 사용하게 하는 경우에는 그러하지 아니한다(제632조).

한편, 부동산임차인은 당사자 간에 반대의 약정이 없으면 임대인에 대하여 그 임대차등기절차에 협력할 것을 청구할 수 있다(제621조). 부동산 임대차를 등기한 때에는 그 때부터 제3자에 대하여 효력이 생긴다. 건물의 소유를 목적으로 한 토지임대차에 있어서는 그 임대차등기를 하지 아니한 때에도 임차인이 그 지상건물에 대해 소유권등기를 한 때에는 제3자에 대하여 임대차의 효력이 생긴다(제622조).

(b) 비용상환청구권 : 임차인이 임차물의 보존에 관한 필요비를 지출한 때에는 임대인에 대하여 그 상환을 청구할 수 있다. 또한 임차인이 유익비를 지출한 경우에는 임대인은 임대차종료시에 그 가액의 증가가 현존한 때에 한하여 임차인의 지출한 금액이나 그 증가액을 상환하여야 한다. 이 경우에 법원은 임대인의 청구에 의하여 상당한 상환기간을 허여할 수 있다(제626조). 필요비 및 유익비의 상환청구권은 임대인이 목적물을 반환받은 날로부터 6개월 내에 행사하여야 한다. 임차인의 비용상환청구권에 관한 규정은 강행규정이 아니므로 당사자 사이의 특약으로 이를 포기할 수 있다.

(c) 부속물매수청구권 : 건물 기타 공작물의 임차인이 그 사용의 편익을 위하여 임대인의 동의를 얻어 이에 부속하거나 혹은 임대인으로부터 매수한 부속물이 있는 때에는 임대차의 종료시에 임대인에 대하여 그 부속물의 매수를 청구할 수 있다(제646조). 부속물매수청구권은 형성권으로서 임차인의 의사표시만으로 그 효력이 생긴다. 다만, 건물임차인의 채무불이행으로 임대차계약이 해지된 경우에는 임차인은 부속물매수청구권을 행사하지 못한다(88다카7245,7252).

[부속물매수청구권과 비용상환청구권]

(ⅰ) 부속물매수청구권을 행사하려면, 그 부속물이 건물의 구성부분이 아니라, '건물과는 독립된 별개의 물건'이어야 한다(77다50). 그러나 그 물건이 건물의 구성부분을 이루는 경우에는 비용상환청구권을 행사하여야 한다.

(ⅱ) 부속물매수청구권을 행사하려면, 임차인이 '임대인의 동의'를 얻어 부속시키거나 또는 임대인으로부터 매수한 경우에만 국한되지만, 비용상환청구권의 경우에는 그러한 요건이 요구되지 않는다.

(ⅲ) 부속물매수청구권에 관한 「민법」 제646조는 강행규정으로서 이에 위반하는 약

정으로 임차인에게 불리한 것은 무효가 되지만(제652조), 비용상환청구권은 당사자 사이의 특약으로 이를 포기할 수 있다.

(d) 토지임차인의 지상물매수청구권 : 건물 기타 공작물의 소유 또는 식목, 채염, 목축을 목적으로 한 토지임대차의 기간이 만료한 경우에 건물, 수목 기타 지상시설이 현존한 때에는 임차인은 계약의 갱신을 청구할 수 있고, 임대인이 계약의 갱신을 원하지 아니하는 때에는 지상권자는 상당한 가액으로 전항의 공작물이나 수목의 매수를 청구할 수 있다(제643조, 제283조). 지상물매수청구권은 형성권으로서, 그 행사로 임대인과 임차인 사이에 지상물에 관한 매매가 성립하게 되며, 임차인이 지상물의 매수청구권을 행사한 경우에는 임대인은 그 매수를 거절하지 못한다(제652조).

이때 토지임대차에 있어서 매수청구권의 대상이 되는 건물은 그것이 토지의 임대목적에 반하여 축조되고 임대인이 예상할 수 없을 정도의 고가의 것이라는 특별한 사정이 없는 한 임대차계약 당시의 기존 건물이거나 임대인의 동의를 얻어 신축한 것에 한정하지 않는다(93다34589). 한편, 그 지상건물이 임차지 상과 제3자 소유의 토지 위에 걸쳐 있는 경우에는, 임차지 상에 있는 건물 부분이 구분소유의 객체가 될 수 있는 때에 한해 임차인에게 매수청구가 허용된다(93다42634). 또한 기간의 약정 없는 토지임대차계약을 임대인이 해지하여 그 임차권이 소멸한 경우에도 매수청구권은 인정되며, 나아가 이 경우에는 계약의 갱신을 거절한 것으로 볼 수 있으므로, 따라서 토지임차인은 계약의 갱신을 청구할 필요 없이 곧 지상물의 매수를 청구할 수 있다(94다51178; 94다34265). 그러나 임대차계약이 임차인의 채무불이행으로 인하여 해지된 경우에는 부속물매수청구권이 인정되지 않는다(2003다7685).

② 임차인의 의무

(a) 차임지급의무 : 임차인은 임차물의 사용·수익의 대가로 차임을 지급할 의무를 진다. 차임은 반드시 금전이어야 하는 것은 아니며, 기타의 물건으로 지급하여도 무방하다. 차임은 동산, 건물이나 대지에 대하여는 매월 말에, 기타 토지에 대하여는 매년 말에 지급하여야 한다. 그러나 수확기에 있는 것에 대하여는 그 수확 후 지체 없이 지급하여야 한다(제633조).

임차물의 일부가 임차인의 과실없이 멸실 기타 사유로 인하여 사용, 수익할 수 없는 때에는 임차인은 그 부분의 비율에 의한 차임의 감액을 청구할 수 있다. 이때 그 잔존부분으로 임차의 목적을 달성할 수 없는 때에는 임차인은 계약을 해지할 수 있다(제627조). 또한 임대물에 대한 공과부담의 증감 기타 경제사정의 변동으로 인하여 약정한 차임이 상당하지 아니하게 된 때에는 당사자는 장래에 대한 차임의 증감을 청구할 수 있다(제628조).

토지임대인이 임대차에 관한 채권에 의하여 임차지에 부속 또는 그 사용의 편익에 공용한 임차인의 소유동산 및 그 토지의 과실을 압류한 때에는 질권과 동일한 효력이 있다(제650조). 또한 토지임대인이 변제기를 경과한 최후 2년의 차임채권에 의하여 그 지상에 있는 임차인소유의 건물을 압류한 때에는 저당권과 동일한 효력이 있다(제649조).

건물 기타 공작물의 임대차에는 임차인의 차임연체액이 2기의 차임액에 달하는 때에는 임대인은 계약을 해지할 수 있다(제640조). 건물 기타 공작물의 소유 또는 식목, 채염, 목축을 목적으로 한 토지임대차의 경우에도 마찬가지이다(제641조). 이때 지상권이 저당권의 목적인 때 또는 그 토지에 있는 건물, 수목이 저당권의 목적이 된 때에는 지상권의 소멸청구(지상권자가 2년 이상의 지료를 지급하지 아니한 때)는 저당권자에게 통지한 후 상당한 기간이 경과함으로써 그 효력이 생긴다(제642조, 제288조).

(b) 임차물 사용·수익 및 보관의무 : 임차인은 계약 또는 그 목적물의 성질에 의하여 정하여진 용법으로 이를 사용·수익하여야 하며, 임대인의 승낙이 없으면 제3자에게 차용물을 사용·수익하게 하지 못한다(제654조, 제610조 제1항).

한편, 임차인은 임차물을 임대인에게 반환할 때까지 선량한 관리자의 주의를 가지고 보관하여야 한다. 임차물의 수리를 요하거나 또는 임차물에 대하여 권리를 주장하는 자가 있는 때에는 임차인은 지체 없이 임대인에게 이를 통지하여야 한다. 그러나 임대인이 이미 이를 안 때에는 그러하지 아니하다(제643조).

(c) 임차물 반환의무 : 임대차가 종료한 때에는 임차인은 부속시킨 물건을 철거하여 임차물을 원상으로 회복하여야 한다(제654조, 제615조).

③ 권리금

상가임대차법에서는 임차인의 보호를 위하여 임차인의 권리금 회수기회를 보호하는 한편, 임대인으로 하여금 정당한 사유 없이 임차인의 임대차체결을 방해하지 못하도록 하고 있다.

(a) 권리금의 의의 : 권리금은 임대차 목적물인 상가건물에서 영업을 하는 자 또는 영업을 하려는 자가 영업시설·비품, 거래처, 신용, 영업상의 노하우, 상가건물의 위치에 따른 영업상의 이점 등 유형·무형의 재산적 가치의 양도 또는 이용대가로서 임대인, 임차인에게 보증금과 차임 이외에 지급하는 금전 등의 대가를 말한다(법 제10조의3 제1항). 권리금 계약은 신규임차인이 되려는 자가 임차인에게 권리금을 지급하기로 하는 계약을 말한다(동조 제2항).

(b) 권리금 회수기회의 보호 등 : 임대인은 임대차기간이 끝나기 6개월 전부터 임대차 종료시까지 다음 각 호의 어느 하나에 해당하는 행위를 함으로써 권리금 계약에 따라 임차인이 주선한 신규임차인이 되려는 자로부터 권리금을 지급받는 것을 방해하여서는 아니 된다. 즉, (ⅰ) 임차인이 주선한 신규임차인이 되려는 자에게 권리금을 요구하거나 임차인이 주선한 신규임차인이 되려는 자로부터 권리금을 수수하는 행위, (ⅱ) 임차인이 주선한 신규임차인이 되려는 자로 하여금 임차인에게 권리금을 지급하지 못하게 하는 행위, (ⅲ) 임차인이 주선한 신규임차인이 되려는 자에게 상가건물에 관한 조세, 공과금, 주변 상가건물의 차임 및 보증금, 그 밖의 부담에 따른 금액에 비추어 현저히 고액의 차임과 보증금을 요구하는 행위, (ⅳ) 그 밖에 정당한 사유 없이 임대인이 임차인이 주선한 신규임차인이 되려는 자와 임대차계약의 체결을 거절하는 행위 등이다(법 제10조의4 제1항). 여기서 정당한 사유가 있는 것으로 보는 경우로는 (ⅰ) 임차인이 주선한 신규임차인이 되려는 자가 보증금 또는 차임을 지급할 자력이 없는 경우, (ⅱ) 임차인이 주선한 신규임차인이 되려는 자가 임차인으로서의 의무를 위반할 우려가 있거나 그밖에 임대차를 유지하기 어려운 상당한 사유가 있는 경우, (ⅲ) 임대차 목적물인 상가건물을 1년 6개월 이상 영리목적으로 사용하지 아니한 경우, (ⅳ) 임대인이 선택한 신규임차인이 임차인과 권리금 계약을 체결하고 그 권리금을 지급한 경우 등이다(동조 제2항).

그러나 다음 각 호의 어느 하나에 해당하는 사유가 있는 경우에는 권리금 회수기회가 보장되지 않는다. 즉, (ⅰ) 임차인이 3기의 차임액에 해당하는 금액에 이르도록 차임을 연체한 사실이 있는 경우, (ⅱ) 임차인이 거짓이나 그 밖의 부정한 방법으로 임차한 경우, (ⅲ) 서로 합의하여 임대인이 임차인에게 상당한 보상을 제공한 경우, (ⅳ) 임차인이 임대인의 동의 없이 목적 건물의 전부 또는 일부를 전대(轉貸)한 경우, (ⅴ) 임차인이 임차한 건물의 전부 또는 일부를 고의나 중대한 과실로 파손한 경우, (ⅵ) 임차한 건물의 전부 또는 일부가 멸실되어 임대차의 목적을 달성하지 못할 경우, (ⅶ) 임대인이 다음 각 목의 어느 하나에 해당하는 사유로 목적 건물의 전부 또는 대부분을 철거하거나 재건축하기 위하여 목적 건물의 점유를 회복할 필요가 있는 경우(가. 임대차계약 체결 당시 공사시기 및 소요기간 등을 포함한 철거 또는 재건축 계획을 임차인에게 구체적으로 고지하고 그 계획에 따르는 경우, 나. 건물이 노후·훼손 또는 일부 멸실되는 등 안전사고의 우려가 있는 경우, 다. 다른 법령에 따라 철거 또는 재건축이 이루어지는 경우), (ⅷ) 그 밖에 임차인이 임차인으로서의 의무를 현저히 위반하거나 임대차를 계속하기 어려운 중대한 사유가 있는 경우이다(동조 제1항 단서).

한편, 임대인이 권리금을 지급받는 것을 방해하여 임차인에게 손해를 발생하게 한 때에는 그 손해를 배상할 책임이 있다. 이 경우 그 손해배상액은 신규임차인이 임차인에게 지급하기로 한 권리금과 임대차 종료 당시의 권리금 중 낮은 금액을 넘지 못한다(동조 제3항). 이때 임대인에게 손해배상을 청구할 권리는 임대차가 종료한 날부터 3년 이내에 행사하지 아니하면 시효의 완성으로 소멸한다(동조 제4항). 다만, 임차인은 임대인에게 임차인이 주선한 신규임차인이 되려는 자의 보증금 및 차임을 지급할 자력 또는 그 밖에 임차인으로서의 의무를 이행할 의사 및 능력에 관하여 자신이 알고 있는 정보를 제공하여야 한다(동조 제5항).

(c) 권리금적용의 배제 : 임대차 목적물인 상가건물이 「유통산업발전법」 제2조에 따른 대규모점포 또는 준대규모점포2)의 일부인 경우(다만, 「전통시장 및 상점

---

2) 3. "대규모점포"란 다음 각 목의 요건을 모두 갖춘 매장을 보유한 점포의 집단으로서 별표에 규정된 것을 말한다. 가. 하나 또는 대통령령으로 정하는 둘 이상의 연접되어 있는 건물 안에 하나 또는 여러 개로 나누어 설치되는 매장일 것, 나. 상시 운영되는 매장일 것, 다. 매장면적의 합계가 3천제곱미터 이상일 것
　　4. "준대규모점포"란 다음 각 목의 어느 하나에 해당하는 점포로서 대통령령으로 정하는

가 육성을 위한 특별법」 제2조 제1호에 따른 전통시장은 제외한다)나 「국유재산법」에 따른 국유재산 또는 「공유재산 및 물품 관리법」에 따른 공유재산인 경우에는 권리금회수 보호의 기회를 적용하지 아니한다(법 제10조의5).

(d) 표준권리금계약서의 작성 등 : 국토교통부장관은 임차인과 신규임차인이 되려는 자가 권리금 계약을 체결하기 위한 표준권리금계약서를 정하여 그 사용을 권장할 수 있다(법 제10조의6).

(e) 권리금 평가기준의 고시 : 국토교통부장관은 권리금에 대한 감정평가의 절차와 방법 등에 관한 기준을 고시할 수 있다(법 제10조의7).

6) 임차권의 양도와 전대

(1) 의의

임차권의 양도란 임차권을 그 동일성을 유지하면서 이전하는 계약을 말한다. 임차권의 양도가 있게 되면, 임차인은 그의 지위를 벗어나고 양수인이 임차인의 지위를 승계하여 임차인으로서의 권리·의무를 취득하게 된다. 임차인이 임대인 (즉 전대인)이 되어 그의 임차물을 다시 제3자(전차인)로 하여금 사용·수익하게 하는 계약이 '전대'이다.

「민법」에서는 임차인이 임차권을 양도하거나 혹은 임차물을 전대하는 경우에는 임대인의 동의를 얻어야 한다(제629조 제1항)고 규정하고, 임대인의 동의를 얻지 않은 경우에는 임대인은 임대차계약을 해지할 수 있도록 하고 있다(동조 제2항). 그러나 위 규정은 단순히 임대인의 보호를 위한 것으로서 강행규정은 아니므로 당사자의 특약으로 임대인의 동의를 요하지 않는 것으로 하는 것은 유효하다. 건물의 임차인이 그 건물의 소부분을 타인에게 전대하는 경우에는 임대인의 동의 없이 자유로이 할 수 있다(제632조).

것을 말한다. 가. 대규모점포를 경영하는 회사 또는 그 계열회사(「독점규제 및 공정거래에 관한 법률」에 따른 계열회사를 말한다)가 직영하는 점포, 나. 「독점규제 및 공정거래에 관한 법률」에 따른 상호출자제한기업집단의 계열회사가 직영하는 점포, 다. 가목 및 나목의 회사 또는 계열회사가 제6호가목에 따른 직영점형 체인사업 및 같은 호 나목에 따른 프랜차이즈형 체인사업의 형태로 운영하는 점포

(2) 임대인의 동의 없는 양도·전대

임대인의 동의 없는 양도·전대차계약은 임차인과 양수인·전차인의 관계에서는 유효하고, 임차인은 임대인의 동의를 얻을 의무를 양수인·전차인에 대하여 부담한다.

그러나 양수인·전차인의 목적물에 대한 점유는 임대인에 대한 관계에서는 불법점유가 된다. 따라서 임대인은 목적물을 임차인에게 반환할 것을 양수인에게 청구할 수 있으며, 임대인은 임대차계약을 해지할 수 있다. 그러나 그 해지를 하지 않는 동안에는 임차인은 종전의 지위를 그대로 유지한다.

(3) 임대인의 동의 있는 양도·전대

① 임대인의 동의 있는 임차권의 양도

양도인은 임대차관계에서 벗어나고, 임차권은 그 동일성을 유지하면서 양수인에게 이전한다. 다만, 양도인의 연체차임채무나 기타 손해배상채무 등은 원칙적으로 양수인에게 이전하지 않는다.

② 임대인의 동의 있는 임차물의 전대

(a) 전차인의 권리와 의무 : 임차인과 전차인의 관계는 전대차계약의 내용에 의해 정해지며, 임대인과 임차인의 관계는 종전의 관계를 그대로 유지하고 전대차에 의해 아무런 영향을 받지 않는다. 이때 임대인과 전차인 사이에 직접 임대차관계가 발생하는 것은 아니지만, 「민법」은 임대인의 보호를 위하여 전차인이 직접 임대인에 대하여 의무를 부담하는 것으로 하고 있다. 그 주요한 것으로는 목적물의 보관 및 반환의무, 차임지급의무 등이다. 그러나 임차인이 임대인의 동의를 얻어 임차물을 전대한 때에는 전차인은 직접 임대인에 대하여 의무를 부담하고, 이 경우에 전차인은 전대인에 대한 차임의 지급으로써 임대인에게 대항하지 못하고, 이것은 임대인의 임차인에 대한 권리행사에 영향을 미치지 아니한다(제630조).

전대차의 경우 전차인의 전차권은 전대인의 임차권을 기초로 하여 그 위에 성립하는 것이므로 임차권이 기간의 만료, 채무불이행으로 인한 해지 등으로 소멸하면 전차권도 소멸한다. 그러나 「민법」에서는 전차인 보호를 위해서, 임차인이 임대인의 동의를 얻어 임차물을 전대한 경우에는 임대인과 임차인의 합의로 계약을 종료한 때에도 전차인의 권리는 소멸하지 아니하는 것으로 하고 있다(제631조).

　(b) 임대차계약의 해지 : 임대차계약이 해지의 통고로 인하여 종료된 경우에 그 임대물이 적법하게 전대되었을 때에는 임대인은 전차인에 대하여 그 사유를 통지하지 아니하면 해지로써 전차인에게 대항하지 못한다(제638조 제1항). 이때 전차인은 이 통고를 받은 날로부터 토지, 건물 기타 공작물에 대하여는 임대인이 해지를 통고한 경우에는 6월, 동산에 대하여는 5일의 기간이 경과하면 해지의 효력이 생긴다(제638조 제2항, 제635조 제2항).

　한편, 건물 기타 공작물의 소유 또는 식목·채염·목축을 목적으로 하는 토지 임차인이 적법하게 그 토지를 전대한 경우에, 임대차 및 전대차의 기간이 동시에 만료되고 또 건물 등의 지상시설이 현존한 때에는, 전차인은 임대인에 대하여 전전대차와 동일한 조건으로 임대할 것을 청구할 수 있고, 이 경우 임대인이 임대할 것을 원하지 않는 때에는 임대인에 대하여 상당한 가액으로 그 지상시설을 매수할 것을 청구할 수 있다(제644조, 제283조 제2항). 마찬가지로 건물 기타 공작물의 임차인이 적법하게 전대한 경우에 전차인이 그 사용의 편익을 위하여 임대인의 동의를 얻어 이에 부속한 물건이 있는 때에는 전대차의 종료시에 임대인에 대하여 그 부속물의 매수를 청구할 수 있다. 임대인으로부터 매수하였거나 그 동의를 얻어 임차인으로부터 매수한 부속물에 대하여도 마찬가지이다(제647조).

7) 임대차의 종료

(1) 존속기간의 만료

　임대차 존속기간이 정하여져 있는 경우에는 그 기간의 만료로 임대차가 종료한다. 다만, 임대차기간의 약정이 있는 경우에도 당사자 일방 또는 쌍방이 그 기간 내에 해지할 권리를 보류한 때(제636조)에는 물론, 임차인이 파산선고를 받은 경우에는 임대차기간의 약정이 있는 때에도 임대인 또는 파산관재인은 임대차기간의 약정이 없는 때의 경우에 따라 계약해지의 통고를 할 수 있다(제637조 제1항). 후자의 경우에 각 당사자는 상대방에 대하여 계약해지로 인하여 생긴 손해의 배상을 청구하지 못한다(동조 제2항).

(2) 해지의 통고

임대차기간의 약정이 없는 때에는, 당사자는 언제든지 계약해지의 통고를 할수 있고, 상대방이 그 통고를 받은 날로부터 일정 기간이 경과한 때에 해지의 효력이 발생한다. 토지, 건물 기타 공작물에 대하여는 임대인이 해지를 통고한 경우에는 6월, 임차인이 해지를 통고한 경우에는 1월이다. 동산에 관하여는 어느 쪽이통고를 하든 5일이다(제636조).

(3) 해지사유

「민법」상 임대차계약을 해지할 수 있는 경우로는 (ⅰ) 임대인이 임차인의 의사에 반하여 보존행위를 하는 때(제625조), (ⅱ) 임차물의 일부가 임차인의 과실에의하지 않고서 멸실한 경우에 그 잔존부분만으로는 임차의 목적을 달성할 수 없을 때(제627조 제2항), (ⅲ) 임차인이 임대인의 동의 없이 제3자에게 임차권을 양도하거나 또는 전대한 때(제629조 제2항), (ⅳ) 차임연체, 기타 당사자 일방의 채무불이행으로 인하여 임대차 계약의 목적을 달성할 수 없는 사정이 있는 때(제544조참조) 등이 있다.

이외에도 임대인의 자격과 관련한 해지사유로는 (ⅰ) 임대인이 임대할 권한을상실한 경우나 (ⅱ) 임대인이 안정적으로 목적물을 사용·수익하게 해 주기 어려운 지위에 있는 경우 및 (ⅲ) 권한 없는 자가 임대한 경우 등을 들 수 있다.

8) 특수한 임대차

(1) 일시임대차

일시적으로 사용하기 위한 일시임대차에 관하여는 차임증감청구권, 해지통고의 전차인에 대한 통지, 차임연체와 해지, 임차인의 부속물매수청구권, 전차인의부속물매수청구권, 법정질권, 강행규정은 적용되지 않는다.

(2) 시설대여(리스) 계약

일반적으로 리스(lease)계약은 리스이용자가 선정·신청한 물건을 리스회사가 그 재원으로 취득하거나 대여를 받아 리스이용자에게 이를 사용·수익하게 하고, 일정한 리스기간 동안 그 대가를 정기적으로 분할·지급받으며, 그 기간이 종료한 후 물건의 처분에 관해서는 당사자의 약정으로 이를 정하는 계약을 말한다.

제 2 절 부동산 물권법

1. 물권의 공시제도

1) 공시제도의 의의와 종류

(1) 공시제도의 의의 및 기능

물권은 지배권으로서 배타성이 있고, 이것은 어느 누가 어느 물건에 대해 권리를 가지고 있다는 사실을 일정한 표식에 의해 널리 알리는 공시제도를 통해 실현된다. 따라서 공시제도 내지 공시방법은 물권의 배타성을 실현하는 수단으로서, 또 거래의 안전에 기여하는 제도로서 기능한다.

(2) 물권의 공시제도의 종류

① 부동산물권의 공시제도

부동산물권의 공시제도는 '등기'이다. 토지에 대해서는 '토지등기부'에, 건물에 대해서는 건물등기부에 각각 부동산물권의 귀속과 변동과정이 기재되게 된다.

② 동산물권의 공시제도

동산물권의 공시제도는 동산의 '점유'이다. 자동차, 항공기, 선박, 중기 등 특별법의 적용을 받는 준부동산은 '등기' 또는 '등록'이라는 공시제도를 가지고 있다.

③ 입목, 수목의 집단 등의 공시제도

입목에 관하여는 입목등기부에 '등기'의 공시제도를 가진다. 수목의 집단, 미분리의 과실 등에 관하여는 관습법상 인정된 '명인방법'이라는 공시제도가 있다.

2) 물권변동에 있어 공시의 원칙과 공신의 원칙

(1) 의의

물권의 변동과 관련하여 '공시의 원칙'과 '공신의 원칙'이 있다. 물권변동과 관련하여 공시의 원칙을 채택하는 것은 세계적으로 공통이지만, 공신의 원칙 채택 여부는 국가마다 다르다. 「민법」에서는 동산에 관해서만 공신의 원칙을 인정하고, 부동산에 관해서는 이를 인정하지 않는다.

(2) 공시의 원칙

공시의 원칙은 물권의 존재 또는 변동을 외부에서 인식할 수 있는 표상, 즉 공시방법을 갖추어야 한다는 원칙으로서, 거래의 안전과 법률관계의 명료화를 위하여 인정되고 있다. 공시의 원칙을 실현하기 위해서 그것을 강제하는 방법으로는 성립요건주의(등기를 갖추어야만 모든 사람에 대한 관계에서 소유자가 되는 것, 형식주의)와 대항요건주의(당사자 사이에서는 등기 없이도 무관하나 제3자에 대한 관계에서는 소유자가 되지 못하는 것, 의사주의)가 있다. 「민법」에서는 공시방법을 갖추어야만 비로소 권리변동의 효력을 인정하는 성립요건주의를 택하고 있다(제186조, 제188조 이하).

(3) 공신의 원칙

공신의 원칙은 공시방법이 진실한 권리관계와 일치한다는 전제에서 출발하는 것이다. 즉, 일정한 공시방법을 신뢰하고 거래한 경우에는 그 공시방법이 진정한 권리관계와 일치하지 않더라도 공시된 대로의 권리관계가 존재하는 것으로 다루어야 한다는 원칙을 말한다. 그러나 경우에 따라서는 그것이 일치하지 않는 때가 있다. 설사 그렇다 하더라도 그 공시방법을 신뢰한 제3자를 보호하여야 한다는 것이 공신의 원칙이다.

「민법」에서는 동산의 경우에는 선의취득을 인정함(제249조)으로써 공신의 원칙을 채택하고 있지만, 부동산의 경우에는 공신의 원칙을 인정하지 않아 진정한 권리자의 권리를 보호하는 입장을 취한다.

[공시의 원칙과 유사한 제도]

　공시의 원칙과 유사한 제도로는 표현대리(제125조, 제126조, 제129조), 채권의 준점유자에 대한 변제(제470조), 영수증소지자에 대한 변제(제471조), 지시채권 소지인에 대한 변제(제518조) 등이 있다.

3) 부동산 물권의 변동을 가져오는 등기의 요건

(1) 의의

등기는 물권행위와 더불어 부동산 물권변동의 하나의 요건이다. 부동산 물권변동을 완성시키는 등기가 유효하기 위해서는 다음의 요건을 갖추어야 한다. 하나는 등기가 「부동산등기법」이 정하는 절차상의 요건을 갖추어서 적법하게 행하여져야 하는 것으로, 등기의 형식적 유효요건이라고 한다. 다른 하나는 등기가 물권행위의 내용과 합치하여야 하는 것으로, 등기의 실질적 유효요건이라고 한다.

(2) 등기의 형식적 유효요건

① 등기의 기재

등기공무원의 등기 기재가 있어야 한다. 따라서 설사 등기의 신청이 있었다해도 등기 기재가 되지 않은 동안에는 등기가 있다고 할 수 없다. 등기는 등기공무원이 등기부에 일정한 사항을 기재하고 날인함으로써 성립된다. 다만, 날인이 누락되었다고 하여 그 등기가 무효인 것은 아니다(77다262).

② 이중으로 경료된 소유권보존등기

동일인 명의의 이중등기는 그 실체관계를 묻지 않고 등기의 선후에 따라 후의 등기를 무효로 처리한다(81다1340; 83다카743). 그러나 명의인을 달리하는 이중등기에 대하여는 실체관계를 묻지 않고 절차상 무효라는 절차법설과 어느 것이 진실한 소유권인지를 가려야 한다는 실체법설이 있다. 판례는 처음에는 절차법설을 취하다가(75다1602) 실체법설로 입장을 바꾸더니(77다2427), 다시 절차법설로 회귀하였다(87다카2961; 87다453 전원합의체). 학설은 대체로 실체법설에 따른다.

(3) 등기의 실질적 유효요건

등기는 물권행위와 합치하여야 한다. 물권행위는 거래 당사자 간에 행하여지는데 등기는 등기공무원이 하는 것이라 간혹 물권행위와 등기 사이에 합치가 이루어지지 않는 경우가 있다.

① 내용적 불합치

(a) 질적 불합치 : 등기의 내용이 실제 거래와 합치하지 않는 등기는 무효이다. 예를 들면, '甲' 토지에 대해 매매계약을 체결하였는데 '乙' 토지에 대해 소유권이전등기가 이루어지거나, 지상권설정의 합의를 하였는데 전세권등기가 경료된 경우와 같은 불합치가 있는 경우 등을 말한다.

(b) 양적 불합치 : 등기된 권리내용의 양이 물권행위의 양보다 큰 경우에는 물권행위의 한도에서 효력이 있다. 반면, 등기의 양이 물권행위의 양보다 적은 경우에는 「민법」 제137조3)의 일부무효의 법리에 따라 처리한다.

(c) 물권변동의 과정과 등기원인의 불합치 : 「민법」에서는 물권변동에 관하여 성립요건주의를 취하고, 또한 등기신청시에는 등기원인을 증명하는 서면을 제출하게 하여 이것을 등기원인으로 기재하므로 등기부에는 당연히 물권변동의 과정과 원인이 그대로 공시되어야 하는 것이 원칙이다. 그런데 실제에 있어서는 세금 등의 이유로 이 원칙대로 등기가 이루어지지 않는 경우가 있다. 이러한 등기는 원칙적으로 무효라 할 것이지만, 실체관계에 부합하는 현재의 권리상태를 공시하는 점에서는 부분적으로 타당한 면이 있다는 점에서 그 유효 여부가 문제된다.

　　가. 중간생략등기 : 중간생략등기란 예를 들면, 부동산이 A에서 B에게, B에서 C에게로 전매된 경우, 중간자인 B의 등기를 생략한 채 A에게서 바로 C에게로 소유권이전등기를 하는 경우다. 판례는 이미 중간생략등기가 이루어져 버린 경우에는, 그 관계계약 당사자 사이에 적법한 원인행위가 성립되어 이행된 이상, 중간생략등기에 관한 합의가 없었다는 사유로써 이를 무

---

3) 제137조(법률행위의 일부 무효) 법률행위의 일부분이 무효인 때에는 그 전부를 무효로 한다. 그러나 그 무효부분이 없더라도 법률행위를 하였을 것이라고 인정될 때에는 나머지 부분은 무효가 되지 아니한다.

효라고 할 수 없다고 한다(79다847). 또 미등기건물을 등기할 때에는 원시 취득자와 승계취득자 사이의 합치된 의사에 따라 승계취득자 앞으로 직접 소유권보존등기를 경료하게 되었다면, 그 소유권보존등기는 실체적 권리 관계에 부합되어 적법한 등기로서의 효력을 가진다(94다44675). 다만, 부 동산이 A, B, C로 전전양도된 경우에 B의 등기를 생략한 채 C가 직접 A 에게 소유권이전등기를 청구하기 위해서는 A, B, C 전원이 중간생략등기 에 관해 합의를 하였을 것을 요구한다. 이러한 합의는 3인이 같이 할 수 도 있고, 순차로 할 수도 있다(93다47738). 그러나 '매수인란을 백지로 한 매도증서'가 순차로 매수인에게 교부된 사안에서는 그러한 합의를 부정하 였고(91다5761), 토지거래허가구역에서의 중간생략등기의 유효성도 부정 하였다(97다33218).

나. 실제와 다른 등기원인에 의한 등기 : 예를 들면, 증여에 의한 소유권이전 등기를 매매에 의한 것으로 하거나, 원인무효에 의한 말소등기를 진정한 등기명의의 회복을 원인으로 소유권이전등기를 하거나, 법률행위의 취소 ·해제에 의한 말소등기를 이전등기로 하는 것 등을 말한다. 이러한 등기 도 현재의 권리상태를 반영하는 점에서는 일치하므로 유효한 등기로 평 가된다(89다카12398; 99다37894).

다. 무효등기의 유용 : 등기원인의 부존재·무효·취소·해제로 인하여 말소되 어야 할 무효인 등기가 말소되지 않고 있다가 후에 이에 상응하는 등기원 인이 발생한 경우 이 무효인 등기를 그 등기원인의 공시방법으로 하는 것 을 말한다. 예를 들면, 근저당권설정등기가 변제에 의하여 무효로 된 것 을 후에 발생한 금전채권의 담보로 유용하는 경우, 매매를 원인으로 한 소유권이전등기가 허위표시로서 무효인 것을 후의 다른 매매계약에 의한 소유권이전등기로 유용하는 경우 등이 이에 해당한다. 이처럼 등기유용의 합의에 의하여 무효인 등기는 유효인 등기로서 물권을 공시한다.

라. 부동산등기 특별조치법에 의한 규제 : 부동산 거래에 대한 실체적 권리관 계에 부합하는 등기를 신청하도록 하기 위해 1990년 8월 1일 부동산등기 에 관한 특례를 정함을 목적으로 한 「부동산등기 특별조치법」이 제정(법 률 제4244호, 1990.9.2. 시행)되었는데, 동법에서는 중간생략등기를 하거나

또한 등기원인을 허위로 기재한 때에는 3년 이하의 징역이나 1억원 이하의 벌금에 처하는 벌칙규정을 두고 있다(법 제8조 제1호). 그러나 이 벌칙규정의 성격에 대하여, 판례는 효력규정이 아닌 단속규정으로 보고, 당사자 사이의 중간생략등기의 합의에 관한 사법상의 효력까지 무효로 한다는 취지는 아니라고 하고 있다(92다39112).

② 시간적 불합치

물권행위 후 등기신청이 행하여지기 전까지 발생할 수 있는 문제로는 (ⅰ) 등기당사자가 한정후견인선고를 받아 법정대리인이 등기신청을 하는 경우, (ⅱ) 매도인이 사망한 경우로서 매도인의 상속인이 등기의무자가 된 경우, (ⅲ) 당사자가 교체된 경우, 즉 거래 당사자가 변경되어 물권행위를 새로이 하여야 하는 경우, (ⅳ) 권리자가 파산하거나 압류를 당하는 등 처분권이 제한됨에 따라 등기신청이 안되는 경우 등이 있다.

4) 등기청구권

(1) 의의

등기청구권은 실체법상 권리자가 의무자에 대하여 실체법상의 권리에 기초해 등기에 협력할 것을 청구하고 강제할 수 있는 실체법상의 권리를 말한다. 매매계약을 체결하고 매매대금을 전부 지급한(혹은 지급하려는) 매수인이 매도인에 대하여 소유권이전등기에 협력할 것을 요구한다든가, 20년간 자주점유를 한 점유자가 등기명의인에 대하여 취득시효에 기한 소유권이전등기에의 협력을 요구한다든가, 전세권설정계약을 체결하고 전세금을 지급한 사람이 소유자에 대하여 전세권설정등기에의 협력을 요구하는 권리 등을 말한다. 그 밖에 실제와 다르게 기재된 등기를 말소하거나 정정하려는 경우에도 등기청구권이 발생할 수 있다.

실체법상 권리인 등기청구권은 국민으로서 등기소(등기공무원)에 대하여 등기신청을 할 수 있는 권리인 등기신청권과는 구별된다. 등기신청권은 절차법상의 권리이며 공법적 권리이다. 반면에 등기청구권은 재산에 관한 개인들 사이의 권리인 사권(私權)으로서 재산권의 일종이라고 할 수 있다.

(2) 발생원인과 성질

등기청구권이 어떤 경우에 발생하며, 그 법적 성질이 채권적 청구권인가 물권적 청구권인가가 문제된다. 등기청구권이 채권적 청구권이라면 채권적 효력밖에 없으므로 10년의 소멸시효에 걸리고, 그 양도는 채권양도의 방법에 의하여야 한다. 그러나 등기청구권이 물권적 청구권이라면 소멸시효에 걸리지 않으며, 자유롭게 양도할 수 있다.

① 법률행위에 의한 물권변동의 경우

매매계약이나 증여계약에 의해 소유권이 이전되기 위하여 필요한 소유권이전등기는 계약(채권행위)에서 발생하는가, 또는 소유권이전의 물권적 합의(물권행위)에서 발생하는가, 즉 등기청구권의 발생원인에 관하여는 「민법」 제정 후부터 계속해서 학설의 대립이 있어 왔다. 이론적 근거는 다소 상이하지만 원인행위인 채권행위로부터 발생하는 채권적 청구권으로 보는 견해와 물권적 합의에서부터 발생하므로 그 성질은 물권적 청구권이라는 견해가 있다. 판례는 형식주의를 취하고 있는 현행 「민법」 하에서는 등기청구권은 채권적 청구권으로 해석하여야 한다고 하되, 매수인이 목적물을 인도받은 경우에는 등기청구권을 행사하고 있는 것으로 보아, 이때는 시효제도의 취지상 그 등기청구권은 소멸시효에 걸리지 않는다는 독특한 이론을 전개한다(76다148).

② 실체적 권리관계와 등기가 일치하지 않는 경우

실체적 권리와 등기가 일치하지 않는 상황을 해결하기 위해 행사하는 등기청구권은 그 발생원인이 물권이 된다. 말소등기의 경우에 등기권리자는 등기청구 이전에 이미 소유권을 보유하고 있으므로 등기권리자가 등기에 의하여 소유권을 취득하게 되는 「민법」 제186조의 경우와는 상황이 다르다. 이 등기청구권의 성격은 물권에 관한 방해를 제거하기 위한 물권적 청구권의 성격을 갖는다. 진정한 소유자는 부실등기의 명의인에 대하여 그가 누구이든 등기청구권을 행사할 수 있으므로 이 권리는 절대성을 갖는다. 따라서 그 등기권리자가 등기의무자와 어떤 계약관계를 가지고 그 계약상의 의무를 질 것을 요구하지 않는다. 즉, '甲' 소유의 부동산에 대하여 '乙'이 계약서를 위조하여 이전등기를 받은 경우에 발생하는 말소

등기청구권은 물권의 효력으로서 발생하는 물권적 청구권이다.

③ 점유취득시효의 경우

20년간 자주점유를 한 점유자는 등기명의인에 대하여 등기청구권을 행사하여 등기를 경료하여야 소유권을 취득할 수 있다. 이 경우 점유자는 어떤 근거에서 등기청구권을 취득하게 되는가. 그 등기청구권의 성격은 무엇인가가 문제된다.

취득시효에 의한 등기청구권의 성질은 채권적 청구권이다. 따라서 등기권리자인 시효완성자는 당시의 등기명의인에 대하여만 그 권리를 행사할 수 있다. 등기명의인이 그 부동산을 제3자에게 양도하고 등기를 경료한 때에는 시효완성자는 등기청구권을 행사할 수 없으며, 그 양수인에 대하여 취득시효완성을 이유로 자기에게 소유권이전을 청구할 수 없다. 판례도 "소유권취득기간의 만료만으로는 소유권취득의 효력은 없으나 이를 원인으로 하여 소유권취득을 위한 등기청구권이 발생한다"고 하며, 이 경우 채권적 청구권이 발생할 뿐이라고 한다.

④ 부동산임차권, 부동산환매권의 경우

부동산 임차인이 임대인에 대하여 그 임대차 등기절차에 협력할 것을 청구하는 등기청구권은 채권적 청구권이며, 매매등기와 동시에 환매권의 보류를 등기한 때 환매권 보류 약정을 기초로 발생하는 등기청구권도 채권적 청구권이다.

(3) 진정한 권리자의 등기명의회복방법으로서의 소유권이전등기청구

'甲'소유의 토지가 원인 없이 A→B→C→D로 순차적으로 소유권이전등기가 경료된 경우에 '甲'이 A, B, C, D를 상대로 각기 말소등기를 청구하지 않고 D를 상대로 소유권이전등기청구를 할 수 있는가가 문제된다. 이러한 경우에 종전 판례의 입장(72다1846)에 의하면 '甲'과 D 사이에는 소유권이전에 관한 실체적 관계가 없으므로 등기청구의 문제는 있을 수 없다. 따라서 '甲'이 토지에 대한 소유권을 회복하려면 현재의 등기명의인인 D를 상대로 말소등기청구를 시작으로 순차적으로 C→B→A를 상대로 순차적으로 말소등기청구를 하여야 한다고 하였다. 그러나 그 견해를 변경하여 소유권자가 진정한 등기명의의 회복을 위하여 부진정한 현재의 등기명의인을 상대로 그 등기의 말소를 구하는 외에 소유권이전등기절차의 이행을 구할 수 있다고 하였다(89다카12398).

5) 부동산등기제도

(1) 부동산등기의 종류

부동산등기를 그 유형에 따라 분류하면 다음과 같다.

① 대상 및 기능에 의한 분류

종류		등기위치	등기내용
사실의 등기		표제부	부동산의 표시
권리의 등기	보존등기	사항란	최초의 소유권등기
	권리변동등기		보존등기 이후의 권리변동등기

② 내용에 의한 분류

종류		내용	비고
기입등기		새로운 등기원인에 의해 새로 기입	소유권보존등기 소유권이전등기 저당권설정등기
경정등기		등기와 실체관계의 원시적 불일치	등기공무원의 착오
변경등기		등기와 실체관계의 후발적 불일치	등기 후 주소변경
말소등기		실체관계가 존재하지 않는 경우	저당권의 해제
멸실등기		등기된 부동산이 전부 멸실된 경우	
회복 등기	말소회복등기	말소등기가 부적법하여 회복	
	멸실회복등기	등기부의 전부 또는 일부가 멸실된 경우	

③ 효력에 따른 분류

종류		내용	비고
종국등기(본등기)		등기 본래의 효력	기입·경정·변경·말소· 회복·멸실등기
예비등기	가등기	본등기의 순위보전	
	예고등기	등기에 관한 소의 제기를 제3자에게 알림	2011.10. 폐지

④ 형식에 의한 분류

종류	내용
주등기	독립한 번호가 붙는 등기
부기등기	주등기의 번호에 부기호수를 붙이는 등기

(2) 등기필증

등기필증은 등기의무자인 현재의 등기부상 명의인이 등기부상의 권리에 대하여 권리의 취득등기를 받을 때에 신청서에 첨부한 등기원인증서 또는 신청서부본에 등기관이 법정의 절차를 거쳐서 환부한 서면을 말한다. 즉, 등기완료증서이며, 통상 '등기권리증'이라고 부른다.

등기필증이 멸실된 경우 등기필증은 재교부되지 않는다. 따라서 등기필증 없이 해당 부동산에 등기를 해야 할 경우에는 다음과 같은 방법으로 본인 확인절차를 거쳐야 한다.

(i) 등기의무자의 출석 − 등기의무자 또는 그의 법정대리인이 등기소에 출석한다.

(ii) 대리인의 확인서면 제출 − 통상 법무사 확인서면을 작성 제출한다.

(iii) 공증서면부본 제출

(3) 가등기

① 의의

가등기는 부동산물권변동을 일어나게 할 청구권을 가지고 있는 자를 보호하기 위한 일시적·예비적 보전수단으로서 인정되는 등기를 말한다. 이것은 일정한 청구권을 보전, 즉 보호하여 안전하게 할 목적으로 공시하는 등기이다. 의무부담행위로서의 채권행위와 처분행위로서의 물권행위를 엄격히 구별하는 법체계하에서는 청구권의 발생과 물권의 변동 사이에는 일정한 시간적 간격이 있게 된다. 여기서 부동산의 매수인과 같은 부동산물권변동에 관한 채권자(등기청구권자)는 그가 원한대로의 물권변동이 성립할 때까지 이를 잠정적·일시적으로 보호할 필요가 있게 된다. 즉, 부동산물권변동을 목적으로 하는 청구권이 이미 성립하고 있음을 등기부에 미리 기재케 함으로써 그 후에 그 부동산에 관하여 물권을 취득하는 자(물권자로 등기되는 자)에게 자기에 앞서서 어떤 자를 위한 청구권이 있다는 것을 알리고, 이러한 사실을 알았음에도 불구하고 등기를 하는 때에는 그의 물권을 잃게 될는지도 모른다는 것을 고려하도록 알리기 위한 것이다.

가등기는 부동산물권(소유권, 지상권, 지역권, 전세권, 저당권) 및 그에 준하는 권리(권리질권, 임차권)의 설정·이전·변경·소멸의 청구권을 보전하기 위해 미리 예비로 하는 등기이며, 그 청구권이 시기부 또는 정지조건부인 때, 기타 장래에 있어서 확정될 것인 때에도 가능하다. 예를 들면, 부동산에 대해 매매계약을 체결하고 중도금을 지급한 상태에서 매수인은 장래의 소유권이전청구권을 보전하기 위해 미리 가등기를 할 수 있다.

② 가등기의 효력

가등기를 한 후에 나중에 본등기를 한 때에는 그 등기순위는 가등기의 순위에 의한다. 이를 가등기의 '순위보전의 효력'이라고 한다. 그래서 가등기 이후에 등기된 다른 등기는 가등기에 기해 본등기를 한 자에게 우선할 수 없게 된다.

③ 가등기의 가등기

가등기에 의하여 보전된 청구권에 관하여 양도 등의 변동이 있는 경우에, 그 가등기를 바탕으로 하여 다시 가등기 등을 할 수 있는가에 대하여는 견해가 나뉜다. 학설은 대립하고 있으나, 판례나 등기실무에서는 이를 인정하고 있다.

> ▪ **판례** ▪ 가등기는 원래 순위를 확보하는 데에 그 목적이 있으나, 순위보전의 대상이
> 되는 물권변동의 청구권은 그 성질상 양도될 수 있는 재산권일 뿐만 아니라 가등기
> 로 인하여 그 권리가 공시되어 결과적으로 공시방법까지 마련된 셈이므로, 이를 양
> 도한 경우에는 양도인과 양수인의 공동신청으로 그 가등기상의 권리의 이전등기를
> 가등기에 대한 부기등기의 형식으로 경료할 수 있다고 보아야 한다(98다24105).

④ 담보가등기의 특칙

담보가등기는 「가등기담보 등에 관한 법률」에 의하여 담보목적으로 경료된
가등기로서 담보된 채권을 변제받지 못하면 경매를 청구하여 변제받거나 가등기
된 부동산의 소유권을 대물로 반환받을 수 있는 권리의 순위를 보전하기 위한 것
이다. 등기원인을 '대물반환예약'으로 기재하고, 등기의 목적을 '소유권이전담보가
등기' 또는 '저당권이전담보가등기'라고 기재하도록 하고 있다. 외형상 보전가등기
도 사실상 담보목적의 가등기인 경우는 담보가등기로서의 효력만이 인정된다는
것이 판례의 입장이다.

> [예고등기]
> 예고등기는 등기원인의 무효 또는 취소로 인한 등기의 말소 또는 회복의 소가 제기
> 된 경우에 수소법원의 촉탁에 의하여 이루어진 등기를 말한다(구 부동산등기법 제4
> 조, 제39조). 등기에 공신력을 인정하지 않고 있는 우리 등기제도에 있어서는 어느
> 등기가 원인무효이거나 취소되는 때에 그를 근거로 한 다른 등기도 필연적으로 무효
> 로 귀결됨에 따라 원인무효나 취소를 원인으로 한 소가 제기된 경우에는 어느 등기
> 가 무효나 취소될 수 있는 징표가 나타난 것이므로 그 소가 제기된 사실을 등기부에
> 공시하여 계쟁부동산에 관하여 법률행위를 하려고 하는 제3자로 하여금 소송의 결
> 과에 따라서는 손해를 볼지 모른다는 점을 경고할 필요가 있다. 예고등기는 바로 이
> 경고를 목적으로 하는 등기이고 어떤 권리의 발생, 변경, 소멸을 그 직접 목적으로
> 하는 등기는 아니다. 그러나 예고등기로 인해 등기명의인이 거래상 받는 불이익이
> 크고, 집행방해의 목적으로 소를 제기하여 예고등기가 행하여지는 등 그 폐해가 크
> 다는 이유로 2011년 4월 12일 「부동산 등기법」(법률 제10580호, 시행 2011. 10.13.)
> 개정에서 이를 폐지하였다.

(5) 임차권의 등기

① 의의

임차권은 임대차라는 채권계약에 기하여 임차인이 임차목적물을 사용·수익할 수 있는 권리를 말한다. 임차권은 채권이지만 물권화에 의하여 이를 등기할 수 있고, 등기를 하면 제3자에 대한 대항력이 생긴다(제621조).

부동산임차인은 당사자간에 반대약정이 없으면 임대인에 대하여 그 임대차등기절차에 협력할 것을 청구할 수 있다(제621조). 다만, 건물의 소유를 목적으로 한 토지임대차는 이를 등기하지 아니한 경우에도 임차인이 그 지상건물을 등기한 때에는 제3자에 대하여 임대차의 효력이 생긴다. 그러나 건물이 임대차기간만료 전에 멸실 또는 후폐한 때에는 이 효력을 잃는다(제622조).

② 기재사항

등기의 목적은 '임차권설정'이라 기재하고, 임차보증금, 차임(필요적 기재사항), 차임지급시기, 존속기간, 임차권자 등을 기재한다.

③ 임차권의 이전 및 전대

임차인은 임대인의 동의 없이 권리를 양도하거나 전대할 수 없다(제629조 제1항). 임대인의 승낙 또는 특약에 의한 임차권의 이전 또는 전대차를 제3자에게 대항하기 위해서는 등기를 하여야 한다.

(6) 임차권등기명령제도

① 의의

주택임대차법에서는 임대차가 종료된 후 보증금을 반환받지 못한 임차인에게 단독으로 임차권등기를 경료할 수 있도록 함으로써 자유롭게 주거를 이전할 수 있는 기회를 보장하기 위한 절차를 마련하고 있다. 즉, 임대차가 끝난 후 보증금이 반환되지 아니한 경우 임차인은 임차주택의 소재지를 관할하는 지방법원·지방법원지원 또는 시·군 법원에 임차권등기명령을 신청할 수 있다(법 제3조의3 제1항).

② 등기의 실행

임차권등기명령의 신청서에는 다음 각 호의 사항을 적어야 하며, 신청의 이유와 임차권등기의 원인이 된 사실을 소명(疏明)하여야 한다(법 제3조의3 제2항). 즉, (ⅰ) 신청의 취지 및 이유, (ⅱ) 임대차의 목적인 주택(임대차의 목적이 주택의 일부분인 경우에는 해당 부분의 도면을 첨부한다), (ⅲ) 임차권등기의 원인이 된 사실(임차인이 제3조 제1항·제2항 또는 제3항에 따른 대항력을 취득하였거나 제3조의2 제2항에 따른 우선변제권을 취득한 경우에는 그 사실), (ⅳ) 그 밖에 대법원규칙으로 정하는 사항.[4]

임차인이 대항력이나 우선변제권을 갖추고 「민법」 제621조 제1항에 따라 임대인의 협력을 얻어 임대차등기를 신청하는 경우에는 신청서에 「부동산등기법」 제74조 제1호부터 제5호[5]까지의 사항 외에 (ⅰ) 주민등록을 마친 날, (ⅱ) 임차주택을 점유(占有)한 날, (ⅲ) 임대차계약증서상의 확정일자를 받은 날을 적어야 하며, 이를 증명할 수 있는 서면(임대차의 목적이 주택의 일부분인 경우에는 해당 부분의 도면을 포함한다)을 첨부하여야 한다(법 제3조의4 제2항).

③ 효력

임차인은 임차권등기명령의 집행에 따른 임차권등기를 마치면 주택임대차법에 따른 대항력(법 제3조 제1항, 제2항, 제3항)과 우선변제권(법 제3조의2 제2항)을 취득한다. 다만, 임차인이 임차권등기 이전에 이미 대항력이나 우선변제권을 취득한 경우에는 그 대항력이나 우선변제권은 그대로 유지되며, 임차권등기 이후에는 주택임대차법상 대항요건을 상실하더라도 이미 취득한 대항력이나 우선변제권을 상

---

4) 1. 사건의 표시, 2. 임차인과 임대인의 성명, 주소, 임차인의 주민등록번호(임차인이나 임대인이 법인 또는 법인 아닌 단체인 경우에는 법인명 또는 단체명, 대표자, 법인등록번호, 본점·사업장소재지), 3. 대리인에 의하여 신청할 때에는 그 성명과 주소, 4. 임대차의 목적인 주택 또는 건물의 표시(임대차의 목적이 주택 또는 건물의 일부인 경우에는 그 목적인 부분을 표시한 도면을 첨부한다), 5. 반환받지 못한 임차보증금액 및 차임(주택임대차보호법 제12조 또는 상가건물임대차보호법 제17조의 등기하지 아니한 전세계약의 경우에는 전세금), 6. 신청의 취지와 이유, 7. 첨부서류의 표시, 8. 연월일, 9. 법원의 표시(임차권등기명령 절차에 관한 규칙 제2조 제1항)

5) 1. 차임(借賃), 2. 차임지급시기, 3. 존속기간. 다만, 처분능력 또는 처분권한 없는 임대인에 의한 「민법」 제619조의 단기임대차인 경우에는 그 뜻도 기록한다. 4. 임차보증금, 5. 임차권의 양도 또는 임차물의 전대에 대한 임대인의 동의.

실하지 아니한다(법 제3조의3 제5항). 임차권등기명령의 집행에 따른 임차권등기가 끝난 주택(임대차의 목적이 주택의 일부분인 경우에는 해당 부분으로 한정한다)을 그 이후에 임차한 임차인은 주택임대차법 제8조(보증금 중 일정액 보호)에 따른 최우선변제금을 받을 권리가 없다(동조 제6항). 「민법」 제621조에 따른 주택임대차등기의 효력도 이를 준용한다(법 제3조의4).

2. 소유권 일반론

1) 소유권의 의미

소유권은 재산권 중에서 가장 기본이 되는 권리이며, 사유재산제의 표현이고, 사적 자치의 원칙과 밀접하게 관련된다. 소유권의 객체는 물건에 한한다.

2) 소유권의 특성

소유권은 다음과 같은 특성을 가진다. 즉, 첫째, 물건을 지배할 수 있다는 관념성(觀念性), 둘째 물건의 사용가치와 교환가치를 모두 지배하는 전면성(全面性), 셋째 물건의 사용·수익·처분권능의 단순한 집합이 아닌 그 권능들의 혼일성(渾一性), 넷째 제한물권과 충돌하면 제한물권에 의하여 제한을 받다가 그 제한물권이 소멸되면 다시 본래의 완전한 상태로 되는 탄력성(彈力性), 다섯째 존속기간의 제한이 없으며 소멸시효의 대상이 되지 않는 항구성(恒久性)이다.

3) 소유권의 내용

소유자는 법률의 범위 내에서 소유물을 사용·수익·처분할 권리가 있다(제211조). 사용·수익은 목적물을 이용하거나 목적물로부터 발생하는 과실을 수취함으로써 사용가치를 실현하는 것이며, 처분은 소비·파괴 등의 사실적 처분과 양도·담보제공 등의 법률적 처분을 통하여 교환가치를 실현하는 것을 말한다.

또한 소유자는 그 소유에 속한 물건을 점유한 자에 대하여 반환을 청구할 수 있다. 다만 점유자가 그 물건을 점유할 권리가 있는 때에는 반환을 거부할 수 있다(소유물반환청구권, 제213조). 또 소유자는 소유권을 방해하는 자에 대하여 방해의 제거를 청구할 수 있고 소유권을 방해할 염려있는 행위를 하는 자에 대하여 그 예방이나 손해배상의 담보를 청구할 수 있다(소유물방해제거, 방해예방청구권, 제214조). 이외에 토지소유자는 경계나 그 근방에서 담 또는 건물을 축조하거나 수선하기 위하여 필요한 범위 내에서 이웃 토지의 사용을 청구할 수 있다. 그러나 이웃 사람의 승낙이 없으면 그 주거에 들어가지 못한다. 다만, 이 경우에 이웃 사람이 손해를 받은 때에는 보상을 청구할 수 있다(인지사용청구권, 제216조).

4) 소유권의 범위

토지소유권은 정당한 이익이 있는 범위 내에서 토지의 상하에 미친다(제212조). 이는 토지를 완전히 이용하기 위하여 지표뿐만 아니라 지상의 공간이나 지하에도 소유권의 효력을 미치게 하는 규정이다. 지하수도 토지의 구성부분으로 다룬다. 그러나 지중의 광물은 토지소유권이 미치지 않고 광업권의 객체로서 국유로 된다(광업법 제2조).

건물의 경우 수인이 한 채의 건물을 구분하여 각각 그 일부분을 소유한 때에는 건물과 그 부속물중 공용하는 부분은 그의 공유로 추정하며, 공용부분의 보존에 관한 비용 기타의 부담은 각자의 소유부분의 가액에 비례하여 분담한다(제215조).

5) 상린관계

(1) 상린관계의 의의

인접하는 부동산의 소유자 또는 용익권자 사이의 이용을 조절하기 위해 「민법」에서는 그들 사이의 권리관계를 규정하고 있는데 이를 상린관계(相隣關係)라고 한다.

상린관계는 부동산의 소유자에게 사용·수익의 권능을 일부 유보하여 서로 협력할 것을 요구하는 것으로서, 부동산소유권을 한편으로는 제한하고, 한편으로는 확장하는 효과가 있다. 동산에 대하여는 인정되지 않는다. 상린관계는 소유권에 관하여 규정되고 있고(제215~제244조), 이것은 지상권자와 전세권자에 대하여 준용되며, 명문의 규정은 없으나 임차권자에게도 준용되는 것으로 본다. 상린관계는 부동산에 대한 이용조절이라는 점에서는 지역권과 유사하지만 지역권과는 발생원인, 성질, 대상, 내용, 등기, 시효의 적용 등에서 크게 다르다.

(2) 상린관계의 내용

상린관계의 내용에는 건물의 구분소유(區分所有, 제215조), 인지사용청구권(隣地使用請求權, 제216조), 매연 등에 의한 인지에 대한 방해금지(제217조), 수도 등 시설권(제218조), 주위토지통행권(제219조), 분할·일부양도와 주위통행권(제220조), 자연유수의 승수의무(承水義務)와 권리(제221조), 폐색된 물의 소통공사권(제222조), 저수·배수·인수를 위한 공작물에 대한 공사청구권(제223조), 처마물에 대한 시설의무(제225조), 여수(餘水)의 소통권(제226조), 유수용(流水用) 공작물의 사용권(제227조), 여수급여청구권(餘水給與請求權, 제228조), 수류(水流)의 변경(제229조), 언(堰)의 설치·이용권(제230조), 공유하천용수권(公有河川用水權, 제231조), 하류연안(下流沿岸)의 용수권의 보호(제232조), 용수권의 승계(제233조), 공용수(共用水)의 용수권(제235조), 용수장해의 공사와 손해배상·원상회복(제236조), 경계표·담의 설치권(제237조), 담의 특수시설권(제238조), 경계표 등의 공유추정(제239조), 수지(樹枝)·목근(木根)의 제거권(제240조), 토지의 심굴금지(深掘禁止, 제241조), 경계선 부근의 건축(제242조), 차면시설의무(遮面施設義務, 제243조), 지하시설 등에 대한 제한(제244조) 등이 있다.

상린관계는 관습과 밀접한 관계를 가지고 있다. 종래의 관습을 명문화한 것으로서는 공유하천용수권(제231조) 등이 있으며, 관습이 있는 경우 「민법」의 규정에 우선하는 것으로는 폐색된 물의 소통공사비용(제222조), 저수·배수·인수를 위한 공작물에 대한 공사비용(제223조), 수류의 변경(제229조), 공유하천용수권(제231조), 하류연안의 용수권의 보호(제232조), 용수권의 승계(제233조), 경계표·담의 설치권과 설치비용(제237조) 등이 있다.

3. 소유권의 시효취득

1) 취득시효 일반

취득시효라 함은 물건 또는 권리를 일정한 기간 점유 또는 준점유하는 자로 하여금 그 물건의 소유권 또는 권리를 취득케 하는 제도이다. 취득시효제도는 사실상태가 오랫동안 계속된 경우에 그 상태가 진실한 권리관계에 합치되지 않더라도 그 사실상태대로 권리관계를 인정함으로써 법질서의 안정을 기하려는데 있다. 즉, 점유자가 취득시효에 의하여 권리를 취득하게 되고, 이로써 진정한 권리자가 권리를 상실하는 것은 법적 안정성을 위하여 진정한 권리자의 권리를 희생시켜 장기간의 점유상태에 상응하는 소유권을 부여하는 제도이다. 부동산취득시효에는 일반취득시효(점유취득시효)와 등기부취득시효가 있다.

시효로 취득할 수 있는 권리는 소유권과 그 밖의 재산권(지상권, 지역권, 질권)이다. 성질상·법률상 취득시효가 인정되지 않는 것으로 저당권, 부양을 받을 권리, 점유권, 유치권, 취소권, 환매권, 해제권 등이 있다(전세권에 대해서는 논란이 있음).

2) 부동산의 취득시효

(1) 일반취득시효(점유취득시효)

20년간 소유의 의사로 평온·공연하게 부동산을 점유한 자는 등기함으로써 그 소유권을 취득한다(제245조 제1항).

① 소유의 의사(자주점유)

(a) 소유의 의사로 점유 : 소유의 의사는 점유개시 당시에 존재하여야 한다. 나중에 매도인에게 처분권이 없음을 알았다고 하더라도 자주점유의 성질이 바뀌는 것은 아니다(95다40328).

매매, 증여, 교환 등 소유권취득의 원인이 되는 계약에 기초해 점유가 개시되었거나 점유자가 그러한 계약이 있다고 믿었던 경우에는 권원의 성질상 자주점유가 된다. 자주점유의 여부는 객관적인 권원의 성질에 의하여 결정하며, 점유권원의 성질이 분명하지 아니한 때에는 소유의 의사가 추정된다. 따라서 점유자가 점유취득의 원인이 매매, 수용, 증여 등의 사실을 입증할 책임이 없을 뿐만 아니라 매매, 수용, 증여 등의 사실이 확인되지 않는다고 하더라도 이것만으로 자주점유가 아니라고 할 수는 없다(82다708,709; 82다카1792,1793; 90다8012; 91다24311).

(b) 자주점유의 추정 : 점유자는 소유의 의사로 선의, 평온 및 공연하게 점유한 것으로 추정되므로(제197조 제1항) 점유자는 스스로 그 점유의 권원의 성질에

의하여 자주점유임을 증명할 책임이 없고, 타주점유임을 주장하는 자에게 입증책임이 있다.

　　다만, 악의의 무단점유는 자주점유의 추정이 깨진다. 그 예로, 점유자가 경계로 설치되어 있던 철조망을 임의로 제거하고 인접한 대지부분을 침범하여 건물을 건축하고 그 부지를 점유한 때에는 자주점유가 추정되지 않는다(95다28625). 또한 처분권한 없는 자로부터 그 사실을 알면서 부동산을 취득하거나 어떠한 법률행위가 무효임을 알면서 그 법률행위에 의하여 부동산을 취득하여 점유를 시작한 경우에도 소유의 의사가 인정되지 않는다(99다50705). 또한 토지점유자가 점유기간 동안 여러 차례 부동산 소유권이전등기를 하지 않았고, 오히려 소유자가 같은 법에 의하여 소유권 보존등기를 마친 후에도 별다른 이의를 제기하지 않은 경우에도 자주점유는 추정되지 않는다(99다56765). 그러나 매매계약이 법률상의 무효사유로 인하여 무효(학교법인의 재산을 주무관청의 허가 없이 체결한 매매계약 등)라 하더라도 매수인이 그 매매계약이 무효임을 알지 못한 이상 매수인의 점유는 자주점유로 추정된다(78다281).

> ▪ **판례** ▪ 점유자가 경계로 설치되어 있던 철조망을 임의로 제거하고 인접한 대지부분을 침범하여 건물 등을 건축하고 그 부지를 점유한 사안에서, 종래의 판례는 자주점유로 보았으나 전원합의체판결로써 악의의 무단점유의 경우에는 타주점유로 보아야 하고, 이 한도에서 자주점유의 추정은 깨진다고 판단하였다(95다28625).

② 평온, 공연

　　평온한 점유라 함은 강폭(강박, 폭행)한 점유가 아닌 경우로서, 점유자가 그 점유의 취득 또는 보유에 법률상 허용되지 않는 강폭한 행위를 하지 아니한 경우를 말한다. 점유자가 단순히 항의를 받거나, 점유의 반환을 요청받거나, 경계문제로 언쟁이 있었다거나, 소유권에 관하여 분쟁이 있었다는 것 등은 점유의 평온성을 상실케 하는 사유가 되지 못한다. 한편, 점유가 강박·폭행에 의해 보유되었다는 하자는 한시적이고 상대적인 것이다. 따라서 일단 강폭으로 취득한 점유라 할지라도 강폭이 끝난 때에는 평온한 점유로 되므로 이때부터 취득시효가 진행된다.

　　공연한 점유라 함은 은밀한 점유가 아닌 점유로서, 점유의 존재를 아는 데 관하여 이해관계를 가진 자에 대하여 점유자가 그 점유사실을 은폐하지 않는 경우를 말한다. 부동산에 관하여는 비밀의 점유가 존재하기 곤란할 것이다. 점유자는 특별한 사정이 없는 한 평온·공연하게 점유하는 것으로 추정된다(제197조 제1항).

③ 점유

직접점유뿐 아니라 간접점유도 취득시효의 요건인 점유에 해당한다. 취득시효를 주장하는 자는 점유의 사실을 주장·입증하여야 한다. 다만, 전·후 양시에 점유한 사실이 있는 때에는 그 점유는 계속한 것으로 추정한다(제198조).

④ 20년의 점유기간

점유취득시효가 성립하기 위하여는 20년간 점유상태를 유지하고 있어야 한다. 그리고 20년 전에 점유한 사실과 현재 점유하고 있는 사실을 입증하면 계속 점유한 것으로 추정된다(제198조). 취득시효의 기산점은 간접사실에 속하므로 법원으로서는 당사자의 주장에 구속되지 않고 소송자료에 의하여 진정한 점유의 시기를 인정해야 한다(93다60120)고 한다. 즉, 점유자가 현실적으로 점유를 개시한 시점을 기산점으로 한다. 따라서 점유자는 점유취득시효가 완성된 경우에는 원소유자에게 시효취득을 주장할 수 있다. 이것은 시효진행 중 원소유자가 제3자에게 등기명의를 이전하여 준 경우에도 마찬가지이다(97다6186). 취득시효기간 경과 전에 등기부상 명의인이 변경된다고 하더라도 그 사유만으로 점유자의 종래 사실상태의 계속을 파괴한 것이라고 볼 수 없으므로 취득시효의 중단이 인정되지 않는다고 한다(2007다15172,15189). 그러나 시효기간이 만료된 후 원소유자가 제3자에게 소유권을 이전한 경우에는 점유자는 제3자에게 취득시효의 완성을 주장할 수 없다(93다22883). 이때 제3자가 악의라도 상관없으며(93다50666,50673), 제3자에의 소유권이전등기원인이 취득시효 완성 전의 것이라도 마찬가지이다(97다45402). 이 경우에도 제3자의 양수 및 등기경료 후에 점유자가 취득시효기간을 경과하면 제3자에 대해서도 당연히 시효취득을 주장할 수 있다(82다565).

점유의 승계가 있는 경우 점유자의 승계인은 자기의 점유만을 주장하거나 자기의 점유와 전(前) 점유자의 점유를 아울러 주장할 수 있다. 이때 전 점유자의 점유를 아울러 주장하는 경우에는 그 하자도 계승한다(제199조). 이때 어느 점유자의 점유까지 주장할 것인가에 대하여는 점유자에게 선택권이 있지만 그 점유의 개시 시기를 점유자가 임의적으로 선택할 수는 없다(97다56822). 소유권 변동의 여부는 문제되지 않는다. 다만, 상속의 경우에 피상속인의 점유가 타주점유인 경우 상속인이 새로운 권원에 의하여 자기 고유의 점유를 개시하지 않는 한 자주점유를 인정하지 않는다(92다22602,22619).

⑤ 시효취득의 대상

(a) 자기재산 : 자기 소유의 물건에 대하여도 시효취득이 가능하다. 판례도 인정하고 있다(73다559,560; 73다387,388).

(b) 부동산의 일부 : 부동산의 일부에 대한 시효취득도 가능하다(89다카9494). 다만, 그 부분이 다른 부분과 구분되어 시효취득자의 점유에 해당한다는 것을 인식하기에 족한 객관적인 징표가 계속하여 존재하여야 하고, 분필등기가 선행되어야 한다(96다37428).

(c) 국유재산 : 국유재산 중 공용재산(관청청사 등)이나 보존재산(문화재 등)이 아닌 잡종재산에 대하여는 취득시효가 가능하다(헌재결 89헌가97). 그러나 국유재산을 시효취득하기 위해서는 취득시효기간 동안 계속하여 시효취득의 대상이 되는 일반재산이어야 하고, 이점에 대한 입증책임은 시효취득을 주장하는 자에게 있다(2006다19177). 일반재산에 대하여 취득시효가 완성된 후 그 일반재산이 행정재산으로 되면 시효완성을 이유로 소유권이전등기를 청구할 수 없다(99다10782). 역으로 행정재산이 공용폐지로 인해 일반재산으로 되면 시효취득의 대상이 된다(2010다58957).

(d) 공유지분 : 공유지분의 경우에는 점유취득시효에 의하여 공유지분 자체의 시효취득이 불가능하지만 공동점유에 기한 시효취득이 인정되는 경우에는 공유지분을 취득할 수 있다(2002다57935). 다만, 후술하는 등기부취득시효에서 지분등기가 있었고, 이에 기하여 시효가 완성된 경우에는 일부인 지분에 대한 시효취득이 인정될 수 있을 것이다. 그러나 집합건물의 공용부분은 취득시효의 대상이 되지 아니한다(2011다78200,78217).

(e) 성명불상자의 소유물 : 이에 대해서도 시효취득이 가능하다(91다9312).

⑥ 등기

등기는 점유취득시효를 통한 소유권취득의 특별한 요건이다. 점유취득시효의 다른 모든 요건을 충족하더라도 등기를 한때에 비로소 부동산소유권을 취득한다.

⑦ 점유취득시효 완성자의 지위

'점유취득시효의 완성 후 그 등기 전'에 현재의 등기명의인이 제3자에게 목적부동산을 매도하여 제3자의 명의로 소유권이전등기가 경료된 경우에 점유취득시효 완성자의 지위가 문제된다. 취득시효 완성으로 인한 소유권이전등기청구권은 채권적 청구권으로 본다. 따라서 이 청구권은 점유가 계속되는 한 시효로 소멸하지 아니하나, 그 점유를 상실한 경우에는 그 상실한 때로부터 10년간 등기청구권을 행사하지 아니하면 소멸시효가 완성한다(95다34866,34873).

그러나 점유자가 취득시효기간 만료 후 점유를 승계한 경우에는 전 점유자의 소유자에 대한 소유권이전등기청구권을 대위행사할 수 있을 뿐이므로 직접 자기에게 소유권이전등기를 청구할 수는 없다(95다13753,13760). 그러나 전 점유기간 중 소유명의에 변동이 없다면 현재의 시점으로부터 역산하여 20년이 경과한 시점을 취득시효의 기산점으로 하여 현 점유자가 자신이 시효를 취득하였음을 주장하여 직접 소유권이전등기를 청구할 수 있다(97다5496,8502).

다만, '취득시효기간 만료 전'에 소유자가 제3자에게 목적물을 처분한 경우에는 제3자에로의 소유권등기 자체가 곧 취득시효의 중단을 가져오는 것으로 평가되지는 않으므로, 이 경우에는 취득시효기간 완성 후에 제3자를 상대로 취득시효를 원인으로 하여 소유권이전등기를 청구할 수 있다(77다785). 그러나 '취득시효기간 만료 후'에 소유자가 제3자에게 목적물을 처분한 경우에는 부동산 점유로 인한 시효취득은 등기함으로써 비로소 그 소유권을 취득하며, 그 전에는 취득시효 완성 당시의 소유자에 대하여 소유권이전등기청구권을 가질 뿐이므로, 따라서 그 등기를 하기 전에 먼저 소유권이전등기를 경료하여 그 소유권을 취득한 제3자에 대하여는 시효취득을 주장할 수 없다(85다카2306). 하지만 소유자가 시효취득이 완성된 사실을 알면서도 목적물을 제3자에게 처분하여 소유권이전등기를 해 줌으로써 시효취득을 주장하는 자가 손해를 입었다면 불법행위를 구성한다. 나아가 부동산을 취득한 제3자가 부동산소유자의 그러한 불법행위에 적극 가담하였다면 이는 사회질서에 반하는 행위로서 무효이다(92다47892; 93다60779).

한편, 제3자에게로 소유권이전등기가 경료되었어도 당초의 점유자가 계속 점유하고 있고, 소유자가 변동된 시점을 새로운 기산점으로 삼아도 다시 취득시효의 점유기간이 완성된 경우에는 점유자는 소유권변동시를 새로운 취득시효의 기산점으로 삼아 소유권이전등기를 청구할 수 있다(93다46360).

(2) 등기부취득시효

부동산의 소유자로 등기한 자가 10년간 소유의 의사로 평온, 공연하게 선의이며 과실없이 그 부동산을 점유한 때에는 소유권을 취득한다(제245조 제2항). 소유의 의사(자주점유), 평온·공연, 점유는 일반취득시효의 원리가 그대로 적용된다.

① 선의·무과실

선의·무과실은 등기에 관한 것이 아니라 점유의 취득에 관한 것이다(94다22651). 선의·무과실은 점유를 개시한 때에 있으면 그것으로 충분하다(93다21132). 이때 선의는 추정되지만(제197조 제1항), 무과실은 추정에 관한 규정이 없으므로 그 입증책임은 시효취득을 주장하는 자에게 있다(94다22651). 다만, 매도인이 등기부상 소유명의자와 동일인인 경우에는 등기부의 기재가 유효한 것으로 믿고 매수한 사람에게는 원칙적으로 과실이 인정되지 않는다(94다7829). 그러나 등기명의인이 아닌 자를 소유자로 믿은 경우(85다카771), 등기명의인이 일치하는 경우라도 그 등기가 정당하지 않은 것으로 의심할 만한 상당한 이유가 있는 경우(84다카1866), 직접 등기명의인에 대하여 대리권 유무 등을 확인하지 않고 대리인만을 믿고 거래한 경우(90다카544) 등의 경우에는 과실이 인정된다.

② 10년의 등기 및 점유

등기부취득시효의 요건인 '소유자로 등기한 자'는 적법한 등기를 마친 자일 필요는 없고, 무효의 등기를 마친 자라도 상관없다(93다23367). 다만, 1부동산 1용지주의에 위배되지 아니하여야 한다. 이중으로 등기된 경우 뒤에 된 소유권보존등기가 무효로 되는 때에는 뒤의 등기에 의한 등기부취득시효의 주장은 할 수 없다(96다12551). 관할위반의 등기 등과 같이 외관상 부적법한 등기의 경우에도 마찬가지이다. 상속등기를 경료하지 아니한 상속인도 피상속인 명의로 소유권등기가 10년 이상 경료되어 있는 이상 시효취득을 주장할 수 있다(89다카6140). 이때 등기는 원칙적으로 점유상태에 부합하여야 하지만 양자가 일치하지 않는 경우에도 일치하는 한도에서는 등기부취득시효가 인정될 수 있다.

등기기간과 점유기간은 각각 10년이어야 한다. 점유의 승계가 인정되듯이 등기의 승계도 인정된다(87다카2176).

(3) 동산소유권의 취득시효

10년간 소유의 의사로 평온·공연하게 동산을 점유한 자는 그 소유권을 취득한다. 점유가 선의이며 과실 없이 개시된 경우에는 5년을 경과함으로써 그 소유권을 취득한다(제246조).

(4) 소유권 이외의 재산권의 취득시효

부동산소유권과 동산소유권의 취득시효에 관한 규정은 소유권 이외의 재산권의 취득시효에 관하여도 준용된다(제248조). 따라서 점유를 수반하는 권리에 있어서는 점유가 요건으로 되지만, 점유를 수반하지 않는 권리(무체재산권)에 있어서는 준점유가 요건이 된다. 다만, 기타의 재산권 시효취득에 있어서는 그 성질상 소유의 의사가 요구되지 않는다.

취득시효기간은 그 목적물이 부동산이냐 동산이냐 또는 등기·등록과 같은 공시방법의 유무에 따라서 시효기간은 20년, 10년, 5년으로 된다. 이들 기간을 계산함에 있어서 점유자의 선의·무과실이 고려됨은 물론이다. 판례는 건물을 소유하기 위하여 그 건물 부지를 평온·공연하게 20년간 점유한 경우에는 건물부지에 대한 지상권을 시효취득한다고 한다(94다9849).

3) 시효취득의 효과

취득시효의 요건을 갖추면 점유자는 소유권을 취득한다. 다만, 일반취득시효(점유취득시효)에 있어서는 등기청구권이 발생하며, 이를 행사하여 등기함으로써 그 소유권을 취득하게 된다(제245조 제1항). 취득시효로 인한 소유권의 취득은 원시취득이다(2014다21649). 따라서 시효취득자는 특별한 사정이 없는 한 완전한 내용의 소유권을 취득하므로 원권리자의 권리 위에 존재하였던 모든 제한은 시효취득과 더불어 소멸하고, 원소유자의 소유권에 기하여진 각종 제한에 의하여 영향을 받지 않으며, 점유자는 원소유자에 대하여 부당이득반환의무를 부담하지 않는다. 그러나 취득시효의 기초가 된 점유가 이미 타인의 지역권을 인용하고 있던 경우에는 지역권의 제한이 있는 소유권을 취득하는 것이 된다(통설).

취득시효에 의한 소유권 취득의 효력은 점유를 개시한 때에 소급한다(제247조 제1항·제167조 참조). 따라서 시효기간 중에 시효취득자가 수취한 과실은 소유자에게 반환할 필요가 없으며, 임대 그 밖의 처분은 모두 유효한 것으로 된다. 다만, 원 소유자는 점유자의 명의로 소유권 이전등기가 경료되기 전까지는 소유자로서 권리를 행사할 수 있으므로 이 기간 중에 원소유자가 한 처분으로 인해 점유자의 토지에 대한 점유상태가 변경되었다면 그 뒤 소유권이전등기를 경료한 점유자는 변경된 점유상태를 용인하여야 한다(97다53632). 따라서 점유취득시효에 있어서 취득시효기간 만료 후 그 등기 전에 제3자가 원소유자에 대하여 소유권을 취득한 경우에는 점유자가 부동산을 시효취득을 할 수 없으며, 소유권 외의 권리를 취득한 경우에도 나중에 등기를 한 점유자는 제3자에게 대항할 수 없다.

4) 취득시효의 중단 · 정지 · 포기

'소멸시효의 중단'에 관한 규정(제168조 이하)은 취득시효에도 준용된다(제247조 제2항). 따라서 시효중단의 사유와 효력은 소멸시효에 있어서와 같다. 이외에 「민법」 제168조의 시효중단사유 중 청구, 가처분, 승인이 취득시효의 중단사유로 인정될 수 있다. 취득시효가 중단되면 「민법」 제178조 제2항에 따라 시효가 새로이 진행한다. 다만, 승소의 확정판결이 있는 경우에는 재판의 확정에 의하여 타주 점유로 전환되었으므로 그러하지 아니한다(2000다14934,14941).

'소멸시효의 정지'에 관한 규정(제179조~제182조)이 취득시효에도 준용되는지에 관해서는 「민법」에서는 규정을 두고 있지 않지만 취득시효에도 유추적용할 수 있는 것으로 해석한다(통설).

한편, 「민법」에서는 소멸시효에 있어서 시효완성 후에도 그 시효이익을 포기할 수 있는 것을 인정하지만(제184조 제1항). 취득시효에 관해서는 이러한 규정이 없다. 그러나 판례는 취득시효에 있어서도 위 규정을 유추 적용하여 취득시효기간 만료 후 그 시효이익을 포기할 수 있는 것으로 해석한다(94다18195). 시효이익의 포기는 특별한 사정이 없는 한 시효취득자가 취득시효완성 당시의 진정한 소유자에게 대하여 하여야 그 효력이 발생한다(2006다19177).

4. 종물

1) 종물의 의의

물건의 소유자가 그 물건의 상용(常用)에 공(供)하기 위하여 자기 소유의 다른 물건을 이에 부속되게 하는 경우가 있는데, 이때 물건을 주물(主物)이라고 하고, 그 부속물을 종물(從物)이라고 한다(제100조 제1항). 예를 들면, 배와 노, 자물쇠와 열쇠 따위의 관계이다. 여기서 전자가 주물이고, 후자가 종물이다. 「민법」에서는 양자를 되도록 같은 법률적 운명에 따르게 함으로써 그 경제적 효용을 파괴하지 않으려고 하고 있다.

2) 종물의 요건

(1) 주물의 상용에 공할 것

상용에 공한다는 것은 사회관념상 주물 자체의 경제적 효용을 높이는 관계에 있음을 의미한다. 상용에 공하는지 여부는 객관적으로 결정되며, 다만, 주물과 종물 사이에는 밀접한 장소적 관련성을 요한다. 주물의 상용에 공여되고 있더라도 주물 그 자체의 효용과 직접 관계가 없는 물건은 종물이 아니다(2000마3530; 92다43142). 따라서 텔레비전, 전화기, 세탁기, 탈수기, 냉장고, 제빙기, 비디오 등은 종물이 아니다.

그러나 지하주차장, 건물에 딸린 저유시설은 물론, 저당권이 설정되어 있는 건물이 증축된 경우에는 동일성이 유지되고 있는 이상 종물이 된다. 따라서 별도의 추가담보설정을 요하지 않고 증축 전 건물에 설정되어 있는 저당권의 효력은 증축된 부분에 대하여도 미친다(66마592). 그러나 제3자 앞으로 보존등기되거나 이전등기되기 전에 증축에 의한 표시변경등기를 해두어야 한다.

(2) 주물로부터 독립한 물건이어야 한다.

종물은 주물과 독립한 물건이어야 하며, 주물의 구성부분이어서는 아니된다. 정화조는 건물의 구성부분에 지나지 않으므로 종물에 해당하지 않는다(93다42399). 독립한 물건이면 동산, 부동산을 묻지 않는다. 부동산으로는 (ⅰ) 과수원·농장의 창고, 수영장·골프장의 휴게실, 암석, 토사(광물 제외) 등은 토지의 종물에 속하며, (ii) 주택에 딸린 광, 공장에 딸린 창고, 본채와 떨어져 가재도구 등을 보관하는 방·연탄창고·공동변소 등은 건물의 종물에 해당한다. 또 동산으로는 주유소의 주유기(94다6345)나 정원석, 정원수 등(고가이거나 쉽게 움직일 수 있는 물건 – 석등, 돌조각상 등은 제외)이 종물에 해당한다.

(3) 주물과 종물은 동일한 소유자에 속하는 것이어야 한다

종물은 물건의 소유자가 그 물건의 상용에 공하기 위하여 자기 소유인 다른 물건을 이에 부속하게 한 것을 말하므로 주물과 다른 사람의 소유에 속하는 물건은 종물이 될 수 없다(2007다36933). 예를 들어 주유소의 지하에 매설된 유류저장탱크가 주유소 소유자의 것이 아니라 정유회사가 설치한 것이라면 종물이 아니라 부합물이 되는 것이다.

(4) 주물과 종물은 장소적 밀접성이 있어야 한다

종물이 주물과 독립된 것이어야 하더라도 지나치게 멀리 떨어져 있어 주물의 경제적 효용을 높이는데 기여하지 못하면 종물의 요건을 갖추지 못한다.

3) 종물의 효과

종물은 주물의 처분에 따른다(제100조 제2항). 즉, 양자는 법률적 운명을 같이 한다. 예를 들면, 주물에 대한 소유권의 양도가 있으면 종물도 함께 양도된다. 저당권의 효력은 저당부동산에 부합된 물건과 종물에 미친다. 그러나 법률에 특별한 규정 또는 설정행위에 다른 약정이 있으면 그러하지 아니하다(제358조, 95다52864). 다만, 종물이 주물인 저당부동산으로부터 분리되어 반출되는 등 주물에 대한 공시가 종물에 미치지 못하는 경우에 저당권의 효력은 그 종물에 미치지 아니하며, 주물이 동산인 경우 종물이 인도되지 않으면 위 규정은 적용되지 않는다. 이 규정은 강행규정이 아니므로 당사자는 특약으로 종물만을 따로 처분할 수 있는 것으로 할 수 있다.

〈참고〉 주물과 종물에 관한 「민법」 제100조의 규정은 물건뿐만 아니라 권리 상호간에도 유추되고 있다. 즉, 경락에서 주된 권리인 건물소유권과 그에 종된 권리인 토지임차권은 법률적 운명을 같이 한다(92다24950, 제358조 참조). 또한 건물의 소유를 목적으로 한 토지임대차는 이를 등기하지 아니한 경우에도 임차인이 그 지상건물을 등기한 때에는 제3자에 대하여 임대차의 효력이 생긴다(제622조 제1항).

5. 부합물

1) 의의

부합(附合)은 소유자가 다른 두 개의 물건이 결합하여 사회관념상 분리하는 것이 불가능하거나 사회경제상 대단히 불리하여 그 복구를 허용하지 않고서 어느 누구의 소유에 귀속시키는 것을 말한다.

2) 부동산에의 부합

부동산 소유자는 그 부동산에 부합한 물건의 소유권을 취득한다(제256조). 이 규정은 부동산에 소유자의 소유물이 아닌 물건이 부합된 경우에 부동산소유권이 그 물건에 미치는가를 결정하는 규정이며, 이것은 부동산에 대한 저당권의 효력이 그 부동산에 부합된 물건에 미치는가에 관한 「민법」 제358조(저당권의 효력의 범위)와도 관련된다.

(1) 요건

부합되는 물건의 범위에 대하여 부동산에 부합하는 물건은 동산에 한한다는 것이 통설이지만 판례는 부동산도 포함된다고 한다(4294민상445).

또한 부합으로 인하여 소유권의 변동이 있기 위하여는 부착 · 결합이 일정한 정도에 이르러야 한다. 즉, 훼손하지 아니하면 분리할 수 없거나 그 분리에 과다한 비용을 요할 경우이어야 한다(예, 주유소의 소유자와 유류저장 탱크의 소유자가 다른 경우의 유류저장탱크(94다6345)). 다만, 부합의 원인은 인위적이든 자연적이든 묻지 않는다.

(2) 효과

부동산소유자는 그 부동산에 부합한 물건의 소유권을 취득한다(제256조 전문). 부합하는 물건의 가격이 부동산의 가격을 초과하더라도 부동산의 소유자가 부합된 물건의 소유권을 취득한다. 이 경우 부합한 동산의 소유권을 취득한 부동산의 소유자는 동산소유자에 대하여 보상의무를 진다(제261조).

그러나 타인의 권원에 의해 부속시킨 경우에는 그 부합물은 부속시킨 자의 소유가 된다(제256조 후문). 여기서 '권원'이란 지상권, 전세권, 임차권 등과 같이 타인의 부동산에 물건을 부속시켜서 그 부동산을 이용할 수 있는 권리를 말한다. 다만, 그러한 권원이 있다 하더라도 그 부속물이 독립성을 갖는 것을 전제로 하여 부속시킨 자의 것이다(74다1743). 이때 부합한 물건의 소유권을 취득한 부동산소유자는 그 물건의 소유자에게 보상을 하여야 한다(제261조).

(3) 특수문제

① 건물의 부합(타인 소유의 건물을 증축·개축한 경우)

원칙적으로 건물소유자에 귀속하지만 타인의 권원에 의하여 부속된 경우에는, 독립성을 가지는 것을 전제로 하여 그 타인의 소유에 해당한다(94다11606, 물리적 구조, 용도, 기능, 독립한 경제적 효용).

② 수목

건물의 부합의 경우와 같이 처리된다. 즉, 권한 없이 타인의 토지에 수목을 심은 경우에 그 수목은 토지에 부합한다. 그러나 권원에 의해 심은 경우에는 그렇지 않다.

③ 농작물

농작물에 관해서는 달리 취급한다. 즉, 권원 없이 타인의 토지에 농작물을 심은 경우에도 그 농작물은 토지에 부합하지 않고 그 소유권은 경작자에게 있다.

▪ **판례** ▪ 1. 부합물임을 인정한 사례 : (ⅰ) 공장의 부속건물인 대피소를 증축하여 공장 건물과 연결하여 사용하고 있는 경우(80다2727,2758), (ⅱ) 기존 건물과 접속하여 2

배 이상의 면적으로 지었으나 이를 통하지 아니하고는 기존 건물에 출입할 수 없는 증축건물(80다2821), (ⅲ) 기존 주택 및 부속건물과 연이어 있는 미등기의 주택(86마295; 93다47318), (ⅳ) 주택의 외벽에 덧붙여 지은 부엌(80다2643), (ⅴ) 2층 건물을 증축하여 방 1개, 거실 1개 및 욕실이 있으나 하수관이 없고 출입구가 2층을 통하여 외관상 기존 건물과 일체가 되는 3층 부분(92다26772,26789), (ⅵ) 아파트 급수용 물탱크를 위한 옥탑(91다4140) 등.

 2. 부합물임을 인정하지 아니한 사례 : (ⅰ) 증축된 2층이 1층과 거의 같은 넓이와 크기로 경계가 명확하고, 서로 차단되어 있으며, 자체의 전용부분이 있는 경우(76다464), (ⅱ) 부합된 건물이 구조변경으로 독립한 권리의 객체성을 취득한 경우(81다519), (ⅲ) 기존건물과 대문을 공동으로 사용하고, 2층 베란다 부분이 연결되어 있더라도 몸체가 별도의 벽으로 이루어져 1.25m 가량 떨어져 있으며, 기존 건물은 물치장으로 새건물은 주거용으로 사용되고 있는 경우(87다카600), (ⅳ) 기존 건물의 외벽에 붙여 증축하였지만 10개의 기둥을 세우고 외벽과의 사이에 다시 벽을 쌓고 전용통로가 있으며 전기, 전화의 배선 및 상하수도가 따로 설치되어 있는 경우(85다카246).

6. 공동소유

　하나의 물건을 2인 이상의 다수인이 공동으로 소유하는 것을 공동소유라고 한다.[6] 「민법」에서는 공동소유의 유형으로 공유, 합유, 총유의 세 가지를 인정한다. 하나의 물건을 다수인이 공동으로 소유함에 있어 그 다수인 사이의 인적 결합의 정도에 따라 유형화한 것이다. 즉, 그 다수인이 아무런 공동의 목적 없이 단순히 2인 이상이 소유하는 경우로서 이를 공유라 하고, 일정한 공동사업을 목적으로 2인 이상이 결합하였지만 그것이 단체로서의 독립성을 갖추지 못한 것으로 조합이 소유하는 경우로서 이를 합유라 하며, 법인이 아닌 사단이 소유하는 경우로서 이를 총유라 한다.

1) 공유

(1) 의의

물건이 지분에 의하여 수인의 소유로 된 때에는 공유로 하며, 공유자의 지분

---

6) 소유권 이외의 재산권에 준용한다. 그러나 다른 법률에 특별한 규정이 있으면 그에 의한다(제278조).

은 균등한 것으로 추정한다(제262조). 공유의 경우 목적물에 대한 각 공유자의 지배권한은 완전히 자유·독립적이며, 다만, 목적물이 동일하기 때문에 그 행사에 제약을 받는 데 지나지 않는다. 공유자 각자가 갖는 지배권능을 지분이라 하며, 공유자는 그 지분을 처분할 수 있고 공유물 전부를 지분의 비율로 사용, 수익할 수 있다(제263조). 다만, 공유자는 다른 공유자의 동의없이 공유물을 처분하거나 변경하지 못한다(제264조).

(2) 공유물의 관리

공유물의 관리에 관한 사항은 공유자의 지분의 과반수로써 결정한다. 그러나 보존행위는 각자가 할 수 있다(제265조). 이때 공유자는 그 지분의 비율로 공유물의 관리비용 기타 의무를 부담하며, 공유자가 1년 이상 의무이행을 지체한 때에는 다른 공유자는 상당한 가액으로 지분을 매수할 수 있다(제266조). 그리고 공유자가 그 지분을 포기하거나 상속인 없이 사망한 때에는 그 지분은 다른 공유자에게 각 지분의 비율로 귀속한다(제267조).

(3) 공유물의 분할

공유자는 공유물의 분할을 청구할 수 있다. 그러나 5년 내의 기간으로 분할하지 아니할 것을 약정할 수 있으며, 이 계약을 갱신한 때에는 그 기간은 갱신한 날로부터 5년을 넘지 못한다. 다만, 건물의 구분소유(제215조), 경계표 등의 공유물(제239조)에는 적용하지 아니한다(제268조). 분할의 방법에 관하여 협의가 성립되지 아니한 때에는 공유자는 법원에 그 분할을 청구할 수 있으며, 현물로 분할할 수 없거나 분할로 인하여 현저히 그 가액이 감손될 염려가 있는 때에는 법원은 물건의 경매를 명할 수 있다(제269조). 공유자는 다른 공유자가 분할로 인하여 취득한 물건에 대하여 그 지분의 비율로 매도인과 동일한 담보책임이 있다(제270조).

2) 합유

합유란 조합계약에 의해 수인이 물건을 공동으로 소유하는 것을 말한다. 법률의 규정 또는 계약에 의하여 수인이 조합체로서 물건을 소유하는 때에는 합유로 한다. 합유자의 권리는 합유물 전부에 미친다(제271조). 합유물을 처분 또는 변경함에는 합유자 전원의 동의가 있어야 한다. 그러나 보존행위는 각자가 할 수 있다 (제272조). 조합 자체의 당사자능력은 인정되지 않으므로 조합재산에 관한 소송은 원칙적으로 조합원 전원이 또는 전원에 대하여 하여야 한다.

또한 합유자는 전원의 동의없이 합유물에 대한 지분을 처분하지 못하며, 합유물의 분할을 청구하지 못한다(제273조). 합유는 조합체의 해산 또는 합유물의 양도로 인하여 종료하며, 이때 합유물의 분할에 관하여는 공유물의 분할에 관한 규정을 준용한다(제274조).

3) 총유

총유란 사단법인으로 성립되지 않은 여러 사람들의 단체(예: 종중, 교회마을, 동창회 등 권리능력 없는 사단)가 물건을 소유하는 것을 말한다. 즉, 법인이 아닌 사단의 사원이 집합체로서 물건을 소유할 때에는 총유로 하며, 총유에 관하여는 사단의 정관 기타 계약에 의하는 외에 다음에 따른다(제275조). 즉, 총유물의 관리 및 처분은 사원총회의 결의에 의하며, 각 사원은 정관 기타의 규약에 좇아 총유물을 사용·수익할 수 있다(제276조). 총유물에 관한 사원의 권리의무는 사원의 지위를 취득상실함으로써 취득상실된다(제277조). 다만, 권리능력 없는 사단은 대표자가 있으면 사단의 이름으로 소송당사자가 될 수 있다(민사소송법 제52조).

〈공유·합유·총유 비교〉

구분	공유	합유	총유
인적결합상태	개인주의적 소유	조합체	권리능력 없는 사단
지분의 처분	자유처분 가능	전원의 동의	지분 없음, 사원권 양도·상속 불가
분할청구	언제든지	분할청구 불가	분할청구 불가
공동소유물 사용	지분비율로	조합계약, 기타규약	정관, 기타규약
부동산 등기방식	전원명의, 지분율기재	전원명의, 합유취지 기재	권리능력 없는 사단, 자체명의

7. 지상권

1) 의의 및 성질

지상권은 타인의 토지에 건물 기타 공작물이나 수목을 소유하기 위하여 그 토지를 사용하는 물권이다(제279조). 타인의 토지는 1필 토지의 일부라도 무방하며, 지표 내지 지상에 한하지 않고 지하의 사용을 내용으로 할 수 있다. 공작물은 도로, 연못, 교량, 각종 탑, 전주 등의 지상공작물뿐만 아니라 지하철, 터널, 우물, 지하호 등의 지하공작물을 포함한다. 수목은 경작의 대상이 되는 식물은 포함되지 않는다. 지상권은 토지의 사용을 본체로 하므로 공작물이나 수목이 현존하지 않은 때에도 설정할 수 있다. 지상권은 물권이므로 양도성·상속성을 가진다.

지상권은 타인의 토지에 대한 권리이므로 지상권과 토지소유권이 동일인에게 귀속되면 지상권은 혼동으로 소멸한다. 또한 지상권은 타인의 토지를 독점적으로 사용하는 권리로서, 토지를 점유할 수 있는 권리를 포함하며, 상린관계에 관한 규정이 준용된다. 한편, 지상권자가 토지사용의 대가로 지료를 지급하는 것이 일반적이지만, 지료의 지급이 지상권의 성립요건은 아니다. 따라서 무상의 지상권도 가능하다(99다24874).

2) 지상권과 임차권

공작물 또는 수목을 소유하기 위하여 타인의 토지를 사용할 수 있는 권리로는 물권으로서 지상권 외에 채권으로 임차권이 있다. 지상권과 토지임차권은 다음과 같은 점에서 차이가 있다. 실제에 있어서는 임차권이 주로 활용되고 지상권이 설정되는 경우는 많지 않다. 지상권이 토지소유자에게 더 부담을 주기 때문이다.

〈지상권과 임차권의 비교〉

구분	지상권	임차권
종류	물권	채권
양도·전대	자유	임대인 동의 필요
최장 존속기간	제한 없음	20년
최단 존속기간	30년, 15년, 5년	제한 없음
기간약정 안한 경우	최단기간 보장	언제든지 해지통고 가능
소멸청구	2년 이상 연체	2기 이상 연체

3) 지상권의 종류

(1) 약정지상권

약정지상권은 당사간의 계약에 의해 이루어지는 일반적인 지표지상권을 말한다. 구분지상권은 지하 또는 지상의 공중은 상하의 범위를 정하여 건물 기타 공작물을 소유하기 위한 지상권의 목적으로 할 수 있다. 지하구분지상권은 지하철, 공중구분지상권은 송전선을 대표적인 예로 들 수 있다.

> **[구분지상권]** 지하 또는 지상의 공간은 상하의 범위를 정하여 건물 기타 공작물을 소유하기 위한 지상권의 목적으로 할 수 있다. 이 경우 설정행위로써 지상권의 행사를 위하여 토지의 사용을 제한할 수 있다. 이 구분지상권은 제3자가 토지를 사용·수익할 권리를 가진 때에도 그 권리자 및 그 권리를 목적으로 하는 권리를 가진 자 전원의 승낙이 있으면 이를 설정할 수 있다. 이 경우 토지를 사용·수익할 권리를 가진 제3자는 그 지상권의 행사를 방해하여서는 아니된다(제298조의2).

(2) 법정지상권

「민법」상 법정지상권으로는 전세권에 의한 법정지상권(제305조)과 저당권에 의한 법정지상권(제366조)이 있다. 또한 특별법상 법정지상권으로는 가등기담보에 의한 법정지상권(가등기담보 등에 관한 법률 제10조), 입목의 경매 등에 의한 법정지상권(입목에 관한 법률 제6조)이 있다. 이외에 관습법상 인정되는 지상권으로서 동일인에게 속하고 있었던 토지와 건물이 어느 한쪽이 매매 기타의 원인으로 말미암아 소유자를 각각 달리하게 될 경우에 당사자 사이에 특약이 없는 이상 건물소유자는 당연히 지상권을 취득하게 된다. 한편, 분묘기지권은 타인 소유에 해당하는 토지를 분묘기지부분을 위하여 사용할 수 있는 권리로서 지상권계약에 의하지 않고 성립된 지상권 유사의 물권이다.

4) 지상권의 취득

(1) 법률행위에 의한 취득

지상권은 토지소유자와 지상권자가 지상권의 설정을 목적으로 하는 물권적 합의와 등기에 의하여 취득하는 것이 보통이다. 그 밖에 유언과 지상권의 양도에 의하여 지상권이 승계취득된다. 이는 모두 법률행위로 인한 부동산물권의 변동이므로 등기하여야 효력이 생긴다.

(2) 법률행위에 의하지 않은 취득

상속, 판결, 경매, 공용징수, 취득시효, 기타 법률의 규정에 의하여 지상권이 취득될 수 있다. 이 중에서 취득시효로 인한 지상권의 취득은 등기함으로써 효력이 생기지만, 그 밖의 원인으로 인한 취득은 등기 없이 그 효력이 생긴다(제187조).

5) 지상권의 존속기간

계약으로 지상권의 존속기간을 정하는 경우에는 최장기간은 제한이 없으며, 최단기간은 목적물에 따라 (ⅰ) 석조, 석회조, 연와조 또는 이와 유사한 견고한 건물이나 수목의 소유를 목적으로 하는 때에는 30년, (ⅱ) 전호 이외의 건물의 소유를 목적으로 하는 때에는 15년, (ⅲ) 건물 이외의 공작물의 소유를 목적으로 하는 때에는 5년이다. 이 기간보다 단축한 기간을 정한 때에는 이 기간까지 연장한다(제280조).

그러나 계약기간으로 지상권의 존속기간을 정하지 아니한 때에는 그 기간은 위에서 기술한 최단존속기간으로 한다(제281조 제1항). 지상권설정 당시에 공작물의 종류와 구조를 정하지 아니한 때에는 지상권은 위의 (ⅱ)의 건물의 소유를 목적으로 한 것으로 본다(동조 제2항).

6) 지상권의 효력

지상권자는 계약에서 정한 목적의 범위 내에서 타인의 토지에 건물 기타 공작물이나 수목을 소유하기 위하여 그 토지를 사용하는 권리가 있다(제279조). 지상권은 토지를 사용할 권리이므로 토지를 점유할 권리도 가진다. 사용의 원만한 상태가 침해되는 경우에는 지상권에 기인한 물권적 청구권이 생긴다.

또한 지상권자는 타인에게 그 권리를 양도하거나 그 권리의 존속기간 내에서 그 토지를 임대할 수 있다(제282조). 지상권에 관한 「민법」 규정(제280조 내지 제287조)에 위반하는 계약으로 지상권자에게 불리한 것은 그 효력이 없다(제289조). 지상권은 저당권의 목적이 될 수 있다(제371조 제1항 참조).

지료는 지상권의 요소는 아니다. 그러나 당사자의 약정이므로 지급의무가 생기며 법정지상권의 경우는 당사자의 청구로 법원이 정한다. 지료에 관한 내용은 등기하여야 제3자에게 대항할 수 있다. 지료가 토지에 관한 조세 기타 부담의 증감이나 지가의 변동으로 인하여 상당하지 아니하게 된 때에는 당사자는 그 증감을 청구할 수 있다(제286조). 다만, 지상권자가 2년 이상의 지료를 지급하지 않을 때에는 지상권설정자는 지상권의 소멸을 청구할 수 있다(제287조). 이때 지상권이 저당권의 목적인 때 또는 그 토지에 있는 건물, 수목이 저당권의 목적이 된 때에는 전조의 청구는 저당권자에게 통지한 후 상당한 기간이 경과함으로써 그 효력이 생긴다(제288조).

7) 지상권의 소멸

지상권의 소멸은 물권일반에 공통되는 토지의 멸실, 존속기간의 만료, 혼동, 지상권에 우선하는 저당권의 실행으로 인한 경매, 토지수용 등이 있다. 지상권 특유한 소멸사유로는 지상권설정자의 소멸청구, 지상권설정자의 해지청구, 지상권의 포기, 약정소멸사유가 있다.

지상권이 소멸한 경우에 건물 기타 공작물이나 수목이 현존한 때에는 지상권자는 계약의 갱신을 청구할 수 있다. 이때 지상권설정자가 계약의 갱신을 원하지

아니하는 때에는 지상권자는 상당한 가액으로 전항의 공작물이나 수목의 매수를
청구할 수 있다(제283조). 다만, 지상물철거의 합의가 있는 경우, 지료를 연체한
경우에는 매수청구권이 발생하지 않는다.

또한 지상권이 소멸한 때에는 지상권자는 건물 기타 공작물이나 수목을 수거
하여 토지를 원상회복하여야 하며, 이 경우에 지상권설정자가 상당한 가액을 제공
하여 그 공작물이나 수목의 매수를 청구한 때에는 지상권자는 정당한 이유없이
이를 거절하지 못한다(제285조).

8) 법정지상권

(1) 의의와 제도취지

「민법」은 서구제국의 입법례와는 달리 토지와 건물을 각각 독립된 부동산으
로 취급하고 있다. 이들은 각각의 법률적 구성을 달리 하고 있는데 건물은 성질상
토지와의 이용관계를 수반하지 아니하고는 존재할 수 없는 것이므로 항상 토지이
용권의 선결문제를 안고 있는 것이다. 즉, 토지와 건물이 각기 다른 소유자에게
귀속하는 경우에는 건물의 소유를 위하여 토지를 이용한다는 법률관계가 발생한
다. 여기서 법률관계란 지상권의 법적 지위를 말하는데, 지상권은 타인의 토지에
서 건물 또는 기타의 공작물이나 수목을 소유하기 위하여 그 타인의 토지를 사용
할 수 있는 토지용익권의 일종으로서의 물권이다. 지상권은 법률행위에 의하여 발
생하는 경우가 있고, 법률의 규정에 의하여 당연히 발생하는 경우가 있다. 이때
일반적으로 후자를 법정지상권이라고 말한다.

토지와 건물이 저당권의 실행으로 각기 소유자가 달라지게 되면 건물소유자
는 토지이용에 있어 어떠한 권리도 없이 타인의 토지를 사용하는 결과가 발생하
게 된다. 그러나 이러한 경우 건물소유자가 그 토지에 대하여 무권리자라는 형식
적인 이유만으로 건물이 철거된다면, 건물소유자에게 가혹한 손해가 발생할 뿐만
아니라 사회경제적으로나 공익적인 견지에서도 커다란 손실이 아닐 수 없다. 따라
서 법률은 이러한 경우 건물소유자로 하여금 그 토지를 연속 사용케 하는 권리를
법률적으로 부여함으로써 법제상의 결격을 치유하고, 사회·경제상의 손실을 방지
하고, 경매부동산의 가치 저해요인을 없애자는 데에 법정지상권제도의 근본적인

취지가 있다.

한편, 「민법」에서 규정하는 요건을 구비하지 아니하였다 하더라도 토지와 건물이 같은 소유자의 소유에 속하였다가 그 건물 또는 토지가 매각 또는 기타의 원인으로 양자의 소유자가 다르게 될 때에는 특히 건물을 철거한다는 조건이 없는 이상 당연히 건물 소유자는 그 토지 소유자에 대하여 관습에 의한 법정지상권을 취득하게 되는 것이다.

(2) 법정지상권의 인정이유

토지와 건물은 각각 별개의 부동산으로서 독립성을 유지할 필요가 있기 때문에 해석상 어려운 문제점을 가져온다. 예를 들면, 건물과 대지가 별개의 사람에게 귀속하고 있는 경우에는 건물소유자는 대지를 직접 점유하고 있기 때문에 대지소유자와의 사이에 어떤 형태로든 대지이용관계가 성립되어야 한다. 만약 그렇지 않으면 불법점유가 되어 건물을 철거하고 토지를 명도하지 않으면 아니된다. 법정지상권은 바로 이러한 경우를 생각하여 마련된 제도라고 할 수 있다. 따라서 법정지상권 제도를 인정하는 이유는 다음과 같다.

① 사회·경제상의 공익적 이유와 저당설정자의 의사추정

토지와 그 지상건물은 별개의 부동산이기 때문에 동일소유자에게 귀속하는 경우라 하더라도 별도로 저당권의 목적이 될 수 있다. 예를 들면, A가 토지와 그 위에 건물을 함께 소유하는 경우에 토지에만 저당권을 설정하고 경매의 결과, B가 그 토지를 취득하면 B의 토지 위에 A의 건물이 존재하게 된다. A가 건물에만 저당권을 설정하고, 경매의 결과 B가 건물을 취득한다면 A의 토지 위에 B의 건물이 존재하게 된다.

이 두 가지의 어느 경우에 있어서 건물소유자는 그 건물을 위한 토지의 이용권이 없어지므로 불법점유가 되어 건물을 철거하고 그 토지를 명도하여야만 한다. 그러나 이러한 결과는 사회·경제상 불이익이 클 뿐만 아니라 저당권설정 당사자의 의사에도 반한다. 즉, 건물은 토지이용권을 수반하지 않고서는 존재할 수 없기 때문에 위에서와 같은 경우에 소유자가 토지에 대해서만 저당권을 설정한다 하더라도 당연히 건물을 위한 지상권을 유보하는 의사가 있는 것으로 볼 수 있고, 또

이와 반대로 건물에 대해서만 저당권을 설정한 경우에도 역시 마찬가지로 보아야 한다. 이처럼 법정지상권은 사회·경제상의 불이익 방지라는 공익적 이유와 당사자의 의사추정을 위하여 인정된다. 우리나라와 법제가 비슷한 일본에서는 법정지상권의 이론적 근거를 건물철거로 인한 사회적·경제적 손실의 방지에서만 찾지 않고 나아가 저당권설정자의 의사와 저당권자의 기대에도 그 근거를 구하고 있다고 한다.

판례도 "법정지상권을 인정하는 법의 취지가 저당권의 경매로 인하여 토지와 그 지상건물이 각각 다른 사람의 소유에 속하게 된 경우에 건물이 철거된다는 것과 같은 사회적·경제적 손실을 방지하려는 공익상 이유에 근거하는 것이고, 당사자의 어느 한편의 이익을 보호하려는 것이 아니므로 …"라고 하고 있다(4294민상1103).

② 이용권과 가치권과의 조화 도모

독일 「민법」 제94조 제1항에서는 "토지의 정착물, 특히 건물은 본질적 구성부분에 해당한다"라고 규정하여 토지와 건물 중 어느 하나만을 양도한다든지 어느 하나에 대하여 권리를 설정한다는 것은 생각할 수 없다. 또 당해 건물의 존립을 위한 토지이용권이라고 하는 법률구성도 생각할 수 없다. 그러나 「민법」은 건물과 토지를 각각 별개의 독립한 부동산으로 취급하기 때문에 건물의 존립을 위한 토지이용권의 확보에 있어서 저당권인 가치권과의 충돌을 잘 조정하여야 하는 문제가 생긴다. 이러한 문제를 해결하려는 의도에서 생겨난 것이 법정지상권 제도이다. 즉, 법정지상권제도는 이용권과 가치권과의 조화를 도모하기 위하여 마련하는 제도로서 이용권에 의한 저당권의 범위의 확장 또는 제한이라는 전혀 상반된 두 가지의 기능을 나타낸다. 한편에서는 건물을 저당하였다가 경매된 때에는 건물을 위하여 지상권을 창설하여 지상의 범위를 확장시키며, 건물의 저당권이 토지이용권을 압박하게 된다. 반면, 토지를 저당하였다가 경매된 때에는 건물이 있는 토지로 평가하고 투자한 이상 건물을 위하여 지상권을 창설하여 저당권의 범위를 제한하여 건물소유권이 토지의 저당권을 압박하게 된다. 이처럼 그 내용에 있어서 서로 상반되는 기능을 나타내지만 그 중심적 목적은 건물의 철거·파괴를 방지하는데 있다.

③ 건물소유자의 토지이용권 보장

건물은 토지 위에 세워진 만큼 건물이 거래되는 때에는 토지이용권이 따라야 하며, 건물이 있는 토지가 거래되는 때에는 건물을 위하여 이용권이 제한을 받도록 하여야 할 것이기 때문에 법정지상권제도는 「민법」상 당연히 인정하지 않을 수 없다. 또한 토지와 그 위의 건물은 법률상으로는 별개의 부동산이므로, 저당권의 설정이나 그 실행으로서의 경매는 각각 따로 행하여진다. 따라서 토지와 그 지상의 건물이 동일인의 소유에 속하고 있는 동안은 소유자가 양자 중 어느 하나를 저당권이 실행되더라도 건물을 위한 대지이용권은 자기 소유지의 이용으로서의 문제가 없으나, 어느 한쪽의 경매가 있게 되면 토지와 건물이 각각 다른 사람의 소유로 되는 수가 많고, 그러한 경우에는 건물소유자에게 대지이용의 권원이 당연히 필요하게 된다.

그러나 소유자의 의사에 기하지 않는 경매라는 사태에 의하여 비로소 접촉하게 된 토지이용자와 건물소유자 사이에 토지이용에 관한 합의가 반드시 성립한다는 보장은 없다. 그러한 교섭이 잘 이루어지지 못한 때에는 건물소유자는 건물을 철거하여야 한다. 이렇게 된다면 건물의 낙찰가는 자연히 크게 떨어지고 건물의 담보화는 저해되며, 또한 건물소유자를 위한 토지이용은 중대한 위협을 받게 된다. 물론 경락 후 토지와 그 지상의 건물의 소유자가 다르게 되었을 때에도 양자가 잘 교섭하여 토지의 이용권을 취득하는 방법이 전혀 없지는 않을 것이다. 그러나 경락은 저당권실행의 방법으로서 당사자의 의사가 개입할 여지가 없으며, 재산권이 강제적으로 이전하는 것이므로 만일 이때의 양자간의 교섭에 의하여 토지이용권의 설정을 꾀한다고 하더라도 건물소유자는 극히 불리한 입장에 서게 되며, 합리적이며 공평한 해결을 하기 어려울 것이다. 그러므로 건물소유자를 위하여 지상권을 설정한 것으로 보아서 건물소유자의 토지이용권을 보장하려는 것이다.

④ 잠재적인 이용관계의 법적 현실화

건물과 토지가 동일인에게 속하고 건물에 대하여서만 전세권을 설정한 경우에는 전세권자는 불가피하게 일정한 한도에서 토지를 사용하게 되지만 그 토지이용관계가 어떤 권리로서 현실화되고 있는 것은 아니다. 그러나 그 후에 대지소유권이 타인에게 이전되거나 또는 건물이 경매됨으로써 건물과 대지의 소유자가 각

각 다르게 된 경우에는 잠재적인 토지이용관계가 현실화되어야만 한다. 건물은 그 성질상 토지의 이용관계를 수반하지 않고서는 존립할 수 없고, 따라서 건물에 독립된 부동산의 지위를 인정하려는 의도에서는 건물과 토지이용권과의 불가분의 관계를 승인하지 않으면 아니된다. 따라서 토지에 건물이 건설되었을 때에는 벌써 토지소유권의 내용은 그의 잠재적 관계에서 건물이용을 위한 법익, 가치권 등 기타의 법익으로 분리되었다고 생각할 수 있다. 토지, 건물이 동일인에게 속하는 이상 이 관계를 현실화할 필요는 없지만, 당사자의 합의에 의하여 그의 일방이 양도되는 경우에는 당연히 당사자 자신이 이용권의 설정에 의하여 이것을 현실화할 수가 있다. 그러나 저당권실행의 결과 토지와 건물이 각각 다른 사람에게 귀속되었을 경우에는 이 이용관계를 현실화할 기회가 주어지지 않는다. 경락 후 당사자 사이에서 이용권을 설정한다는 것은 사실상 거의 불가능에 가깝기 때문이다. 법정지상권은 이러한 경우에 잠재적 이용관계의 현실화를 법정하는 제도이다.

(3) 법정지상권의 종류

① 민법상 법정지상권

민법상 법정지상권으로는 저당권 실행에 의한 법정지상권과 전세권에 의한 법정지상권이 있다. 즉, (ⅰ) 저당물의 경매로 인하여 토지와 그 지상건물이 다른 소유자에게 속한 경우에는 토지소유자는 건물소유자에 대하여 지상권을 설정한 것으로 본다(제366조). (ⅱ) 대지와 건물이 동일한 소유자에 속한 경우에 건물에 전세권을 설정한 때에는 그 대지소유권의 특별승계인은 전세권설정자(건물소유자)에 대하여 지상권을 설정한 것으로 본다(제305조).

② 특별법상 법정지상권

특별법상 지상권으로는 다음의 것들이 있다. 즉, (ⅰ) 토지 및 지상의 건물이 동일한 소유자에게 속한 경우에 그 토지 또는 건물에 대하여 가등기담보실행에 의하여 소유권을 취득하거나 담보가등기에 기한 본등기가 행하여진 경우에는 그 건물의 소유를 목적으로 그 토지 위에 지상권이 설정된 것으로 본다(가등기담보 등에 관한 법률 제10조). (ⅱ) 입목의 경매 기타의 사유로 토지와 그 입목이 각각 다른 소유자에게 속하게 된 경우에는 토지소유자는 입목소유자에 대하여 지상권을 설정한 것으로 본다(입목에 관한 법률 제6조).

③ 기타 법정지상권

기타 법정지상권으로는 관습법상 지상권과 분묘기지권이 있다. 즉, (ⅰ) 관습법상 동일인의 소유에 속하는 대지와 그 지상건물이 매매 기타의 원인으로 각각 소유자를 달리 하는 경우 건물을 철거한다는 특약이 없는 이상 건물소유자는 당연히 지상권을 취득하게 된다. (ⅱ) 분묘기지권은 타인 소유에 해당하는 토지를 분묘기지부분을 위하여 사용할 수 있는 권리로서 관습에 의한 것으로 지상권계약에 의하지 않고 성립된 지상권 유사의 물권이다(2011다63017,63024).

(4) 저당권실행에 의한 법정지상권

① 의의

「민법」 제366조에서는 "저당권의 경매로 인하여 토지와 그 지상건물이 다른 소유자에게 속한 경우에 토지소유자는 건물소유자에 대하여 지상권을 설정한 것으로 본다"고 규정하고 있다. 본래 법정지상권의 성립요건을 정함에 있어서는 공적 요청, 저당권자 보호, 경락인 보호 등이 고려되고 있는데, 이들 요소 가운데 있는 공적 요청을 더욱 철저하게 하거나 또는 경락당사자의 불이익 방지를 더욱 확실하게 함으로써 개개의 성립요건을 완화하는 것이 가능하여 온 것이므로 법정지상권의 성립요건은 그 존재 목적과 직결된 중대한 의미를 지닌다. 즉, 법정지상권은 법률상 당연히 인정되는 대지이용권으로서 그것은 건물존립의 법률적 기초이기 때문에 이의 성부는 곧 건물이 적법하게 존재할 수 있느냐의 문제인 것이다.

한편, 법정지상권의 성부는 당사자 사이의 이해를 대립시킨다. 특히, 건물에 비해 토지의 가격이 고가인 대도시에 있어서는 법정지상권에 의하여 토지소유권은 심한 압박을 받는 일이 많을 것이다. 그러므로 법정지상권의 성립요건을 해석함에 있어서는 대립하는 이해와 법정지상권의 목적이 함께 고려되어야 한다. 양자 가운데 어느 쪽에 더 거래비중을 두느냐에 따라 법정지상권의 인정범위에 광협이 생기게 될 것이다. 종래의 학설은 현행 제도를 관습법상 법정지상권의 결합을 법률상 강제한 중요한 제도로 보아 전자의 성립범위를 넓히고자 하였다.

② 성립요건

(a) 저당권설정시에 토지 위에 건물이 존재하여야 한다.

(가) 건물의 형태 : 지상건물이 반드시 등기를 거친 것임을 요하지 않고, 건물이 건물로서 요소를 갖추고 있는 이상 무허가건물의 여부를 묻지 않고 법정지상권의 성립이 가능하다. 따라서 미등기상태일지라도 사회관념상 건물로서 인정할 만한 건물이 존재만 하면 법정지상권이 성립한다. 즉, 저당권설정 당시 자기의 신축한 건물을 소유하고, 아직 그 보존등기를 경유하지 아니하였다고 하더라도 건물을 신축한 자는 보존등기의 유무를 불문하고, 그 소유권의 취득으로서 저당권에 대항할 수 있으며, 경매의 경우에 있어서 해당 건물의 소유자인 저당권설정자는 토지의 경락인에 대하여 지상권을 취득한 것으로 본다(63아62; 91다16631).

이때 건물인가 아닌가의 판단기준은 건물의 독립성이라는 점에서만 판단하여서는 아니 되고, 법정지상권제도를 인정하는 근본취지가 건물철거로 인한 사회적·경제적인 손실을 방지하는데 있다 할 것이므로 건물로서의 보호의 필요성 여부를 가지고 판단하여야 한다. 따라서 주택용 건물로서 지붕, 벽, 기둥·보 등이 있으면, 방(마루) 바닥이나 천정이 없더라도 독립한 건물로 본다(2000다51872; 2002다21592).

(나) 건물의 존재시기 : 「민법」에서는 어떠한 경우에 법정지상권이 성립하는지 구체적으로 규정하고 있지 않으므로 본조의 법정지상권이 성립하기 위하여 저당권설정 당시 건물이 존재하여야 하는지 여부와 관련하여 건물소유자에게 법정지상권이 성립하기 위하여서는 건물은 언제부터 존재하여야 하는가에 대해 학설이 대립하고 있다.

법정지상권의 성립을 넓게 인정하여 저당권 설정 당시에 토지 위에 건물이 존재하는 경우 뿐 아니라 토지에 저당권이 설정 당시에는 건물이 없었으나 나중에 건물이 건축된 경우에도 법정지상권은 성립한다는 견해가 있으나, 저당권설정 당시부터 토지 위에 건물이 존재하는 경우에만 국한하여 법정지상권의 성립을 인정하는 것이 타당하다(다수설). 왜냐하면 저당권을 설정할 당시에 토지 위에 건물이 없었더라면 저당권자는 토지의 담보가치를 높게 평가하였을 것이므로 만일 그 후에 토지 위에 세워진 건물에 대하여도 법정지상권의 성립을 인정하게 되면 토지의 교환가치는 그만큼 떨어지게 되고, 따라서 저당권자가 피해를 입게 된다. 또한 「민법」 제365조[7])의 일괄경매의 규정은 저당권실행을 용이하게 하거나 저당목적물이 아닌 건물을 토지와 함께 경매하여 동일한 경락인에게 귀속케 하여 가능한 한 건물의 존속을 유지하려는 데에 그 목적이 있는 것이므로 이를 법정지상권의 문제와 혼동해서는 아니 된다. 실무상으로는 토지에 저당권을 설정할 당시에 미등기 건물이나 토지 중 일부 지상에만 건물이 존재하는 경우에 저당권과 함께 지상권을 설정하는 것이 관행처럼 되어 있다.

> ▪ **판례** ▪ 「민법」 제366조의 규정은 저당권설정 당시부터 저당권의 목적되는 토지 위에 건물이 존재할 경우에 한하여 법정지상권이 성립되며 건물 없는 토지에 대하여 저당권이 설정되었는데, 그 후에 설정자가 그 위에 건물을 건축한 경우에는 법정지상권이 생긴다고 할 수 없다는 종전의 대법원판례는 아직 변경할 필요가 없다(78다630).

(다) 건축 중의 건물 : 토지에 저당권을 설정할 당시 건축 중이었던 건물을 위하여도 법정지상권이 성립하는가와 관련하여, 저당권 설정 당시 이미 건물이 존재하여야 한다는 요건을 엄격히 해석한다면 건축 중인 건물은 별개의 부동산으로서 독립성을 갖추고 있지 못하므로 법정지상권의 성립을 부인하게 될 것이다. 그러나 건물의 독립성을 판단기준으로 할 것이 아니고 저당권설정시에 건물의 규모, 종류가 외형상 예상할 수 있는 정도까지 진전되었다면 당사자 및 이해관계인들에게는 불측이 손해를 가한다고 할 수는 없으므로 법정지상권의 성립을 인정하여야 한다.

> ▪ **판례** ▪ 「민법」 제366조 소정의 법정지상권은 저당권설정 당시 동일인의 소유에 속하던 토지와 건물이 경매로 인하여 양자의 소유자가 다르게 된 때에 건물의 소유자를 위하여 발생하는 것으로서 토지에 관하여 저당권이 설정될 당시 그 지상에 건물이

---

7) 제365조(저당지상의 건물에 대한 경매청구권) 토지를 목적으로 저당권을 설정한 후 그 설정자가 그 토지에 건물을 축조한 때에는 저당권자는 토지와 함께 그 건물에 대하여도 경매를 청구할 수 있다. 그러나 그 건물의 경매대가에 대하여는 우선변제를 받을 권리가 없다.

위 토지소유자에 의하여 건축 중이었고, 그것이 사회관념상 독립된 건물로 볼 수 있는 정도에 이르지 않았더라도 건물의 규모, 종류가 외형상 예상할 수 있는 정도까지 건축이 진전되어 있는 경우에는 법정지상권의 성립을 인정함이 상당하다고 해석한다. 왜냐하면 위와 같은 정도로 건축이 진전되어 있는 경우에는 저당권자는 완성될 건물을 예상할 수 있으므로 법정지상권을 인정하여도 불측의 손해를 입는 것이 아니며 사회적·경제적으로도 건물을 유지할 필요가 인정되기 때문이다(92다7221).

(라) 미등기·무허가건물 : 법정지상권의 성립에 건물의 등기 여부는 문제가 되지 않는다. 다만, 이미 무허가건물에는 법정지상권이 성립되었으므로 먼저 등기를 한 사람이 법정지상권을 보유한 소유권자가 되어 오히려 점유자에게 명도청구를 할 수도 있다. 이때 점유자가 설사 무허가건물대장상에 소유자로 등재되었다하더라도 법적인 소유권이 인정되거나 소유자로 추정되는 효력은 없다. 따라서 무허가건물을 매수할 때에는 미리 매도인으로 하여금 허가와 보존등기를 마친 후나 혹은 철거 후에 넘겨달라고 해야 한다.

> ▪ **판례** ▪ 무허가건물의 신축은 법률행위에 의하지 아니한 물권의 취득이므로 신축자가 등기 없이 소유권을 원시취득한다고 할 것이지만, 이를 양도하는 경우에는 등기 없이 물권행위 및 인도에 의하여 소유권을 이전할 수 없다 할 것인바, 점유자가 무허가 건물의 신축자로부터 이를 매수하여 인도받아 점유하고 있다고 하더라도 그 소유권을 취득할 수 없고, 신축자가 법률상의 처분권한을 상실하였다고 할 수 없으므로, 무허가 건물대장상의 소유명의자가 그 후 무허가건물을 신축자로부터 제3자를 거쳐 이중으로 매수하여 무허가 건물대장에 소유자 명의를 등재하였다 하여 점유자가 '직접' 소유명의자에 대하여 방해배제의 방법으로 무허가건물대장상의 명의변경을 청구할 권한이 있다고 할 수 없다(95다43594).

(마) 공지에 저당권 설정 후 지은 건물 : 이는 저당권설정 당시에 지상에 건물이 존재하여야 법정지상권이 성립하는가라는 문제이다. 여기에는 다음의 네 가지 경우로 나누어 살펴보면 다음과 같다.

첫째, 공지에 저당권설정 후 건물을 축조한 경우이다. 이 경우에는 토지가 저당권실행으로 경매되어도 건물에 대하여 법정지상권이 성립되지 않는다는 것이 통설·판례(92다20330)의 입장이다. 이것은 (i) 공지 여하는 담보가치에 큰 차이가 있으므로 공지라고 하여 고가로 평가하여 저당권을 설정하였는데, 그 이후에 지은 건물 때문에 지상권의 제한을 받는다면 저당권자에게 뜻밖의 큰 손해를 강요하는바, 공지에 대한 저당권설정 후 세워진 건물에 대하여는 법정지상권으로 보호할 수 없으며, (ⅱ) 저당권설정 후의 용익권이 저당권실행으로 소멸한다는 이론과의 균형상 법정지상권은 인정할 수 없다는 것에 근거한다.

　둘째, 저당권자가 공지로서 평가하고 있지 않는 경우이다. 이것은 특히, 저당권설정시에 건물의 축조를 저당권자가 동의해 준 경우에 문제되는 것으로, 건축자금의 제공을 위해 융자하여 공지에 저당권을 설정한 경우가 여기에 해당한다. 통설은 법정지상권의 성립을 부정한다. 따라서 공지를 저당함에 있어서 저당권자로부터 그 토지에 건물을 지어도 좋다는 양해를 받았다고 하더라도 그 용익권을 대세적으로 확보할 길이 없어 토지경락인에게 대항할 수 없게 된다.

　셋째, 공지에 저당권설정 후 축조된 건물상에 다시 저당권이 설정되고, 건물저당권, 토지저당권의 순으로 저당권이 실행된 경우이다. 건물저당권의 실행에 의해 일단 건물의 경락인은 법정지상권을 취득하지만 후에 토지저당권이 실행되면 위 법정지상권은 토지저당권에 대항할 수 없으므로 토지의 경락인에게 대항할 수 없어 법정지상권의 성립이 부정된다.

　넷째, 1번 저당권설정시에는 공지였지만 2번 저당권설정시에는 건물이 축조되어 있고, 이후 2번 저당권이 실행된 경우이다. 통상 2번 저당권의 실행이 있어도 1번 저당권은 소멸하고, 1번 저당권자는 이 절차 내에서 우선 변제를 받는다. 하지만 1번 저당권설정시를 기준으로 하면 법정지상권의 성립요건을 구비하지 못하였으므로 위 사안에서는 법정지상권은 성립하지 않는다.

(바) 건물의 재축·개축 등 : 저당권설정시에 건물이 존재하고 있었지만 일단 멸실한 후 재축된 경우와 훼멸에 의해 개축된 경우에 재축·개축건물에는 법정지상권이 성립하지 않는다. 판례는 종래 "저당권설정 당시에 건물이 존재하였다면 그 후 건물이 멸실되거나 철거된 후 신축, 개축 또는 증축된 경우에도 법정지상권은 성립한다. 다만 내용인 존속기간, 범위

등은 구 건물을 기준으로 한다(92다9388). 구 건물과 신 건물 사이에 동일성이 있음을 요하지 않는다(2000다48517)"고 하였지만 이후 "동일인의 소유에 속하는 토지 및 그 지상건물에 관하여 공동저당권이 설정된 후 그 지상건물이 철거되고 새로 건물이 신축된 경우에는 저당물의 경매로 인하여 토지와 그 신축건물이 다른 소유자에 속하게 되더라도 그 신축건물을 위한 법정지상권은 성립하지 않는다"(98다43601)고 입장을 전환한 후, 그 태도를 유지하고 있다(2003다1359; 2009다66150; 2011다54587; 2012다108634 등).

■ **판례** ■ 동일인의 소유에 속하는 토지 및 그 지상건물에 관하여 공동저당권이 설정된 후 그 지상건물이 철거되고 새로 건물이 신축된 경우에는 그 신축건물의 소유자가 토지의 소유자와 동일하고 토지의 저당권자에게 신축건물에 관하여 토지의 저당권과 동일한 순위의 공동저당권을 설정해 주는 등 특별한 사정이 없는 한 저당물의 경매로 인하여 토지와 그 신축건물이 다른 소유자에 속하게 되더라도 그 신축건물을 위한 법정지상권은 성립하지 않는다고 해석하여야 하는바, 그 이유는 동일인의 소유에 속하는 토지 및 그 지상건물에 관하여 공동저당권이 설정된 경우에는, 처음부터 지상건물로 인하여 토지의 이용이 제한 받는 것을 용인하고 토지에 대하여만 저당권을 설정하여 법정지상권의 가치만큼 감소된 토지의 교환가치를 담보로 취득한 경우와는 달리, 공동저당권자는 토지 및 건물 각각의 교환가치 전부를 담보로 취득한 것으로서, 저당권의 목적이 된 건물이 그대로 존속하는 이상은 건물을 위한 법정지상권이 성립해도 그로 인하여 토지의 교환가치에서 제외된 법정지상권의 가액 상당 가치는 법정지상권이 성립하는 건물의 교환가치에서 되찾을 수 있어 궁극적으로 토지에 관하여 아무런 제한이 없는 나대지로서의 교환가치 전체를 실현시킬 수 있다고 기대하지만, 건물이 철거된 후 신축된 건물에 토지와 동순위의 공동저당권이 설정되지 아니 하였는데도 그 신축건물을 위한 법정지상권이 성립한다고 해석하게 되면, 공동저당권자가 법정지상권이 성립하는 신축건물의 교환가치를 취득할 수 없게 되는 결과 법정지상권의 가액 상당 가치를 되찾을 길이 막혀, 위와 같이 당초 나대지로서의 토지의 교환가치 전체를 기대하여 담보를 취득한 공동저당권자에게 불측의 손해를 입게 하기 때문이다(98다43601).

(b) 토지와 건물이 동일인소유자에게 속하여야 한다.

법정지상권이 성립하려면 저당권설정 당시에 토지와 건물이 동일소유자에게 속하고 있었을 것을 요한다(66다1213; 88다카4017). 서로 다른 사람에게 속하고 있던 경우에는 건물을 위한 약정이용권이 설정되고 있는 것이 통상이다. 저당권이 건물측에 설정된다면 저당권의 효력은 부지상의 약정이용권에 미쳐 건물의 경락인은 이를 취득한다. 경락인으로부터 건물을 매수한 자가 토지소유자에게 이것을 주장할 수 있는가는 약정이용권의 양도성의 문제이다. 저당권이 토지측에 설정되고 그것이 실행된 경우에는 토지의 경락인에 대하여 건물소유자가 약정이용권을 갖고 대항할 수 있는가는 동일 토지상의 저당권과 이용권간 대항관계로서 처리된다. 따라서 토지와 건물이 저당권설정 당시 동일 소유자에게 속하고 있는 경우만이 법정지상권이 성립한다. 이 요건을 둘러싼 문제는 법정지상권인가 약정이용권인가의 선택문제이다. 즉 토지에 건물이 존재하고 있는 상태에서 토지 또는 건물에 관하여 저당권을 설정하는 당사자는 저당권실행 후에도 건물이 존재한다는 예측하에 행동하고 있다. 따라서 저당권실행 후에 약정이용권 내지는 법정지상권이 건물소유권에 부착하고 있다고 생각하여야만 한다. 따라서 이는 약정이용권과 법정지상권의 선택의 문제이다.

(가) 소유자가 가족인 경우 : 친자 또는 부부 간에 토지와 가옥을 각각 달리 소유하는 경우와 같이 가족 간에는 통상 토지이용권을 설정하지 않은 경우가 많으므로 이를 동일인 소유로 보아 경매로 그 소유자가 바뀐 경우 법정지상권의 인정 여부는 문제로 될 수 있다. 친자·부부 간이라고 하더라도 그 소유자가 다른 한 토지이용권은 설정할 수 있으며 그 이용권설정이 없었던 까닭이 반드시 서로 동일시하기 때문만이 아니고 서로 화목하지 못하기 때문일 수도 있어 법정지상권을 인정하는 것이 저당권설정자의 의사에 반하는 수도 있을 수 있다. 따라서 법정지상권을 인정하지 않는 것이 타당하다.

(나) 설정시에는 별개인 소유이었으나 경매시에 동일인 소유로 된 경우 : 저당권설정시에는 토지와 건물이 별개인에게 귀속하고 있었지만, 그 후 토지 또는 건물이 양도되어 동일인에게 귀속하게 된 경우에도 법정지상권은 성립하는가에 대해서는 견해의 대립이 있다. 즉, (ⅰ) 건물에 저당권이 설정되고 있는 경우 저당권설정시에 건물에 존재한 약정이용권은 혼동에 의해 소멸하기 때문에 법정지상권이 성립한다는 견해, (ⅱ) 이러한 약정이용권에 건물상의 저당권의 효력이 미치고 있고 혼동법리의 예외에 의해 혼동은 생기지 않아 약정이용권이 존속하므로 임차지상의 건물

저당권이 실행되어도 매수인은 확정적으로 약정이용권을 취득할 수 있을 뿐 아니라 토지와 건물이 동일소유자에게 귀속되었기 때문에 갑자기 지상권이 하등의 반대급부도 없이 매수인을 위해 성립한다는 것은 부당하다는 견해, (iii) 저당권설정 당시에 토지와 건물의 소유자가 동일하지 않으면 건물을 위한 용익권을 설정할 수 있기 때문에 그 후에 동일소유자에게 속하게 되더라도 법정지상권을 인정할 필요가 없다는 견해 등이 있다. 판례는 관습상 법정지상권을 인정하는 강제경매의 경우에 있어서 토지와 건물이 계속하여 동일인의 소유에 속하여야 되는 것은 아니고 경락당시 동일인의 소유에 속하면 족하다고 한다(70다1454).

(다) 공유관계가 존재하는 경우 : 토지공유자의 1인이 다른 공유자의 동의를 얻어 그 지상에 건물을 소유하고 그 토지 공유지분에 저당권을 설정한 경우에는 법정지상권을 인정할 사유가 토지 공유자의 1인에 불과하므로 다른 공유자에게 그 효력을 미칠 수 없다고 할 것이므로 법정지상권을 부정하여야 한다. 다만, 대지를 공유하고 있는 건물의 구분소유자가 건물에 관하여 저당권을 설정한 경우, 특히 그 건물이 아파트와 같은 경우에는 특별법에서 건물의 구분소유자의 대지사용권은 그가 가지는 전유부분의 처분에 따르게 하고, 규약으로서 달리 정하는 경우가 아닌 한 전유부분과 분리해서 대지사용권만을 처분할 수 없도록 하였다. 이때 분리처분금지는 그 취지를 등기하지 아니하면 선의(善意)로 물권을 취득한 제3자에게 대항하지 못한다(집합건물의 소유 및 관리에 관한 법률 제20조).

(라) 저당권설정 후의 소유자변동 : 저당권설정시에는 토지와 건물이 동일소유자에게 속하고 있었지만 그 후 어느 일방이 타인에게 양도된 경우의 문제이다. 여기서는 사안을 나누어 고찰하기로 한다.

먼저 토지저당의 경우이다. 첫째, 토지에 저당권이 설정되고 건물이 양도된 경우, 즉 甲이 토지와 건물이 소유자이고 乙을 위하여 토지에 저당권을 설정하고 그 후에 丙에게 건물을 양도한 경우이다. 이 경우 약정이용권은 토지저당권설정 후에 설정된 것이어서 저당권에 대항할 수 없고, 저당권실행으로 소멸한다고 할 것이므로 법정지상권의 성립을 방해할 이유는 없고 저당권설정시에 법정지상권 성립요건은 구비하고 있는 것으로 그 후의 건물소유관계의 변동에 의해서 법정지상권의 성립이 부정되지 않는다. 둘째, 토지에 저당권이 설정되고 토지가 양도된 경우, 즉 토지와 건물의 소유자인 甲의 토지에 乙이 저당권을 설정한 후 丙에게 토지를 양도한 경우이다. 이 경우 甲이 丙에게 양도시에 토지사용계약을 체결하는 것이 통상적이므로 丙의 약정이용권은 乙의 토지저당권에 대항할 수 없는 이용권이고 저당권실행으로 약정이용권은 소멸하므로 법정지상권을 인정해야 한다. 셋째, 법정지상권은 약정이용권과 비교하여 토지와 건물의 양도인 또는 양수인에게 부당한 손실이나 이익을 주는 경우가 있다. 따라서 이 경우 그 부분에 관하여 당사자 간에 청산할 필요가 있다. 이에 대해 법정지상권과 약정이용권 사이에 서서 법정지상권의 내용을 약정이용권의 범위에 제한하는 견해가 있으나, 토지경락인은 약정이용권의 존재를 부정하고 법정지상권의 성립을 주장하는 것도 가능하지만, 반대로 약정이용권의 존재를 긍정하고 법정지상권의 성립을 부정할 수 있다. 따라서 현실에는 약정이용권과 법정지상권 중에서 경락인에게 유리한 방법으로 처리될 것이다.

다음으로 건물저당의 경우이다. 첫째, 건물에 저당권이 설정되고 토지가 양도된 경우이다. 토지와 건물의 소유자인 甲이 乙에게 건물에 대한 저당권을 설정한 후 丙에게 토지를 양도한다면 甲과 丙 사이에 약정이용권 설정계약이 하는 것이 통상적이다. 이때 乙의 건물저당권은 건물소유자인 甲의 종된 권리인 약정이용권에도 효력이 미친다. 따라서 저당권이 실행된다면 경락인 丁은 건물소유권만이 아니라 약정이용권도 취득하더라도 법정지상권을 인정함이 타당하다. 그렇지 않으면 저당권설정자 甲과 경락인 丁 간에는 임차권의 양도가 있기 때문에 경락인 丁은 임대인 丙의 승낙 내지 그에 갈음하는 법원의 판결을 얻어야 하는 부담을 지게 된다. 둘째, 건물에 저당권이 설정되고 건물이 양도된 경우이다. 즉, 토지와 건물의 소유자 甲이 乙에게 건물에 대한 저당권을 설정한 후 丙에게 건물소유권을 양도하여도 乙의 저당권에는 추급력이 있고 저당권은 존재한다. 따라서 경락인 丁은 이 약정이용권을 취득하기 때문에 법정지상권은 없다고 할 수 있으나 전술한 것처럼 법정지상권을 인정해야 한다.

(c) 저당물의 경매가 행하여져야 한다.

(가) 공동저당 : 구「민법」은 '토지 또는 건물만을 저당한 경우'로 규정하였으나 「민법」은 '저당물의 경매로 인하여'라고만 되어 있어 문리상으로도 토지와 건물이 함께 공동저당된 경우도 포함된다고 해석된다. 공동저당된 경우에 그 경락인이 1인으로 되어 토지용익권의 문제가 생기지 않을 수 있으나 공동저당의 경우에도 그 일방만의 저당권이 실행되거나 쌍방이 실행되어도 일괄경매의 방법을 취하지 않는 한 토지와 건물의 소유자가 다르게 되어 법정지상권을 인정할 수 있다. 저당권자로서도 토지와 건물의 평가를 같이하면 법정지상권의 성부는 그 총계에 영향을 미치지 않는 까닭에 불이익을 입지 않는다. 따라서 공동저당의 경우 토지와 건물이 동시에 경매되어 각각 별개인에게 경락되었거나 토지건물을 동일인이 최고가로 경락인이 되었으나 어느 한 쪽은 경락허가가 안 될 때 또는 토지 건물 중 어느 일방만이 경매된 때 모두 법정지상권이 인정된다.

(나) 토지와 건물이 각기 저당된 경우 : 건물이 먼저 경매되었다면 경락인은 일단 법정지상권을 취득하나 그 후 토지가 경매되면 토지경락인에 대하여 기존의 법정지상권으로 대항하는가 아니면 토지경락으로 새로운 법정지상권을 취득하는가는 문제된다. 그러나 기존의 법정지상권의 취득은 토지저당권의 설정보다 후순위의 용익권이므로 선순위토지저당권의 실행으로 소멸하고 토지경매로 새로운 법정지상권이 발생한다고 본다.

  그러나 토지가 먼저 경락되었다면 건물주는 이로써 법정지상권을 취득하며 그 후 건물이 경매되면 그 건물경락인은 전 건물주의 법정지상권도 당연히 승계함과 동시에 건물경매로써 새로운 법정지상권도 이중으로 취득하게 되어 신·구 법정지상권이 경합하게 될 것이다.

(다) 일반 강제경매 : 원래 토지 또는 건물이 저당권의 목적이 아니고 단순히 강제경매만으로 토지나 건물의 소유자가 바뀐 경우「민법」제366조의 법정지상권을 인정할 것인가가 문제된다. 강제경매의 경우에는 대체로 저당권실행의 경우와 같이 토지와 그 지상의 건물이 소유자의 의사에 기하지 아니한 채 분리되고 그 사이에 건물을 위한 토지상의 이용권을 설

정하기는 사실상 기대할 수 없으므로 「민법」 제366조를 확장해석하여 이를 유추적용하여야 한다. 다만, 판례는 이때 관습상의 법정지상권을 인정한다(67다1831).

(d) 토지와 건물의 소유자가 달라져야 한다.

경매에 의하여 토지와 지상건물에 대한 소유가 분리되어야만 본조에 의한 법정지상권이 성립한다. 따라서 토지와 건물이 동일인에 속하였더라도 경매로 인하지 않고 소유자가 달라지는 경우에는 전술한 바와 같이 관습법상 법정지상권이 성립할 수 있음은 별론으로 하더라도 본조에 의한 법정지상권은 성립하지 않는다.

③ 내 용

「민법」 제366조에 의하여 성립하는 법정지상권은 당사자 사이에 법률행위에 의하지 아니하고 법률의 규정에 의하여 성립한다는 점에서만 일반의 지상권과 차이를 나타낼 뿐 그 본질에 있어서는 아무런 차이가 없다. 따라서 법정지상권의 내용은 법정지상권의 성질에 반하지 않는 「민법」상의 지상권의 내용에 관한 규정에 따른다.

(a) 성립시기와 등기 : 법정지상권이 성립하는 시기는 토지나 또는 그 지상건물의 경매로 그 소유권이 경락인에게 이전하는 때이다. 이 시점에서 지상권의 성립이 가능하기 때문이다. 따라서 임의경매에 있어서 경락인이 경락대금을 완납한 때에 법정지상권은 성립하게 된다. 법정지상권은 「민법」 제366조의 규정에 의하여 성립하는 것이어서, 이른바 '법률의 규정'에 의한 부동산물권의 취득에 해당하므로 그 성립에 등기를 요하지 않는다(제187조). 따라서 건물소유자는 제3자에 대하여서도 역시 등기 없이 그의 법정지상권을 가지고 대항할 수 있다. 다만, 그 법정지상권을 제3자에게 처분하려면 「민법」 제185조 단서에 의하여 등기를 하여야 하고, 그러한 등기 없이 건물을 처분한 때에는 건물의 전득자는 토지소유자에게 지상권을 가지고 대항하지 못한다(70다809). 그리고 법정지상권을 취득한 자는 토지소유자에 대하여 지상권의 등기를 할 것을 청구할 수 있다. 법정지상권이 성립한 후 토지가 제3자에게 양도된 때에는 그 양수인에 대하여 등기를 청구할 수 있다.

> ■ **판례** ■ 토지나 법정지상권을 취득한 건물소유자가 법정지상권의 설정등기를 완료함
> 이 없이 건물을 양도하는 경우에는 그 건물을 철거하기로 하는 합의가 있었다는 등
> 의 특별한 사정이 없는 이상 건물과 함께 지상권도 양도하기로 하는 채권적 계약이
> 있는 것으로 보아 지상권자는 건물의 양수인에 대하여 지상권설정등기를 한 후 이의
> 양도등기절차를 이행하여 줄 의무를 부담한다(80다2873).

(b) 범위 : 법정지상권의 범위는 반드시 그 건물의 대지에 한정되는 것은 아니며, 사회통념상 그 건물을 이용하는 데 필요한 한도에서는 대지 이외의 부분에도 미친다. 엄격한 의미에서의 부지에 한하는 것은 아니다. 즉 법정지상권이 미치는 범위는 반드시 그 건물의 기지만에 한하는 것은 아니며 지상건물이 창고인 경우에는 그 본래의 용도인 창고로서 사용하는데 일반적으로 필요한 그 둘레의 기지에 미친다(77다921).

(c) 지료 : 법정지상권의 지료는 우선 당사자의 협의에 의하여 이를 결정하게 되지만, 협의가 성립하지 못한 때에는 당사자의 청구로 법원이 이를 정한다(제366조 단서). 법원이 정하는 지료는 당연히 지상권이 성립한 때에 소급해서 그 효력을 발생하며, 토지소유자의 지료청구의 특별한 의사표시는 필요하지 않다.

법원이 지료를 정함에 있어서는 제반사정을 참작하고 또 당사자 쌍방의 이익을 조화하여 어느 한편에 부당하게 불이익 또는 이익을 주는 결과가 되어서는 아니 되며, 대체로 법정지상권자가 토지소유자에게 지급할 지료는 아무런 제한 없이 다른 사람의 토지를 사용함으로써 얻는 이익에 상당하는 대가이어야 한다(75다2066; 94다61144). 이때 법원에 의한 지료의 결정은 법원이 창설적으로 당사자에게 지료지급의 권리관계를 발생시키려고 하는 것이 아니고, 지료지급의무의 발생을 전제로 하여 그 지료액을 정할 뿐이기 때문에 그 액에 관하여 법원이 확정한 효력은 당연히 지상권발생 이후의 지료에 미친다.

(d) 존속기간 : 지료에 대한 규정과는 달리 「민법」 제366조에서는 법정지상권의 존속기간에 관하여는 정하지 않고 있으므로 당사자 간의 협의로 정할 수 있을 것이다. 다만, 이 경우에도 지상권의 법정존속기간(제280조 제1항)이 정하는 최단기간보다 짧은 기간을 법정지상권의 존속기간으로 정할 수는 없다(동조 제2항).

그러나 당사자 간에 존속기간의 협의가 없는 경우에 대해서는 지료의 경우에 있어서처럼 「민법」 제366조의 단서를 준용하여 법정지상권의 존속기간을 당사자

의 청구에 의하여 법원이 이를 정할 것이라는 견해와 법정지상권을 「민법」 제281조 제1항이 규정하는 '존속기간을 약정하지 아니한 지상권'에 준하여 취급하는 견해이다. 양 견해의 차이는 법정지상권의 존속기간을 법원이 「민법」 제280조가 정하는 최단기간보다 장기의 기간으로 정할 수 있느냐에 있다. 전설은 이를 긍정하나 후설은 이를 부정한다. 다만, 전설은 법정지상권의 성립상의 특수성을 고려하여 지료와 존속기간의 방법을 일률적으로 취급할 수 있다는 장점이 있다.

(e) 당사자의 특약 : 저당권실행에 의한 법정지상권의 성립은 저당권설정당사자의 특약에 의하여 이를 배제하지 못한다. 왜냐하면 이 제도가 토지와 건물과의 객관적 관계에 기인한 것으로 건물의 철거를 방지하려는 공익상의 이유를 가지며, 당사자의 이런 특약을 공시할 방법이 없기 때문이다. 즉 본조는 강행규정이다.

(f) 대지소유자의 의무 : 건물에 대한 전세권설정에 따른 법정지상권이 성립된 경우에는 대지소유자는 전세권설정자는 전세권자의 동의없이 지상권 또는 임차권을 소멸하게 하는 행위 즉, 타인에게 그 대지를 대여하거나 이를 목적으로 한 지상권 또는 전세권을 설정하지 못한다(제305조 제2항). 왜냐하면 이미 법정지상권이 성립되어 있는데 대지소유자가 이러한 처분을 할 수 있도록 한다면 법정지상권을 인정한 것이 아무런 의미가 없기 때문이다. 따라서 저당권실행에 의해 법정지상권이 성립된 경우(제366조)에도 명문의 규정이 없지만 이를 준용하는 것으로 해석하여야 한다.

(g) 법정지상권의 소멸 : 이 법정지상권과 건물은 불가분의 관계에 있는 것은 아니기 때문에 건물의 멸실에 의해서는 법정지상권은 영향을 받지 않는다. 따라서 이 법정지상권은 지료 연체에 의한 토지소유자의 멸실청구(제287조), 지상권자의 포기 및 당사자 사이의 계약에 의하여 소멸한다.

④ 양도성
법정지상권은 발생과정에 있어 법률규정에 의해서 성립한다는 점을 제외하고는 일단 발생 후에는 약정지상권과 동일한 성질을 가지는 지상권일 뿐이다. 그러므로 법정지상권은 하나의 부동산물권으로서 다른 물권과 마찬가지로 양도성을 가진다. 따라서 법정지상권은 지상물과 분리하여 따로 양도될 수 있다(78다52; 2000다1976). 그러나 실제에 있어서 법정지상권이 독립된 부동산인 기존의 지상물

의 존립의 기초를 마련해 주기 위하여 인정되는 취지를 고려할 때 지상물과 분리한 지상권만의 양도는 제한하는 방향으로 해석함이 타당하다는 견해가 있다.

(a) 토지의 양도가 있는 경우 : 법정지상권이 성립하고 난 뒤에 토지의 소유권이 제3자에게 승계취득된 경우 법정지상권은 법률행위로 인한 물권취득이 아니고 법률의 규정에 의한 부동산물권의 취득의 효력이 생기는 것이며, 위 법정지상권은 물권으로서의 효력에 의하여 취득할 당시의 토지소유자와 이로부터 토지소유권을 취득한 제3자에 대하여도 등기 없이 그 지상권을 주장할 수 있다(67다1831; 2010다52140).

(b) 건물소유권 이전과 법정지상권의 귀속 : 법정지상권은 어디까지나 그 건물의 존립을 유지하기 위한 토지의 이용권이므로 그 토지나 건물이 양도되는 경우에는 당연히 이를 수반하여 그 지상권도 양도하려는 것이 당사자들의 의사라고 보아야 한다(67다1831; 2010다52140).

(5) 관습법상 법정지상권

① 개 요

관습법상 법정지상권은 동일 소유자에 귀속하고 있었던 토지와 건물이 매매, 기타의 원인으로 인하여 각각 그 소유자가 달라졌을 경우에는 당사자의 특약이 없는 이상 건물소유자를 위하여 토지이용권을 취득케 하는 것을 말한다. 일찍이 관습법상의 법정지상권의 개념은 구「민법」시대에서부터 판례를 통해 인정되어져 왔다. 즉, 「민법」 제정 당시 제366조(법정지상권)조항에서는 '저당권의 실행'에 의한 경우만을 규정하고 있어서 매매, 교환, 증여, 강제경매 등 기타의 방법으로 법정지상권 상황이 발생하였을 때, 이에 대한 명칭을 고민하던 재판부에서 '관습법상 지상권'이라 칭함으로써 생겨난 개념이다. 이것은 토지 및 건물의 소유권을 양립시키기 위한 배려 즉, 토지의 이용관계를 수반치 아니하고는 존립할 수 없는 건물을 가능한 한 유지시킴으로써 건물의 소유자를 보호하고, 나아가 사회적·경제적인 면에서도 함부로 건물이 파괴될 경우에 초래될 손실을 방지하자는 뜻과 사실상 건물이 이미 존재하고 있는 토지를 취득하는 사람이나 다른 사람의 토지 위에 건립되어 있는 건물을 취득하는 사람의 각 의사나 기대를 추측하는데 있다.

② 성립요건

(a) 토지와 건물이 동일인의 소유자에 속하고 있어야 한다.

(가) 의사주의가 아닌 형식주의인 「민법」에서는 소유권을 취득하기 위해서는 등기를 요한다. 토지나 건물을 함께 매수하여 동일소유를 할 경우에 양자 중 하나의 부동산에만 소유권이전등기를 마쳤다면 동일소유자라 할 수 없다. 따라서 토지와 건물의 동일소유자인 甲으로부터 乙, 丙에게 순차적으로 토지와 건물이 함께 매매되면서 건물에 대하여서만 甲으로부터 소유권이전등기가 되었다면 乙은 토지와 건물의 동일소유자라 볼 수 없기 때문에 丙은 즉시 관습법상 법정지상권을 취득하지 못하고, 乙이 취득한 관습법상 법정지상권을 승계하는 형식을 취하게 된다. 다만, 처분될 당시에 동일인의 소유에 속하였으면 족하다.

> ▪ **판례** ▪ 토지를 매수하여 사실상 처분권한을 가지는 자가 그 지상에 건물을 신축하여 건물의 소유권을 취득하였다고 하더라도 토지에 관한 소유권을 취득하지 아니한 이상 토지와 건물이 동일한 소유자에게 속하였다고 할 수는 없는 것이므로 이러한 상태의 건물에 관하여 강제경매 절차에 의하여 그 소유권자가 다르게 되었다고 하여 건물을 위한 관습상의 법정지상권이 성립하는 것은 아니다(93다56053).

(나) 토지가 공유인 경우 : 토지의 공유자 중 1인이 공유지상에 건물을 소유하는 경우에 있어서 건물만의 전매로 제3취득자에게 토지 전체의 법정지상권을 취득시키거나, 토지지분만의 전매로 토지 전체에 법정지상권을 부담시킨다는 것은 공유자 1인으로 하여금 다른 지분에 대해서까지 지상권설정의 처분행위를 허용하는 경우가 되므로 관습법상 법정지상권은 인정되지 않는다.

> ▪ **판례** ▪ 토지공유자의 한 사람이 다른 공유자의 지분 과반수의 동의를 얻어 건물을 건축한 후 토지와 건물의 소유자가 달라진 경우 토지에 관하여 관습법상의 법정지상권이 성립되는 것으로 보게 되면 이는 토지공유자의 1인으로 하여금 자신의 지분을 제외한 다른 공유자의 지분에 대하여서까지 지상권설정의 처분행위를 허용하는 셈이 되어 부당하다(92다55856).

(b) 동일소유자에게 귀속하였던 토지와 건물이 임의경매 이외의 원인으로 소유자가 각각 변경되어야 한다.

토지와 건물이 동일소유자에게 귀속하였다가 각각 처분되어 소유자가 각각 달라지거나 또는 그 중 어느 하나만이 처분되어 소유자가 변경되는가는 특별히 문제되지 않는다. 이때 원인행위로 토지나 건물의 소유자가 변경되어 물권변동의 효력이 발생하면 충분하므로 적법요건을 요하지는 않는다.

> ▪ **판례** ▪ 甲과 乙이 대지를 각자 특정하여 매수하여 배타적으로 점유하여 왔으나 분필이 되어 있지 아니한 탓으로 그 특정 부분에 상응하는 지분소유권 이전등기만을 경료 하였다면, 또한 구분소유적 공유관계에 있어서는 통상적인 공유관계와는 달리 당사자 내부에 있어서는 각자가 특정 매수한 부분은 각자의 단독소유로 되었다 할 것이므로, 乙은 위 대지 중 그가 매수하지 아니한 부분에 관하여는 甲에게 그 소유권을 주장할 수 없어 위 대지 중 乙이 매수하지 아니한 부분 지상에 있는 乙소유의 건물부분은 당초부터 건물과 토지의 소유자가 서로 다른 경우에 해당되어 그에 관하여는 관습상의 법정지상권이 성립될 여지가 없다(93다49871).

(c) 건물을 철거한다는 특약이 없어야 한다.

당사자 간에 있어서 토지와 건물 중 어느 하나가 양도될 경우에 건물에 대하여 철거한다는 특약을 하였다면 관습법상 법정지상권의 보호를 받을 수 없다.

> ▪ **판례** ▪ 1. 건물철거의 합의가 관습상의 법정지상권 발생의 소극적 요건이 되는 이유는 그러한 합의가 없을 때라야 토지와 건물의 소유자가 달라진 후에도 건물소유자로 하여금 그 건물의 소유를 위하여 토지를 계속 사용케 하려는 묵시적 합의가 있는 것을 볼 수 있다는 데 있고, 한편, 관습상의 법정지상권은 타인의 토지 위에 건물을 소유하는 것을 본질적 내용으로 하는 권리여서, 위에서 말하는 '묵시적 합의'라는 당사자의 추정 의사는 건물의 소유를 위하여 '토지를 계속 사용한다'는데 중점이 있는 의사라 할 것이므로, 건물 철거의 합의에 위와 같은 묵시적 합의를 깨뜨리는 효력, 즉 관습상의 법정지상권의 발생을 배제하는 효력을 인정할 수 있기 위하여서는, 단지 형식적으로 건물을 철거한다는 내용만이 아니라 건물을 철거함으로써 토지의 계속 사용을 그만두고자 하는 당사자의 의사가 그 합의에 의하여 인정될 수 있어야 한다(98다58467).
> 2. 토지와 건물을 함께 소유하고 있던 원소유자가 토지를 매도할 때에 그 지상에 건립된 건물을 철거하기로 하는 특약이 없었으므로 건물의 원소유자는 건물을 위한 관습상의 법정지상권을 취득하였고 그 건물의 양수인은 원소유자로부터 위 건물을

> 양도받을 때에 위 법정지상권도 함께 양도받은 자로써 원소유자를 대위하여 토지를 매수한 양수인에게 법정지상권설정등기를 청구할 수 있는 위치에 있음이 명백하므로, 토지양수인이 건물양수인에게 위 건물의 철거 등을 청구함은 신의성실의 원칙상 허용되지 않는다(91다21701).

(6) 전세권에 의한 법정지상권

① 개요

전세권상 법정지상권은 건물이나 토지가 동일소유자에게 귀속하였을 때 건물에 대하여 전세권을 설정하였으나 토지소유권이 타인에게 이전되거나 또는 건물이 경매됨으로써 토지와 건물의 소유자가 변경되는 경우에 전세권의 잠재적 토지사용관계를 현실화시켜 주기 위하여 법률의 규정에 의하여 건물소유자에게 당연히 취득되는 권리를 말한다. 「민법」 제305조 제1항 전문에서는 "대지와 건물이 동일한 소유자에 속한 경우에 건물에 전세권을 설정한 때에는 그 대지소유권의 특별승계인은 전세권설정자에 대하여 지상권을 설정한 것으로 본다"고 규정하고 있다. 이 조항은 원래 전세권보호의 입장에서 구 「민법」에서 없던 것을 「민법」에 신설한 조항으로 대지양도인과 양수인 간에 건물을 철거하겠다는 특약이 있어서 이른바 관습에 의한 법정지상권이 성립되지 아니하는 때에도 본 조에 의한 법정지상권은 발생한다. 그 뿐만 아니라 토지와 건물을 함께 소유하다가 다른 사람에게 건물에 대하여 전세권을 설정한 자는 그 대지소유권을 아무 부담 없이 제3자에게 양도할 수 없고, 그 건물의 존립을 위한 법정지상권의 담보하에서만 제3자에게 양도할 수 있다는 취지로서 결국 건물에 전세권을 설정한 자에 대하여 그 대지상에 건물 존립을 인용할 의무를 법률상 강제한 뜻이 되는 것이다. 전세권은 전세금을 지급하고 타인의 부동산을 점유하여 그 부동산의 용도에 쫓아 사용·수익할 수 있는 용익물권으로서 외국의 입법례에서 찾아 볼 수 없는 우리나라의 특유한 제도이다.

② 성립요건

(a) 전세권 설정 당시에 토지와 건물이 동일소유자에게 귀속하여야 한다.

전세권 설정 당시에 토지와 건물이 소유자가 동일인이 아니었더라면 토지소유자와 건물소유자 간에 토지에 대한 용익권이 설정되어 있으리라 믿으며, 법정지상권의 보호를 받을 필요성이 없다. 왜냐하면 전세권은 저당권과는 다르게 건물의 보호를 위한 토지이용을 확보할 수 있는 경우가 많으므로 당사자 간의 법률행위에 의하여 건물소유자의 토지이용관계가 현실화할 가능성은 저당권보다 높기 때문이다.

(b) 건물에 전세권이 설정되어야 한다.

여기의 전세권은 채권적 전세권은 포함되지 아니하고, 대세적 효력이 있는 물권인 전세권만을 의미하며, 그 전세권취득에는 등기를 필요로 한다. 왜냐하면 전세권의 설정등기는 건물의 소유권 보존등기가 전제가 되기 때문이다. 그러므로 이때의 법정지상권은 등기가 되어 있는 건물만을 대상으로 한다.

(c) 전세권 설정 후 매매 또는 경매로 인하여 토지소유자와 건물소유자가 변경되어야 한다.

토지와 건물의 소유자가 그 토지만을 처분하는 경우에 전세권이 설정된 건물이 있는 토지의 소유자가 매매 등의 특별승계로 인하여 변동이 있어야 하고, 토지의 소유자가 변동하면 부동산물권변동의 일반원칙에 의하여 등기가 있어야 그 효력이 발생한다. 그러나 건물소유자는 토지의 양수인과 계약으로 지상권 또는 임차권을 취득하려고 하는 것이 보통이므로, 이러한 조치를 취하지 않은 경우에 이 법정지상권을 인정하는 것이다.

그러나 토지소유권에는 변동이 없지만 건물이 경매됨으로써 토지와 건물의 소유자가 변동된 경우에는 명문의 규정은 없지만 이 법정지상권의 성립을 인정하여야 한다. 왜냐하면, 토지이용의 잠재적 관계가 현실화되어야 할 필요가 있는 점에서 토지소유권만이 양도된 경우와 같고, 토지소유권이 양도된 경우보다 건물이 경매되는 경우가 당사자 간의 계약으로써 지상권 또는 임차권을 설정할 기회가 없기 때문이다. 따라서 이러한 경우에는 「민법」 제304조 및 제366조가 적용될 것이다. 또한 토지양도인과 양수인 간에 건물을 철거하겠다는 특약을 한 경우에도 건물의 전세권자의 보호라는 관점에서 출발한 동조의 입법취지를 고려하면 이러한 경우에도 법정지상권은 성립한다.

(7) 가등기담보법상 법정지상권

가등기담보란 채권 특히 금전채권을 담보할 목적으로, 채권자와 채무자 사이에서 채무자 소유의 부동산을 목적물로 하는 대물변제예약 또는 매매예약 등을 하고, 동시에 채무자의 채무불이행이 있는 경우에는 채권자가 그의 예약완결권을 행사함으로써 발생하게 될 장래의 소유권이전청구권을 보전하기 위한 가등기를 하는 경우를 말한다(특수저당권). 가등기담보는 그 내용이나 효력을 고려하여, 일종의 담보물권으로 인정하고 있다. 따라서 「가등기담보 등에 관한 법률」에서는 "토지와 그 위의 건물이 동일한 소유자에게 속하는 경우 그 토지나 건물에 대하여 제4조 제2항(채권자의 담보권실행에 따른 소유권이전등기)에 따른 소유권을 취득하거나 담보가등기에 따른 본등기가 행하여진 경우에는 그 건물의 소유를 목적으로 그 토지 위에 지상권이 설정된 것으로 본다. 이 경우 그 존속기간과 지료(地料)는 당사자의 청구에 의하여 법원이 정한다"(제10조)고 규정하고 있다(그 성립요건이나 효력 등 모든 내용은 근저당권실행에 의한 법정지상권 참조).

(8) 입목법상 법정지상권

① 개 요

종래 실제생활에서 수목의 집단은 토지에 생육한 상태로 그 지반과 분리·독립하여 거래의 대상으로 하는 일이 구 「민법」시대부터 많이 있었다. 그것은 우리나라의 관행인 명인방법으로 물권관계를 공시하였고, 판례도 이러한 명인방법을 갖춘 수목의 집단을 독립한 부동산으로 인정하여 오고 있다.

그러나 관습법에 의하여 인정되는 공시방법인 명인방법은 등기와 같이 완전한 공시방법이 되지 못하고, 극히 소박하여 단순한 공시방법에 지나지 않았기 때문에 복잡한 물권변동의 내용이나 과정을 공시할 능력이 없었다. 그리하여 특수한 수목의 집단에 대하여서만 1973년 2월 6일 「입목에 관한 법률」(법률 제2484호, 시행 1973.3.9., 이하 '입목법'이라 한다)을 제정함으로써 독립된 부동산으로서의 소유권의 보존 또는 저당권의 설정을 위하여 등기를 할 수 있는 길을 마련하여 입목의 독립성을 명문으로 확보하게 되었다.[8] 그러나 입목에 관한 소유권보존등기에 있어서 일반 부동산등기의 경우와 같이 절차가 번거롭고, 상당한 비용이 필요하게 되므로 실거래에서는 종래의 관행으로 확립되어 있는 명인방법을 통해 거래가 성

---

8) 입목으로 등기를 받을 수 있는 수목의 집단의 범위는 1필의 토지 또는 1필의 토지의 일부분에 생립(生立)하고 있는 모든 수종(樹種)의 수목으로 한다(동법 시행규칙 제1조).

행하고 있다.

그런데 토지에 부착된 수목의 집단으로 그 소유자가 입목법에 의하여 소유권 보존등기를 마친 수목의 집단인 입목이 토지와는 별개의 독립된 부동산으로서 양도 및 저당권의 대상으로 되었을 경우에, 경매, 기타의 사유로 토지와 입목의 소유자가 각각 다른 소유자에게 귀속된다면 입목소유자는 토지이용권을 가지지 않으면 아니 된다. 그것은 입목이 타인의 토지 위에 정당한 권원이 없어 존립하는 결과가 되므로 입목소유자를 위하여 토지 이용관계를 법률의 규정에 의하여 보장하여 주는 것이 입목법상 법정지상권제도인 것이다. 즉, 입목법에서는 "입목의 경매나 그 밖의 사유로 토지와 그 입목이 각각 다른 소유자에게 속하게 되는 경우에는 토지소유자는 입목소유자에 대하여 지상권을 설정한 것으로 본다"(법 제6조 제1항)고 규정하고, 이 경우에 지료(地料)에 관하여는 당사자의 약정에 따르도록 하고 있다(동조 제2항).

② 성립요건

입목법상 법정지상권이 성립하기 위해서는 첫째, 저당권 설정 당시에 토지 위에 입목이 존립하여야 한다. 입목 없는 토지에 저당권을 설정한 후에 그 토지에 입목을 식립한 경우에는 법정지상권은 성립되지 않는다. 또한 저당권설정 당시에 그 토지 위에 존립하는 입목에 소유권보존등기가 되어 있지 않은 경우에는 법정지상권의 성립은 인정하지만 등기를 하지 않으면 처분할 수 없다(제187조). 둘째, 저당권설정 당시 토지와 입목이 동일한 소유자에게 귀속하고 있어야 한다. 셋째, 경매 또는 기타의 사유로 인하여 토지와 입목의 소유자가 변경되어야 한다. 다만, 토지와 그 위에 입목이 동일 소유자에게 귀속되어 있다가 토지나 입목의 소유자가 변경된 경우에는 입목소유자에게 지상권을 설정한 것으로 볼 수 있다(법 제6조).

(9) 분묘기지권

① 개 요

분묘기지권은 타인이 소유하는 토지에 사체 또는 유품을 매장하는 장소인 분묘라는 특수한 공작물을 설치한 자가 그 분묘를 소유하기 위하여 분묘기지부분의 타인 소유 토지를 사용하는 것을 내용으로 하는 권리를 말한다. 이는 관습에 의하여 확정된 물권으로서 지상권에 유사한 일종의 물권이다. 여기에서 분묘기지라 함은 분봉의 기지만이 아니고 적어도 분묘의 보호 및 제사에 필요한 주위의 공지를 포함한 지역을 말한다. 그런데 분묘기지권은 관습법상 법정지상권과 마찬가지로 구「민법」시대부터 판례에 의하여 인정되어 왔는데, 그것은 조상을 숭배하는 물리적 상징인 분묘라는 것에 대한 우리 민족사의 전통적 의식에 입각한 미풍양속에 따른 것이다.

② 성립요건

ⓐ 토지소유자의 승낙을 얻어 그의 소유지 내에 분묘를 설치하여야 한다.

한국에 있어서 타인의 승낙을 얻어 그의 소유지 내에 분묘를 설치한 자는 이를 소유하여 타인의 토지에 대하여 지상권과 유사한 일종의 물권을 취득하는 것이다. 여기에서 토지소유자의 승낙이 있었다는 것은 토지소유자와 분묘설치자 간의 합의, 즉 어떤 계약이 성립하였다고 할 수 있다. 그러므로 이러한 계약이 존재하는 이상 토지소유자와 분묘설치자 간의 분묘설치에 대하여 단순한 청약과 승낙이 있다는 것은 어떤 내용의 계약체결이 있었느냐 하는 것이고, 구체적으로 계약내용 즉 지상권·전세권설정 또는 임대차나 사용대차 등에 관한 약정이 없을 경우에는 법률행위의 해석을 하지 않고, 분묘기지권의 취득을 인정하는 것이 판례의 취지와 부합한다.

ⓑ 타인 소유의 토지에 승낙 없이 분묘를 설치한 경우에는 20년간 평온·공연하게 그 분묘의 기지를 점유하여야 한다.

타인 소유의 토지 위에 그 소유자의 승낙 없이 분묘를 설치한 자가 20년간 평온·공연히 그 분묘의 기지를 점유한 때에는 그 점유자는 시효에 의하여 그 토지 위에 지상권 유사의 물권을 취득할 뿐이며, 이에 대한 소유권을 취득하는 것은 아니다. 그런데 분묘기지권을 시효취득할 수 있는 자는 그 분묘의 소유자에 한한다. 그러므로 분묘소유자가 아닌 자가 아무리 장기간 사실상 관리를 해왔다 할지라도 이 분묘기지권을 시효취득할 수는 없다. 따라서 이 분묘기지권을 시효취득할 수 있는 자는 종손에 속하고, 방계자손은 이에 속하지 않는다.

ⓒ 자기 소유의 토지에 분묘를 설치한 자가 후에 그 분묘기지에 대한 소유권을 유보하거나 또는 분묘도 함께 이전한다는 특약을 하지 않고 토지를 처

분하여야 한다.

자기 소유의 토지에 분묘를 설치하고, 이를 타인에게 양도한 경우에 있어서 그 분묘가 평장된 것으로서 외부에서 인식할 수 없는 것인 경우를 제외하고는 당사자 간에 특별한 의사표시가 없으면 매도인은 그 분묘를 소유하기 위하여 매수인의 토지에 대하여 지상권 유사의 물권을 취득한다.

(d) 분묘의 내부에 시신이 안장되어 있어야 한다.

장래의 묘소로서 설치한 것으로 현재 분묘 내에 시신이 안장되어 있지 아니한 이상 실제분묘라 할 수 없으므로 그 소유를 위하여 지상권 유사의 물권이 생기지 않는다. 따라서 분묘내부에는 항상 시신이 존재하고 있을 것을 판례는 요구하고 있기 때문에 시신이 존재치 않으면 분묘기지권은 성립이 인정되지 않는다.

③ 공 시

타인 소유의 토지 위에 분묘를 소유하기 위한 지상권 유사의 관습상 물권도 역시 법률의 규정에 의한 물권취득이기 때문에 그 득실에 관하여서도 부동산물권변동의 일반원칙에 따른 등기를 필요로 하지 않는다. 그러므로 등기 없이 토지의 소유자 및 제3자에 대하여 그 권리를 주장할 수 있다(제187조). 왜냐하면 분묘가 평장된 것으로서 외부에서 인식할 수 없는 경우에는 분묘기지권의 취득을 부인하고 있고, 암장하고 있는 경우에는 객관적으로 인식할 수 없는 상태이어서 분묘지를 점유하고 있었다고 인정할 수 없기 때문이다. 즉, 분묘의 형태가 바로 공시방법으로서 구실을 한다고 볼 수 있다.

④ 내 용

분묘기지권은 지상권 유사의 물권으로 그것은 이미 설치되어 있는 분묘를 소유하기 위한 것이라는 제한된 목적의 범위 내에서만 타인의 토지를 사용할 것을 내용으로 한다. 따라서 분묘기지권은 「민법」이 규정하는 성문법상의 물권이라고 하는 것도 이러한 뜻에서 이해하여야 한다. 그리고 분묘의 소유자는 이미 설치된 분묘를 소유하기 위하여서만 분묘기지권이 인정되기 때문에 그 밖에 다른 목적으로 토지를 사용할 수 없다. 또한 토지소유자도 분묘기지권이 미치는 범위 내에서는 어떤 공작물도 설치할 수 없다.

그런데 분묘기지의 사용에 대한 지료와 존속기간에 대하여 당사자 간에 특별한 약정이 있다면 별문제가 없지만, 약정이 없는 경우에는 판례가 없다. 먼저 지료에 대해서 보면, 토지소유자의 승낙을 얻어서 분묘를 설치한 경우에는 당사자 간에 지료에 관한 약정이 있으면 그에 따르게 되고, 약정이 없을 때에는 무상으로 보는 것이 관행이다. 그러나 경우에 따라서 지료의 무상·유상을 결정한다는 것은 부당할 뿐만 아니라, 토지소유자의 보호를 위해서는 지료에 관한 약정이 없는 이상 모든 경우에「민법」제366조 단서(지료는 당사자의 청구에 의하여 법원이 이를 정한다)를 적용함으로써 지료의 지급을 인정하는 것이 타당할 것이다. 또한 존속기간에 대해서도 존속기간의 약정이 없다는 이유로「민법」제281조(건물 기타 공작물 최단기간 5년)를 적용하여 그 존속기간을 5년으로 한다는 것은 분묘의 영속성에 비추어 극히 부당하다. 그러므로 권리자가 분묘를 수호하고 그 분묘가 존속하는 있는 한 분묘기지권도 존재한다고 해석하여야 한다.

> ▪ **판례** ▪ 분묘의 기지에 대한 지상권 유사의 물권인 관습법상 법정지상권이 점유를 수반하는 물권으로서 권리자가 의무자에 대하여 그 권리를 포기하는 위사표시를 하는 외에 점유까지도 포기하여야만 그 권리가 소멸하는 것은 아니다(92다14762).

8. 유치권

1) 유치권의 의의

(1) 유치권의 개념

유치권은 타인의 물건을 점유하는 자가 그 물건에 관하여 생긴 채권의 변제를 받을 때까지 물건을 유치할 수 있는 권리를 말한다.「민법」에서는 "타인의 물건 또는 유가증권을 점유한 자는 그 물건이나 유가증권에 관하여 생긴 채권이 변제기에 있는 경우에는 변제를 받을 때까지 그 물건 또는 유가증권을 유치할 권리가 있다"(제320조 제1항)고 규정하고 있다. 예를 들면, 건물의 공사대금채권이나 임차인이 임차물에 들인 수선비 등의 필요비를 상환 받을 때까지 그 목적물의 명도를 거절할 수 있는 권리를 말한다. 유치권은 다른 제3의 채권자가 유치물의 목적물을 경매하여 매각이 되더라도 유치권자는 그 경락인에 대하여 그 채권의 변제를 받을 때까지 유치물의 인도를 거절할 수 있는 담보물권으로서 이러한 목적물의 인도거절권이 유치권의 핵심적인 권리이다. 유치권은 공평의 이념에 기초한 것으로, 당사자 간의 계약과 관계없이 일정한 요건이 충족되면 법률상 당연히 성립하는 법정담보물권이다.

(2) 유치권의 성격

유치권은 물권이다. 따라서 변제를 받을 때까지 소유자 외의 경락자를 포함한 누구에 대해서도 물건의 인도를 거절할 수 있게 된다. 또한 유치권은 법정물권이므로 법률상 요건에 부합하면 무조건 성립하는 것이며, 당사자 간의 합의도 필요 없고 등기가 없어도 성립한다(등기할 수 있는 방법도 없다). 그리도 유치권은 담보물권으로서, 유치권자가 채권의 변제를 받기 위하여 유치물을 경매할 수 있으며, 정당한 이유있는 때에는 유치권자는 감정인의 평가에 의하여 유치물로 직접 변제에 충당할 것을 법원에 청구할 수 있다(간이변제충당권). 다만, 이 경우에는 유치권자는 미리 채무자에게 통지하여야 한다(제322조). 그러나 후술하는 바와 같이 우선변제권을 갖지 않는다는 점에서 일반담보물권과 구별된다.

2) 유치권의 성립요건

유치권은 당사자 간의 계약에 의해서가 아니라 법률의 규정을 충족하면 성립하므로며, 그 성립요건으로서는 (i) 타인 소유의 물건 또는 유가증권에 대해 (ii) 그 물건이나 유가증권에 관하여 생긴 채권이 있어야 하고, (iii) 그 채권이 변제기에 있어야 하며, (vi) 유치권자가 목적물을 점유하고 있어야 한다(제320조).

(1) 타인 소유의 물건 또는 유가증권에 대한 채권

유치권의 목적물이 될 수 있는 것은 타인의 물건 또는 유가증권이다. 물건에는 동산과 부동산이 포함되고, 부동산유치권의 경우에도 그 부동산을 점유하면 되는 것이며 등기는 유치권의 성립요건이 아니다. 유치권은 점유와 같이하는 권리로서 법률규정에 의하여 성립하는 물권이고 점유에 의하여 공시되기 때문이다.

점유하는 부동산이 반드시 채무자의 소유일 필요는 없다. 다만, 채권이 점유하는 부동산 자체로부터 발생하여야 하는 것은 당연하다. 그러나 부동산의 경우에는 선의취득의 규정이 없기 때문에 위 규정은 채무자 소유의 부동산에서 채권이 발생하고, 채권자가 점유하는 도중, 또는 채권발생 후 소유권이 이전된 경우만을 의미한다(다수설).

(2) 물건 또는 유가증권에 '관하여 생긴 채권'의 의미

유치권이 발생하기 위해서는 가장 중요한 요건으로서 물건의 하자로 인한 손해배상청구권이나 물건에 들인 비용의 상환청구권과 같이 채권이 물건 자체로부터 발생한 경우라야 한다. 이것은 채권과 점유물의 견련관계를 말한다.

① 공사대금채권

건축주(소유자)와 도급계약을 체결하고 건물을 신축, 증축, 개축하거나 또는 대수선하고 그 공사대금을 전액 변제 받지 못한 경우에 공사한 자는 공사한 대금의 변제를 받을 때까지 그 건물을 점유하여 경락자를 상대로 유치권을 행사할 수 있다. 이때 건축업자의 공사대금채권은 바로 해당 목적물에 관하여 생긴 채권의 전형이다. 경매목적 부동산상에서 발생하는 대부분의 유치권이 이에 해당한다.

② 필요비·유익비 등 지출비용

임차인이 건물임차 중 임차물의 하자에 따른 손해배상청구권과 임차물에 들인 필요비·유익비상환청구권이 발생한 경우가 이에 해당한다. 목적부동산상의 임차인 또는 점유자, 제3취득자(경매개시 후 소유권을 이전받은 소유자)가 목적부동산의 현상유지 또는 가치증가를 위하여 지출한 비용을 변제받지 못했을 때, 경매절차 중 필요비·유익비 등 비용상환청구권에 대한 배당요구를 실기한 경우에는 경락자를 상대로 유치권을 행사할 수 있다. 그러나 임차인의 부속물매수청구권은 건물 기타 공작물을 임대차한 경우에 생기는 것이고, 보증금반환청구권은 그 건물에 관하여 생긴 채권이 아니기 때문에 토지임차인은 임차지상에 해 놓은 시설물에 대한 매수청구권과 보증금반환청구권으로서 임대인에게 임차물인 토지에 대한 유치권을 주장할 수 없다(75다1305).

▪ **판례** ▪ 1. 건물의 임대차에 있어서 임차인의 임대인에게 지급한 임차보증금반환청구권이나 임대인이 건물시설을 아니하기 때문에 임차인에게 건물을 임차목적대로 사용 못한 것을 이유로 하는 손해배상청구권은 모두 민법 제320조 소정 소위 그 건물

에 관하여 생긴 채권이라 할 수 없다(75다1305).

 2. 임대인과 임차인 사이에 건물명도시 권리금을 반환하기로 하는 약정이 있었다 하더라도 그와 같은 권리금반환청구권은 건물에 관하여 생긴 채권이라 할 수 없으므로 그와 같은 채권을 가지고 건물에 대한 유치권을 행사할 수 없다(93다62119).

(3) 변제기가 도래한 채권이어야 한다

유치권은 채권이 변제기에 있는 경우에 성립된다. 따라서 이미 채권이 성립됐더라도 점유 당시 변제기가 아직 도래하지 않은 경우라면 유치권은 성립하지 않는다(2005다41740). 따라서 임차인이 유익비(목적물의 객관적 가치를 증가시킨다는 점에서 통상의 용도에 적합한 상태로 보존하기 위한 비용인 필요비와 구분됨)를 청구한 경우 임대인은 법원에 상환기간의 유예를 신청할 수 있고 법원이 이를 인정하면(제626조) 유익비청구권은 변제기에 있는 것이 아니므로 임차인이 목적물을 점유하고 있더라도 유치권은 성립하지 않는다. 그러나 채권의 변제기에 대한 약정이 없으면 언제든지 이행청구를 할 수 있으므로 채권의 성립과 동시에 유치권이 성립할 수 있다.

(4) 유치권자가 유치물을 점유하고 있어야 한다

유치물의 점유는 유치권의 성립요건이자(제320조) 존속요건이다(제328조). 즉, 목적물을 점유하고 있어야 유치권은 성립하며 점유를 잃으면 유치권을 상실한다. 점유라 함은 물건이 사회통념상 그 사람의 사실상의 지배에 해당한다고 보여지는 객관적인 관계에 있는 것을 말하고, 사실상의 지배는 물건과의 관계 등을 고려하여 사회통념에 따라 합목적으로 판단하여야 한다(95다8713).

▪ **판례** ▪ 점유라고 함은 사회통념상 그 사람이 사실적 지배에 해당한다고 보여지는 객관적 관계에 있는 것을 말하고 사실상의 지배가 있다고 말하기 위하여는 반드시 물건을 물리적 현실적으로 지배하는 것을 의미하는 것이 아니고 물건과 사람과의 시간적 공간적 관계와 본권 관계, 타인지배의 배제가능성 등을 고려하여 사회관념에 따라 합목적적으로 판단하여야 한다(95다8713).

① 점유는 불법행위에 의한 것이 아니어야 한다.

부동산의 점유가 불법행위로 인하여 시작되었을 경우에는 유치권이 성립하지 않는다. 점유에는 정당한 권원이 있어야 한다. 즉, 실력행사 등에 의한 무단점유·불법점유의 경우에는 유치권이 성립하지 않는다. 따라서 권원 없이 타인의 물건을 사용하는 자가 그 물건에 관하여 필요비 또는 유익비를 지출한 경우 그 비용상환청구권에 대하여 유치권을 갖지 않는다.

② 유치권자의 점유는 직접점유이든 간접점유이든 묻지 않는다.

유치권자의 점유는 직접점유뿐만 아니라 간접점유라도 상관없다. 다만, 간접점유의 경우에는 채무자의 동의 없이 한 제3자의 점유는 채무자의 유치권 소멸청구에 의해 소멸하므로 채무자의 동의 없이 점유를 이전하면 유치권은 소멸할 수 있다. 또한 직접점유자가 채무자인 경우에도 자기를 위하여 점유한다는 채무자의 의사표시만으로도 간접점유가 소멸하게 되므로 유치권의 요건으로서 점유에 해당하지 않는다.

> ▪ **판례** ▪ 공장신축공사 공사잔금 채권에 기한 공장건물 유치권자가 공장 건물 소유 회사가 부도난 다음에 그 공장에 직원을 보내 그 정문 등에 유치권자가 공장을 유치, 점유한다는 안내문을 게시하고 경비용역 회사와 용역계약을 체결하고 용역경비원으로 하여금 주야교대로 2인씩 그 공장에 대한 경비, 수호를 하도록 하는 한편, 공장의 건물 등에 자물쇠를 채우고 공장 출입구 정문에 대형컨테이너로 가로막아 차량은 물론 사람의 공장 출입을 통제하기 시작하고 그 공장이 경락된 다음에도 유치권자의 직원 10여 명을 보내 그 공장 주변을 경비, 수호하게 하고 있었다면, 유치권자가 그 공장을 점유하고 있었다고 볼 여지가 충분하다(95다8713).

③ 점유는 계속되어야 한다.

점유를 상실하면 유치권은 즉시 소멸하고, 다시 점유하였을 때 유치권자는 권리를 회복한다. 그러나 점유가 침탈된 경우에는 침탈된 점유가 회복되면 그 점유가 소멸하지 않은 것으로 간주되므로(제192조 제2항 단서) 유치권이 소멸하지 않는다(2011다72189 참조). 또한 법원의 가처분에 의해 점유를 상실한 경우에는 유치권은 여전히 존속하는 것으로 간주된다.

> ▪ **판례** ▪ 가처분의 피보전권리는 채무자가 소송과 관계없이 임의로 의무를 이행하거나 본 안 소송에서 피보전권리가 존재하는 것으로 판결이 확정됨에 따라 채무자가 의무를 이행한 때에 비로소 법률상 실현되는 것이어서 채권자의 만족을 목적으로 하는 이른바 단행가처분의 집행에 의하여 피보전권리가 실현된 것과 마찬가지의 상태가

사실상 달성되었다 하더라도 그것은 어디까지나 임시적인 것에 지나지 않고, 가처분이 집행됨으로써 그 목적물이 채권자에게 인도되었다고 하더라도 그와 같은 잠정적인 상태를 고려함이 없이 그 목적물의 점유는 채무자에게 있다. 명도단행가처분의 집행권자가 인도집행받은 목적물을 제3자에게 인도하였을지라도 그에게 소유권이전을 유보한 매매를 하고 그 점유를 환원할 수 있는 상태에 둔 이상 그 제3자의 직접점유도 집행채권자 및 집행채무자의 간접점유하에 있는 점유로 보아야 한다.

목적물을 경락받은 집행채권자가 유치권자인 집행채무자의 점유하에 있던 목적물을 단행가처분의 집행을 통하여 인도받은 후 제3자에게 처분인도하고 그 목적물에 관하여 소유권이전등기까지 경료하여 그 제3자로 하여금 목적물에 관한 완전한 소유권을 취득하게 함으로써 목적물에 관한 소유권이나 점유를 환원시킬 수 없는 새로운 사태가 만들어진 경우 그때 비로소 가처분의 집행채권자로서 인도집행받은 목적물의 점유를 타에 이전하거나 점유명의를 변경하여서는 아니 되는 가처분의 결정취지에 반하여 점유를 타에 이전하여 그 점유 명의를 변경한 것이 되고 집행채무자의 점유를 침탈하여 유치권을 상실하게 하는 불법행위를 저지른 것으로 보아야 한다 (95다25770).

④ 점유의 승계와 유치권의 대위행사

건물에 대한 점유를 승계한 사실이 있다 하더라도 전점유자를 대위하여 유치권을 주장할 수는 없다. 왜냐하면 피대위자는 점유를 상실하면서 곧 유치권을 상실하기 때문이다. 그러나 특정물에 대한 채권자는 채권을 보전하기 위하여 채무자의 제3채무자에 대한 그 특정물에 관한 권한을 대위행사할 수 있다.

(5) 유치권배제의 특약이 없어야 한다

유치권은 법정담보물권이지만 결국은 채권자의 이익보호를 위한 채권담보의 수단에 불과한 것이므로 당사자 사이에 이를 배제하기로 하는 특약은 유효하다. 따라서 채권을 성립시키면서 유치권을 배제하는 특약, 유치권을 포기하는 특약 등은 유효한 것으로 인정된다. 특약은 묵시적으로도 가능하다. 따라서 원상회복의 특약이 있는 경우 유치권을 행사할 수 없다. 실무상 부동산임대차계약서에 원상회복에 관한 부동문자로 인쇄되어 표기된 경우가 많다.

▪**판례**▪ 1. 건물의 임차인이 임대차관계 종료시에는 건물을 원상으로 복구하여 임대인에게 명도하기로 약정한 것은 건물에 지출한 각종 유익비 또는 필요비의 상환청구권을 미리 포기하기로 한 취지의 특약이라고 볼 수 있어 임차인은 유치권을 주장을 할

수 없다(73다2010).

2. 유치권자가 약속어음과 공정증서를 받고 아무 조건 없이 명도하겠다는 내용의 서면을 주었다면 그 이후의 점유는 불법점유로 채권이 있다하여도 유치권의 효력이 없어 명도할 의무가 있다고 하였다(80다1174).

3. 유치권은 법정담보물권이기는 하나 채권자의 이익보호를 위한 채권담보의 수단에 불과하므로 이를 포기하는 특약은 유효하고, 유치권을 사전에 포기한 경우 다른 법정요건이 모두 충족되더라도 유치권이 발생하지 않는 것과 마찬가지로 유치권을 사후에 포기한 경우 곧바로 유치권은 소멸한다고 보아야 하며, 채권자가 유치권의 소멸 후에 그 목적물을 계속하여 점유한다고 하여 여기에 적법한 유치의 의사나 효력이 있다고 인정할 수 없고 다른 법률상 권원이 없는 한 무단점유에 지나지 않는다(2010마1544).

3) 유치권의 효과

(1) 인도거절권

유치권자는 물건에 대한 압류를 위하여 집달관이 물건의 인도를 요구하는 경우에도 인도거절권을 갖는다(민사집행법 제91조 제5항,[9] 제268조[10]). 유치권자가 인도를 거절함에도 집달관이 압류·경매한 경우에 유치권자는 '집행방법에 관한 이의'나 '제3자 이의의 소'를 제기하여 구제를 받을 수 있다. 유치권은 물권이므로 채무자뿐만 아니라 누구에 대하여도 인도를 거절할 권능을 갖는다.

그러나 건물에 관한 유치권자는 토지소유자가 그 건물이 토지를 불법점거하고 있으므로 철거해 달라는 요구에 대하여 건물유치권을 가지고 대항할 수 있는가 하는 문제에 대하여 판례는 "건물의 점유자가 건물에 관해 유치권을 갖더라도 그 건물의 존재와 점유가 토지소유자에게 불법행위가 되는 경우에 그 유치권으로 토지소유자에게 대항할 수 없다"고 하고 있다(87다카3073).

(2) 점유할 권리 및 목적물의 사용, 처분

유치권자는 선량한 관리자의 주의로 유치물을 점유하여야 하며, 채무자의 승낙 없이 유치물의 사용, 대여 또는 담보제공을 하지 못한다. 그러나 유치물의 보

---

9) 제91조 ⑤ 매수인은 유치권자(留置權者)에게 그 유치권(留置權)으로 담보하는 채권을 변제할 책임이 있다.

10) 제268조(준용규정) 부동산을 목적으로 하는 담보권 실행을 위한 경매절차에는 제79조 내지 제162조의 규정을 준용한다.

존에 필요한 사용은 그러하지 아니하다. 만일 유치권자가 이를 위반한 때에는 채무자는 유치권의 소멸을 청구할 수 있다(제324조).

부동산의 경우 거주하는 것이 보존에 필요한 행위로 인정하여 유치권자의 사용을 인정하지만 이것은 「민법」 제324조 제3항에 의한 유치권의 소멸을 청구할 수 없다는 뜻일 뿐이며 그 사용으로 인한 이익은 부당이득으로 반환하여야 한다.

> ▪ **판례** ▪ 공사대금채권에 기하여 유치권을 행사하는 자가 스스로 유치물인 주택에 거주하며 사용하는 것은 특별한 사정이 없는 한 유치물인 주택의 보존에 도움이 되는 행위로서 유치물의 보존에 필요한 사용에 해당하므로, 그러한 경우에는 유치권의 소멸을 청구할 수 없다(2011다107009).

(3) 비용상환청구권

유치권자가 유치물에 대해 비용을 지출한 경우는 비용상환청구권을 갖는다(제325조). 그러나 임차인이 유익비를 지출하여 임대인에게 비용상환청구권이 있는 중에 임대인이 건물을 매도하여 제3자가 소유권을 취득한 후에 다시 건물에 유익비를 지출한 경우 두 번째 지출한 비용에 대해 제3자에게 임차인으로서의 유치권을 주장할 수는 없지만 첫 번째 비용에 대해 유치권을 갖는다(71다2414).

(4) 과실수취권

유치권자는 유치물의 과실을 수취하여 다른 채권보다 먼저 그 채권의 변제에 충당할 수 있다. 그러나 과실이 금전이 아닌 때에는 경매하여야 한다. 이때 과실은 먼저 채권의 이자에 충당하고 그 잉여가 있으면 원본에 충당한다(제323조). 이 범위 내에서 유치권자는 사실상 우선변제권을 가지게 된다. 유치권자의 과실수취권은 유치권자의 선관의무(제324조 제1항)에 대한 대가의 성질을 가진다.

(5) 경매권과 간이변제충당권

유치권자는 채무자가 변제를 하지 않는 경우 채권의 변제를 받기 위하여 유치물을 경매할 수 있다(제322조 제1항). 다만, 우선변제권은 없으므로 경락대금에서 우선변제를 받을 수는 없다. 그러나 유치권자는 채무를 변제받지 못하는 한 계

속 유치권을 행사할 수 있으므로 경락자가 결국 변제하지 않을 수 없어 최우선변
제를 인정하는 것과 같은 결과가 된다. 물론, 경락인이 채무를 부담하는 것은 아
니다.

> ▪ **판례** ▪ 「민사소송법」 제608조 제3항에서 "경락인은 유치권자에게 그 유치권으로 담
> 보하는 채권을 변제할 책임이 있다"는 규정은 경락인이 부동산상의 부담을 승계한
> 다는 취지로서 인적 채무까지 인수한다는 취지는 아니다. 따라서 유치권자는 경락인
> 에 대하여 그 피담보채권의 변제가 있을 때까지 유치 목적물인 부동산의 인도를 거
> 절할 수 있을 뿐이고, 그 피담보채권의 변제를 청구할 수는 없다(95다8713).

한편, 정당한 이유가 있는 때에는 유치권자는 감정인의 평가에 의하여 유치물
로 직접 변제에 충당할 것을 법원에 청구할 수 있다. 이 경우에는 유치권자는 미
리 채무자에게 통지하여야 한다(제322조 제2항).

4) 유치권자의 권리행사방법

유치권자는 권리신고의 유무를 불문하고 정당한 유치권이 있다면 경락자에게
대항할 수 있으나, 첫 매각기일까지 경매법원에 권리신고를 함으로써 이해관계인
이 되면 채권자로서 보증금공탁 없이 즉시항고를 할 수 있다.

권리신고를 한 경우에는 경매법원에서 정당한 권원에 의해 채권이 성립되어
유치권의 성립요건에 해당한다면 입찰물건명세서에 '유치권 있음' 또는 '유치권 성
립여지 있음'이라고 표기되어 낙찰가가 상당히 저감되는 요인이 된다. 이를 악용
하여 유치권신고를 하고 응찰하여 낙찰가저감의 이득을 보려는 매수신고인(대부분
임차인 또는 점유자 등)이 많아서 유치권이 입찰물건명세서에 표기되는 데에는 상
당히 엄격한 심사 및 그 채권에 대한 입증자료(확정판결, 공정증서 등)가 요구된다.
물론 입찰물건명세서에 유치권이 표기되었다 하더라도 입찰물건명세서는 실체적
권리까지 확정하는 효력이 없기 때문에 경락자는 후일 명도소송 등을 통해 유치
권의 부존재가 입증되면 유치권자의 채권액을 부담할 필요가 없다.

5) 유치권이 있는 건물에 대한 경매참가시 대응방법

유치권은 점유에 의해서만 공시되므로(등기 없이) 입찰자에게는 세심한 주의

를 요하는 부분이다. 경매투자자에게 있어 유치권에 대한 대비를 하는 방법에 대해서는 사실 100% 예방책은 찾기 어려울 것으로 보인다. 다만, 유치권이 주로 공사대금에서 발생하므로 최근에 완공한 건물에 더욱 주위를 요하며, 사전에 현장답사를 통해 경매물건의 점유자들을 확인하는 수밖에 없다. 특히, 신고한 유치권이 성립요건에 저촉되어 사실상 인정되지 아니하는 경우가 많지만, 만약 증거가 명백하여 명도소송에서 경락자가 패소하게 되면 유치권의 원인채권액을 경락자가 부담해야 한다는 사실을 명심해야 한다. 왜냐하면 경매실무에서는 유치권의 실체적 존부에 대해서는 경매법원은 관여하지 아니하고 있고 그 다툼은 당사자 해결(합의, 소송 등에 의한 해결)을 원칙으로 하기 때문이다.

따라서 입찰 전에 경매물건에 대한 유치권이 있음을 안 경우 유치권금액을 입찰대금에 포함하여 입찰가격을 산정해야 한다. 그러나 경락인이 경락허가결정의 확정 후에 유치권의 존재를 알게 된 때에는 「민법」 제578조, 제575조의 규정에 따라 담보책임을 추궁하여 경락대금의 전부 또는 일부의 감액이나 손해배상(채무자가 그 흠결을 알고 고지하지 아니한 경우와 채권자가 권리의 흠결을 알고 있으면서 경매를 신청한 때)을 청구할 수 있다. 이때 대금감액청구의 1차 책임자는 채무자이며, 채무자가 무자력인 때에는 2차적으로 대금의 배당을 받은 채권자가 된다.

6) 유치권의 소멸

유치권은 멸실, 혼동, 포기 등 물권에 공통된 소멸사유에 의하여 소멸하며, 담보물권에 공통된 소멸사유인 피담보채권의 소멸에 의하여도 소멸한다. 또한 유치권자의 점유를 상실한 경우에도 유치권은 소멸한다(제328조). 다만, 간접점유도 점유에 포함되므로 점유매개관계의 설정에 의해서는 소멸하지 않는다.

그리고 유치권자가 선관의무에 위반한 때에는 채무자의 유치권 소멸의 청구(제324조 제3항)에 의해 소멸될 수 있다. 유치권자의 점유의 채무자가 상당한 담보를 제공하고 유치권의 소멸을 청구한 때에도 마찬가지이다(제327조). 이때 담보의 종류는 묻지 않으며, 소유자도 가능한 것으로 해석된다.

9. 저당권

1) 저당권의 의의

(1) 저당권의 개념

저당권은 채권자가 채무담보를 위하여 채무자 또는 제3자가 제공한 부동산 기타 목적물의 점유를 이전받지 않은 채 그 목적을 관념상으로만 지배하다가 채무를 변제하지 않으면 그 목적물로부터 우선변제를 받을 수 있는 담보물권을 말한다. 따라서 저당권자는 채무자 또는 제3자가 점유를 이전하지 아니하고 채무의 담보로 제공한 부동산에 대하여 다른 채권자보다 자기 채권의 우선변제를 받을 권리가 있다(제356조). 한편, 「민법」에서는 근저당에 관해 "저당권은 그 담보할 채무의 최고액만을 정하고 채무의 확정을 장래에 보류하여 이를 설정할 수 있다. 이 경우에는 그 확정될 때까지의 채무의 소멸 또는 이전은 저당권에 영향을 미치지 아니한다"고 규정하고 있다(제357조 제1항 본문). 따라서 장래의 특정의 채무를 담보하려면 일반저당권을 설정하면 되고, '장래 증감변동하는 불특정 다수의 채무'를 담보하려면 근저당권을 설정하여야 한다. 근저당권은 결산기의 도래 등으로 채무가 확정되는 시점에 일반저당권으로 전환되지만, 그 때까지는 비록 채무가 기간 내에 전부 변제되어 0으로 되더라도 이로 인하여 소멸하지 않고 기간 내에 채무가 다시 발생하면 그 동일성을 유지하면서 그 채권을 담보하는 점에서 일반저당권과는 다른 특색이 있다. 근저당권은 은행과 상인 간에서 신용거래를 하기 위하여 일찍부터 널리 활용하는 제도로서 당좌대월계약, 어음할인계약 등의 계속적 거래관계에서 요청되어 온 제도이다.

근저당권에 있어서의 채권최고액은 목적물로부터 우선변제를 받는 최고한도이다. 이때 채무의 이자는 최고액 중에 산입한 것으로 본다(제357조 제2항). 따라서 최고액의 범위 내이면 되므로 일반저당권에 있어서 1년분의 지연배상만 담보된다는 규정은 근저당의 경우에는 그 적용이 없다. 한편, 저당권실행비용은 최고액에 포함되지 않는다. 따라서 그 비용은 별도로 우선변제를 받는다.

(2) 저당권의 성질

저당권은 물권으로서 우선변제적 효력에 의하여 목적물의 교환가치를 직접적·배타적으로 지배하며, 담보물권으로서 타인 소유의 부동산을 목적으로 하는 담보물권이다. 따라서 소유자저당권은 원칙적으로 불가능하지만 혼동의 예외로서 자기 소유의 부동산에 저당권이 성립될 수 있다. 또한 저당권은 담보물권으로서 피담보채권에 부종하므로 피담보채권이 소멸시효의 완성 등으로 소멸하면 저당권도 소멸한다(제369조, 부종성). 다만, 근저당의 경우는 그 성립 및 소멸에 있어서 부종성이 완화된다. 그리고 저당권은 그 담보한 채권과 분리하여 타인에게 양도하거나 다른 채권의 담보로 하지 못한다(제361조, 수반성).

한편, 피담보채권이 무효인 경우에는 저당권이 성립하지 않지만(제370조, 제321조, 불가분성), 피담보채권의 일부가 무효이면 나머지 채권에 관하여는 저당권은 유효하다(70다1250). 뿐만 아니라 저당권은 저당물의 멸실, 훼손 또는 공용징수로 인하여 저당권설정자가 받을 금전 기타 물건에 대하여도 이를 행사할 수 있다. 이 경우에는 그 지급 또는 인도 전에 압류하여야 한다(제370조, 제342조, 물상대위성).

2) 저당권의 성립

(1) 저당권설정계약

저당권은 이른바 약정담보물권이므로 당사자 사이의 저당권설정에 관한 합의와 등기에 의하여 성립하는 것이 원칙이다. 저당권설정계약은 저당권설정의 성립요건으로 하고, 등기를 효력발생요건으로 한다. 계약의 당사자는 채권자와 저당권설정자이다. 저당권설정자는 채무자인 것이 보통이나 제3자라도 무방하다. 이를 물상보증인이라 한다.

(2) 법정저당권

저당권은 계약에 의하여 설정하는 것이 원칙이나 예외적으로 법률의 규정에 의해서도 성립된다. 토지임대인이 변제기를 경과한 후 최후 2년의 차임채권에 의하여 그 지상에 있는 임차인 소유의 건물을 압류한 때에는 저당권과 동일한 효력이 있다(제649조). 저당권성립의 시기는 압류등기를 한 때이다.

(3) 저당권설정청구권

부동산공사의 수급인이 그 보수채권을 담보하기 위하여 도급인에게 대하여 그 부동산을 목적으로 하는 저당권의 설정을 청구할 수 있다(제666조). 이 청구에 의하여 등기를 하면 저당권이 설정된다(제186조 참조).

3) 저당권의 효력

(1) 저당권의 객체

「민법」에서 규정한 저당권의 객체로는 부동산(제356조)과 지상권·전세권(제371조)이다. 「민법」이외의 법률에서 저당권의 객체를 인정하는 것으로는 등기된 선박(상법 제871조, 선박등기법 제3조), 임목등기가 경료된 입목(입목법 제3조), 광업권(광업법 제13조), 어업권(수산업법 제15조), 댐사용권(댐건설 및 주변지역지원 등에 관한 법률 제32조), 공장재단과 광업재단(공장 및 광업재단 저당법 제10조, 제52조), 자동차, 항공기, 건설기계, 소형선박(자동차 등 특정동산 저당법 제3조) 등이 있다.

(2) 피담보채권의 범위

저당권은 원본, 이자, 위약금, 채무불이행으로 인한 손해배상 및 저당권의 실행비용을 담보한다. 그러나 채무불이행으로 인한 손해배상은 원본의 이행기일을 경과한 후의 1년분에 한하여 저당권을 행사할 수 있다(제360조). 원본의 경우는 담보되는 원본의 액, 변제기, 지급장소를 등기하여야 하며, 이자의 약정이 있으면 이율, 발생시기, 지급시기, 지급장소를 등기하여야 한다. 위약금도 등기하여야 저당권에 의해 담보된다. 그러나 등기실행비용은 등기를 요하지 않는다.

피담보채권은 금전채권을 원칙으로 하며, 손해배상채권과 같이 금전지급을 목적으로 하지 않더라도 저당권을 실행할 때에 금전채권으로 되어 있으면 족하다. 다만, 채권의 실제 금액이 등기된 가액을 넘더라도 등기된 가액의 한도에서만 우선변제권을 주장할 수 있다(80다75). 한편, 당사자의 합의가 있는 경우 피담보채권 또는 그 가액의 변경이 가능하지만 등기부상 이해관계 있는 자가 있으면 그의 동의를 받아야 하며, 부기등기가 경료되어야 한다(부동산 등기법 제52조 참조). 반면, 저당권설정자의 책임있는 사유로 인하여 저당물의 가액이 현저히 감소된 때에는 저당권자는 저당권설정자에 대하여 그 원상회복 또는 상당한 담보제공을 청구할 수 있다(제362조).

(3) 목적물의 범위

저당권의 효력이 미치는 범위는 대체로 목적물의 소유권이 미치는 범위와 일치된다. 즉, 저당권의 효력은 저당부동산에 부합된 물건과 종물에 미친다. 부합의 시기는 문제되지 않는다. 다만, 법률에 특별한 규정 또는 다른 약정이 있으면 그러하지 아니하다(제358조).

부동산에 부합한다는 것은 그 부동산에 부착되어 합체가 된 경우를 말하며, 저당부동산의 목적물 위에 증축한 것이 타인의 권원에 의하여 귀속시킨 것이라는 등 특별한 사정이 없는 한 증축된 건물에도 미친다. 종물도 저당권설정시에 존재한 것이든 그 후에 부가된 것이든 저당권의 효력이 미친다.

과실의 경우는 천연과실에는 원칙적으로 저당권의 효력이 미치지 않으나 저당부동산에 대한 압류(경매개시결정등기)가 있은 후에 저당권설정자가 그 부동산으로부터 수취한 과실 또는 수취할 수 있는 과실에 대하여는 저당권의 효력이 미친다. 다만, 저당권자가 그 부동산에 대한 소유권, 지상권, 전세권을 취득한 제3자에 대하여 압류한 사실을 통지한 후가 아니면 이로써 대항하지 못한다(제359조).

그러나 목적토지의 위의 건물에는 저당권의 효력이 미치지 아니한다. 다만, 토지를 목적으로 저당권을 설정한 후 그 설정자가 그 토지에 건물을 축조한 때에는 저당권자는 그 토지와 함께 그 건물에 대하여도 경매를 청구할 수 있다. 그러나 그 건물의 경매대가에 대하여는 우선변제를 받을 권리가 없다(제365조).

(4) 우선변제를 받는 효력

저당권자는 채무자 또는 제3자가 점유를 이전하지 아니하고 채무의 담보로 제공한 부동산에 대하여 다른 채권자보다 자기 채권의 우선변제를 받을 권리가 있다(제356조). 저당권자는 일반채권자에 대하여는 언제나 우선한다. 저당권 상호간, 저당권과 다른 등기부상 권리 간에는 등기의 선후에 따라 순위가 결정된다.

4) 저당권의 실행

저당권을 실행하기 위해서는 피담보채권과 저당권이 존재하여야 하며, 피담보채권의 이행기가 도래하여야 한다. 저당권의 실행요건이 갖추어지면 저당권자는 그 채권의 변제를 받기 위하여 저당물의 경매를 청구할 수 있다. 이때 저당물의 소유권을 취득한 제3자도 경매인이 될 수 있다(제363조). 저당권의 실행에 의한 경매를 임의경매라 하며 강제경매와 구별된다. 저당권이 실행되면 매각부동산 위의 모든 저당권은 소멸한다(민사집행법 제91조 제2항). 또한 저당권 이후의 기타 권리들도 소멸된다.

5) 저당권의 종류

(1) 포괄근저당

근저당은 비록 피담보채권은 불특정하다 하더라도 그 피담보채권을 발생시키는 계속적 거래관계는 예를 들면, 당좌대월계약으로서 특정되어 있었다. 그런데 이처럼 기초적인 거래관계조차 특정하지 않고 널리 '현재 및 장래에 있어서 발생할 일체의 채무'를 담보한다든가, '어음대출, 어음할인, 당좌대월, 증서대출 등 기타의 채무에 의하여 부담하는 일체의 채무'를 담보하는 것을 내용으로 근저당권을 설정하는 경우가 있다. 이것이 바로 포괄근저당이다.

(2) 공동저당

동일한 채권의 담보로 수개의 부동산 위에 설정된 저당권을 공동저당이라고 한다. 공동저당은 복수의 부동산 위에 1개의 저당권이 있는 것이 아니라, 각 부동산마다 저당권이 성립하되 다만, 이들 저당권이 피담보채권을 공동으로 하는 것이다.

따라서 동일한 채권의 담보로 수개의 부동산에 저당권을 설정한 경우에 그 부동산의 경매대가를 동시에 배당하는 때에는 각 부동산의 경매대가에 비례하여 그 채권의 분담을 정한다. 이때 저당부동산 중 일부의 경매대가를 먼저 배당하는 경우에는 그 대가에서 그 채권전부의 변제를 받을 수 있다. 이 경우에 그 경매한 부동산의 차순위저당권자는 선순위저당권자가 전항의 규정에 의하여 다른 부동산의 경매대가에서 변제를 받을 수 있는 금액의 한도에서 선순위자를 대위하여 저당권을 행사할 수 있다(제368조).

(3) 공장저당

「공장 및 광업재단 저당법」은 공장저당은 '공장재단저당'과 '협의의 공장저당'의 둘로 규정한다. 공장재단저당은 공장소유자가 1개 또는 수개의 공장으로 공장재단을 설정(공장재단등기부에 소유권보존등기를 함으로써 설정된다)하여 이를 저당권의 목적으로 하는 것을 말한다. 협의의 공장저당은 개개의 부동산에 관하여 저당권을 설정하는 것이며, 전체로서의 공장을 담보에 제공하는 것은 아니다. 다만, 공장에 속하는 '토지'에 설정한 저당권의 효력은 원칙적으로 그 토지에 부가되어 이와 일체를 이루는 물건과 그 토지에 설치된 기계·기구 기타 공장의 공용물에 미친다(법 제3조 본문)는 점에서 「민법」상의 저당권과는 차이가 있다. 다만, 그 기계·기구에 대해서도 저당권의 효력이 미치려면 저당권설정등기 신청시에 그 기계·기구 목록을 제출하여야 하고, 기재된 경우에 한해 비로소 공장저당권의 효력이 미친다(법 제6조).

6) 저당권과 우선변제의 효력

(1) 저당권과 일반채권

저당권자는 배당에서 일반채권자보다 우선하여 변제받을 권리가 있다. 다만, 저당권설정등기일보다 먼저 주택임대차법(제3조의2) 또는 상가임대차법(제5조)상 소정의 대항요건과 임대차계약서에 확정일자를 갖춘 임차인은 그 보증금반환에 있어서 저당권자보다 우선한다. 또 소액보증금에 관해서는 주택 또는 상가 임차인은 다른 담보권자의 경매신청등기 전에 대항요건을 갖추면 언제나 저당권에 우선한다(주택임대차법 제8조, 상가임대차법 제14조).

(2) 저당권 간의 경합

저당권자 상호 간에는 설정순서에 따라 그 우선등기가 결정된다(제370조, 제

333조). 후순위 저당권자가 경매를 신청하더라도 선순위 저당권은 소멸하며, 그 배당에서 우선변제받을 뿐이다.

(3) 저당권과 전세권 또는 유치권과의 관계

저당권은 전세권과의 관계에서는 원칙적으로 설정등기의 선후에 따라 결정된다. 지상권의 경우도 마찬가지이다. 그러나 유치권의 경우는 우선변제권이 없으므로 이론상 저당권과 경합하는 경우가 발생하지 않는다. 다만, 강제집행에 의한 매수인이 유치권자에게 변제하지 않으면 경매목적물을 수취할 수 없기 때문에(민사집행법 제91조 제5항) 유치권자에게 사실상 우선권이 인정되는 것으로 된다.

(4) 저당권과 조세채권

조세채권 우선원칙(국세기본법 제35조 제1항)에 의하여 조세채권이 사채권(저당권의 피담보채권)에 우선하는 것이 원칙이다. 그 기준은 압류일이 아니라 법정기일(보통 납부서 발송일)이다. 법정기일과 근저당권 설정일을 비교하여 우열을 정하며, 같은 날이면 조세채권이 우선하므로 근저당보다 우선하여 배당받는다. 그러나 당해세, 즉 그 재산에 대하여 부과되는 국세(예, 재산세·종부세·상속세·증여세 등)의 경우에는 위 설정일에도 불구하고 조세채권이 항상 우선한다(국세기본법 제35조, 지방세기본법 제99조 참조). 저당부동산이 저당권설정자로부터 제3자에 양도된 경우에 저당권설정자에게 저당권에 우선하여 징수당할 조세체납이 없었다면 양수인이 제3자에 대하여 부과한 국세 및 지방세를 법정기일이 앞선다거나 당해세라고 하여 우선 징수할 수 없다(94다11835).

(5) 임금채권과의 관계

근로관계가 소멸한 경우에는 최종 3월분의 임금, 최종 3년분의 퇴직금 및 재해보상금에 대한 채권은 사용자의 총재산에 대하여 저당권(또는 질권)에 의하여 담보된 채권(및 조세, 공과금 등 다른 채권)에 우선한다(근로기준법 제38조 제2항, 근로자퇴직급여 보장법 제11조 제1항, 2011다68777). 그러나 사용자가 재산을 특정승계하기 전에 설정된 담보권에 대해서는 임금채권의 우선변제권이 인정되는 것은 아니다(2002다65905). 임금 등에 지연손해금채권에 대해서도 최우선변제권이 인정되지 않는다(99마5413).

(6) 배당받지 못한 금액

저당권이 소멸한다고 하여 채무자는 저당권자가 배당받지 못한 금액에 대하여 채무를 면제받는 것은 아니다. 나머지 채무에 대하여는 일반채권으로 남는다. 낙찰자는 저당권자가 배당받지 못한 나머지 금액에 대해여 이를 변제할 의무가 없다. 그러므로 경매에 참가하는 자는 경매목적물에 아무리 많은 저당권이 설정되어 있다 하더라도 전혀 신경 쓸 필요가 없다. 이런 물건일수록 경매진행 중 취하될 가능성이 적으므로 오히려 낙찰에 유리하다.

10. 전세권

1) 의의 및 기능

(1) 의의

전세권은 전세금을 지급하고 타인의 부동산을 그의 용도에 좇아 사용·수익한 후 전세권의 소멸시에 목적부동산으로부터 전세금을 우선변제받을 수 있는 권리를 말한다(제303조 제1항).

전세권은 종래 '임대차와 소비대차의 결합체'로서 관습상 행하여져 온 채권적 전세제도를 「민법」이 이용권을 강화한다는 요청에 응하여 물권으로 신설한 것이다. 이는 임차권에 물권적 효력을 부여할 필요가 있고, 또한 가옥과 금전의 상호 대차라는 서민층의 관행을 법제화할 필요가 있다는 요청에 따른 것이라고 한다. 즉, 전세권은 서양의 법제를 도입한 것이 아니라 우리사회에서 발달하여 온 제도를 입법화하였다는 데에 특별한 의의가 있다.

(2) 기능

전세제도는 '목적물의 임대차'와 '전세금의 이자부소비대차'가 결합한 법기술로써 타인의 부동산을 이용할 수 있게 하는 법률적 방법으로서 중요한 작용을 할 뿐만 아니라 부동산담보의 기능도 겸유하고 있다. 이 점 때문에 물권인 전세권이

근래 점차 많이 활용되고 있다. 임차보증금이 소액인 경우에 흔히 채권적 전세로서 존재하는데, 이것은 1981년에 입법한 「주택임대차보호법」에 의하여 등기 없이도 보호된다. 당사자는 보통 임대보증금이 고액인 경우에 물권인 전세권을 설정하여 물권으로서 보호받으려고 한다.

(3) 채권적 전세와 다른 점

전세권은 물권이므로 채권적 전세와는 달리 당연히 상속성과 양도성이 있지만 전세권의 양도는 설정행위로 금지할 수 있으며, 그것을 등기하면 대항력이 생긴다. 이러한 물권적 전세와는 달리 채권적 전세는 특수한 임차권의 하나로 인정되어 왔다. 하지만 주택임대차법과 상가건물임대차법이 제정·시행됨에 따라 소정의 요건을 갖춘 경우 물권적 효력이 인정되고 있다. 다만, 채권적 전세는 원칙적으로 제3자에게 대항할 수 없으며, 임대인의 동의 없이 임차권을 양도하거나 임차물을 전대하지도 못하고, 경매청구권이 없는 등 물권인 전세권과는 구분된다.

2) 전세권의 법률적 성질

(1) 용익물권성과 담보물권성

전세권은 전세금을 지급하고 타인의 부동산을 점유하여 그 부동산의 용도에 좇아 사용·수익하며, 그 부동산 전부에 대하여 후순위 권리자 기타 채권자보다 전세금에 관한 우선변제권이 인정되는 용익물권이다. 즉, 타인의 부동산을 사용·수익한다는 점에서는 용익물권이지만, 우선변제권이 인정된다는 점에서는 담보물권적인 성질도 갖게 되는 특수한 용익물권이라 할 수 있다. 그러나 전세권의 주된 성질은 용익물권성에 있으며, 담보물권성은 전세금반환의 확보를 위한 부수적인 것이다.

(2) 부동산에 대한 제한물권

전세권은 타인의 부동산에 대한 제한물권이다. 전세권은 물권의 일반적 특성, 예를 들면 양도성·상속성·담보성을 갖는다.

(ⅰ) 전세권의 목적물은 건물과 토지이다. 구 관습법과는 달리 「민법」에서는

토지도 전세권의 객체로 하고 있다. 다만, 농경지는 전세권의 목적으로 하지 못한다(제303조 제2항).

(ⅱ) 전세권은 지상권과 동일한 목적을 위하여 설정할 수 있다. 예를 들면, 건물 기타 공작물 또는 수목을 소유하기 위하여 전세권을 설정할 수 있다(다수설).

(ⅲ) 전세권은 건물의 1동의 일부라도 설정할 수 있다. 예를 들면, 건물의 한 층의 일부분에 설정된 전세권은 이 부분에 국한해서만 담보권을 실행할 수 있다.

(ⅳ) 전세권자는 전세권을 타인에게 양도 또는 담보로 제공할 수 있고 그 존속기간 내에서 그 목적물을 타인에게 전전세 또는 임대할 수 있다. 그러나 설정행위로 이를 금지한 때에는 그러하지 아니하다(제306조). 전세권양수인은 전세권설정자에 대하여 전세권양도인과 동일한 권리의무가 있다(제307조). 그러나 전세권의 목적물을 전전세 또는 임대한 경우에는 전세권자는 전전세 또는 임대하지 아니하였으면 면할 수 있는 불가항력으로 인한 손해에 대하여 그 책임을 부담한다(제308조).

한편, 전세금반환청구권은 전세권과 분리하여 양도하여도 전세권설정자에게 불이익이 없으므로 전세금반환청구권을 전세금과 분리하여 다른 사람에게 양도할 수 있다(69다1745; 2001다69122).

(3) 사용·수익권

(ⅰ) 전세권은 목적부동산을 점유하여 그 부동산의 용도에 좇아 사용·수익하는 권리이다. 타인의 토지에 있는 건물에 전세권을 설정한 때에는 전세권의 효력은 그 건물의 소유를 목적으로 한 지상권 또는 임차권에 미친다. 이 경우에 전세권설정자는 전세권자의 동의없이 지상권 또는 임차권을 소멸하게 하는 행위를 하지 못한다(제304조).

또한 대지와 건물이 동일한 소유자에 속한 경우에 건물에 전세권을 설정한 때에는 그 대지소유권의 특별승계인은 전세권설정자에 대하여 지상권을 설정한 것으로 본다. 그러나 지료는 당사자의 청구에 의하여 법원이 이를 정한다. 이 경우에 대지소유자는 타인에게 그 대지를 임대하거나 이를 목적으로 한 지상권 또는 전세권을 설정하지 못한다(제305조).

(ⅱ) 전세권은 '점유할 권리'이므로 인접한 토지와의 관계에 관하여 상린관계

에 관한 규정이 준용된다(제139조).

(ⅲ) 전세권은 그 부동산을 점유하여 그 부동산의 용도에 좇아 모든 사용·수익을 하는 광범위한 내용을 갖는다. 다만, 전세권자는 목적물의 현상을 유지하고 그 통상의 관리에 속한 수선을 하여야 한다(제309조).

(4) 전세금

전세금의 지급은 전세권의 요소이다(제303조). 당사자 사이에서 전세금을 지급하지 않는다는 특약을 하여도 그 약정은 무효이고 전세권은 성립하지 못한다. 이 경우 채권인 사용대차로 되는 수가 있다.

(ⅰ) 전세금은 전세권자가 설정자에게 교부하는 금전이며, 전세권이 종료하는 때에 다시 반환받게 된다(제317조). 전세금액은 당사자 간의 합의에 의하여 자유로 결정할 수 있다. 다만, 전세금이 과다한 경우에는 「민법」 제103조, 제104조에 의하여 전세권설정계약 전부가 무효로 될 수도 있다.

(ⅱ) 전세금은 목적부동산 사용에 대한 대가의 성질을 갖는다. 차임과 전세금의 이자는 상계되므로 전세권자는 전세금의 이자를 청구하지 못한다.

(ⅲ) 전세금은 겸하여 보증금의 성질도 갖는다. 임차보증금이 임대차 존속 중의 임료뿐만 아니라 건물명도의무 이행에 이르기까지 발생한 손해배상채권 등 임대차계약에 의하여 임대인이 임차인에 대하여 갖는 일체의 채권을 담보하는 것과 같은 취지이다.

(ⅳ) 전세금은 신용수수 수단의 경제적 기능을 담당한다. 근래에 이르러 전세금은 목적부동산의 시가의 절반을 상회하는 현상을 보인다. 여기서 전세권설정자는 부동산을 담보로 제공하여 전세금의 형식으로 신용을 얻고, 전세권자는 목적부동산을 유치·사용하는 결과로 되어 사실상 구법상 부동산질권과 같은 기능을 갖게 된다.

3) 부동산경매에서의 전세권
(1) 전세권 관련 현행법의 규정

1984년 이전 「민법」의 전세권에 관한 규정은 전세권자에게 경매청구권을 인정하면서도 전세권의 우선변제권에 관한 규정을 두지 아니하여 전세권에 대한 우선변제권의 유무에 관하여 논란이 있어 왔다. 그러나 주택임대차법의 시행으로 인해 물권적 전세권자가 우선변제권에 있어서 보호가 주택임대차보증금반환청구권에 대하여 우선변제권이 보장되는 임차권자 또는 채권적 전세권자에 비하여 오히려 불충분하게 되는 결과를 초래하였다. 이러한 문제점을 해결하기 위하여 1984년 4월 10일 「민법」개정시에 제303조 제1항을 개정하여 전세권의 우선변제권을 명문으로 규정하게 되었다. 따라서 임의경매나 강제경매의 구별 없이 전세권자는 일반채권자 및 다른 권리자들 사이에서 저당권자와 같이 등기의 순위에 따라 목적부동산의 경매대금에서 우선적으로 전세금의 변제에 충당할 수 있게 되었다.

(2) 전세권의 우선변제권과 경매청구권

① 전세권의 우선변제청구권

저당권과 전세권이 경합된 경우를 본다. 우선 전세권설정 후 저당권이 설정된 경우에는 전세권자 경매신청을 하면 양 권리는 모두 소멸하고, 설정순위에 따라 배당을 받으며, 저당권이 먼저 설정되고 후에 전세권이 설정된 경우에는 양자 어느 쪽이 경매를 신청하든 두 권리 모두 소멸하고 순위에 따라 배당을 받는다(민사집행법 제91조 제3항). 2002년 7월 1일부로 시행된 「민사집행법」은 지상권·지역권·전세권·등기된 임차권(용익권)은 저당권·압류채권·가압류채권에 대항할 수 있는 경우에는 매각으로 소멸하지 아니하지만, 이중 전세권은 예외적으로 전세권자가 배당요구를 하면 매각으로 전세권은 소멸한다(법 제91조 제3항, 제4항).

또한 전세권이 성립한 후 목적물의 소유권이 이전되는 경우, 전세권자와 구소유자 간의 전세권관계는 신소유자에게 이전되고, 전세금반환의무도 신소유자에게 이전되므로 신소유자로부터 우선변제를 받을 수 있다(99다15111). 주택임차인으로서의 우선변제를 받을 수 있는 권리와 전세권자로부터 우선변제를 받을 수 있는 권리는 근거규정 및 성립요건을 달리하는 별개의 것이므로, 주택임대차법상 대항력을 갖춘 임차인이 임차주택에 관하여 전세권설정등기를 경료하였다거나 전세권자로서 배당절차에 참가하여 전세금의 일부에 대하여 우선변제를 받은 사유만으로는 변제받지 못한 나머지 보증금에 기한 대항력행사에 어떤 장애가 있는 것은 아니다(93다39676). 또한 주택임대차법상 대항력을 갖춘 임차인이 이를 강화하기 위하여 1순위 근저당권 다음으로 전세권을 설정한 경우, 선순위 근저당권자의 경매로 전세권이 소멸하여도 위 임차인으로서 대항력은 소멸하지 아니한다(93다10552,10569).

② 전세권자의 경매청구권

전세권은 용익물권이지만 담보물권적인 성질도 갖고 있기 때문에 전세권자도 전세금을 반환받기 위하여 목적부동산에 대하여 임의경매를 신청할 수 있다. 그러나 건물 일부의 전세권자는 건물 전부에 대하여 우선변제권은 인정되지만, 그 전세권자가 전세권의 목적물이 아닌 나머지 건물 부분에 대하여 경매신청을 할 수는 없다(91마256; 91마257). 따라서 전세금의 회수는 별도의 방법을 취할 수밖에 없을 것이다. 목적물의 일부에 대한 전세권자 경매신청을 하려면 임대보증금반환청구소송을 통하여 강제경매하는 수밖에 없다. 이 경우 목적물 전체를 경매신청할 수 있는데 배당은 해당 목적물의 환가액 범위 내에서 이루어진다.

4) 전세권의 소멸

(1) 소멸사유

① 일반 소멸사유

전세권은 물권 일반의 소멸사유에 의하여 소멸한다. 다만, 전세권의 포기는 원칙적으로 전세금반환채권의 포기를 의미하는 것은 아니다. 전세권자의 일방적인 전세권의 포기는 불가능하지만 존속기간의 약정이 없는 경우에는 「민법」 제313조에 따른 소멸통고가 있은 후 6월이 경과하면 전세권설정등기말소청구권이 발생한다. 또한 전세권이 제3자의 권리의 목적인 경우에도 전세권자의 포기는 제한된다.

② 전세권의 특유한 소멸사유

전세권의 특유한 소멸사유로는 소멸청구(제311조 제1항)와 소멸통고(제313조, 제314조 제2항)가 있다. 즉, 전세권자가 전세권설정계약 또는 그 목적물의 성질에 의하여 정하여진 용법으로 이를 사용·수익하지 아니한 경우에는 전세권설정자는 전세권의 소멸을 청구할 수 있다. 이 경우에는 전세권설정자는 전세권자에 대하여 원상회복 또는 손해배상을 청구할 수 있다(제311조 제1항). 또한 전세권의 존속기간을 약정하지 아니한 때에는 각 당사자는 언제든지 상대방에 대하여 전세권의 소멸을 통고할 수 있고 상대방이 이 통고를 받은 날로부터 6월이 경과하면 전세권은 소멸한다(제313조). 그리고 전세권의 목적물의 전부 또는 일부가 불가항력으로 인하여 멸실된 때에는 그 멸실된 부분의 전세권은 소멸하며, 이때 일부멸실의 경우에 전세권자가 그 잔존부분으로 전세권의 목적을 달성할 수 없는 때에는 전세권설정자에 대하여 전세권 전부의 소멸을 통고하고 전세금의 반환을 청구할 수 있다(제314조).

(2) 소멸의 효과

전세권의 목적물의 전부 또는 일부가 전세권자에 책임있는 사유로 인하여 멸실된 때에는 전세권자는 손해를 배상할 책임이 있다. 이 경우에 전세권설정자는 전세권이 소멸된 후 전세금으로써 손해의 배상에 충당하고 잉여가 있으면 반환하여야 하며 부족이 있으면 다시 청구할 수 있다(제315조, 전세권자의 손해배상책임).

또한 전세권이 그 존속기간의 만료로 인하여 소멸한 때에는 전세권자는 그 목적물을 원상에 회복하여야 하며 그 목적물에 부속시킨 물건은 수거할 수 있다. 그러나 전세권설정자가 그 부속물건의 매수를 청구한 때에는 전세권자는 정당한 이유없이 거절하지 못한다. 이 경우에 그 부속물건이 전세권설정자의 동의를 얻어 부속시킨 것인 때에는 전세권자는 전세권설정자에 대하여 그 부속물건의 매수를 청구할 수 있다. 그 부속물건이 전세권설정자로부터 매수한 것인 때에도 같다(제316조, 원상회복 및 매수청구권).

그리고 전세권이 소멸한 때에는 전세권설정자는 전세권자로부터 그 목적물의 인도 및 전세권설정등기의 말소등기에 필요한 서류의 교부를 받는 동시에 전세금을 반환하여야 한다(제317조). 전세권설정자가 전세금의 반환을 지체한 때에는 전세권자는 민사집행법의 정한 바에 의하여 전세권의 목적물의 경매를 청구할 수 있다(제318조).

제 3 장

부동산 거래 관련 범죄

제 3 장   부동산 거래 관련 범죄

제 1 절   부동산범죄의 의의

1. 협의의 부동산범죄

협의의 부동산범죄는 부동산이 불법적인 수단의 객체가 되는 범죄 또는 부동산 관련 법규의 규정에 반하는 범죄를 의미하고, 이는 개인의 법익에 대한 죄 가운데 재산에 대한 죄에 해당한다. 부동산범죄의 객체가 되는 부동산은 거의 대부분이 재산에 속하기 때문이다. 또한 협의의 부동산범죄는 경제범죄의 한 부류로서, 토지나 건물 등의 매매에 있어 매수 또는 매도 그 자체가 목적이 아니고 전적으로 거래단위당 이익을 거액으로 획득하는 것을 목적으로 하는 행위를 말한다.

2. 광의의 부동산범죄

광의의 부동산범죄는 '토지와 건물 등 부동산이 관련된 범죄'를 말한다. 부동산은 일반적으로 물적 재산인 토지와 건물을 말한다. 법적 개념의 부동산은 동산과 구별되는 물리적 재산인 토지와 그 정착물을 말한다. 「민법」 제99조 제1항에서 부동산은 "토지와 그 정착물이다"라고 정의하고 있다. 정착물의 대표적인 것은 건물이며, 토지와는 별개로 독립된 권리의 객체가 된다.

3. 부동산투기범죄

부동산투기범죄란 형벌이 부가되는 부동산투기를 말한다. 부동산투기에 대한 법적 정의는 없다. 따라서 부동산투기란 가격변동으로 인한 매매차익의 획득을 목적으로 부동산매매거래를 행하는 것을 말한다. 그러나 부동산투기는 과태료 등의 행정규제의 대상에 지나지 않고, 형벌에 의해 처벌하는 것은 아니므로 범죄에 해당하지는 않는다.

제 2 절 부동산범죄의 특성

부동산범죄는 부동산에 관련된 전문가들로 형성되어진 집단에 의해 장기적인 계획하에 이루어지는 경우가 많기 때문에 피해자는 무의식 상태에서 범죄의 대상이 되며, 범죄피해에 대한 인지가 늦고, 그로 인해 피해의 회복을 곤란하게 하는 지능범죄의 특성이 있다.

1. 지능성과 전문성

부동산범죄는 일상에서 발생하는 우발적인 범죄와 달리 매우 계획적이며, 전문적으로 영리를 추구하는 지능형 범죄이다. 따라서 부동산과 관련된 전문가이거나 또는 법률과 관련된 전문지식을 갖추고 있는 경우가 많다. 외부적으로 범죄가 아닌 것과 같은 인상을 보이거나 교묘한 방법으로 법률의 적용범위를 벗어나는 지능성과 외적으로는 합법적인 방법으로 거래가 이루어진 것과 같은 인식을 가지게 하고, 장기간에 걸쳐 자신의 범죄행위를 위장하는 전문성을 가지고 있다. 이렇게 법률의 적용대상에 포섭되지 않으려는 지능성과 전문성은 부동산범죄의 가장 큰 특징이며, 부동산범죄에 대한 수사를 어렵게 만드는 주요 원인이 된다.

2. 모방성과 연쇄반응성

부동산범죄는 경제적 부를 축적하려는 다수에 의해 모방범죄로 쉽게 변질되어지고, 불법적 이익에 편승하려는 자들도 쉽게 범죄에 가담하게 된다. 따라서 투자라는 미명하에 많은 국민들이 잠재적인 부동산 관련 범죄를 저지를 개연성이 있다고 할 수 있다. 한편, 사람들은 다른 사람들의 범죄행위로 인한 부당이득을 적극적으로 방지하려 하지 않고, 위 부동산범죄 행위에 편승하여 같은 수법 혹은 새로운 수법으로 동참하여 이익을 추구하려고 하는 연쇄반응적 성격을 보이기도 한다.

3. 화이트칼라형 범죄

부동산범죄는 주로 부동산정보와 연관이 있는 영역에서 이루어지고 있다. 따라서 사기와 횡령, 금융, 보험, 컴퓨터범죄 등과 같이 고학력을 가진 전문직 종사자들이 저지르는 범죄유형인 화이트칼라 범죄이다. 대체로 고위직 공무원의 비리에 연결되어 각종 입법비리나 규제 해제 등을 통하여 이익을 취하는 대규모의 집단범죄에 해당한다. 이와 같은 권력적이고 신분적인 특징으로 인한 부동산범죄는 외부로의 노출이 쉽지 않아 사법기관에서 적발하기 또한 쉽지 않고, 고위권력층의 사전 개입으로 인한 사법기관의 사법권남용이 일어날 우려가 있다.

4. 장기성과 피해회복의 곤란성

피해자가 부동산범죄의 착수시점 및 범죄행위의 진행과정, 범죄로 인한 피해 결과가 여타의 범죄와 달리 장기간에 거쳐 서서히 나타나게 되므로 범죄피해에 대한 인지가 즉시 이루어지지 않는다. 심지어 부동산범죄의 피해자는 범죄행위가 완료된 후에도 피해를 인식하지 못하는 경우도 있다. 또한 범죄자가 범죄행위 후 잠적하는 경우가 많고, 증거의 부재로 인하여 혐의의 입증이 어렵다. 그리고 민사법적 구제는 장시간이 소요될 뿐만 아니라, 그 재산을 교묘한 방법으로 숨기는 경우가 대부분이므로 피해자가 소송을 통해서 승소를 하더라도 피해를 회복하는 데는 많은 어려움이 있다.

5. 재산관련성

부동산범죄는 재산관련 범죄이다. 부동산은 고가이고 다액의 피해를 수반하는 경우가 대부분이다. 일반적인 범죄와는 달리 부동산을 객체로 하는 범죄이므로 그 피해액이 수백만원에서 수백억에 이른다. 따라서 범죄의 피해자는 피해액이 다액인 만큼 회복이 더욱 어려울 수도 있다. 따라서 부동산범죄는 살인, 강도, 폭행 등 사람의 신체를 범죄의 객체로 하는 일반범죄와 달리, 토지와 건물인 부동산을 범죄의 객체로 하여 관련 법익과 공공의 이익을 침해하는 침해범이다.

6. 복잡성

부동산범죄는 일반적 범죄가 단순일죄가 성립되는 것과 달리 단계적으로 이루어지는 행위가 많기 때문에 여러 범죄를 발생시켜 경합범이 되는 경우가 많다. 따라서 부동산범죄는 범죄사실이 복잡하여 일반법인 「형법」과 부동산 관련 특별법을 중첩하여 위반하는 경우가 발생하는 등, 적용법률이 경합하는 경우가 많다.

7. 집단성

부동산범죄는 전문가 집단에 의해서 이루어지는 지능범죄인 화이트칼라 범죄가 대부분이므로 일시적인 감정 및 보복에 의해 범해지는 일회성 범죄와 달리 전문적인 지식을 가진 집단이 법망을 교묘하게 피하면서 합법을 가장하여 재산과 이익을 추구하는 범죄이다. 따라서 그 수법과 동기 면에서 교묘하고, 지능적이며 장기적으로 이루어진다는 특징을 가지고 있다.

또한 부동산범죄는 합법으로 가장하기 위하여 법률전문가 또는 부동산 관련 전문가 등이 공모하여 범죄를 일으키고, 범죄의 특징상 여러 단계를 거치는 경우가 많기 때문에 직접 또는 간접적으로 관련되어 있는 사람들이 많은 것이 특징이다. 특히, 기획부동산범죄의 경우는 조직적이고 다단계 피라미드 형태를 가지는 경우가 많다.

제 3 절 부동산범죄의 유형

부동산범죄는 부동산과 관련된 형사범죄로서 일반형법 위반범죄와 특별형법 위반범죄, 부동산행정범죄, 부동산투기범죄, 기타범죄로 분류할 수 있다.

1. 부동산 형사범죄

「형법」은 부동산과 직접 관련된 범죄를 규정하기 보다는 범죄의 수단으로 부동산이 이용되는 범죄에 대한 규정을 두고 있다. 즉, 「형법」에 위반하는 범죄로써 범죄자가 부당한 이익을 얻기 위하여 범죄대상이 될 부동산권리 및 부동산 그 자체에 대하여 「형법」에서 규정하는 '사기', '횡령', '배임'·변조 등의 행위를 하는 것은 물론, 이런 위법행위의 수단으로서 '공·사문서위조 및 동행사죄', '허위공문서작성' 등의 행위를 하는 범죄를 부동산 형사범죄라고 한다. 그 대표적인 유형은 다음과 같다.

1) 부동산범죄와 형법

(1) 사기죄

「형법」 제347조 제1항에서는 "사람을 기망하여 재물의 교부를 받거나 재산상의 이익을 취득한 자는 10년 이하의 징역 또는 2천만원 이하의 벌금에 처한다"고 규정하고, 동조 제2항에서는 "전항의 방법으로 제삼자로 하여금 재물의 교부를 받게 하거나 재산상의 이익을 취득하게 한 때에도 전항의 형과 같이 처벌한다"고 규정하고 있다. 또한 「형법」 제347조의 죄를 범하여 그 이득액이 5억원 이상인 때에는 「특정경제범죄 가중처벌 등에 관한 법률」 제3조[1])에 의하여 가중 처벌한다.

---

1) 제3조(특정재산범죄의 가중처벌) ① 「형법」 제347조(사기), 제347조의2(컴퓨터등 사용사기), 제350조(공갈), 제350조의2(특수공갈), 제351조(제347조, 제347조의2, 제350조 및 제350조의2의 상습범만 해당한다), 제355조(횡령·배임) 또는 제356조(업무상의 횡령과 배

사기죄는 사람을 기망하여 재물의 교부를 받거나 재산상의 불법한 이익을 취득하는 범죄로서 이른바 영득죄에 속하고, 나아가 착오에 빠진 피해자의 하자있는 의사에 의한 재산적 처분행위에 따라 영득한다는 점에서 공갈죄와 함께 이른바 편취죄에 속하여 절도죄·강도죄·횡령죄와 같은 탈취죄와 구별된다.

사기죄는 기망행위, 착오에 따른 재산처분행위, 재산상의 손해발생, 손해와 이득의 자료동질성, 고의와 불법영득의사를 구비하여야 구성요건이 성립한다. 사기죄의 실행의 착수시기는 기망행위를 개시한 때이고, 기수시기는 기망행위에 의하여 상대방이 착오에 빠지고 그 착오에 기하여 재산적 처분행위가 있고, 그 결과 교부 또는 이득의 취득으로 현실의 점유가 이전된 때 또는 소유권 이전의 등기를 경료한 때이다. 부동산범죄의 사기죄의 대표적인 예로는 '타인의 부동산 처분행위', '처분권한이 없는 자의 처분행위', '담보물권설정 사실을 숨긴 행위', '공용제한의 대상인 사실을 숨긴 행위', '대리권이 있는 것처럼 가장한 행위', '가격을 현저히 높여 거래한 행위', '토지사기단의 타인 토지 저당설정 대출금 편취행위', '소송사기행위', '기획부동산사기행위' 등이 있다.

(2) 횡령죄

「형법」 제355조 제1항에서는 "타인의 재물을 보관하는 자가 그 재물을 횡령하거나 그 반환을 거부한 때에는 5년 이하의 징역 또는 1천 500만원 이하의 벌금에 처한다"고 규정하고, 제356조에서는 "업무상의 임무에 위배하여 제355조의 죄를 범한 자는 10년 이하의 징역 또는 3천만원 이하의 벌금에 처한다"고 규정하여 업무상 횡령죄는 가중처벌하고 있다. 또한 「형법」 제355조 제1항의 죄 및 제356조의 죄를 범하여 그 이득액이 5억원 이상인 때에는 「특정경제범죄 가중처벌 등에 관한 법률」 제3조에 의하여 가중처벌한다.

횡령죄는 자기의 점유에 속하는 타인의 재물을 불법으로 영득하는 범죄로서

임)의 죄를 범한 사람은 그 범죄행위로 인하여 취득하거나 제3자로 하여금 취득하게 한 재물 또는 재산상 이익의 가액(이하 이 조에서 "이득액"이라 한다)이 5억원 이상일 때에는 다음 각 호의 구분에 따라 가중처벌한다.
  1. 이득액이 50억원 이상일 때: 무기 또는 5년 이상의 징역
  2. 이득액이 5억원 이상 50억원 미만일 때: 3년 이상의 유기징역
② 제1항의 경우 이득액 이하에 상당하는 벌금을 병과(倂科)할 수 있다.

영득죄이고, 탈취죄이다. 따라서 횡령죄의 객체는 자기가 보관하는 타인의 재물이고, 재물에는 동산뿐만 아니라 부동산도 포함되지만 재산상의 이익은 이 죄의 객체로 되지 아니한다. 대표적인 사례로는 '대리인, 중개업자, 중개보조원의 매매대금 횡령'이 있다. 여기서 위탁관계는 법령의 규정, 계약, 사무관리, 관습, 조리, 신의칙 등 어느 것에 의하더라도 상관없으며, 횡령행위에는 사실행위(예, 소비, 착복, 손괴, 은닉, 점유의 부인, 반환의 거부 등)이건 법률행위(예, 담보제공, 증여, 대여, 매각, 교환, 입질, 저당권의 설정, 채무변제에의 충당, 예금, 대여, 어음의 환금 등)이건 묻지 않는다.

(3) 배임죄

「형법」 제355조 제2항에서는 "타인의 사무를 처리하는 자가 그 임무에 위배하는 행위로써 재산상의 이익을 취득하거나 제삼자로 하여금 이를 취득하게 하여 본인에게 손해를 가한 때에도 전항(횡령죄)의 형과 같다"고 규정하고, 제356조에서 업무상 배임죄를 가중처벌하고 있다. 또한 「형법」 제355조 제1항의 죄 및 제356조의 죄를 범하여 그 이득액이 5억원 이상인 때에는 「특정경제범죄 가중처벌 등에 관한 법률」 제3조에 의하여 가중처벌한다.

배임죄는 위탁자와 사무처리자 간의 신뢰관계를 배반하는 데에 그 본질이 있는 점에서는 횡령죄와 공통되지만, 배임죄는 재산관리를 위탁받은 자의 임무에 위배되는 행위일체를 그 대상으로 함에 반하여 횡령죄는 수탁자의 임무위배행위 일체가 아니라 재물의 보관이라는 특정한 수탁사무상 임무위배행위만을 그 대상으로 한다는 점에서 양자는 구별된다. 대표적인 예로는 명의수탁자의 처분행위, 이중매매의 매도인의 행위, 이중매매의 악의의 제2양수인의 행위, 매매한 부동산 이전등기 전 저당권 설정행위, 부동산의 처분을 위탁받은 자의 지정가격 이하 처분행위 등이 있다.

(4) 문서 위조·변조 및 동행사죄

문서에 관한 죄는 부정한 목적을 가지고 문서를 위조, 변조, 허위 작성하거나 작성된 문서를 행사하여 진정한 문서를 부정하는 범죄를 말한다. 문서는 사실을 기록하고 증명하는 가장 효과적이고 중요한 수단이다. 문서에 관한 죄에 있어서 전자복사기, 모사전송기 기타 이와 유사한 기기를 사용하여 복사한 문서 또는 도화의 사본도 문서 또는 도화로 본다(형법 제237조의2).

위조는 정당한 작성권한이 없는 자가 타인 명의의 문서를 작성하는 것을 말한다. 이를 유형위조(有形僞造)라고 하고, 이에 대하여 문서의 내용을 허위로 작성하는 것을 무형위조(無形僞造)라고 하는데, 「형법」은 유형위조를 원칙으로 하고, 무형위조는 예외적으로 허위공문서작성죄의 규정이 있는 경우에 한하여 처벌하고 있다.

변조는 권한 없이 이미 진정(眞正)하게 성립된 타인 명의의 문서내용에 대하여 그 동일성을 해하지 아니할 정도로 변경을 가하는 것을 말한다. 예를 들면, 문서의 기간 또는 금액 등에 변경을 가하여 그 문서의 증명력에 변경을 가하는 경우이다. 따라서 기존 문서에 변경을 가하는 경우라도 그 본질적 부분에 변경을 가하여 전혀 새로운 문서를 작성하였다고 볼 수 있는 경우는 변조가 아니고 위조가 된다. 예를 들면, 이미 실효된 통용기간 경과 후의 정기승차권의 일자를 변경하여 이를 유효하게 한 경우에는 변조가 아니고 위조가 된다. 또한 문서의 변조는 타인 명의의 문서에 변경을 가하는 것이므로 자기 명의의 문서에 대하여 변경을 가한 문서는 변조가 되지는 아니하고, 경우에 따라서는 문서손괴죄(형법 제366조)나 허위공문서작성죄(형법 제227조)가 성립한다.

① 공문서

「형법」상 공문서에 관한 죄로는 공문서 등의 위조·변조죄(제225조: 행사할 목적으로 공무원 또는 공무소의 문서 또는 도화를 위조 또는 변조한 자는 10년 이하의 징역에 처한다), 자격모용에 의한 공문서 등의 작성(제226조: 행사할 목적으로 공무원 또는 공무소의 자격을 모용하여 문서 또는 도화를 작성한 자는 10년 이하의 징역에 처한다), 허위공문서작성 등의 죄(제227조: 공무원이 행사할 목적으로 그 직무에 관하여 문서 또는 도화를 허위로 작성하거나 변개한 때에는 7년 이하의 징역 또는 2천만원 이하의 벌금에 처한다), 공전자기록위작·변작죄(제227조의2: 사무처리를 그르치게 할 목적으로 공무원 또는 공무소의 전자기록 등 특수매체기록을 위작 또는 변작한 자는 10년 이하의 징역에 처한다),[2] 공정증서원본 등의 부실기재죄(제228조: ① 공무원에 대하여 허위신고를

---

2) 제237조(자격정지의 병과) 제225조 내지 제227조의2 및 그 행사죄를 범하여 징역에 처할

하여 공정증서원본 또는 이와 동일한 전자기록등 특수매체기록에 부실의 사실을 기재 또는 기록하게 한 자는 5년 이하의 징역 또는 1천만원 이하의 벌금에 처한다. ② 공무원에 대하여 허위신고를 하여 면허증, 허가증, 등록증 또는 여권에 부실의 사실을 기재하게 한 자는 3년 이하의 징역 또는 700만원 이하의 벌금에 처한다), 위조 등 공문서의 행사죄(제229조: 제225조 내지 제228조의 죄에 의하여 만들어진 문서, 도화, 전자기록 등 특수매체기록, 공정증서원본, 면허증, 허가증, 등록증 또는 여권을 행사한 자는 그 각 죄에 정한 형에 처한다), 공문서 등의 부정행사(제230조: 공무원 또는 공무소의 문서 또는 도화를 부정행사한 자는 2년 이하의 징역이나 금고 또는 500만원 이하의 벌금에 처한다) 등이 있다.

공문서라 함은 공무원 또는 공무소가 그 명의로써 직무상 작성하는 문서를 말한다. 따라서 공무원이 작성하는 문서라도 그 직무상 작성하는 것이 아니면 공문서가 아니다. 예를 들면, 공무원의 퇴직원(退職願)은 공문서가 아니다. 그 작성권한은 법령에 의하든, 내규(內規) 또는 관례에 의하든 묻지 않는다. 공문서와 사문서의 구별의 표준은 그 내용이 공적 사항 또는 사적 사항에 있는 것이 아니고, 그 작성명의가 공무소 또는 공무원인가 또는 사인인가에 있다. 따라서 그 내용이 사인의 의사표시라도 문서의 작성명의가 공무소 또는 공무원일 때에는 그 문서는 공문서이다. 사문서에 대하여 공무원이 인준 · 확인한 경우에는 그 문서는 공문서가 된다.

〈**참고**〉 공정증서원본이란 공무원이 직무상 작성하는 문서로서, 권리 · 의무에 관한 어떤 사항을 증명하는 효력을 가진 것을 말한다. 예를 들면, 호적부 · 부동산등기부 · 화해조서(和解調書) 등으로 신분상의 권리 · 의무에 관한 것도 포함한다. 토지대장 · 건물대장은 증명하는 효력을 가지는 것이 아니라 단순히 사실을 증명하는 것에 불과하여 공정증서로 볼 수 없다(87도2696).

특수매체기록이란 면허장, 감찰, 여권 등을 말한다. 면허장은 수렵면허장이나 의사면허장 등과 같이 특정인에게 특정한 권한을 부여하기 위하여 공무원이 작성하는 증서를 말한다. 그러나 국가고시합격증서나 교원자격증과 같은 것은 면허장이 아니다. 감찰은 공무소의 허가 · 등록이 있음을 증명하는 물건으로서 공무소가 작성하여 교부하고, 교부받은 자는 이를 비치 또는 휴대해야 하는 것을 말한다. 여권은 여행을 허가하는 증명서를 말하며, 외국여권, 여행허가증 등이 이에 해당한다.

경우에는 10년 이하의 자격정지를 병과할 수 있다.

② 사문서

「형법」상 사문서에 관한 죄로는 사문서 등의 위조·변조죄(제231조: 행사할 목적으로 권리·의무 또는 사실증명에 관한 타인의 문서 또는 도화를 위조 또는 변조한 자는 5년 이하의 징역 또는 1천만원 이하의 벌금에 처한다), 자격모용에 의한 사문서의 작성죄(제232조: 행사할 목적으로 타인의 자격을 모용하여 권리·의무 또는 사실증명에 관한 문서 또는 도화를 작성한 자는 5년 이하의 징역 또는 1천만원 이하의 벌금에 처한다), 사전자기록위작·변작(제232조의2: 사무처리를 그르치게 할 목적으로 권리·의무 또는 사실증명에 관한 타인의 전자기록 등 특수매체기록을 위작 또는 변작한 자는 5년 이하의 징역 또는 1천만원 이하의 벌금에 처한다), 허위진단서 등의 작성(제233조: 의사, 한의사, 치과의사 또는 조산사가 진단서, 검안서 또는 생사에 관한 증명서를 허위로 작성한 때에는 3년 이하의 징역이나 금고, 7년 이하의 자격정지 또는 3천만원 이하의 벌금에 처한다), 위조사문서 등의 행사(제234조: 제231조 내지 제233조의 죄에 의하여 만들어진 문서, 도화 또는 전자기록 등 특수매체기록을 행사한 자는 그 각 죄에 정한 형에 처한다),3) 사문서의 부정행사(제236조: 권리·의무 또는 사실증명에 관한 타인의 문서 또는 도화를 부정행사한 자는 1년 이하의 징역이나 금고 또는 300만원 이하의 벌금에 처한다) 등이 있다.

여기서 '권리·의무에 관한 문서'란 권리·의무의 발생·변경 또는 소멸에 관한 사항을 기재한 문서를 말하며 '사실증명에 관한 문서'란 실생활(實生活)에 교섭이 있는 사항을 증명하는 문서를 말하는 것으로서 반드시 권리·의무에 관한 사실이나 법률사항에 국한되지 아니한다(예, 이력서, 안내장, 광고의뢰서 등).

(5) 인장에 관한 죄

「형법」상 인장에 관한 죄로는 공인 등의 위조, 부정사용죄(제238조 제1항: 행사할 목적으로 공무원 또는 공무소의 인장, 서명, 기명 또는 기호를 위조 또는 부정사용한 자는 5년 이하의 징역에 처한다) 및 동 행사죄(동조 제2항: 위조 또는 부정사용한 공무원 또는 공무소의 인장, 서명, 기명 또는 기호를 행사한 자도 전항의 형과 같다)4)와 사인 등의 위조, 부정사용죄(제239조 제1항: 행사할 목적으로 타인의 인장, 서명, 기명 또는 기

---

3) 제235조(미수범) 제225조 내지 제234조의 미수범은 처벌한다.
4) 제238조 ③ 전 2항의 경우에는 7년 이하의 자격정지를 병과할 수 있다.

호를 위조 또는 부정사용한 자는 3년 이하의 징역에 처한다) 및 동 행사죄(동조 제2항: 위조 또는 부정사용한 타인의 인장, 서명, 기명 또는 기호를 행사한 때에도 전항의 형과 같다)가 있다.[5]

인장은 특정인의 인격을 상징하여 그 동일성을 증명하기 위해서 사용되는 일정한 상형(象形)을 의미하며 이에는 인영(印影)과 인과(印顆)가 포함된다. 인영은 물체상에 현출(顯出)시키는 문자 등의 부호의 영적(影蹟)을 말하고, 인과는 인영을 현출시키는 데 필요한 문자 등의 부호를 조각한 물체이다.

인장 등의 위조라 함은 권한 없이 타인의 인장 · 서명 · 기명(記名) 또는 기호를 작성 또는 기재하여 일반인으로 하여금 명의인의 진정한 인장 · 서명 · 기명 · 기호로 오신(誤信)하게 하는 행위를 말한다. 권한 없는 경우뿐만 아니라 대리권 또는 대표권을 가진 자가 그 권한 이외의 무권대리행위로 서명 · 날인하는 경우도 포함한다. 또한 부정사용이라 함은 진정한 인장 · 서명 · 기명 또는 기호를 정당한 권한 없이 타인에 대하여 사용하는 것을 말한다. 권한 있는 자라도 그 권한을 넘어서 사용하는 경우는 부정사용에 해당한다.

공무원의 인장이라 함은 공무원이 공무상 사용하는 모든 인장(직인 등)을 말하며, 공무소의 인장은 공무소가 그 사무에 관하여 문서에 사용하는 인장, 즉 청인(廳印) · 서인(署印) 등을 말한다. 반드시 공무소의 명칭을 표시하고 있음을 필요로 하지 않고, 관청이 사용하는 계인(契印)도 공무소의 인장이다. 다만, 인장인 것 같이 보이더라도 주체의 동일성 이외의 사항의 증명을 내용으로 하는 것은 인장이 아니다. 예를 들면, 우체국의 일부인은 문서, 납세필의 증인(證印)은 기호인 것과 같다. 사인은 타인의 인장 · 서명 · 기명 또는 기호로서, 적어도 권리의무 또는 사실증명에 관한 것임을 요한다.

(6) 경계침범죄

「형법」 제370조에서는 "경계표를 손괴, 이동 또는 제거하거나 기타 방법으로 토지의 경계를 인식 불능하게 한 자는 3년 이하의 징역 또는 500만원 이하의 벌금에 처한다"고 규정하고 있다. 이 죄는 토지의 경계에 관한 권리관계의 안정을 확보하여 사권을 보호하고 사회질서를 유지하려는 데 그 목적이 있다. 원칙적으로

---

5) 제240조(미수범) 본장의 미수범은 처벌한다.

부동산절도를 인정하지 않는 현행법체계하에서 부동산 침탈행위를 규제하는 작용을 하는 것으로 단순한 재물손괴죄 이상의 의미를 갖는다. 토지의 경계는 토지의 소유권·지상권·임차권 등 토지에 관한 사법상 권리의 범위를 표시하는 경계뿐 아니라 도·시·군·읍·면 등의 공법상의 관계에 의거하는 토지의 경계까지 포함한다.

여기서 '경계표'는 토지의 경계를 표시하는 표지(標識)를 말한다. 경계표는 그것이 어느 정도 객관적으로 통용되는 사실상의 경계를 표시하는 것이라면 영속적인 것이 아니고 일시적인 것이라도 상관이 없으며, 비록 실제상의 경계선에 부합되지 않는 경계표라 할지라도 그것이 종전부터 일반적으로 승인되어 온 것이라면 경계표에 해당된다(2007도9181). 그러나 기존 경계가 진실한 권리상태와 맞지 않는다는 이유로 당사자의 어느 한쪽이 기존경계를 무시하고 일방적으로 경계 측량을 하여 이를 실체권리관계에 맞는 경계라고 주장하면서 그 위에 계표를 설치하더라도 이것은 경계표에 해당되지 않는다. '토지의 경계'는 토지에 관한 사법상의 권리(소유권·지상권 등)의 범위를 표시하는 경계뿐 아니라 공법상의 관계에 기하는 토지의 경계(예, 도·시·군·읍·면의 경계)도 포함한다. 법률상의 정당한 경계에 부합되지 아니하는 경계라고 하더라도 이해관계인들의 명시적 또는 묵시적 합의에 의하여 정하여진 것이면 이에 해당한다.

한편, 손괴란 경계를 물질적으로 훼손하는 것을 말하고, 제거는 원래 설치된 장소에서 취거하는 것을 말한다. 이것은 사실상 경계의 인식이 불가능하게 됨으로써 충분하므로 등기부의 조회나 측량 등의 방법으로 정확한 경계의 설정이 가능한 경우에도 죄가 성립된다. 이동은 경계표를 원래의 장소에서 다른 곳으로 옮겨서 기존의 경계선을 인식할 수 없게 하는 것이다(80도225). '기타의 방법'에는 타인의 토지 위에 무단히 주택을 건축하여 그 경계를 흐리게 하는 행위도 포함된다(68도967). 이 죄는 사실상 경계의 인식을 불가능하게 함으로써 충분하고, 등기부에의 조회나 측량 등의 방법으로 새로이 정확한 경계를 인식할 수 있더라도 죄의 성립에 지장이 없다. 경계 전부에 대한 인식이 불가능할 것도 요하지 않는다.

(7) 방화죄와 실화죄

방화죄와 실화죄는 고의 또는 과실로 불을 놓아 건조물 또는 물건을 소훼(燒

毁)하는 것을 내용으로 하는 죄이다(제164조 이하). 대표적인 공공위험죄로, 피해자의 승낙이 있더라도 처벌된다. 「형법」상 방화의 죄에는 현주건조물 등에의 방화죄(제164조), 공용건조물 등에의 방화죄(제165조), 일반건조물 등에의 방화죄(제166조), 일반물건에의 방화죄(제167조), 연소죄(제168조), 진화방해죄(제169조), 실화죄(제170조), 업무상실화, 중실화죄(제171조), 폭발성물건파열죄(제172조), 가스·전기 등 방류죄(제172조의2), 가스전기 등 공급방해죄(제173조), 과실폭발성물건파열 등의 죄(제173조의2) 등이 있다.[6] 방화의 죄에 있어서는 자기의 소유에 속하는 물건이라도 압류 기타 강제처분을 받거나 타인의 권리 또는 보험의 목적물이 된 때에는 본장의 규정의 적용에 있어서 타인의 물건으로 간주한다(형법 제176조).

현주건조물 등에의 방화죄와 공용건조물 등에의 방화죄, 일반건조물 등에의 방화죄는 공공의 위험이 발생하지 않더라도 범죄가 성립하는 추상적 위험범입니다. 다만, 자기 소유에 속하는 일반건조물에 대한 방화는 방화로 인해 공공의 위험이 발생하여야 성립하는 구체적 위험범이다. 방화죄의 착수시기는 발화 또는 점화가 있을 때이며, 기수시기는 불이 매개물을 떠나 목적물에 독립하여 연소할 수 있는 상태에 이르렀을 때 기수가 된다(2006도9164). 특히, 현주건조물 등에의 방화죄를 범하여 사람을 상해에 이르게 한 때에는 무기 또는 5년 이상의 징역에 처하고 사망에 이르게 한 때에는 사형, 무기 또는 7년 이상의 징역에 처한다(형법 제164조 제2항).

(8) 부당이득죄

「형법」제349조 제1항에서는 "사람의 궁박한 상태를 이용하여 현저하게 부당한 이익을 취득한 자는 3년 이하의 징역 또는 1천만원 이하의 벌금에 처한다"고 규정하고, 동조 제2항에서는 "전항의 방법으로 제3자로 하여금 부당한 이익을 취득하게 한 때에도 전항의 형과 같다"고 규정하고 있다.[7] 이 죄는 상대방의 절박한

---

6) 제174조(미수범) 제164조 제1항, 제165조, 제166조 제1항, 제172조 제1항, 제172조의2 제1항, 제173조 제1항과 제2항의 미수범은 처벌한다.
   제175조(예비, 음모) 제164조 제1항, 제165조, 제166조 제1항, 제172조 제1항, 제172조의2 제1항, 제173조 제1항과 제2항의 죄를 범할 목적으로 예비 또는 음모한 자는 5년 이하의 징역에 처한다. 단 그 목적한 죄의 실행에 이르기 전에 자수한 때에는 형을 감경 또는 면제한다.

상태를 경제적으로 이용하여 현저하게 부당한 이익을 취득하는 것을 막자는데 있는 것으로 사기죄는 아니지만 타인의 궁박한 상태를 이용하였다는 점에서 사기죄의 한 태양으로 처벌하고 있다. 이 죄는 피해자에게 손해가 발생하였음을 요하지 않고, 재산상의 위험이 있으면 성립하는 위험범이다. 예를 들면, 응급환자를 수송하면서 현저하게 과다한 요금(料金)을 받아 폭리(暴利)를 취하는 것을 들 수 있다.

궁박한 상태는 경제적 곤궁만이 아니라 생명·신체 등에 대한 육체적 곤궁, 명예(名譽) 등에 대한 정신적 곤궁도 포함한다. 그리고 궁박한 상태에 이르게 된 원인이 자초(自招)한 것이거나 타인(他人) 또는 자연력(自然力)에 의한 것인지를 묻지 않는다.

(9) 경매와 범죄

① 경매 · 입찰방해죄

「형법」 제315조에서는 "위계 또는 위력 기타의 방법으로 경매 또는 입찰의 공정을 해한 자는 2년 이하의 징역 또는 700만원 이하의 벌금에 처한다"고 규정하고 있다. 이 죄는 위태범으로서 결과의 불공정이 현실적으로 나타나는 것을 요하는 것이 아니고, 그 행위에는 가격을 결정하는 데 있어서 뿐 아니라, 적법하고 공정한 경쟁방법을 해하는 행위도 포함된다(2010도4940).

경매란 매도인이 2인 이상으로부터 구두로 청약을 받고, 그 가운데 최고가격의 청약자에게 매도를 승낙함으로써 성립하는 매매를 말하며, 입찰은 경쟁계약에 있어서 경쟁에 참가한 다수인에 대하여 문서로 계약의 내용을 표시하게 한 후에 주문자가 자신에게 가장 유리한 청약자를 상대방으로 하여 계약을 체결하는 것을 말한다. 「건설산업기본법」 제95조 제3호의 '입찰행위'의 개념은 이 죄의 입찰과 동일한 개념이다(2001도2423). 경매와 입찰의 종류를 불문하며, 국가나 공공단체가 행하는 것이건 사인이 행하는 것이건 불문한다. 여기서 '적정한 가격'이란 경매·입찰에 있어서 공정한 자유경쟁에 의해 결정된 가격을 의미한다(2002도3924).

한편, 담합행위가 공정한 가격을 해하거나 부정한 이익을 목적으로 한 경우에는 위계에 의한 경매·입찰방해죄가 성립한다. 담합행위란 경매·입찰의 경쟁에 참가하는 자가 상호 통모하여 그 중의 특정한 자를 낙찰자 내지는 경락자로 하기

---

7) 353조(자격정지의 병과) 본장의 죄에는 10년 이하의 자격정지를 병과할 수 있다.

위하여 기타의 자는 일정한 가격 이상 또는 그 이하로 입찰 또는 호가하지 않을 것을 협정하는 것을 말하며, 입찰을 포기시키는 경우도 포함한다. 그러나 담합의 목적이 주문자의 예정가격 내에서 적정한 가격을 유지하면서 무모한 출혈경쟁을 방지함에 있고, 낙찰가격도 공정한 가격이 범위 내인 때에는 담합자 사이에 금품의 수수가 있었다고 하더라도 이 죄가 성립하지 않는다(70도2241). 입찰자가 단순히 정보를 교환하여 응찰가격을 조정하는 행위도 담합행위에 포함되지 않는다(95도1199). 또한 각자가 일부씩 입찰에 참가하면서 1인을 대표자로 하여 단독으로 입찰하게 하는 신탁입찰은 이 죄에 해당하지 않는다(4290민상368). 그러나 가장경쟁자를 조작하여 단독입찰을 경쟁입찰인 것으로 가장한 경우는 이 죄가 성립한다(2002도3924).

▪ **판례** ▪ 1. 건설업자로서 경쟁입찰에 있어서 입찰자 간에 공모하여 미리 조작한 가격으로 입찰한 자를 처벌하도록 하고 있는 구 건설업법(1996. 12. 30. 법률 제5230호로 개정되기 전의 것) 제59조 제1호 규정의 취지는 공정한 자유경쟁을 통하여 건설공사의 적정시공과 건설업의 건전한 발전을 도모하기 위하여 건설공사수주를 둘러싸고 일어나는 이른바 담합행위를 근절하고자 하는 데 있는 것으로서 '입찰의 공정을 해할 것'을 요건으로 하고 있지 아니하므로 설령 담합행위가 동업자들 사이의 무모한 출혈경쟁을 방지하기 위한 목적으로 이루어졌다 하더라도 건설업자로서 경쟁입찰에 있어서 입찰자 간에 공모하여 미리 조작한 가격으로 입찰한 이상 같은 법 제59조 제1호 위반죄의 죄책을 면할 수 없다(2002도3924).
2. 입찰자들 상호간에 특정업체가 낙찰받기로 하는 담합이 이루어진 상태에서 그 특정업체를 포함한 다른 입찰자들은 당초의 합의에 따라 입찰에 참가하였으나 일부 입찰자는 자신이 낙찰받기 위하여 당초의 합의에 따르지 아니한 채 오히려 낙찰받기로 한 특정업체보다 저가로 입찰하였다면, 이러한 일부 입찰자의 행위는 위와 같은 담합을 이용하여 낙찰을 받은 것이라는 점에서 적법하고 공정한 경쟁방법을 해한 것이 되고, 따라서 이러한 일부 입찰자의 행위 역시 입찰방해죄에 해당한다(2010도4940).

---

② 공무상 비밀표시무효죄

「형법」 제140조에서는 "공무원이 그 직무에 관하여 실시한 봉인 또는 압류 기타 강제처분의 표시를 손상 또는 은닉하거나 기타 방법으로 그 효용을 해한 자는 5년 이하의 징역 또는 700만원 이하의 벌금에 처한다"고 규정하고 있다. 이 죄는 공무원의 특정직무행위에 관하여 그 집행 후에 있어서의 효력을 저해하는 행위를 처벌하려는데 있다. 따라서 본 죄의 보호법익은 국가기능으로서의 공무이다. 봉인이나 압류 등의 표시는 강제처분이 유효할 것이 전제되어야 하며, 강제처분이 유효한 것인 한 그 처분결정의 정당성 여부는 불문한다.

이 죄의 주체는 제한이 없으며, 봉인 또는 압류 기타의 강제처분을 받은 자에 한하지 않는다. 봉인은 물건에 대한 임의처분(개봉, 열람, 내용물 발취 등)을 금지하기 위하여 그 물건에 시행한 봉함 기타 이와 유사한 설비를 말한다. 반드시 인장을 사용할 것을 요하지 않으며, 압류한다는 취지의 문자를 기재한 종이를 첨부하거나 줄을 두르고 압류내용을 기재한 종이를 달아두는 것도 포함된다(예, 우편행낭의 봉인, 청주가 든 통의 뚜껑과 마개에 종이를 첨부하고 이에 봉인하여 봉함을 실시한 것 등). 그러나 단순히 자물쇠로 잠근 것은 이에 해당하지 않는다. 압류는 공무원이 그 직무상 보관할 물건을 자기의 점유로 옮기는 것을 말한다. 「민사소송법」에 의한 유체동산의 압류처분은 물론 가압류·가처분 및 「국세징수법」상 행하는 압류처분 등 다른 법령상 공무원이 행하는 동일한 성질을 가진 처분을 모두 포함한다. '기타의 강제처분'이란 압류 이외의 모든 강제처분으로서 물건을 공무원의 점유하에 옮기지 않고 타인에 대하여 일정한 작위 또는 부작위를 명하는 처분을 말한다(예, 민사소송법에 의한 부동산의 압류와 금전채권의 압류 등). 표시란 압류나 강제처분이 있다는 것을 명시하기 위하여 시행한 표시로서 봉인 이외의 것을 말하는 것으로, 강제처분상태에 있음을 명시하는 표시이면 족하고 그 형식은 문제되지 않는다(예, 입간판, 고시문, 고시판 등). 다만 이 죄가 성립하기 위해서는 행위 당시에 강제처분의 표시가 현존할 것을 요한다(96도2801).

▪ **판례** ▪ 1. 공무원이 그 직권을 남용하여 위법하게 실시한 봉인 또는 압류 기타 강제처분의 표시임이 명백하여 법률상 당연무효 또는 부존재라고 볼 수 있는 경우에는 그 봉인 등의 표시는 공무상표시무효죄의 객체가 되지 아니하여 이를 손상 또는 은닉하거나 기타 방법으로 그 효용을 해한다 하더라도 공무상표시무효죄가 성립하지 아니한다 할 것이지만 공무원이 실시한 봉인 등의 표시에 절차상 또는 실체상의 하자가 있다고 하더라도 객관적·일반적으로 그것이 공무원이 그 직무에 관하여 실시한 봉인 등으로 인정할 수 있는 상태에 있다면 적법한 절차에 의하여 취소되지 아니하는 한 공무상표시무효죄의 객체로 된다(2000도1757).
2. 집달관이 채무자 겸 소유자의 건물에 대한 점유를 해제하고 이를 채권자에게 인도한 후 채무자의 출입을 봉쇄하기 위하여 출입문을 판자로 막아 둔 것을 채무자가

> 이를 뜯어내고 그 건물에 들어갔다 하더라도 이는 강제집행이 완결된 후의 행위로서 채권자들의 점유를 침범하는 것은 별론으로 하고 공무상표시무효죄에 해당하지는 않는다(85도1092).

손상은 표시물의 전부 또는 일부에 직접 유형력을 가하여 물리적으로 훼손·파괴하거나 그 본래의 효용을 감소시키는 일체의 행위를 의미하며, 따라서 표시물의 외피를 훼손·파괴하는 것은 물론 표시물 전부를 뜯어내는 것도 포함한다. 이러한 손상으로 인한 효용감소·소멸은 영구적일 필요는 없고, 일시적이어도 해당한다. 은닉은 표시물의 소재를 불명하게 하여 발견을 곤란하게 하는 것을 말한다. 기타 방법은 손괴와 은닉 이외의 방법으로 사실상 봉인·압류 기타의 강제처분의 표시의 효력을 상실시키는 일체의 행위를 말한다(예, 압류된 물건을 자의로 매각하거나 봉인한 통으로 부터 탁주를 누출시킨 경우, 봉인한 물건을 절취·횡령하는 것 등).

그러나 강제처분의 내용에 저촉되는 행위를 하여 기타의 방법으로 효용을 해하는 경우에 해당하는 것은 강제처분의 대상이 된 채무자에 대하여만 가능하다.

> ▪**판례**▪ 1. 제3자가 법원으로부터 받은 건축공사중지명령의 가처분집행은 어디까지나 "갑"회사에 대하여 부작위 명령을 집행한데 불과한 것이므로 위 가처분집행이 완료된 뒤 피고인이 본건 시공중인 건축허가 명의를 자기가 대표이사로 있는 "을"회사로 변경하여 위 가처분집행을 그대로 둔 채 그 건축공사를 계속하였다는 사실자체만으로는 위와 같은 내용의 가처분집행표시의 효용을 해한 것이라고는 할 수 없으므로 「형법」제140조 제1항 소정 공무상표시무효죄가 성립하지 아니한다(74도1896).
> 2. 남편을 채무자로 한 출입금지가처분 명령의 효력은 그 처에게는 미치지 아니하므로 그 처가 이를 무시하고 출입금지된 밭에 들어가 작업을 한 경우에 공무원이 직무에 관하여 실시한 강제처분표시의 효용을 해한 것이라고는 할 수 없다(77도1445).

한편, 효용을 해한다는 것은 압류 등의 법률상의 효력을 상실시키는 것이 아니라 그 사실상의 효력을 감소 또는 무효화시키는 것을 말한다(예, 출입금지 표시를 무시하고 토지에 들어가 경작한 경우 등). 따라서 압류물의 위치를 변동하거나 은닉하지 않고 용법에 따라 압류상태 그대로 종전과 같이 사용했다면 이것은 압류효력을 해치는 부정사용에 해당되지 않는다(83도3291; 69도481).

③ 부동산강제집행효용침해죄

「형법」제140조의2에서는 "강제집행으로 명도 또는 인도된 부동산에 침입하거나 기타 방법으로 강제집행의 효용을 해한 자는 5년 이하의 징역 또는 700만원 이하의 벌금에 처한다"고 규정하고 있다. 이 죄는 강제집행된 부동산에 다시 침입하여 부동산에 대한 강제집행의 효력을 무용화하고 소유권행사에 지장을 초래하는 행위를 규율하고자 하는 것이다. 이 죄의 주체는 제한이 없으므로 강제집행을 받은 자는 물론, 친족 등 제3자도 주체가 될 수 있다.

강제집행은 판결에 의하여 확정된 채무를 채무자가 자진하여 이행하지 않을 때 채권자의 권리실현을 위하여 국가가 권력에 의하여 강제적으로 채무내용을 실현하는 것을 말하며, 적법한 것이어야 한다. 부동산은 토지·건물 또는 그 일부(건물의 일부 또는 토지의 지상물)를 말한다. 명도는 목적물에 임대차관계 등이 있어 채무자가 거주하고 또 동산 등을 점유하고 있을 때 거주하는 사람과 동산을 부동산으로부터 배제하고 완전한 지배를 채권자에게 넘겨주는 것(건물에 대한 점유이전)이고, 인도는 부동산의 점유만을 이전하는 것(토지에 대한 점유이전)을 말한다.

▪ **판례** ▪ 「형법」제140조의2 부동산강제집행효용침해죄의 입법취지와 체제 및 내용과 구조를 살펴보면, 부동산강제집행효용침해죄의 객체인 강제집행으로 명도 또는 인도된 부동산에는 강제집행으로 퇴거집행된 부동산을 포함한다(2001도3212).

'침입'이란 새로운 소유자의 의사(또는 추정적 의사)에 반하여 들어가는 것으로서, 신체적 침입을 말하며, 그 방법은 제한이 없다. '기타의 방법'이란 침입 이외에 부동산을 훼손하거나 출입을 막는 등, 강제집행의 효용을 해하는 모든 수단이 포함된다. 이러한 행위는 강제집행 이후에 행하여진 것임을 요한다.

한편, 강제집행의 효용침해란 강제집행으로 명도 또는 인도받은 부동산을 권리자가 용도에 따라 사용·수익하거나 권리행사를 하는데 지장을 초래하는 일체의 행위를 말한다(2013도38). 다만, 이 효용침해는 채무자, 전소유자 또는 그 가족이나 동거인, 고용인 등의 침입이나 기타 방해행위로 인하여 야기된 것이어야 한다. 다만, 이 죄는 부동산에 대한 강제집행의 효용을 해하는 것을 본질로 하므로 강제집행과 침입 기타의 행위 사이에는 시간적 관련성이 요구된다.

④ 강제집행면탈죄

「형법」제327조에서는 "강제집행을 면할 목적으로 재산을 은닉, 손괴, 허위양도 또는 허위의 채무를 부담하여 채권자를 해한 자는 3년 이하의 징역 또는 1천만원 이하의 벌금에 처한다"고 규정하고 있다. 이 죄는 추상적 위험범이며, 목적범이다. 따라서 이 죄는 채권자를 해할 위험성이 있으면 성립한다(2001도4759). 이 위험성은 행위시를 기준으로 구체적으로 판단하여야 한다. 다만, 판례는 현실적으로 강제집행을 받을 우려가 있는 상태에서 강제집행을 면탈할 목적으로 허위의 채무를 부담하는 등의 행위를 하는 경우에는 달리 특별한 사정이 없는 한 채권자를 해할 위험이 있다고 한다(2008도3184).

이 죄가 성립하기 위해서는 '강제집행을 받을 객관적 상태'가 존재하여야 한다. 강제집행을 받을 상태란 기본적으로 정당하고 유효한 채권의 존재(조건부채권도 무방함)를 전제로 하여 민사소송에 의한 강제집행 또는 가압류·가처분 등의 집행을 당할 구체적 염려가 있는 상태를 말한다(81도588). 집행을 당할 구체적인 위험이 있는 상태란 채권자가 이행청구의 소 또는 그 보전을 위한 가압류, 가처분신청을 제기하거나 제기할 태세를 보인 경우를 말한다(96도3141).

이 죄의 주체는 채무자 이외에 법인의 기관, 채무자의 법정대리인, 기타 제3자라도 무방하다(통설). 이 죄의 객체는 채무자의 재산, 즉, 동산, 부동산, 채권 기타의 재산권을 불문하지만 채권자가 강제집행 또는 보전처분의 대상으로 삼을 수 있는 것이어야 한다(2014도9442).

> ▪ **판례** ▪ 강제집행면탈죄에 있어서 재산에는 동산·부동산뿐만 아니라 재산적 가치가 있어 민사소송법에 의한 강제집행 또는 보전처분이 가능한 특허 내지 실용신안 등을 받을 수 있는 권리도 포함된다(2001도4759).

은닉은 강제집행을 실시하려는 자에 대하여 재산의 발견을 불가능하게 하거나 곤란하게 만드는 것을 말한다(2001도4759). 재산의 소재를 불분명하게 하는 경우뿐만 아니라 재산의 소유관계를 불분명하게 하는 것도 포함한다(92도1653). 또 사전에 비밀로 행하는 것 외에 강제집행시에 집행관의 면전에서 함부로 반출해 가서 감춘 경우도 포함한다. 손괴란 재물의 물질적 훼손뿐만 아니라 그 가치를 감소케 하는 일체의 행위를 말하며, 동산뿐만 아니라 부동산도 그 대상이 된다.

> ▪**판례**▪ 1. 피고인이 자신의 채권담보의 목적으로 채무자 소유의 선박들에 관하여 가
> 등기를 경료하여 두었다가 채무자와 공모하여 위 선박들을 가압류한 다른 채권자들
> 의 강제집행을 불가능하게 할 목적으로 정확한 청산절차도 거치지 않은 채 의제자백
> 판결을 통하여 선순위 가등기권자인 피고인 앞으로 본등기를 경료함과 동시에 가등
> 기 이후에 경료된 가압류등기 등을 모두 직권말소하게 하였음은 소유관계를 불명
> 게 하는 방법에 의한 '재산의 은닉'에 해당한다(98도4558).
> 2. 강제집행면탈죄에 있어서 재산의 "은닉"이라 함은 재산의 소유관계를 불명케 하
> 는 행위도 포함하는 것이므로 부동산의 선순위 가등기권자와 그 부동산 소유자가 사
> 전모의하여 그 부동산에 관한 다른 채권자의 강제집행을 면할 목적으로 선순위 가등
> 기권자 앞으로 소유권이전의 본등기를 한 경우도 재산의 은닉에 해당한다(82도
> 1987).

허위양도라 함은 실제로 양도의 진의가 없음에도 불구하고 표면상 양도의 형
식을 취하여 재산의 소유명의를 변경시키는 것을 말한다(2001도4759). 따라서 강
제집행을 면할 목적으로 행하여졌고, 채권자를 해한 때에도 양도가 진실인 경우는
이 죄가 성립하지 않는다.

> ▪**판례**▪ 강제집행면탈죄에 있어서 허위양도라 함은 실제로 양도의 진의가 없음에도 불
> 구하고 표면상 양도의 형식을 취하여 재산의 소유명의를 변경시키는 것이고, 은닉이
> 라 함은 강제집행을 실시하는 자가 채무자의 재산을 발견하는 것을 불능 또는 곤란
> 하게 만드는 것을 말하는바, 진의에 의하여 재산을 양도하였다면 설령 그것이 강제
> 집행을 면탈할 목적으로 이루어진 것으로서 채권자의 불이익을 초래하는 결과가 되
> 었다고 하더라도 강제집행면탈죄의 허위양도 또는 은닉에는 해당하지 아니한다고
> 보아야 할 것이며, 한편 그와 같은 행위로 인하여 채권자를 해할 위험이 있으면 강
> 제집행면탈죄가 성립하고 반드시 현실적으로 채권자를 해하는 결과가 야기되어야만
> 강제집행면탈죄가 성립하는 것은 아니다(98도1949; 2000도1447).

'허위의 채무부담'이란 채무가 없음에도 채무를 부담한 것처럼 가장하는 것을
말한다(예, 채무가 없음에도 약속어음이나 당좌수표를 발행하거나 저당권설정등기를 한
경우 등). 그러나 장래에 발생할 특정의 조건부채권을 담보하기 위한 수단으로 가
등기나 근저당설정등기를 한 것만으로는 이에 해당되지 않는다. 이는 진실한 채무
를 담보하기 위한 것이기 때문이다.

> ▪ **판례** ▪ 1. 공동으로 매수하고 공유자에게 명의신탁한 부동산이 공유자에 의하여 임의
> 로 처분되거나 그의 채권자들에 의하여 강제집행되는 등의 사유로 공유자에 의하여
> 자기 지분이 침해될 경우에 공유자에 대하여 가지게 되는 장래의 조건부 손해배상청
> 구권 또는 부당이득반환청구권을 담보하기 위하여 근저당권설정등기를 경료하였다
> 면 이는 공유자 사이의 합치된 진정한 의사표시에 기하여 경료된 것이지 강제집행을
> 면탈할 목적으로 통정하여 한 허위의 의사표시라고 볼 수 없으며 또 장래에 발생할
> 특정의 조건부 채권을 피담보채권으로 하고 있어서 피담보채권이 존재하지 않는다
> 고도 볼 수 없다(93다6362).
> 　2. 피고인이 타인에게 채무를 부담하고 있는 양 가장하는 방편으로 피고인 소유의
> 부동산들에 관하여 소유권이전청구권보전을 위한 가등기를 경료하여 주었다 하더라
> 도 그와 같은 가등기는 원래 순위보전의 효력밖에 없는 것이므로 그와 같이 각 가등
> 기를 경료한 사실만으로는 피고인이 강제집행을 면탈할 목적으로 허위채무를 부담
> 하여 채권자를 해한 것이라고 할 수 없다(87도1260).

강제집행을 면할 목적으로 재산을 허위양도하거나 허위의 채무를 부담하려는 행위자로부터 그 정을 알면서 재산을 허위양도받거나 허위의 채권자가 된 자는 본죄의 공범이 된다(82도1987).

2) 부동산범죄와 특별형법

특별형법은 사전적 의미로 형법전에 대하여 부속적·보충적 성격을 지닌 특별한 범죄에 적용되는 형법을 말한다. 사회의 변화와 더불어 일어나는 특수한 범죄 현상을 제압하기 위한 입법조치로 제정이 되는 것이다. 특별형법에는 「국가보안법」, 「군사기밀보호법」, 「폭력행위 등 처벌에 관한 법률」 등이 있다. 부동산과 관련된 특별형법으로는 「특정범죄 가중처벌 등에 관한 법률」(이하 '특가법'이라 한다)과 「특정경제범죄 가중처벌 등에 관한 법률」(이하 '특경법'이라 한다)이 있다.

(1) 특정범죄가중처벌 등에 관한 법률

특가법 제8조(조세 포탈의 가중처벌) 제1항에서는 "「조세범 처벌법」 제3조제1항, 제4조 및 제5조, 「지방세기본법」 제102조제1항에 규정된 죄를 범한 사람은 다음 각호의 구분에 따라 가중처벌한다. 1. 포탈하거나 환급받은 세액 또는 징수하지 아니하거나 납부하지 아니한 세액(이하 '포탈세액 등'이라 한다)이 연간 10억원 이상인 경우에는 무기 또는 5년 이상의 징역에 처한다. 2. 포탈세액 등이 연간 5

억원 이상 10억원 미만인 경우에는 3년 이상의 유기징역에 처한다"고 규정하고, 동조 제2항에서는 "제1항의 경우에는 그 포탈세액 등의 2배 이상 5배 이하에 상당하는 벌금을 병과한다"고 규정하고 있다.

또한 동법 제9조 제1항에서 "「산림자원의 조성 및 관리에 관한 법률」 제73조 및 제74조에 규정된 죄를 범한 다음 각호의 구분에 따라 사람은 가중처벌한다. 1. 임산물(林産物)의 원산지 가격이 1억원 이상이거나 산림 훼손면적이 5만제곱미터 이상인 경우에는 3년 이상 25년 이하의 징역에 처한다. 2. 임산물의 원산지 가격이 1천만원 이상 1억원 미만이거나 산림 훼손면적이 5천제곱미터 이상 5만제곱미터 미만인 경우에는 2년 이상 20년 이하의 징역에 처한다"고 규정하고 있다.

(2) 특정경제범죄 가중처벌 등에 관한 법률

특경법 제3조(특정재산범죄의 가중처벌) 제1항에서 "「형법」 제347조(사기), 제355조(횡령·배임) 또는 제356조(업무상의 횡령과 배임)의 죄를 범한 사람은 그 범죄행위로 인하여 취득하거나 제3자로 하여금 취득하게 한 재물 또는 재산상 이익의 가액(이하 이 조에서 "이득액"이라 한다)이 5억원 이상일 때에는 다음 각 호의 구분에 따라 가중처벌한다. 1. 이득액이 50억원 이상일 때: 무기 또는 5년 이상의 징역, 2. 이득액이 5억원 이상 50억원 미만일 때: 3년 이상의 유기징역으로 가중처벌한다"고 규정하고 있고, 동조 제2항에서 는 "제1항의 경우 이득액 이하에 상당하는 벌금을 병과(併科)할 수 있다"고 규정하고 있다.

2. 부동산 행정범죄

부동산 행정범죄란 부동산 관련 행정법규를 위반하는 것을 말한다. 넓은 의미에서 보면 부동산 행정법규는 부동산규제법에도 속하고, 부동산공법에도 해당한다. 헌법 제122조에서는 "국가는 국민 모두의 생산 및 생활의 기반이 되는 국토의 효율적이고 균형있는 이용·개발과 보전을 위하여 법률이 정하는 바에 의하여 그에 관한 필요한 제한과 의무를 과할 수 있다"고 규정하고, 「민법」 제211조에서는 "소유자는 법률의 범위 내에서 그 소유물을 사용, 수익, 처분할 권리가 있다"고 규정하고 있다. 따라서 부동산도 국토자원의 일부분이고 환경요소의 하나이기 때문에 여러 가지 공법적 규제가 가해지며, 이러한 공법상 규제를 위반하는 행정법규 위반을 범죄로 하고, 각종 행정법규에서는 그 위반행위에 대한 형사처벌규정을 두고 있다.

1) 부동산 거래신고 등에 관한 법률

국토교통부장관 또는 시·도지사는 국토의 이용 및 관리에 관한 계획의 원활한 수립과 집행, 합리적인 토지 이용 등을 위하여 토지의 투기적인 거래가 성행하거나 지가(地價)가 급격히 상승하는 지역과 그러한 우려가 있는 지역으로서 대통령령으로 정하는 지역에 대해서는 5년 이내의 기간을 정하여 토지거래계약에 관한 허가구역으로 지정하여 관리하고 있었다. 종래 「국토의 계획 및 이용에 관한 법률」(제118조 이하)에서 규정하고 있던 '토지거래의 허가 등'에 관한 사항은 현재에는 2016년 1월 19일 제정된 「부동산 거래신고 등에 관한 법률」(법률 제137975호, 2017.1.20. 시행)에서 별도로 규정하고 있다. 주요내용은 다음과 같다.

즉, 소유권·지상권(소유권·지상권의 취득을 목적으로 하는 권리를 포함한다)을 이전하거나 설정(대가를 받고 이전하거나 설정하는 경우만 해당한다)하는 계약(예약을 포함한다. 이하 "토지거래계약"이라 한다)을 체결하려는 당사자는 공동으로 대통령령으로 정하는 바에 따라 시장·군수 또는 구청장의 허가를 받아야 하며(허가받은 사항을 변경하려는 경우에도 또한 같다)(법 제11조 제1항), 이때 허가를 받으려는 자는 그 허가신청서에 계약내용과 그 토지의 이용계획, 취득자금 조달계획 등을 적어 시장·군수 또는 구청장에게 제출하여야 한다(동조 제3항 전문).[8] 이 허가 또는 변경허가를 받지 아니하고 토지거래계약을 체결하거나, 속임수나 그 밖의 부정한 방법으로 토지거래계약 허가를 받은 자는 2년 이하의 징역 또는 계약체결 당시의 개별공시지가에 따른 해당 토지가격의 100분의 30에 해당하는 금액 이하의 벌금에 처한다(법 제26조 제2항).

---

8) 이 경우 토지이용계획, 취득자금 조달계획 등에 포함되어야 할 사항은 국토교통부령으로 정한다. 다만, 시장·군수 또는 구청장에게 제출한 취득자금 조달계획이 변경된 경우에는 취득토지에 대한 등기일까지 시장·군수 또는 구청장에게 그 변경 사항을 제출할 수 있다(법 제11조 제3항 후문).

(1) 위장전입

토지거래허가구역 내에서 외지인이 토지를 취득하고자 할 경우에는 세대주를 포함하여 세대원 전원이 당해 지역(시·군·구)에 주민등록이 되어있고 실제 거주하여야 하며, 임업목적으로 임야를 취득하는 경우에는 당해 지역 및 인접지역에 세대원 전원이 1년 이상 주민등록을 하고 실제 거주하여야 하는데도 위 규정을 회피하기 위하여 당해 지역에 실제 거주하지 않고 전입신고만 하는 행위가 이에 해당한다.

(2) 분할 후 최초거래를 피하는 행위

일정 지역의 토지를 대규모로 매수한 후 그 지역이 토지거래허가구역으로 지정되자 위 토지를 일정 규모 이하로 분할한 다음 현지인에게 매도하고, 이를 다시 다수의 외지인에게 토지거래허가 없이 매도하는 행위이다. 토지거래허가구역 내에 있는 일정 규모 이하의 토지는 허가를 받을 필요가 없다고 규정되어 있다(동법 시행령 제9조 제1항 참조). 그러나 토지를 분할하여 허가규정을 회피하려는 행위를 방지하기 위하여, 허가구역 지정 당시 허가를 요하지 않는 면적을 초과하는 토지가 허가구역 지정 후에 분할(「국토의 계획 및 이용에 관한 법률」에 따른 도시·군계획사업의 시행 등 공공목적으로 인한 분할은 제외한다)로 이 면적 이하가 된 경우 분할된 해당 토지에 대한 분할 후 최초의 토지거래계약은 이 면적을 초과하는 토지거래계약으로 보므로(허가구역 지정 후 해당 토지가 공유지분으로 거래되는 경우에도 또한 같다)(법 시행령 제9조 제3항) 허가를 받지 않고 거래하는 경우는 위법이 된다.

(3) 위장증여

토지거래허가구역 내에서 토지의 소유권·지상권을 대가를 받고 이전·설정하는 계약을 체결하고자 하는 당사자는 공동으로 허가를 받아야 한다. 따라서 대가가 없는 증여·상속은 허가대상에서 제외하고 있는바, 토지거래허가를 회피하기 위하여 토지를 매수하면서 등기원인을 증여로 위장하는 행위 등이 이에 해당된다. 등기신청서에 등기원인을 허위로 기재하는 행위는 「부동산등기 특별조치법」 위반으로 처벌될 수 있다. 그러나 매수인이 매도인에 대하여 채권이 있는 것처럼 가장

하여 대상 부동산에 저당권을 설정한 다음 임의경매 절차를 통하여 부동산을 낙
찰하는 방법으로 허가 없이 허가구역 내의 토지를 취득하는 경우에는 처벌규정이
없으므로 입찰담합 등의 간접적인 방법으로 감독을 강화할 수밖에 없다.

2) 농지법

「농지법」은 농지의 소유·이용 및 보전 등에 관하여 필요한 사항을 정함으로
써 농지를 효율적으로 이용·관리하여 농업인의 경영안정 및 생산성 향상을 통한
농업의 경쟁력 강화와 국민경제의 균형 있는 발전 및 국토의 환경보전에 이바지
함을 목적으로 한다(법 제1조). 동법 제6조에서는 "농지는 자기의 농업경영에 이용
하거나 이용할 자가 아니면 소유하지 못한다"고 규정함으로써 자경농이 아닌 자
의 농지소유를 원칙적으로 금지하고 있다.9) 다만, 동법에서는 자경농이 아닌 자의

---

9) 제6조 ② 다음 각 호의 어느 하나에 해당하는 경우에는 제1항에도 불구하고 자기의 농업
경영에 이용하지 아니할지라도 농지를 소유할 수 있다. 1. 국가나 지방자치단체가 농지
를 소유하는 경우, 2. 「초·중등교육법」 및 「고등교육법」에 따른 학교, 농림축산식품부령
으로 정하는 공공단체·농업연구기관·농업생산자단체 또는 종묘나 그 밖의 농업 기자재
생산자가 그 목적사업을 수행하기 위하여 필요한 시험지·연구지·실습지·종묘생산지
또는 과수 인공수분용 꽃가루 생산지로 쓰기 위하여 농림축산식품부령으로 정하는 바에
따라 농지를 취득하여 소유하는 경우, 3. 주말·체험영농(농업인이 아닌 개인이 주말 등
을 이용하여 취미생활이나 여가활동으로 농작물을 경작하거나 다년생식물을 재배하는
것을 말한다. 이하 같다)을 하려고 농지를 소유하는 경우, 4. 상속[상속인에게 한 유증
(遺贈)을 포함한다. 이하 같다]으로 농지를 취득하여 소유하는 경우, 5. 대통령령으로 정
하는 기간 이상 농업경영을 하던 자가 이농(離農)한 후에도 이농 당시 소유하고 있던 농
지를 계속 소유하는 경우, 6. 제13조 제1항에 따라 담보농지를 취득하여 소유하는 경우
(「자산유동화에 관한 법률」 제3조에 따른 유동화전문회사등이 제13조 제1항 제1호부터
제4호까지에 규정된 저당권자로부터 농지를 취득하는 경우를 포함한다), 7. 제34조 제1
항에 따른 농지전용허가[다른 법률에 따라 농지전용허가가 의제(擬制)되는 인가·허가·
승인 등을 포함한다]를 받거나 제35조 또는 제43조에 따른 농지전용신고를 한 자가 그
농지를 소유하는 경우, 8. 제34조 제2항에 따른 농지전용협의를 마친 농지를 소유하는
경우, 9. 「한국농어촌공사 및 농지관리기금법」 제24조 제2항에 따른 농지의 개발사업지
구에 있는 농지로서 대통령령으로 정하는 1천 500제곱미터 미만의 농지나 「농어촌정비
법」 제98조 제3항에 따른 농지를 취득하여 소유하는 경우, 9의2. 제28조에 따른 농업진
흥지역 밖의 농지 중 최상단부부터 최하단부까지의 평균경사율이 15퍼센트 이상인 농지
로서 대통령령으로 정하는 농지를 소유하는 경우, 10. 다음 각 목의 어느 하나에 해당하
는 경우 : 가. 「한국농어촌공사 및 농지관리기금법」에 따라 한국농어촌공사가 농지를 취
득하여 소유하는 경우, 나. 「농어촌정비법」 제16조·제25조·제43조·제82조 또는 제100

농지소유를 허용하는 경우에도 상속으로 농지를 취득한 자로서 농업경영을 하지 아니하는 자는 그 상속 농지 중에서 총 1만㎡까지만 소유할 수 있고, 대통령령으로 정하는 기간 이상 농업경영을 한 후 이농한 자는 이농 당시 소유 농지 중에서 총 1만㎡까지만 소유할 수 있으며, 주말·체험영농을 하려는 자는 총 1천㎡ 미만의 농지를 소유할 수 있는 것(이 경우 면적 계산은 그 세대원 전부가 소유하는 총 면적으로 한다)으로 하여 그 소유한도를 정하고 있다(법 제7조). 한편, 농지를 취득하려는 자는 농지 소재지를 관할하는 시장(구를 두지 아니한 시의 시장을 말하며, 도농 복합 형태의 시는 농지 소재지가 동지역인 경우만을 말한다), 구청장(도농 복합 형태의 시의 구에서는 농지 소재지가 동지역인 경우만을 말한다), 읍장 또는 면장(이하 "시·구·읍·면의 장"이라 한다)에게서 농지취득자격증명을 발급받도록 함(법 제8조 제1항)[10]으로써 '농지취득자격증명제도'와 '농지취득 인·허가제'를 규정하고 있다. 이는 투기범죄를 억제하기 위하여 도입한 제도이다. 「농지법」 관련 범죄의 대표적인 유형은 '농지취득자격증명 부정발급'을 들 수 있다.

> ▪ 판례 ▪ 자경을 하지 않으면 농지의 소유가 불가능하다는 규정을 회피하기 위해 농지취득자격증명신청서의 농업경영계획서에 허위로 기재한 사건에 대해 자신의 노동력을 투입하지 아니한 채 농작업의 전부 또는 일부를 위탁경영하는 것은 허용되지 않는다. 또한 소정의 사위 기타 부정한 방법으로 제8조 제1항의 규정에 의한 농지취득자격증명을 발급받은 자라는 것은 정상적인 절차에 의해 농지취득자격증명을 받을 수 없는 경우에도 불구하고, 위계 기타 사회통념상 부정이라고 인정되는 행위로써

조에 따라 농지를 취득하여 소유하는 경우, 다. 「공유수면 관리 및 매립에 관한 법률」에 따라 매립농지를 취득하여 소유하는 경우, 라. 토지수용으로 농지를 취득하여 소유하는 경우, 마. 농림축산식품부장관과 협의를 마치고 「공익사업을 위한 토지 등의 취득 및 보상에 관한 법률」에 따라 농지를 취득하여 소유하는 경우, 바. 「공공토지의 비축에 관한 법률」 제2조 제1호 가목에 해당하는 토지 중 같은 법 제7조 제1항에 따른 공공토지비축심의위원회가 비축이 필요하다고 인정하는 토지로서 「국토의 계획 및 이용에 관한 법률」 제36조에 따른 계획관리지역과 자연녹지지역 안의 농지를 한국토지주택공사가 취득하여 소유하는 경우. 이 경우 그 취득한 농지를 전용하기 전까지는 한국농어촌공사에 지체 없이 위탁하여 임대하거나 사용대(使用貸)하여야 한다.

10) 다만, 다음 각 호의 어느 하나에 해당하면 농지취득자격증명을 발급받지 아니하고 농지를 취득할 수 있다. 1. 제6조 제2항 제1호·제4호·제6호·제8호 또는 제10호(같은 호 바목은 제외한다)에 따라 농지를 취득하는 경우, 2. 농업법인의 합병으로 농지를 취득하는 경우, 3. 공유 농지의 분할이나 그 밖에 대통령령으로 정하는 원인으로 농지를 취득하는 경우(동조 제1항 단서).

농지취득자격증명을 받은 자를 의미한다. 처음부터 농지 전부를 자신이 자경하지 않고 현지인에게 위탁경영할 목적으로 매입하였고, 이 과정에서 자경을 하지 아니하면 농지의 소유가 불가능하다는 규정을 회피하기 위해 농지취득자격증명신청서에 첨부된 농업경영계획서의 노동력확보방안란에 '자기노동력' 또는 '자기노동력과 일부 고용'이라고 허위의 사실을 기재하여 농지취득자격증명을 발급받은 사실이 있다면 이는 사위 기타 부정한 방법으로 농지취득자격증명을 발급받은 경우에 해당한다(2005도8080).

(1) 허가 없이 농지를 전용하거나, 부정한 방법으로 농지전용허가를 받는 행위

농업진흥지역의 농지를 동법(제34조 제1항)에 따른 농지전용허가를 받지 아니하고 전용하거나 거짓이나 그 밖의 부정한 방법으로 농지전용허가를 받은 자는 5년 이하의 징역 또는 해당 토지의 개별공시지가에 따른 토지가액(土地價額)[이하 "토지가액"이라 한다]에 해당하는 금액 이하의 벌금에 처하도록 하고 있다(법 제57조 제1항, 동법 제34조 제1항). 또한 농업진흥지역 밖의 농지를 동법(제34조 제1항)에 따른 농지전용허가를 받지 아니하고 전용하거나 거짓이나 그 밖의 부정한 방법으로 농지전용허가를 받은 자는 3년 이하의 징역 또는 해당 토지가액의 100분의 50에 해당하는 금액 이하의 벌금에 처하도록 하고 있다(법 제57조 제2항, 제34조 제1항). 이때 징역형과 벌금형은 병과(倂科)할 수 있다(법 제57조 제3항).

> ■ **판례** ■ 농지는 공부상의 지목 여하를 불구하고 당해 토지의 사실상의 현상에 따라 가려져야 할 것이고 공부상 지목이 답인 토지의 경우 그 농지로서의 현상이 변경되었다고 하더라도 그 변경상태가 일시적인 것에 불과하고 농지로서의 원상회복이 이루어질 수 있다면 여전히 농지로 보아야 할 것이다(98마2604).

농지의 전용이라 함은 농지를 농작물의 경작·다년생식물의 재배 등 농업생산 또는 농지개량 외의 목적에 사용하는 것을 말한다. 그러나 농지에 고정식 온실·버섯재배사·비닐하우스·수경재배시설 및 그 부속시설의 설치행위와 농지에 부속한 농막(숙식에 제공되는 관리사는 제외) 또는 간이 퇴비장설치 행위는 농지의 전용행위가 아닌 이용행위이다.

농지전용죄의 기수(旣遂)시기(공소시효의 기산점)에 대해 종래 대법원은 구「도시계획법」상 허가 없이 개발제한구역 안의 토지의 형질을 변경하는 행위와 구「농

지의 보전 및 이용에 관한 법률」상 허가 없이 농지의 형질을 변경하여 농지를 전
용하는 행위에 대하여 개발제한구역 안의 토지 또는 농지에 대하여 절토, 성토 또
는 정지를 하거나 공유수면을 매립하여 토지의 형질을 외형상으로 사실상 변경시
켜 원상회복이 어려운 상태로 만드는 것에 의하여 즉시 성립하고 완성되는 이른
바 즉시범이라고 판시하였으나(96도1536), 구「농지의 보전 및 이용에 관한 법률」
에서는 '토지의 형질을 변경하여 농지를 전용하는 행위'를 처벌하도록 규정되어
있는 반면, 「농지법」에서는 단순히 '농지의 전용행위'를 금지하고 있을 뿐 '토지의
형질변경'을 규정하고 있지 않으므로 「농지법」상 농지전용죄는 계속범으로 보아
야 한다. 따라서 농지를 다른 용도로 사용하는 한 가벌적 위법상태는 지속되고 있
는 것으로 된다.

　이외에 농지를 구입한 후 소유권이전등기를 경료하기 전에 현지 농업인 명의
로 농지전용허가 및 건축허가를 받아 모텔을 신축한 다음 농지와 모텔의 소유권
을 자신의 명의로 이전받는 행위와 농민 명의로 농지를 구입한 후 농지전용허가
를 받지 아니하고 토지의 형질을 변경하여 음식점이나 공장의 주차장이나 창고로
사용하는 행위 등이 이에 해당된다.

(2) 농업진흥구역 · 농업보호구역안에서의 행위제한 규정을 위반하는 행위

　농림축산식품부장관은 동법(제34조 제1항)에 따른 농지전용허가를 결정할 경
우 다음 각 호, 즉 1. 「대기환경보전법」 제2조 제9호[11])에 따른 대기오염배출시설
로서 대통령령으로 정하는 시설, 2. 「물환경보전법」 제2조 제10호[12])에 따른 폐수
배출시설로서 대통령령으로 정하는 시설, 3. 농업의 진흥이나 농지의 보전을 해칠
우려가 있는 시설로서 대통령령으로 정하는 시설의 어느 하나에 해당하는 시설의
부지로 사용하려는 농지는 전용을 허가할 수 없다. 다만, 「국토의 계획 및 이용에

---

11) 9. "특정대기유해물질"이란 유해성대기감시물질 중 제7조에 따른 심사·평가 결과 저농
　　도에서도 장기적인 섭취나 노출에 의하여 사람의 건강이나 동식물의 생육에 직접 또는
　　간접으로 위해를 끼칠 수 있어 대기배출에 대한 관리가 필요하다고 인정된 물질로서 환
　　경부령으로 정하는 것을 말한다.
12) 10. "폐수배출시설"이란 수질오염물질을 배출하는 시설물, 기계, 기구, 그 밖의 물체로서
　　환경부령으로 정하는 것을 말한다. 다만, 「해양환경관리법」 제2조 제16호 및 제17호에
　　따른 선박 및 해양시설은 제외한다.

관한 법률」에 따른 도시지역·계획관리지역 및 개발진흥지구에 있는 농지는 다음 각 호의 어느 하나에 해당하는 시설의 부지로 사용하더라도 전용을 허가할 수 있다(법 제37조 제1항).

(3) 부정한 방법으로 농지취득자격증명을 발급받는 행위

농지는 국가 또는 지방자치단체가 농지를 소유하는 경우, 주말·체험영농을 하고자 농지를 소유하는 경우, 상속에 의한 경우 등 예외적인 경우를 제외하고는 자기의 농업경영에 이용하거나 이용할 자가 아니면 이를 소유할 수 없고(법 제6조), 농지의 소유상한을 규정(법 제7조)하고 있는데도 농지의 소유제한 및 소유상한 규정을 회피하기 위하여 부동산투기의 목적으로 농업인 자격을 허위로 만든 다음 농지취득자격 증명을 발급받는 행위를 한 자는 5년 이하의 징역 또는 5천만 원 이하의 벌금에 처하도록 하고 있다(법 제58조 제1호, 제8조 제1항).

3) 부동산등기 특별조치법

「부동산등기 특별조치법」은 부동산거래에 관한 실체적 권리관계, 즉 등기부 기재와 거래의 실체내용을 일치시키기 위하여 부동산등기에 관한 특례 등을 정함으로써 건전한 부동산 거래질서를 확립하기 위하여 제정되었다(법 제1조).

(1) 등기의무제

동법 제2조 제1항에서는 "부동산의 소유권이전을 내용으로 하는 계약을 체결한 자는 법 소정의 정하여진 날, 즉 계약의 당사자가 서로 대가적인 채무를 부담하는 경우에는 반대급부의 이행이 완료된 날, 계약당사자의 일방만이 채무를 부담하는 경우에는 그 계약의 효력이 발생한 날로부터 60일 이내에 소유권이전등기를 신청하여야 한다"고 규정함으로써 '등기의무제'를 취하고 있다.

(2) 미등기 전매행위 금지

동법은 미등기 전매행위를 금지하고 있는데, 모든 미등기 전매행위를 처벌하는 것이 아니라 고율의 양도세 부과를 면하려고 제1매수인으로의 이전등기를 생략하고 제1매도인에게서 바로 제2매수인 명의로 이전등기하는 경우와 다른 시점

간의 가격변동에 따른 이득을 얻으려고 하는 목적이 있는 경우(소위 투기 목적의 미등기 전매행위), 소유권 등 권리변동을 규제하는 법령의 제한을 회피할 목적 등이 있는 경우(농지소유제한 회피)에만 처벌한다(법 제8조 제1호). 소유자와 제1매매계약을 체결한 사람이 매매대금을 지급하고 소유권이전등기를 신청함에 필요한 구비서류를 교부받아 자신 명의의 소유권이전등기를 즉시 신청할 수 있음에도 이를 신청하지 아니한 상태에서 다시 제3자와 제2매매계약을 체결하였을 때 기수(旣遂)가 된다(법 제2조 제2항). 이때 제1매매계약은 물론 제2매매계약도 유효하여야 한다(2000도538).

부동산의 소유권을 이전받을 것을 내용으로 하는 계약을 체결한 자가 이전등기신청개시일(제2조 제1항 각호에 정하여진 날) 전에 그 부동산에 대하여 다시 제3자와 소유권이전을 내용으로 하는 계약을 체결한 때에는 먼저 체결된 계약의 반대급부의 이행이 완료되거나 계약의 효력이 발생한 날부터 60일 이내에 먼저 체결된 계약에 따라 소유권이전등기를 신청하여야 한다(동조 제3항).

(3) 등기원인 허위기재 금지

소유권이전등기를 신청하여야 할 자는 그 등기를 신청함에 있어서 등기신청서에 등기원인을 허위로 기재하여 신청하거나 소유권이전등기 외의 등기를 신청하여서는 아니되며(법 제6조), 이를 위반한 자는 3년 이하의 징역이나 1억원 이하의 벌금에 처한다(법 제8조 제2호). 등기원인을 허위로 기재하는 경우란 토지거래허가구역 안에 있는 토지를 매수하면서 허가절차를 피하기 위하여 등기원인을 증여로 기재하는 행위 등을 들 수 있다. 또한 소유권이전등기 이외의 등기를 신청하는 경우란 매매계약을 체결한 후 잔대금을 모두 지급하여 소유권이전등기를 신청하여야 할 의무가 있는 사람이 소유권이전등기를 신청하지 아니하고 목적부동산에 대하여 소유권이전등기청구권을 보전하기 위한 가등기를 신청하는 행위 등을 들 수 있다.

(4) 검인받지 아니하는 행위 금지

동법 제3조 제1항에서는 "계약을 원인으로 소유권이전등기를 신청할 때에는 다음 각 호13)의 사항이 기재된 계약서에 검인신청인을 표시하여 부동산의 소재지

---

13) 1. 당사자, 2. 목적부동산, 3. 계약연월일, 4. 대금 및 그 지급일자 등 지급에 관한 사항

를 관할하는 시장(구가 설치되어 있는 시에 있어서는 구청장)·군수(이하 "시장 등" 이라 한다) 또는 그 권한의 위임을 받은 자의 검인을 받아 관할등기소에 이를 제출하여야 한다"고 규정함으로써 '검인계약서제'를 취하고 있다. 그리고 조세부과를 면하려 하거나 다른 시점 간의 가격변동에 따른 이득을 얻으려 하거나 소유권등 권리변동을 규제하는 법령의 제한을 회피할 목적으로 이를 위반한 자는 3년 이하의 징역이나 1억원 이하의 벌금에 처하도록 하고 있다(법 제8조 제1호).

또한 부동산의 소유권을 이전받을 것을 내용으로 동법상(제2조 제1항) 소유권이전 계약을 체결한 자는 그 부동산에 대하여 다시 제3자와 소유권이전을 내용으로 하는 계약이나 제3자에게 계약 당사자의 지위를 이전하는 계약을 체결하고자 할 때에는 먼저 체결된 계약의 계약서에 제3조의 규정에 의한 검인을 받아야 한다(법 제4조). 이를 위반한 자[14]는 1년 이하의 징역이나 3천만원 이하의 벌금에 처한다(법 제9조 제1호).

검인계약서제도는 부동산의 투기를 방지하며 건전한 거래질서 확립을 위하여 시행된 제도로서, 계약서 검인은 계약을 체결한 당사자 중 1인이나 그 위임을 받은 자가 신청하는 것이 원칙이고 계약 당사자 각자가 검인을 받는 것도 가능하다. 토지거래계약허가증 또는 주택거래계약신고필증을 받은 경우 검인을 받은 것으로 보기 때문에 따로 검인을 받을 필요가 없다.

4) 부동산 실권리자명의 등기에 관한 법률

명의신탁은 소유관계를 공시하도록 되어 있는 재산에 대하여 소유자 명의를 실소유자가 아닌 다른 사람 이름으로 해놓는 것을 말한다. 실제 소유자를 신탁자, 명의상 소유자로 된 사람을 수탁자라고 한다. 부동산의 명의신탁은 그 부동산에 관하여 소유권 등기를 다른 사람 이름으로 해놓고, 신탁자와 수탁자 사이에서 공증을 거친 소유권 확인증서를 따로 만들어 놓음으로써 이루어진다. 명의신탁이 된 재산의 소유관계는 신탁자와 수탁자 사이에서는 소유권이 그대로 신탁자에게 있

또는 평가액 및 그 차액의 정산에 관한 사항, 5. 부동산중개업자가 있을 때에는 부동산중개업자, 6. 계약의 조건이나 기한이 있을 때에는 그 조건 또는 기한

14) 조세부과를 면하려 하거나 다른 시점 간의 가격변동에 따른 이득을 얻으려 하거나 소유권 등 권리변동을 규제하는 법령의 제한을 회피할 목적으로 제2조 제2항 또는 제3항의 규정에 위반한 때에 해당하지 아닌 한 자에 한한다.

지만, 대외관계 또는 제3자에 대한 관계에서는 소유권이 수탁자에게 이전·귀속된다. 따라서 수탁자가 신탁자의 승낙 없이 신탁재산을 처분할 때에는 제3취득자는 선의·악의를 불문하고 적법하게 소유권을 취득한다.

부동산 명의신탁은 판례에 의해 1910년대 최초로 인정된 제도로 주로 종중 (宗中) 토지의 소유권 문제를 해결하기 위한 방도로 이용되어 왔다. 이 제도가 근래에 와서는 취득세나 양도소득세 등의 조세부과를 회피하거나 토지거래허가제 등 각종 규제를 피하기 위한 수단으로 악용됨으로써 명의신탁을 규제할 필요성이 높아졌다. 그 동안 몇 차례 명의신탁을 규제하는 각종 법이 제정되었으나 규제의 강도가 높지 못해 실효를 거두지 못하였다. 그러다가 1995년 3월 30일 「부동산 실권리자명의 등기에 관한 법률」(법률 제4944호, 1995.7.1. 시행)이 제정되면서 어떠한 명목의 명의신탁도 그 효력을 인정받지 못하게 되었다. 다만, 조세 포탈, 강제집행의 면탈(免脫) 또는 법령상 제한의 회피를 목적으로 하지 아니하는 경우로서, (ⅰ) 종중(宗中)이 보유한 부동산에 관한 물권을 종중(종중과 그 대표자를 같이 표시하여 등기한 경우를 포함한다) 외의 자의 명의로 등기한 경우, (ⅱ) 배우자 명의로 부동산에 관한 물권을 등기한 경우, (ⅲ) 종교단체의 명의로 그 산하 조직이 보유한 부동산에 관한 물권을 등기한 경우에는 명의신탁이 허용된다(법 제8조).

5) 주택법

종래 1972년 12월 30일 제정된 「주택건설촉진법」(법률 제2409호, 1973.1.15. 시행)이 2003년 5월 29일 「주택법」(법률 제6916호, 2003.11.30. 시행)으로 전부 개정되었다. 동법은 이 법은 쾌적하고 살기 좋은 주거환경 조성에 필요한 주택의 건설·공급 및 주택시장의 관리 등에 관한 사항을 정함으로써 국민의 주거안정과 주거수준의 향상에 이바지함을 목적(법 제1조)으로 하는 것으로서, 주택의 실수요자가 주택을 우선적으로 공급받을 수 있도록 주택조합구성의 자격기준을 설정하는 등 주택의 공급질서를 확보하고자 여러 가지에 대해 규율을 하고 있으며, 투기목적으로 위와 같은 주택의 공급질서를 교란하는 행위를 금지함으로써 주택의 실수요자가 주택을 공급받을 수 있도록 함과 동시에 간접적으로 부동산 투기행위를 규제하고 있다. 주택법에서는 부동산범죄와 관련하여 주택공급 질서를 교란하는 '주택의 전매행위'를 금지하고 있다.

(1) 공급질서 교란행위

동법 제65조 제1항에서는 "누구든지 이 법에 따라 건설·공급되는 주택을 공급받거나 공급받게 하기 위하여 주택을 공급받을 수 있는 지위(법 제11조), 입주자저축증서(법 제56조), 주택상환사채(법 제80조), 기타 주택을 공급받을 수 있는 증서 또는 지위를 양도·양수(매매·증여나 그 밖에 권리변동을 수반하는 모든 행위를 포함하되, 상속·저당의 경우는 제외한다) 또는 이를 알선하거나 양도·양수 또는 이를 알선할 목적으로 하는 광고(각종 간행물·유인물·전화·인터넷, 그 밖의 매체를 통한 행위를 포함한다)를 하여서는 아니 되며, 누구든지 거짓이나 그 밖의 부정한 방법으로 이 법에 따라 건설·공급되는 증서나 지위 또는 주택을 공급받거나 공급받게 하여서는 아니 된다"고 규정함으로써 주택 공급질서 교란행위를 금지하고 있다. 이를 위반한 자는 3년 이하의 징역 또는 3천만원 이하의 벌금에 처한다. 다만, 이에 해당하는 자로서 그 위반행위로 얻은 이익의 3배에 해당하는 금액이 3천만원을 초과하는 자는 3년 이하의 징역 또는 그 이익의 3배에 해당하는 금액 이하의 벌금에 처하도록 하고 있다(법 제101조 제3호).

(2) 주택의 전매행위 제한

동법 제64조 제1항에서는 사업주체가 건설·공급하는 주택 또는 주택의 입주자로 선정된 지위(입주자로 선정되어 그 주택에 입주할 수 있는 권리·자격·지위 등을 말한다. 이하 같다)로서 법 소정의 어느 하나에 해당하는 경우에는 10년 이내의 범위에서 대통령령으로 정하는 기간이 지나기 전에는 그 주택 또는 지위를 전매(매매·증여나 그 밖에 권리의 변동을 수반하는 모든 행위를 포함하되, 상속의 경우는 제외한다. 이하 같다)하거나 이의 전매를 알선할 수 없다. 이 경우 전매제한기간은 주택의 수급 상황 및 투기 우려 등을 고려하여 대통령령으로 지역별로 달리 정할 수 있도록 하고 있다.

동법에서 정하고 있는 제한대상은 (ⅰ) 투기과열지구에서 건설·공급되는 주택의 입주자로 선정된 지위, (ⅱ), 조정대상지역에서 건설·공급되는 주택의 입주자로 선정된 지위(다만, 법 제63조의2 제1항 제2호에 해당하는 조정대상지역 중 주택의 수급 상황 등을 고려하여 대통령령으로 정하는 지역에서 건설·공급되는 주택의 입주자로 선정된 지위는 제외한다), (ⅲ) 분양가상한제 적용주택 및 그 주택의 입주자로 선정된 지위(다만, 수도권정비계획법 제2조 제1호[15])에 따른 수도권(이하 이 조에서 "수도권"이라 한다) 외의 지역 중 주택의 수급 상황 및 투기 우려 등을 고려하여 대통령령으로 정하는 지역으로서 투기과열지구가 지정되지 아니하거나 법 제63조에 따라 지정 해제된 지역 중 공공택지 외의 택지에서 건설·공급되는 분양가상한제 적용주택 및 그 주택의 입주자로 선정된 지위는 제외한다), (ⅵ) 공공택지 외의 택지에서 건설·공급되는 주택 또는 그 주택의 입주자로 선정된 지위. 다만, 법 제57조 제2항 각 호의 주택[16] 또는 그 주택의 입주자로 선정된 지위 및 수도권 외의 지역 중 주택의 수급 상황 및 투기 우려 등을 고려하여 대통령령으로 정하는 지역으로서 공공택지 외의 택지에서 건설·공급되는 주택 및 그 주택의 입주자로 선정된 지위는 제외한다. 이를 위반하여 입주자로 선정된 지위 또는 주택을 전매하거나 이의 전매를 알선한 자는 3년 이하의 징역 또는 3천만원 이하의 벌금에 처한다. 다만, 그 위반행위로 얻은 이익의 3배에 해당하는 금액이 3천만원을 초과하는 자는 3년 이하의 징역 또는 그 이익의 3배에 해당하는 금액 이하의 벌금에 처하도록 하고 있다(법 제101조 제2호).

6) 산지관리법

「산지관리법」은 2002년 12월 30일 제정(법률 제6841호, 2003.10.1. 시행)되면서 「산림법」에서 분리된 것으로서, 산지의 종합적이고 체계적인 관리·이용을 통하여 산지의 난개발 방지와 친환경적인 산지이용체계를 구축하기 위하여 산지의 관리·이용제도를 개선·보완하는 한편, 산림법에서 복잡하게 규정하고 있는 산지의 관리·이용제도를 국민들이 알기 쉽게 정비하기 위한 것이었다. 따라서 동법은 산지의 합리적인 보전과 이용을 통하여 임업의 발전과 산림의 다양한 공익기능의 증진을 도모함으로써 국민경제의 건전한 발전과 국토환경보전에 이바지함을 목적으

---

15) 1. "수도권"이란 서울특별시와 대통령령으로 정하는 그 주변 지역을 말한다. '대통령령으로 정하는 그 주변 지역'이란 인천광역시와 경기도를 말한다(동법 시행령 제2조).

16) 1. 도시형 생활주택, 2. 「경제자유구역의 지정 및 운영에 관한 특별법」 제4조에 따라 지정·고시된 경제자유구역에서 건설·공급하는 공동주택으로서 같은 법 제25조에 따른 경제자유구역위원회에서 외자유치 촉진과 관련이 있다고 인정하여 이 조에 따른 분양가격 제한을 적용하지 아니하기로 심의·의결한 경우, 3. 「관광진흥법」 제70조 제1항에 따라 지정된 관광특구에서 건설·공급하는 공동주택으로서 해당 건축물의 층수가 50층 이상이거나 높이가 150미터 이상인 경우

로 한다(제1조).

산지와 관련한 부동산범죄는 '산림불법형질변경'이 주를 이루는데, 「산지관리법」에서는 산지[17]를 보전산지[18]와 준보전산지[19]로 구분하여(제4조 제1항), 산지의 형질을 변경하여 산지전용을 제한하고 있다(제9조). 또한 「산림자원의 조성 및 관리에 관한 법률」에서는 산림안에서 입목의 벌채, 임산물의 굴취·채취를 하려는 자는 시·군·구 장의 허가를 받아야 한다고(제36조) 규정하고 있다. 임야를 무단 점유하여 나무를 벌채하여 묘지를 쓰거나, 음식점 부지로 쓴다든지, 사설도로를 내거나, 과수원 등을 만들기도 하고, 허가를 받지 않고 벌채한 다음 잔디 등을 심

---

17) 제2조 제1호 "산지"란 다음 각 목의 어느 하나에 해당하는 토지를 말한다. 다만, 주택지 [주택지조성사업이 완료되어 지목이 대(垈)로 변경된 토지를 말한다] 및 대통령령으로 정하는 농지, 초지(草地), 도로, 그 밖의 토지는 제외한다. 가. 「공간정보의 구축 및 관리 등에 관한 법률」 제67조 제1항에 따른 지목이 임야인 토지, 나. 입목(立木)·죽(竹)이 집단적으로 생육(生育)하고 있는 토지, 다. 집단적으로 생육한 입목·죽이 일시 상실된 토지, 라. 입목·죽의 집단적 생육에 사용하게 된 토지, 마. 임도(林道), 작업로 등 산길, 바. 나목부터 라목까지의 토지에 있는 암석지(巖石地) 및 소택지(沼澤地)

18) 제4조 제1항 1. 보전산지(保全山地) :

가. 임업용산지(林業用山地) : 산림자원의 조성과 임업경영기반의 구축 등 임업생산 기능의 증진을 위하여 필요한 산지로서 다음의 산지를 대상으로 산림청장이 지정하는 산지 : 1) 「산림자원의 조성 및 관리에 관한 법률」에 따른 채종림(採種林) 및 시험림의 산지, 2) 「국유림의 경영 및 관리에 관한 법률」에 따른 보전국유림의 산지, 3) 「임업 및 산촌 진흥촉진에 관한 법률」에 따른 임업진흥권역의 산지, 4) 그 밖에 임업생산 기능의 증진을 위하여 필요한 산지로서 대통령령으로 정하는 산지

나. 공익용산지 : 임업생산과 함께 재해 방지, 수원보호, 자연생태계 보전, 산지경관 보전, 국민보건휴양 증진 등의 공익기능을 위하여 필요한 산지로서 다음의 산지를 대상으로 산림청장이 지정하는 산지 : 1) 「산림문화·휴양에 관한 법률」에 따른 자연휴양림의 산지, 2) 사찰림(寺刹林)의 산지, 3) 제9조에 따른 산지전용·일시사용제한지역, 4) 「야생생물 보호 및 관리에 관한 법률」 제27조에 따른 야생생물 특별보호구역 및 같은 법 제33조에 따른 야생생물 보호구역의 산지, 5) 「자연공원법」에 따른 공원구역의 산지, 6) 「문화재보호법」에 따른 문화재보호구역의 산지, 7) 「수도법」에 따른 상수원보호구역의 산지, 8) 「개발제한구역의 지정 및 관리에 관한 특별조치법」에 따른 개발제한구역의 산지, 9) 「국토의 계획 및 이용에 관한 법률」에 따른 녹지지역 중 대통령령으로 정하는 녹지지역의 산지, 10) 「자연환경보전법」에 따른 생태·경관보전지역의 산지, 11) 「습지보전법」에 따른 습지보호지역의 산지, 12) 「독도 등 도서지역의 생태계보전에 관한 특별법」에 따른 특정도서의 산지, 13) 「백두대간 보호에 관한 법률」에 따른 백두대간보호지역의 산지, 14) 「산림보호법」에 따른 산림보호구역의 산지, 15) 그 밖에 공익기능을 증진하기 위하여 필요한 산지로서 대통령령으로 정하는 산지

19) 2. 준보전산지 : 보전산지 외의 산지

어 개인정원으로 사용하는 사례가 주를 이루고 있다.

(1) 허가 없이 산지를 전용하거나 부정한 방법으로 산지전용허가를 받는 행위

산림청장은 법 소정의 어느 하나에 해당하는 산지로서 공공의 이익증진을 위하여 보전이 특히 필요하다고 인정되는 산지를 산지전용 또는 산지일시사용이 제한되는 지역(이하 "산지전용·일시사용제한지역"이라 한다)으로 지정할 수 있다(제9조 제1항). 동법에서 정하고 있는 대상 산지는 (ⅰ) 대통령령으로 정하는 주요 산줄기의 능선부로서 산지경관 및 산림생태계의 보전을 위하여 필요하다고 인정되는 산지,[20] (ⅱ) 명승지, 유적지, 그 밖에 역사적·문화적으로 보전할 가치가 있다고 인정되는 산지로서 대통령령으로 정하는 산지,[21] (ⅲ) 산사태 등 재해 발생이 특히 우려되는 산지로서 대통령령으로 정하는 산지[22] 등이다.

산지의 전용이라 함은 산지를 조림·육림 및 토석의 굴취·채취, 임산물생산

---

20) 동법 시행령 제8조 ① 법 제9조 제1항 제1호에서 "대통령령으로 정하는 주요 산줄기"란 다음 각 호의 어느 하나에 해당하는 산줄기를 말한다. 1. 강원도 고성군·양양군·인제군 소재의 향로봉부터 지리산으로 이어지는 태백산맥과 소백산맥에 속하는 산줄기, 2. 강원도 태백시 소재의 삼수령부터 부산광역시 사하구 소재의 몰운대로 이어지는 태백산맥(제1호의 규정에 의한 태백산맥을 제외한다)에 속하는 산줄기, 3. 강원도 강릉시·평창군·홍천군 소재의 오대산부터 충청남도 보령시·청양군·홍성군 소재의 오서산으로 이어지는 차령산맥에 속하는 산줄기
　② 법 제9조 제1항 제1호에 따른 산줄기의 산지로서 산지경관 및 산림생태계의 보전에 필요한 산지는 당해 산줄기의 능선 중심선으로부터 좌우 수평거리 1킬로미터안에 위치하는 산지로 한다. 다만, 다음 각 호의 어느 하나에 해당하는 산지를 제외한다. 1. 지형 또는 인근의 토지이용 상태 등을 고려할 때 산지전용·일시사용제한지역으로 지정하는 것이 부적합하다고 인정되는 산지, 2. 다른 법령의 규정에 따라 인가·허가·승인 등을 얻어 다른 용도로 개발중이거나 개발계획이 확정된 산지, 3.「백두대간보호에 관한 법률」제6조의 규정에 의한 백두대간보호지역의 산지

21) 동법 시행령 제8조 ③ 법 제9조 제1항 제2호에서 "대통령령으로 정하는 산지"란 다음 각 호의 어느 하나에 해당하는 산지를 말한다. 1. 학술적·예술적 가치 및 산지경관으로서의 가치가 높은 산지, 2. 역사적 사실 또는 역사상의 인물과 관계된 산지, 3. 전통사찰·기념비 등 문화재의 보호를 위하여 필요한 산지, 4. 국민보건향상 및 휴양·치유를 위하여 보전이 필요한 산지

22) 동법 시행령 제8조 ④ 법 제9조 제1항 제3호에서 "대통령령으로 정하는 산지"란 다음 각 호의 산지를 말한다. 1. 산지의 경사도, 모암(母巖), 산림상태 등 농림축산식품부령으로 정하는 산사태위험지판정기준표상의 위험요인에 따라 산사태가 발생할 가능성이 높은 것으로 판정된 산지, 2. 집중강우 등으로 인하여 토사유출의 우려가 높은 산지

의 용도 외로 사용하거나 이를 위하여 산지의 형질을 변경하는 것을 말한다. 법에서 허용한 일정한 용도23)로 산지전용을 하려는 자는 동법 제14조 제1항에도 불구하고 국유림(「국유림의 경영 및 관리에 관한 법률」 제4조 제1항에 따라 산림청장이 경영하고 관리하는 국유림을 말한다. 이하 같다)의 산지에 대하여는 산림청장에게, 국유림이 아닌 산림의 산지에 대하여는 시장·군수·구청장에게 신고하여야 한다. 신고한 사항 중 농림축산식품부령으로 정하는 사항을 변경하려는 경우에도 같다(법 제15조 제1항). 이를 위반하여 산지전용신고를 하지 아니하고 산지전용을 하거나 거짓이나 그 밖의 부정한 방법으로 산지전용신고를 하고 산지전용한 자에 대하여 보전산지의 경우에는 2년 이하의 징역 또는 2천만원 이하의 벌금에 처하고, 보전산지 외의 산지의 경우에는 1년 이하의 징역 또는 1천만원 이하의 벌금에 처하도록 하고 있다(법 제55조 제1호).

(2) 산지 일시사용허가를 받지 아니하고 사용한 행위

「광업법」에 따른 광물의 채굴, 「광산피해의 방지 및 복구에 관한 법률」에 따른 광해방지사업, 그 밖에 대통령령으로 정하는 용도24)로 산지일시사용을 하려는 자는 대통령령으로 정하는 산지의 종류 및 면적 등의 구분에 따라 산림청장 등의 허가를 받아야 하며, 허가받은 사항을 변경하려는 경우에도 또한 같다. 다만, 농림축산식품부령으로 정하는 경미한 사항25)을 변경하려는 경우에는 산림청장 등에게

---

23) 1. 산림경영·산촌개발·임업시험연구를 위한 시설 및 수목원·산림생태원·자연휴양림 등 대통령령으로 정하는 산림공익시설과 그 부대시설의 설치, 2. 농림어업인의 주택시설과 그 부대시설의 설치, 3. 「건축법」에 따른 건축허가 또는 건축신고 대상이 되는 농림수산물의 창고·집하장·가공시설 등 대통령령으로 정하는 시설의 설치

24) "대통령령으로 정하는 용도"란 다음 각 호의 어느 하나에 해당하는 용도를 말한다. 1. 배전시설·전기통신송신시설·태양에너지발전시설·풍력발전시설 및 풍황계측시설의 설치, 2. 「궤도운송법」에 따른 궤도시설의 설치, 3. 「매장문화재 보호 및 조사에 관한 법률」에 따른 문화재의 발굴, 4. 그 밖에 제1호부터 제3호까지의 용도와 유사한 용도로서 산림청장이 정하여 고시하는 용도(시행령 제18조의2 제1항).

25) "농림축산식품부령으로 정하는 경미한 사항"이란 다음 각 호의 어느 하나에 해당하는 사항을 말한다. 1. 산지일시사용허가를 받은 자의 명의 변경, 2. 산지일시사용허가를 받은 산지의 이용계획 및 토사처리계획 등 사업계획의 변경, 3. 산지일시사용허가 면적의 축소, 4. 산지일시사용허가를 받은 산지의 소유권 또는 사용·수익권의 변경, 5. 산지일시사용허가에 따른 건축물의 면적 또는 위치 변경(시행규칙 제15조의2 제2항).

신고로 갈음할 수 있다(법 제15조의2 제1항). 이를 위반하여 산지일시사용허가를 받지 아니하고 산지일시사용을 하거나 거짓이나 그 밖의 부정한 방법으로 산지일시사용허가를 받아 산지일시사용을 한 자에 대하여 보전산지의 경우는 5년 이하의 징역 또는 5천만원 이하의 벌금에 처하고, 보전산지 외의 산지의 경우에는 3년 이하의 징역 또는 3천만원 이하의 벌금에 처하도록 하고 있다. 이 경우 징역형과 벌금형을 병과(倂科)할 수 있다(법 제53조 제2호). 또한 변경허가를 받지 아니하고 산지일시사용을 하거나 거짓이나 그 밖의 부정한 방법으로 변경허가를 받아 산지일시사용을 한 자에 대하여 보전산지의 경우에는 3년 이하의 징역 또는 3천만원 이하의 벌금에 처하고, 보전산지 외의 산지의 경우에는 2년 이하의 징역 또는 2천만원 이하의 벌금에 처하도록 하고 있다(법 제54조 제2호). 그리고 산지전용신고를 하지 아니하고 산지전용을 하거나 거짓이나 그 밖의 부정한 방법으로 산지전용신고를 하고 산지전용한 자에 대하여 보전산지의 경우에는 2년 이하의 징역 또는 2천만원 이하의 벌금에 처하고, 보전산지 외의 산지에의 경우에는 1년 이하의 징역 또는 1천만원 이하의 벌금에 처하도록 하고 있다(법 제55조 제1호). 이외에 변경신고를 하지 않은 자에 대해서는 1천만원 이하의 과태료를 부과하도록 하고 있다(법 제57조 제1호).

또한 법 소정26)의 어느 하나에 해당하는 용도로 산지일시사용을 하려는 자는 국유림의 산지에 대하여는 산림청장에게, 국유림이 아닌 산림의 산지에 대하여는

---

26) 1.「건축법」에 따른 건축허가 또는 건축신고 대상이 아닌 간이 농림어업용 시설과 농림수산물 간이처리시설의 설치, 2. 석재·지하자원의 탐사시설 또는 시추시설의 설치(지질조사를 위한 시설의 설치를 포함한다), 3. 법 제10조 제10호, 제12조 제1항 제14호 및 제12조 제2항 제6호에 따른 부대시설의 설치 및 물건의 적치, 4. 산나물, 약초, 약용수종, 조경수·야생화 등 관상산림식물의 재배(성토 또는 절토 등을 통하여 지표면으로부터 높이 또는 깊이 50센티미터 이상 형질변경을 수반하는 경우에 한정한다), 5. 가축의 방목 및 해당 방목지에서 가축의 방목을 위하여 필요한 목초(牧草) 종자의 파종, 6.「매장문화재 보호 및 조사에 관한 법률」에 따른 매장문화재 지표조사, 7. 임도, 작업로, 임산물 운반로, 등산로·탐방로 등 숲길, 그 밖에 이와 유사한 산길의 조성, 8.「장사 등에 관한 법률」에 따른 수목장림의 설치, 9.「사방사업법」에 따른 사방시설의 설치, 10. 산불의 예방 및 진화 등 대통령령으로 정하는 재해응급대책과 관련된 시설의 설치, 11.「전기통신사업법」 제2조 제8호에 따른 전기통신사업자가 설치하는 대통령령으로 정하는 규모 이하의 무선전기통신 송수신시설, 12. 그 밖에 농림축산식품부령으로 정하는 경미한 시설의 설치(제15조의2 제2항).

시장·군수·구청장에게 신고하여야 한다. 신고한 사항 중 농림축산식품부령으로 정하는 사항을 변경하려는 경우에도 같다(제15조의2 제2항). 이를 위반하여 산지일시사용신고를 하지 아니하고 산지일시사용을 하거나 거짓이나 그 밖의 부정한 방법으로 산지일시사용신고를 하고 산지일시사용을 한 자에 대하여 보전산지의 경우에는 2년 이하의 징역 또는 2천만원 이하의 벌금에 처하고, 보전산지 외의 산지에의 경우에는 1년 이하의 징역 또는 1천만원 이하의 벌금에 처하도록 하고 있다(법 제55조 제2호). 이외에 변경신고를 하지 않은 자에 대해서는 1천만원 이하의 과태료를 부과하도록 하고 있다(법 제57조 제1호).

7) 개발제한구역의 지정 및 관리에 관한 특별조치법

동법은 종래 「도시계획법」상 규정(제21조)되어 있던 것을 독립시켜 2000년 1월 28일 제정(법률 제6241호, 3000.7.1. 시행)한 것으로서, 「국토의 계획 및 이용에 관한 법률」 제38조에 따른 개발제한구역의 지정과 개발제한구역에서의 행위제한, 주민에 대한 지원, 토지 매수, 그 밖에 개발제한구역을 효율적으로 관리하는 데에 필요한 사항을 정함으로써 도시의 무질서한 확산을 방지하고 도시 주변의 자연환경을 보전하여 도시민의 건전한 생활환경을 확보하는 것을 목적으로 한다(법 제1조). 이를 위하여 국토교통부장관은 도시의 무질서한 확산을 방지하고 도시 주변의 자연환경을 보전하여 도시민의 건전한 생활환경을 확보하기 위하여 도시의 개발을 제한할 필요가 있거나 국방부장관의 요청으로 보안상 도시의 개발을 제한할 필요가 있다고 인정되면 개발제한구역을 지정하였다(법 제3조 참조). 흔히 그린벨트(greenbelt)라고 하는 녹지대로, 급격한 도시인구집중에 따른 대도시의 평면적 확산방지가 주된 목적이었고, 토지투기 방지와 국토의 균형발전 유도와 안보시설의 보전 및 자연환경의 보전목적도 있다. 개발제한구역에서는 건축물의 건축 및 용도변경, 공작물의 설치, 토지의 형질변경, 죽목(竹木)의 벌채, 토지의 분할, 물건을 쌓아놓는 행위 등을 할 수 없다.

(1) 개발제한구역 내의 무허가 건축 등 부정한 방법으로 허가를 받는 행위

개발제한구역 안에서 토지의 이용 상황과 지역적 특성을 고려하여 「국토의 계획 및 이용에 관한 법률」과 별도로 개발제한구역에서의 지정목적에 위배되는 건축물의 건축 또는 공작물의 설치, 토지의 형질변경, 죽림의 벌채, 토지의 분할, 물건을 쌓아놓는 행위 등을 원칙적으로 금지하고 있다. 즉, 동법 제12조 제1항에서는 "개발제한구역에서는 건축물의 건축 및 용도변경, 공작물의 설치, 토지의 형질변경, 죽목(竹木)의 벌채, 토지의 분할, 물건을 쌓아놓는 행위 또는 「국토의 계획 및 이용에 관한 법률」 제2조 제11호에 따른 도시·군계획사업(이하 "도시·군계획사업"이라 한다)의 시행을 할 수 없다"고 규정하고, 예외적으로 이를 허용하는 경우27)에도 허가를 받아 하도록 하고 있다. 또한 주택 및 근린생활시설의 대수선 등 대통령령으로 정하는 행위28)는 시장·군수·구청장에게 신고하고 할 수 있

---

27) 다만, 다음 각 호의 어느 하나에 해당하는 행위를 하려는 자는 특별자치시장·특별자치도지사·시장·군수 또는 구청장(이하 "시장·군수·구청장"이라 한다)의 허가를 받아 그 행위를 할 수 있다(동항 단서). 1. 다음 각 목의 어느 하나에 해당하는 건축물이나 공작물로서 대통령령으로 정하는 건축물의 건축 또는 공작물의 설치와 이에 따르는 토지의 형질변경(가. 공원, 녹지, 실외체육시설, 시장·군수·구청장이 설치하는 노인의 여가활용을 위한 소규모 실내 생활체육시설 등 개발제한구역의 존치 및 보전관리에 도움이 될 수 있는 시설, 나. 도로, 철도 등 개발제한구역을 통과하는 선형(線形)시설과 이에 필수적으로 수반되는 시설, 다. 개발제한구역이 아닌 지역에 입지가 곤란하여 개발제한구역 내에 입지하여야만 그 기능과 목적이 달성되는 시설, 라. 국방·군사에 관한 시설 및 교정시설, 마. 개발제한구역 주민과 「공익사업을 위한 토지 등의 취득 및 보상에 관한 법률」 제4조에 따른 공익사업의 추진으로 인하여 개발제한구역이 해제된 지역 주민의 주거·생활편익·생업을 위한 시설), 1의2. 도시공원, 물류창고 등 정비사업을 위하여 필요한 시설로서 대통령령으로 정하는 시설을 정비사업 구역에 설치하는 행위와 이에 따르는 토지의 형질변경, 2. 개발제한구역의 건축물로서 제15조에 따라 지정된 취락지구로의 이축(移築), 3. 「공익사업을 위한 토지 등의 취득 및 보상에 관한 법률」 제4조에 따른 공익사업(개발제한구역에서 시행하는 공익사업만 해당한다. 이하 이 항에서 같다)의 시행에 따라 철거된 건축물을 이축하기 위한 이주단지의 조성, 3의2. 「공익사업을 위한 토지 등의 취득 및 보상에 관한 법률」 제4조에 따른 공익사업의 시행에 따라 철거되는 건축물 중 취락지구로 이축이 곤란한 건축물로서 개발제한구역 지정 당시부터 있던 주택, 공장 또는 종교시설을 취락지구가 아닌 지역으로 이축하는 행위, 4. 건축물의 건축을 수반하지 아니하는 토지의 형질변경으로서 영농을 위한 경우 등 대통령령으로 정하는 토지의 형질변경, 5. 벌채 면적 및 수량(樹量), 그 밖에 대통령령으로 정하는 규모 이상의 죽목(竹木) 벌채, 6. 대통령령으로 정하는 범위의 토지 분할, 7. 모래·자갈·토석 등 대통령령으로 정하는 물건을 대통령령으로 정하는 기간까지 쌓아 놓는 행위, 8. 제1호 또는 제13조에 따른 건축물 중 대통령령으로 정하는 건축물을 근린생활시설 등 대통령령으로 정하는 용도로 용도변경하는 행위, 9. 개발제한구역 지정 당시 지목(地目)이 대(垈)인 토지가 개발제한구역 지정 이후 지목이 변경된 경우로서 제1호 마목의 시설 중 대통령령으로 정하는 건축물의 건축과 이에 따르는 토지의 형질변경

28) 법 시행령 제19조(신고의 대상) 법 제12조 제3항에 따른 신고의 대상은 다음 각 호와 같

다(동조 제3항).

위의 허가를 받지 아니하거나 허가의 내용을 위반하여 건축물의 건축 또는 용도변경, 공작물의 설치, 토지의 형질변경, 죽목 벌채, 토지분할, 물건을 쌓아놓는 행위 또는 도시·군계획사업의 시행을 한 자에 대하여는 1년 이하의 징역 또는 1천만원 이하의 벌금(법 제32조 제1호), 영리를 목적으로 또는 상습으로 위반한 경우는 3년 이하의 징역 또는 3천만원 이하의 벌금에 처하도록 하고(법 제31조 제2항 제1호) 있다.[29] 또한 거짓이나 그 밖의 부정한 방법으로 허가를 받은 자도 3년 이

다. 1. 주택 및 근린생활시설로서 다음 각 목의 어느 하나에 해당하는 증축·개축 및 대수선(大修繕)(가. 기존 면적을 포함한 연면적의 합계가 100제곱미터 이하인 경우, 나. 증축·개축 및 대수선되는 연면적의 합계가 85제곱미터 이하인 경우), 2. 농림수산업용 건축물(관리용 건축물은 제외한다) 또는 공작물로서 다음 각 목의 어느 하나에 해당하는 경우의 증축·개축 및 대수선(가. 증축·개축 및 대수선되는 건축면적 또는 바닥면적의 합계가 50제곱미터 이하인 경우, 나. 축사, 동물 사육장, 작물 재배사(栽培舍), 퇴비사(발효퇴비장을 포함한다) 및 온실의 기존 면적을 포함한 연면적의 합계가 200제곱미터 미만인 경우, 다. 창고의 기존 면적을 포함한 연면적의 합계가 100제곱미터 미만인 경우), 2의2.「농어촌정비법」제2조 제16호 다목에 따른 주말농원사업 중 주말영농을 위하여 토지를 임대하는 이용객이 50명 이상인 주말농원사업에 이용되는 10제곱미터 초과 20제곱미터 이하의 농업용 원두막(벽이 없고 지붕과 기둥으로 설치한 것을 말한다)을 설치하는 행위. 다만, 주말농원을 운영하지 아니하는 경우에는 지체 없이 철거하고 원상복구하여야 한다. 3. 근린생활시설 상호 간의 용도변경. 다만, 휴게음식점·제과점 또는 일반음식점으로 용도변경하는 경우는 제외한다. 4. 벌채 면적이 500제곱미터 미만이거나 벌채 수량이 5세제곱미터 미만인 죽목의 벌채, 5. 다음 각 목의 어느 하나에 해당하는 물건을 쌓아두는 행위(가. 제17조 제1항에 따른 물건을 1개월 미만 동안 쌓아두는 행위, 나. 중량이 50톤 이하이거나 부피가 50세제곱미터 이하로서 제17조 제1항에 따른 물건을 15일 이상 쌓아두는 행위), 6.「매장문화재 보호 및 조사에 관한 법률」에 따른 문화재의 조사·발굴을 위한 토지의 형질변경, 7. 생산품의 보관을 위한 임시 가설 천막(벽 또는 지붕이 합성수지 재질로 된 것을 포함한다)의 설치(기존의 공장 및 제조업소의 부지에 설치하는 경우만 해당한다), 8. 지반의 붕괴 또는 그 밖의 재해를 예방하거나 복구하기 위한 축대·옹벽·사방시설 등의 설치, 9. 삭제, 10. 논을 밭으로 변경하기 위한 토지의 형질변경, 11. 논이나 밭을 과○○으로 변경하기 위한 토지의 형질변경, 12. 대지화되어 있는 토지를 논·밭·과○○ 또는 초지로 변경하기 위한 토지의 형질변경, 13. 개발제한구역 지정 당시부터 있던 기존 주택 대지 안에서의 지하수의 개발·이용시설의 설치(상수도가 설치되어 있지 아니한 경우로 한정한다)

29) 법 제33조(양벌규정) 법인의 대표자나 법인 또는 개인의 대리인, 사△△, 그 밖의 종업원이 그 법인 또는 개인의 업무에 관하여 제31조 또는 제32조의 위반행위를 하면 그 행위자를 벌하는 외에 그 법인 또는 개인에게도 해당 조문의 벌금형을 과(科)한다. 다만, 법인 또는 개인이 그 위반행위를 방지하기 위하여 해당 업무에 관하여 상당한 주의와 감독

하의 징역 또는 3천만원 이하의 벌금에 처하도록 하고(법 제31조 제2항 제3호) 있다. 이외에도 신고하지 아니하고 대통령령으로 정하는 경미한 행위30)를 한 자에게는 500만원 이하의 과태료를 부과하도록 하고 있다(법 제34조 제1항).

대표적인 범죄유형으로는 개발제한구역 안에서 농업영위를 위한 제한적인 범위 내의 건축물 신축이 가능한 점을 이용하여 농민들에게 명의대여료를 주고 편법으로 농민 명의로 건축허가를 받아 농업용 창고를 건축한 다음 이를 상업용 창고 등으로 전용, 임대, 전매하여 거액의 재산상 이익을 취득하는 행위와 적법하게 허가를 받아 대규모로 신축한 버섯 재배사 또는 축사 등 동식물 관련 시설을 자재 창고 또는 공장으로 용도변경하여 임대하고 거액의 보증금을 받아 챙기는 행위가 있다. 이 경우 허가 자체에는 문제가 없으나, 이후 적법한 절차 없이 용도변경을 한 행위가 문제되는 것이다. 위 용도변경행위는 이 법 제11조 본문에 해당하여 허가를 받을 수 없는 것인데 입법의 불비로 이 법은 위 본문 위반행위를 처벌하는 규정을 두고 있지 아니하므로 「건축법」의 무신고 용도변경행위를 적용하여 처벌해야 한다.

(2) 허가취소, 공사중지 등 행정명령을 이행하지 않는 행위

시장·군수·구청장은 다음 각 호의 어느 하나에 해당하는 행위를 적발한 경우에는 그 허가를 취소할 수 있으며, 해당 행위자(위반행위에 이용된 건축물·공작물·토지의 소유자·관리자 또는 점유자를 포함한다. 이하 "위반행위자등"이라 한다)에 대하여 공사의 중지 또는 상당한 기간을 정하여 건축물·공작물 등의 철거·폐쇄·개축 또는 이전, 그 밖에 필요한 조치를 명(이하 "시정명령"이라 한다)할 수 있다(법 제30조 제1항). 즉, (ⅰ) 허가(법 제12조 제1항 단서 또는 제13조31))를 받지 아니하거나 허가의 내용을 위반하여 건축물의 건축 또는 용도변경, 공작물의 설치, 토지의

을 게을리하지 아니한 경우에는 그러하지 아니하다.
30) 법 시행령 제42조(과태료) ① 법 제34조 제1항에서 "대통령령으로 정하는 경미한 행위"란 제19조 각 호의 신고사항을 말한다.
31) 법 제13조(존속 중인 건축물 등에 대한 특례) 시장·군수·구청장은 법령의 개정·폐지나 그 밖에 대통령령으로 정하는 사유로 인하여 그 사유가 발생할 당시에 이미 존재하고 있던 대지·건축물 또는 공작물이 이 법에 적합하지 아니하게 된 경우에는 대통령령으로 정하는 바에 따라 건축물의 건축이나 공작물의 설치와 이에 따르는 토지의 형질변경을 허가할 수 있다.

형질변경, 토지분할, 물건을 쌓아놓는 행위, 죽목(竹木) 벌채 또는 도시·군계획사업의 시행을 한 경우, (ⅱ) 거짓이나 그 밖의 부정한 방법으로 허가(법 제12조 제1항 단서 또는 제13조)를 받은 경우, (ⅲ) 신고(법 제12조 제3항)를 하지 아니하거나 신고한 내용에 위반하여 건축물의 건축 또는 용도변경, 공작물의 설치, 토지의 형질변경, 죽목 벌채, 토지분할, 물건을 쌓아놓는 행위 또는 도시·군계획사업의 시행을 한 경우 등이다. 이 시정명령을 이행하지 아니한 자에 대하여는 1년 이하의 징역 또는 1천만원 이하의 벌금(법 제32조 제2호), 영리를 목적으로 또는 상습으로 위반한 경우는 3년 이하의 징역 또는 3천만원 이하의 벌금에 처하도록 하고(법 제31조 제2항 제2호) 있다.[32]

8) 공인중개사법

1980년대 들어 부동산가격이 폭등하고 투기가 확산됨에 따라 부동산 투기억제 종합대책의 하나로 1983년 12월 30일 「소개영업법」이 폐지되고, 「부동산중개업법」(법률 제3676호, 1984.4.1. 시행)이 제정되고, 2005년 7월 29일 전면 개정에서 법률명이 「공인중개사의 업무 및 부동산 거래신고에 관한 법률」(법률 제7638호, 2006.1.30. 시행)으로 변경되었다가, 다시 2014년 7월 29일 개정에서 「공인중개사법」(법률 제12374호, 2014.7.29. 시행)으로 변경되어 현재에 이르고 있다. 동법은 공인중개사의 업무 등에 관한 사항을 정하여 그 전문성을 제고하고 부동산중개업을 건전하게 육성하여 국민경제에 이바지함을 목적으로 한다(제1조).

(1) 무등록 중개업 영위 또는 중개사무소 부정개설 등록

동법 제9조 제1항에서는 "중개업을 영위하려는 자는 국토교통부령이 정하는 바에 따라 중개사무소(법인의 경우에는 주된 중개사무소를 말한다)를 두려는 지역을 관할하는 시장(구가 설치되지 아니한 시의 시장과 특별자치도 행정시의 시장을 말한다. 이하 같다)·군수 또는 구청장(이하 "등록관청"이라 한다)에게 중개사무소의 개설등록을 하여야 한다"고 규정하고, 이를 위반하여 중개사무소의 개설등록을 하지 아니하고 중개업을 한 자(법 제48조 제1호) 또는 거짓 그 밖의 부정한 방법으로 중개사무소의 개설등록을 한 자(동조 제2호)에 대해서는 3년 이하의 징역 또는 3천만원

---

32) 법 제33조의 양벌규정이 적용된다.

이하의 벌금에 처하도록 하고 있다. 중개사무소의 개설등록을 하지 아니한 무등록 업자는 소위 '떴다방' 업자들이 대표적이다. '거짓 기타 부정한 방법으로 중개사무소의 개설등록을 하는 행위'라 함은 중개사무소 개설등록 기준을 충족시키지 못함에도 불구하고 공인중개사 자격증을 위조하는 등의 방법으로 중개사무소 개설 등록을 하는 행위가 이에 해당한다.

(2) 증서매매 · 교환 등을 중개 또는 그 매매를 업으로 하는 행위

동법 제33조 제1항에서는 개업공인중개사의 금지행위[33]를 규정하면서 제5호에 '관계 법령에서 양도 · 알선 등이 금지된 부동산의 분양 · 임대 등과 관련 있는 증서 등의 매매 · 교환 등을 중개하거나 그 매매를 업으로 하는 행위'를 규정하고 있다. 여기서 증서란 예전에는 대상주택의 종류에 따라 청약저축통장, 청약예금통장, 청약부금통장 등 다양했다면 2015년부터는 '주택청약종합저축통장'으로 통합되었다. 증서로는 주택청약정기예금증서, 국민주택선매청약 저축증서, 재개발지역 주민에게 주는 이른바 딱지, 청약저축 통장 등을 들 수 있다. 이를 위반한 자에 대해서는 3년 이하의 징역 또는 3천만원 이하의 벌금에 처하도록 하고 있다(법 제48조 제3호). 동호는 부동산의 분양 · 임대 등과 관련 있는 증서 등의 매매 등을 중개하는 행위를 처벌하는 것이므로 분양권 자체의 매매를 중개하는 행위는 해당되지 않는다.

---

33) 1. 제3조의 규정에 의한 중개대상물의 매매를 업으로 하는 행위, 2. 제9조의 규정에 의한 중개사무소의 개설등록을 하지 아니하고 중개업을 영위하는 자인 사실을 알면서 그를 통하여 중개를 의뢰받거나 그에게 자기의 명의를 이용하게 하는 행위, 3. 사례 · 증여 그 밖의 어떠한 명목으로도 제32조에 따른 보수 또는 실비를 초과하여 금품을 받는 행위, 4. 당해 중개대상물의 거래상의 중요사항에 관하여 거짓된 언행 그 밖의 방법으로 중개의뢰인의 판단을 그르치게 하는 행위, 5. 관계 법령에서 양도 · 알선 등이 금지된 부동산의 분양 · 임대 등과 관련 있는 증서 등의 매매 · 교환 등을 중개하거나 그 매매를 업으로 하는 행위, 6. 중개의뢰인과 직접 거래를 하거나 거래당사자 쌍방을 대리하는 행위, 7. 탈세 등 관계 법령을 위반할 목적으로 소유권보존등기 또는 이전등기를 하지 아니한 부동산이나 관계 법령의 규정에 의하여 전매 등 권리의 변동이 제한된 부동산의 매매를 중개하는 등 부동산투기를 조장하는 행위, 8. 부당한 이익을 얻거나 제3자에게 부당한 이익을 얻게 할 목적으로 거짓으로 거래가 완료된 것처럼 꾸미는 등 중개대상물의 시세에 부당한 영향을 주거나 줄 우려가 있는 행위, 9. 단체를 구성하여 특정 중개대상물에 대하여 중개를 제한하거나 단체 구성원 이외의 자와 공동중개를 제한하는 행위

> ▪ **판례** ▪ 아파트의 당첨권에 대한 매매를 알선하는 행위는 「공인중개사법」 제33조 제5
> 호의 부동산의 분양과 관련 있는 증서의 매매를 알선 중개하는 행위에 해당한다고
> 할 수 없다. 법 제33조의 규정취지는 제1조와 관련하여 생각할 때 전체적으로 부동
> 산중개업자의 공신력을 높이고, 공정한 부동산 거래질서를 확립하기 위한 것이고,
> 구체적으로 제4호와 제6호는 부동산의 투기억제를 목적으로 하고 있으며, 그러한 측
> 면에서 볼 때 위에서 본 증서에 대한 매매규제와 이 사건과 같은 분양권의 매매규제
> 는 그 규제의 필요성의 면에서 차이가 없다고 할 수 있으나, 형벌법규 특히 어떤 행
> 정목적을 달성하기 위하여 규제하고 그 행정목적의 실현을 담보하기 위하여 그 위반
> 을 처벌하는 행정형벌법규의 경우에는 법문의 엄격한 해석이 요구되므로 이러한 점
> 을 고려할 때 그 규제의 필요성만으로 위 법 제33조 제4호의 증서와 존재형태가 전
> 혀 다른 '분양권'은 포함되지 않는다(89도1886).

(3) 직접거래 또는 쌍방대리 행위

동법 제33조 제1항 제6호에서는 공인중개사에게 '중개의뢰인과 직접 거래를
하거나 거래당사자 쌍방을 대리하는 행위'를 금지하고 있다. 이를 위반한 자에 대
해서는 3년 이하의 징역 또는 3천만원 이하의 벌금에 처하도록 하고 있다(법 제48
조 제3호). 개발정보를 미리 알게 된 중개업자가 매도의뢰인으로부터 개발예정 부
지를 매수하거나 또는 부동산투기업자로부터 포괄적인 매도의뢰를 받은 후 타인
으로부터 매수의뢰를 받아 쌍방을 대리하는 행위 등이 이에 해당된다. 중개의뢰인
에는 소유자뿐만 아니라 대리인이나 수임인도 포함된다.

> ▪ **판례** ▪ 「공인중개사법」 제33조 제6호에서 중개업자 등이 '중개의뢰인과 직접 거래를
> 하거나 거래당사자 쌍방을 대리하는 행위를 하지 못하도록 금지한 취지가 이를 허용
> 할 경우 중개업자 등이 거래상 알게 된 정보 등을 자신의 이익을 꾀하는데 이용함으
> 로써 중개의뢰인의 이익을 해하는 일이 없도록 중개의뢰인을 보호하고자 함에 있는
> 점에 비추어볼 때, 위 법조 소정의 '중개의뢰인'에는 중개대상물의 소유자뿐만 아니
> 라 그 소유자로부터 거래에 관한 대리권을 수여받은 대리인이나 거래에 관한 사무의
> 처리를 위탁받은 수임인 등도 포함된다고 보아야 한다(90도1872).

(4) 부동산투기 조장행위

동법 제33조 제1항 제6호에서는 공인중개사에게 '탈세 등 관계 법령을 위반
할 목적으로 소유권보존등기 또는 이전등기를 하지 아니한 부동산이나 관계 법령

의 규정에 의하여 전매 등 권리의 변동이 제한된 부동산의 매매를 중개하는 등 부동산투기를 조장하는 행위'를 금지하고 있다, 이를 위반한 자에 대해서는 3년 이하의 징역 또는 3천만원 이하의 벌금에 처하도록 하고 있다(법 제48조 제3호).

> ▪ **판례** ▪ 부동산을 매수할 자력이 없는 甲이 전매차익을 노려 乙로부터 이 사건 부동산을 매수하여 계약금만 걸어 놓은 다음 중간생략등기의 방법으로 단기 전매하여 각종 세금을 포탈하려는 것을 부동산중개인인 원고의 중개보조인 丙이 알고도 이에 동조하여 그 전매를 중개하였는데, 중도금 지급기일이 임박하도록 전매차익이 생길 만한 가액으로 위 부동산을 매수하겠다는 원매자가 나타나지 아니하자 계약이행을 하지 못하여 계약금을 몰취 당하는 등의 손실을 방지하기 위하여 매수대금보다 싼 값에 전매하게 된 것이라면 甲이 결과적으로 전매차익을 올리지 못하고 말았다고 할지라도 丙의 위 전매중개는「공인중개사법」제33조 제7호 소정의 탈세를 목적으로 이전등기를 하지 아니한 부동산의 매매를 중개하여 부동산투기를 조장하는 행위에 해당한다(90누4464).

(5) 공인중개사 자격증·중개사무소 등록증 대여행위

동법 제7조에서는 공인중개사는 "다른 사람에게 자기의 성명을 사용하여 중개업무를 하게 하거나 자기의 공인중개사자격증을 양도 또는 대여하여서는 아니 되고(제1항), 누구든지 다른 사람의 공인중개사자격증을 양수하거나 대여받아 이를 사용하여서는 아니 된다(제2항)"고 규정하여 자격증 대여 등을 금지하고 있다. 또한 동법 제19조에서는 "개업공인중개사는 다른 사람에게 자기의 성명 또는 상호를 사용하여 중개업무를 하게 하거나 자기의 중개사무소등록증을 양도 또는 대여하는 행위를 하여서는 아니 되고(제1항), 누구든지 다른 사람의 성명 또는 상호를 사용하여 중개업무를 하거나 다른 사람의 중개사무소등록증을 양수 또는 대여받아 이를 사용하는 행위를 하여서는 아니 된다(제2항)"고 규정하여 중개사무소등록증 대여 등을 금지하고 있다. 이를 위반하여 다른 사람에게 자기의 성명을 사용하여 중개업무를 하게 하거나 공인중개사자격증을 양도·대여한 자 또는 다른 사람의 공인중개사자격증을 양수·대여받은 자(법 제49조 제1항 제1호) 또는 다른 사람에게 자기의 성명 또는 상호를 사용하여 중개업무를 하게 하거나 중개사무소등록증을 다른 사람에게 양도·대여한 자 또는 다른 사람의 성명·상호를 사용하여 중개업무를 하거나 중개사무소등록증을 양수·대여받은 자(동항 제7호)에 대해서는

1년 이하의 징역 또는 1천만원 이하의 벌금에 처하도록 하고 있다. 부동산업자들이 공인중개업자의 공인중개사 자격증을 대여받거나 중개사무소의 중개보조원으로 위장취업한 후 직접 개발예정지구의 부지를 매수하였을 경우 등이 이에 해당된다.

(6) 공인중개사 · 공인중개사사무소 등 유사명칭 사용행위

동법 제8조에서는 "공인중개사가 아닌 자는 공인중개사 또는 이와 유사한 명칭을 사용하지 못한다"고 규정하는 한편, 제18조 제2항에서는 "개업공인중개사가 아닌 자는 '공인중개사사무소', '부동산중개' 또는 이와 유사한 명칭을 사용하여서는 아니된다"고 규정하고 있다. 이를 위반하여 공인중개사가 아닌 자로서 공인중개사 또는 이와 유사한 명칭을 사용한 자(법 제49조 제1항 제2호) 또는 개업공인중개사가 아닌 자로서 '공인중개사사무소', '부동산중개' 또는 이와 유사한 명칭을 사용한 자(동항 제6호)에 대해서는 1년 이하의 징역 또는 1천만원 이하의 벌금에 처하도록 하고 있다.

(7) 중개사무소의 이중개설 · 2개 이상 설치하는 행위

동법 제12조에서는 "개업공인중개사는 이중으로 중개사무소의 개설등록을 하여 중개업을 할 수 없고(제1항), 개업공인중개사의 소속공인중개사 · 중개보조원 또는 개업공인중개사인 법인의 사원 · 임원이 될 수 없다(제2항)"고 규정하고 있다. 또한 제13조 제1항에서는 "개업공인중개사는 그 등록관청의 관할 구역 안에 중개사무소를 두되, 1개의 중개사무소만을 둘 수 있다"고 규정하고 있다. 이를 위반하여 이중으로 중개사무소의 개설등록을 하거나(법 제49조 제1항 제3호), 2 이상의 중개사무소에 소속된 자(동항 제4호)에 대해서는 1년 이하의 징역 또는 1천만원 이하의 벌금에 처하도록 하고 있다.

(8) 임시 중개시설물을 설치하는 행위

동법 제13조 제2항에서는 "개업공인중개사는 천막 그 밖에 이동이 용이한 임시 중개시설물을 설치하여서는 아니된다"고 규정하고 있다. 이를 위반하여 임시 중개시설물을 설치한 자에 대해서는 1년 이하의 징역 또는 1천만원 이하의 벌금에 처하도록 하고 있다(법 제49조 제1항 제5호). 소위 '떴다방' 업자를 처벌하는 규정으로 중개사무소를 두고 있는 공인중개사가 아파트 분양현장에 이동식 중개사무소를 설치하고 분양권 매매 등을 현장에서 중개하는 행위를 하였을 경우가 이에 해당된다(2003도7508).

(9) 거래정보사업자의 중개대상물정보 부정제공 등 행위

동법 제24조 제4항에서는 "거래정보사업자는 개업공인중개사로부터 공개를 의뢰받은 중개대상물의 정보에 한하여 이를 부동산거래정보망에 공개하여야 하며, 의뢰받은 내용과 다르게 정보를 공개하거나 어떠한 방법으로든지 개업공인중개사에 따라 정보가 차별적으로 공개되도록 하여서는 아니된다"고 규정하고 있다. 이를 위반하여 정보를 공개한 자에 대해서는 1년 이하의 징역 또는 1천만원 이하의 벌금에 처하도록 하고 있다(법 제49조 제1항 제8호).

(10) 중개대상물 매매를 업으로 하는 행위

동법 제33조 제1항 제1호에서는 개업공인중개사 등이 '토지, 건물 기타 토지의 정착물, 기타 대통령이 정하는 재산권 및 물건 등 중개대상물의 매매를 업으로 하는 행위'를 금지하고, 이를 위반한 자에 대해서는 1년 이하의 징역 또는 1천만원 이하의 벌금에 처하도록 하고 있다(법 제49조 제1항 제10호). '대통령령이 정하는 재산권 및 물건'이란 「입목에 관한 법률」에 의한 입목, 「공장 및 광업재단 저당법」에 따른 공장재단 및 광업재단을 말한다(법 시행령 제2조).

(11) 무등록 중개업자와의 거래행위

동법 제33조 제1항 제2호에서는 개업공인중개사 등이 '동법에 의한 중개사무소의 개설등록을 하지 아니하고 중개업을 영위하는 자인 사실을 알면서 그를 통하여 중개를 의뢰받거나 그에게 자기의 명의를 이용하게 하는 행위'를 금지하고, 이를 위반한 자에 대해서는 1년 이하의 징역 또는 1천만원 이하의 벌금에 처하도록 하고 있다(법 제49조 제1항 제10호). 공인중개사가 소위 '떴다방' 업자들로부터 분양권 매도를 의뢰받아 이를 중개하였을 경우가 이에 해당된다.

(12) 중개수수료 초과징수 행위

동법 제33조 제1항 제3호에서는 개업공인중개사 등이 '사례·증여 그 밖의 어떠한 명목으로도 제32조에 따른 보수 또는 실비를 초과하여 금품을 받는 행위'를 금지하고, 이를 위반한 자에 대해서는 1년 이하의 징역 또는 1천만원 이하의 벌금에 처하도록 하고 있다(법 제49조 제1항 제10호). 공인중개사가 투기매매를 중개하고 컨설팅 명목 등으로 거액의 수수료를 받았을 경우가 이에 해당된다.

(13) 중개대상물에 대한 판단을 그르치게 하는 행위

동법 제33조 제1항 제4호에서는 개업공인중개사 등이 '당해 중개대상물의 거래상의 중요사항에 관하여 거짓된 언행 그 밖의 방법으로 중개의뢰인의 판단을 그르치게 하는 행위'를 금지하고, 이를 위반한 자에 대해서는 1년 이하의 징역 또는 1천만원 이하의 벌금에 처하도록 하고 있다(법 제49조 제1항 제10호).

공인중개사가 매수의뢰인에게 허위의 개발정보를 유포함으로써 부동산 가격을 폭등시키는 행위 등이 이에 해당된다. '거래상의 중요사항'이란 중개대상물의 소유, 담보설정의 유무, 압류·가압류 또는 가처분의 유무와 그 내용, 임대나 전세의 유무, 하자의 유무 등을 말하며, '거짓된 언행 기타의 방법'이란 중개대상물의 매수나 임차를 원하는 중개의뢰인에게 이미 중개자 쪽에서 알고 있는 중개대상물의 하자를 숨긴다든가, 객관적인 시세보다 높다는 이유를 조작한다든가, 또는 중개대상물의 매도나 임대 등을 원하는 중개의뢰인에게 중개대상물의 하자를 과장한다든가, 객관적인 시세보다 낮게 거짓 평가하는 행위 등을 말한다.

9) 국토의 계획 및 이용에 관한 법률

종래 「도시계획법」과 「국토이용관리법」으로 되어있던 것을 통합하여 2002년 2월 4일 「국토의 계획 및 이용에 관한 법률」(법률 제6655호, 2003.1.1. 시행)이 제정되었다. 동법은 국토의 이용·개발 및 보전을 위한 계획의 수립 및 집행 등에 관하여 필요한 사항을 정함으로써 공공복리의 증진과 국민의 삶의 질을 향상하게 함을 목적(법 제1조)으로 한 것으로서, 도시지역과 비도시지역을 포함하여 전국을 하나의 국토관리체계로 일원화 하였고, 개발절차와 개발기준을 강화하였으며, 새로운 친환경적 토지이용관리 제도를 도입하였다.

(1) 무허가 개발행위 또는 부정한 방법으로 개발행위 허가를 받는 행위

동법 제56조 제1항에서는 "다음 각 호의 어느 하나에 해당하는 행위로서 대통령령[34]으로 정하는 행위(이하 "개발행위"라 한다)를 하려는 자는 특별시장·광역시장·특별자치시장·특별자치도지사·시장 또는 군수의 허가(이하 "개발행위허가"라 한다)를 받아야 한다. 다만, 도시·군계획사업(다른 법률에 따라 도시·군계획사업을 의제한 사업을 포함한다)에 의한 행위는 그러하지 아니하다. 1. 건축물의 건축 또는 공작물의 설치, 2. 토지의 형질 변경(경작을 위한 경우로서 대통령령으로 정하는 토지의 형질 변경[35]은 제외한다), 3. 토석의 채취, 4. 토지 분할(건축물이 있는 대지의 분할은 제외한다), 5. 녹지지역·관리지역 또는 자연환경보전지역에 물건을 1개월 이상 쌓아놓는 행위"로 규정하고 있다. 또한 동조 제2항에서는 "개발행위허가를 받은 사항을 변경하는 경우에는 제1항을 준용한다. 다만, 대통령령으로 정하는 경미한 사항을 변경하는 경우에는 그러하지 아니하다"고 규정하고 있다. 이를 위반하

---

34) 동법 시행령 제51조(개발행위허가의 대상) ① 법 제56조 제1항에 따라 개발행위허가를 받아야 하는 행위는 다음 각 호와 같다. 1. 건축물의 건축 : 「건축법」 제2조 제1항 제2호에 따른 건축물의 건축, 2. 공작물의 설치 : 인공을 가하여 제작한 시설물(「건축법」 제2조 제1항 제2호에 따른 건축물을 제외한다)의 설치, 3. 토지의 형질변경 : 절토(땅깎기)·성토(흙쌓기)·정지·포장 등의 방법으로 토지의 형상을 변경하는 행위와 공유수면의 매립(경작을 위한 토지의 형질변경을 제외한다), 4. 토석채취 : 흙·모래·자갈·바위 등의 토석을 채취하는 행위(다만, 토지의 형질변경을 목적으로 하는 것을 제외한다.), 5. 토지분할 : 다음 각 목의 어느 하나에 해당하는 토지의 분할(「건축법」 제57조에 따른 건축물이 있는 대지는 제외한다)(가. 녹지지역·관리지역·농림지역 및 자연환경보전지역 안에서 관계법령에 따른 허가·인가 등을 받지 아니하고 행하는 토지의 분할, 나. 「건축법」 제57조 제1항에 따른 분할제한면적 미만으로의 토지의 분할, 다. 관계 법령에 의한 허가·인가 등을 받지 아니하고 행하는 너비 5미터 이하로의 토지의 분할)

35) 동법 시행령 제51조(개발행위허가의 대상) ② 법 제56조 제1항 제2호에서 "대통령령으로 정하는 토지의 형질변경"이란 조성이 끝난 농지에서 농작물 재배, 농지의 지력 증진 및 생산성 향상을 위한 객토나 정지작업, 양수·배수시설 설치를 위한 토지의 형질변경으로서 다음 각 호의 어느 하나에 해당하지 않는 형질변경을 말한다. 1. 인접토지의 관개·배수 및 농작업에 영향을 미치는 경우, 2. 재활용 골재, 사업장 폐토양, 무기성 오니 등 수질오염 또는 토질오염의 우려가 있는 토사 등을 사용하여 성토하는 경우(다만, 「농지법 시행령」 제3조의2 제2호에 따른 성토는 제외한다), 3. 지목의 변경을 수반하는 경우(전·답 사이의 변경은 제외한다)

여 허가 또는 변경허가를 받지 아니하거나, 속임수나 그 밖의 부정한 방법으로 허가 또는 변경허가를 받아 개발행위를 한 자에 대해서는 3년 이하의 징역 또는 3천만원 이하의 벌금에 처한다(동조 제140조 제1호). 개발행위가 사실상 제한되고 있는 자연녹지지역에 대규모의 창고를 신축한 다음 거액의 임대보증금을 받고 임대를 하는 행위, 경작을 위하여 토지의 형질변경허가를 받고 나서 경작 이외의 다른 용도로 사용하는 행위, 건축공사현장에서 발생한 토사를 무단으로 적치하는 행위 등이 이에 해당된다.

(2) 인·허가 취소, 공사중지 등 행정명령을 위반하는 행위

동법 제133조 제1항에서는 "국토교통부장관, 시·도지사, 시장·군수 또는 구청장은 다음 각 호의 어느 하나에 해당하는 자에게 이 법에 따른 허가·인가 등의 취소, 공사의 중지, 공작물 등의 개축 또는 이전, 그 밖에 필요한 처분을 하거나 조치를 명할 수 있다. 1. 제31조 제2항 단서에 따른 신고를 하지 아니하고 사업 또는 공사를 한 자, 2. 도시·군계획시설을 제43조 제1항에 따른 도시·군관리계획의 결정 없이 설치한 자, 3. 제44조의3 제2항에 따른 공동구의 점용 또는 사용에 관한 허가를 받지 아니하고 공동구를 점용 또는 사용하거나 같은 조 제3항에 따른 점용료 또는 사용료를 내지 아니한 자, 4. 제54조에 따른 지구단위계획구역에서 해당 지구단위계획에 맞지 아니하게 건축물을 건축 또는 용도변경을 하거나 공작물을 설치한 자, 5. 제56조에 따른 개발행위허가 또는 변경허가를 받지 아니하고 개발행위를 한 자, 5의2. 제56조에 따라 개발행위허가 또는 변경허가를 받고 그 허가받은 사업기간 동안 개발행위를 완료하지 아니한 자, 6. 제60조 제1항에 따른 이행보증금을 예치하지 아니하거나 같은 조 제3항에 따른 토지의 원상회복명령에 따르지 아니한 자, 7. 개발행위를 끝낸 후 제62조에 따른 준공검사를 받지 아니한 자, 7의2. 제64조 제3항 본문에 따른 원상회복명령에 따르지 아니한 자, 8. 제76조(같은 조 제5항 제2호부터 제4호까지의 규정은 제외한다)에 따른 용도지역 또는 용도지구에서의 건축 제한 등을 위반한 자, 9. 제77조에 따른 건폐율을 위반하여 건축한 자, 10. 제78조에 따른 용적률을 위반하여 건축한 자, 11. 제79조에 따른 용도지역 미지정 또는 미세분 지역에서의 행위 제한 등을 위반한 자, 12. 제81조에 따른 시가화조정구역에서의 행위 제한을 위반한 자, 13. 제84조에 따른 둘 이상의 용도지역 등에 걸치는 대지의 적용 기준을 위반한 자, 14. 제86조 제5항에 따른 도시·군계획시설사업시행자 지정을 받지 아니하고 도시·군계획시설사업을 시행한 자, 15. 제88조에 따른 도시·군계획시설사업의 실시계획인가 또는 변경인가를 받지 아니하고 사업을 시행한 자, 15의2. 제88조에 따라 도시·군계획시설사업의 실시계획인가 또는 변경인가를 받고 그 실시계획에서 정한 사업기간 동안 사업을 완료하지 아니한 자, 15의3. 제88조에 따른 실시계획의 인가 또는 변경인가를 받은 내용에 맞지 아니하게 도시·군계획시설을 설치하거나 용도를 변경한 자, 16. 제89조 제1항에 따른 이행보증금을 예치하지 아니하거나 같은 조 제3항에 따른 토지의 원상회복명령에 따르지 아니한 자, 17. 도시·군계획시설사업의 공사를 끝낸 후 제98조에 따른 준공검사를 받지 아니한 자, 18. 삭제, 19. 삭제, 20. 제130조를 위반하여 타인의 토지에 출입하거나 그 토지를 일시사용한 자, 21. 부정한 방법으로 다음 각 목의 어느 하나에 해당하는 허가·인가·지정 등을 받은 자(가. 제56조에 따른 개발행위허가 또는 변경허가, 나. 제62조에 따른 개발행위의 준공검사, 다. 제81조에 따른 시가화조정구역에서의 행위허가, 라. 제86조에 따른 도시·군계획시설사업의 시행자 지정, 마. 제88조에 따른 실시계획의 인가 또는 변경인가, 바. 제98조에 따른 도시·군계획시설사업의 준공검사, 사. 삭제), 22. 사정이 변경되어 개발행위 또는 도시·군계획시설사업을 계속적으로 시행하면 현저히 공익을 해칠 우려가 있다고 인정되는 경우의 그 개발행위허가를 받은 자 또는 도시·군계획시설사업의 시행자"로 규정하고, 위의 허가·인가 등의 취소, 공사의 중지, 공작물 등의 개축 또는 이전 등의 처분 또는 조치명령을 위반한 자에 대해서는 1년 이하의 징역 또는 1천만원 이하의 벌금에 처하도록 하고 있다(법 제142조).

10) 도시 및 주거환경정비법

종래 「도시재개발법」, 「도시저소득주민의 주거환경개선을 위한 임시조치법」이 폐지되고, 2003년 7월 1일 「도시 및 주거환경정비법」(법률 제6852호, 2003.7.1. 시행)이 제정되면서 재개발절차와 재건축절차를 통합적으로 규율하고 있다. 동법은 도시기능의 회복이 필요하거나 주거환경이 불량한 지역을 계획적으로 정비하고 노후·불량건축물을 효율적으로 개량하기 위하여 필요한 사항을 규정함으로써 도시환경을 개선하고 주거생활의 질을 높이는 데 이바지함을 목적(제1조)으로 한 것으로서, 그 정비사업의 종류로는 주거환경개선사업, 재개발사업, 재건축사업이 있다(제2조 제2호). 이 중에서 가장 많이 활용될 것으로 예상되는 것은 재건축사업과 재개발사업이다. 특히, 기존의 아파트단지를 중심으로 개별적·산발적으로 진행되고 있는 주택재건축사업에 대해서는 도시관리 차원에서 보다 종합적·체계적으로 검토할 필요가 제기되어 도시 내의 모든 주택재건축사업을 동 법률의 적용대상으로 하고 있다. 이를 위해 이 법은 선계획 후 개발 종합계획의 도입, 정비구역 지정, 안전진단실시 강화, 추진절차 등을 정비하였다.

　　동법에서는 조합원 자격의 부정취득 및 자격상실 은폐행위를 금지하고, 이를 위반한 경우에는 처벌하고 있다. 즉, 동법 제39조 제2항에서는 "「주택법」 제63조 제1항에 따른 투기과열지구(이하 "투기과열지구"라 한다)로 지정된 지역에서 재건축사업을 시행하는 경우에는 조합설립인가 후, 재개발사업을 시행하는 경우에는 제74조에 따른 관리처분계획의 인가 후 해당 정비사업의 건축물 또는 토지를 양수(매매·증여, 그 밖의 권리의 변동을 수반하는 일체의 행위를 포함하되, 상속·이혼으로 인한 양도·양수의 경우는 제외한다. 이하 이 조에서 같다)한 자는 제1항에도 불구하고 조합원이 될 수 없다. 다만, 양도인이 다음 각 호의 어느 하나에 해당하는 경우 그 양도인으로부터 그 건축물 또는 토지를 양수한 자는 그러하지 아니하다. 1. 세대원(세대주가 포함된 세대의 구성원을 말한다. 이하 이 조에서 같다)의 근무상 또는 생업상의 사정이나 질병치료(「의료법」 제3조에 따른 의료기관의 장이 1년 이상의 치료나 요양이 필요하다고 인정하는 경우로 한정한다)·취학·결혼으로 세대원이 모두 해당 사업구역에 위치하지 아니한 특별시·광역시·특별자치시·특별자치도·시 또는 군으로 이전하는 경우, 2. 상속으로 취득한 주택으로 세대원 모두 이전하는 경우, 3. 세대원 모두 해외로 이주하거나 세대원 모두 2년 이상 해외에 체류하려는 경우, 4. 1세대(제1항 제2호에 따라 1세대에 속하는 때를 말한다) 1주택자로서 양도하는 주택에 대한 소유기간 및 거주기간이 대통령령으로 정하는 기간 이상인 경우, 5. 그 밖에 불가피한 사정으로 양도하는 경우로서 대통령령으로 정하는 경우"로 규정하고 있다. 거짓 또는 부정한 방법으로 이를 위반하여 조합원 자격을 취득한 자와 조합원 자격을 취득하게 하여준 토지 등 소유자 및 조합의 임직원(전문조합관리인을 포함한다)(제136조 제6호) 또는 이를 회피하여 동법(제72조(분양공고 및 분양신청))에 따른 분양주택을 이전 또는 공급받을 목적으로 건축물 또는 토지의 양도·양수

사실을 은폐한 자(동조 제7호)에 대해서는 3년 이하의 징역 또는 3천만원 이하의 벌금에 처하도록 하고 있다. 투기 목적으로 토지 등을 매수한 사람이 자신이 토지 등을 매수하였다는 사실을 숨기고 매도인 명의로 주택 등을 분양받은 다음 자신의 명의로 소유권이전등기를 하는 편법 등의 행위가 이에 해당한다. 조합설립 인가 후 토지 등을 매수한 경우 매도인은 조합원 자격을 상실하게 되며, 매수인은 조합원 자격을 인정받지 못하고, 현금청산을 하게 되어 있다(동조 제3항 참조).

11) 공공주택 특별법

이 법은 최초 「국민임대주택건설 등에 관한 특별법」이란 명칭으로 2003년 12월 31일 제정(법률 제7051호, 시행 2004.10.1.)로 제정되어 국민임대주택사업을 효율적으로 추진하여 저소득층의 주거안정에 기여하고 나아가 국민의 주거수준 향상에 이바지함을 목적으로 하였다. 2009년 3월 20일 「보금자리주택건설 등에 관한 특별법」(법률 제9511호, 시행 2009.4.21.)으로 명칭변경 되어 무주택자의 주택마련을 촉진하고 국민의 쾌적한 주거생활에 이바지함을 추구하였고, 2014년 1월 14일 「공공주택건설 등에 관한 특별법」(법률 제12251호, 시행 2014.1.14.)으로 변경되었으며, 다시 2015년 8월 28일 「공공주택 특별법」(법률 제13498호, 시행 2015.12.29.)으로 변경되어 현재에 이르고 있다.

(1) 부정한 방법으로 공공임대주택을 임대받거나 이를 받게 한 행위

공공주택사업자는 임차인이 거짓이나 그 밖의 부정한 방법으로 공공임대주택을 임대받은 경우 임대차계약을 해제 또는 해지하거나 재계약을 거절할 수 있다(법 제49조의3 제1항 제3호). 뿐만 아니라 동법상 임대주택을 임대받을 수 없는데도 불구하고 위계 기타 사회통념상 부정이라고 인정되는 행위로써 임대주택을 임대받거나 타인으로 하여금 임대받게 한 행위에 대하여 3년 이하의 징역 또는 3,000만원 이하의 벌금으로 처벌한다(법 제57조의3 제1호). 임차인의 자격 관련 서류를 허위 작성하여 제출하는 등의 방법으로 입주순위를 속여 임대주택에 입주하는 경우가 이에 해당된다.

(2) 임차권 양도 및 전대행위

공공임대주택의 임차인은 임차권을 다른 사람에게 양도(매매, 증여, 그 밖에 권리변동이 따르는 모든 행위를 포함하되, 상속의 경우는 제외한다)하거나 공공임대주택을 다른 사람에게 전대(轉貸)할 수 없다. 다만, 근무·생업·질병치료 등 대통령령으로 정하는 경우로서 공공주택사업자의 동의를 받은 경우에는 양도하거나 전대할 수 있다(법 제49조의4). 이를 위반하여 임대주택의 임차권을 양도 및 전대한 행위, 임대주택의 임차권 양도 및 전대를 알선한 행위는 3년 이하의 징역 또는 3,000만원 이하의 벌금으로 처벌한다(법 제57조의3 제2호). 이는 주택구입능력이 부족한 가구의 주거생활안정을 도모하기 위하여 공공임대주택제도를 활성화하고 임대주택을 효율적으로 관리할 수 있도록 임대주택의 임차권양도 및 전대, 알선행위를 원칙적으로 제한하는 취지이다.

12) 부동산개발업의 관리 및 육성에 관한 법률

동법은 2007년 5월 17일 제정(법률 제8480호, 2007.11.18.)된 것으로서 부동산개발에 관한 기본적인 사항과 부동산개발업의 등록, 부동산개발업자의 의무 등에 관하여 필요한 사항을 규정함으로써 부동산개발업을 관리·육성하고 국민의 재산권 보호에 이바지함을 목적으로 한다(제1조). 즉, 동법은 일명 '허위·과장광고 사기분양행위 단속 법률'로 기획부동산 등 분양업체가 허위·과장광고를 하여 사기분양을 했을 경우 형사처벌하기 위하여 만들어진 법이라 할 수 있다. 동법의 시행으로 기획부동산 업체의 거짓정보제공, 텔레마케팅을 통한 투자 유도 등에 대해서도 영업정지를 시킬 수 있는 만큼 기획부동산 업체를 관리하고 단속할 수 있을 것으로 기대되었다.

(1) 부당한 표시·광고의 제한 등

동법 제8조 제1항에서는 "등록사업자가 아닌 자는 이 법에 따른 등록사업자임을 표시·광고하거나 등록사업자로 오인될 우려가 있는 표시·광고를 하여서는 아니 된다"고 규정하고, 이를 위반하여 동법에 따른 등록사업자임을 표시·광고하거나 등록사업자로 오인될 우려가 있는 사항을 표시·광고한 자한 자에 대해서는

3년 이하의 징역 또는 5천만원 이하의 벌금에 처하도록 하고 있다(법 제36조 제2호).

(2) 시정조치명령

동법 제20조에서는 부동산개발업자 등에 대하여 (ⅰ) 거짓 또는 과장된 사실을 알리거나 속임수를 써서 타인으로 하여금 부동산 등을 공급받도록 유인하는 행위, (ⅱ) 타인으로 하여금 그릇된 판단을 하게 하여 부동산 등을 공급받도록 유인할 목적으로 부동산개발에 대한 거짓 정보를 불특정다수인에게 퍼뜨리는 행위, (ⅲ) 상대방이 부동산 등을 공급받을 의사가 없음을 밝혔음에도 불구하고 전화 · 모사전송 · 컴퓨터통신 등을 통하여 부동산 등을 공급받을 것을 강요하는 행위 등을 금지하고, 이를 위반한 해당 등록사업자나 그 임직원에 대하여 국토교통부장관이 행한 시정조치명령(제22조 제1항)을 받고 이에 응하지 아니한 자에 대해서는 3년 이하의 징역 또는 5천만원 이하의 벌금에 처하도록 하고 있다(법 제36조 제3호).

3. 부동산투기범죄 등 기타 범죄

행정규제를 포함한 부동산투기는 부동산범죄의 한 유형으로 보고자 한다. 부동산투기범죄는 경제적 개념의 투기와 법적 개념의 범죄가 결합된 용어로 낯설기는 하지만 부동산투기란 용어는 주변에서 흔히 듣고, 사용하고 있다. 이 용어는 서울시 강남의 투기열풍을 막기 위해 1967년 도입된 「부동산투기 억제에 관한 특별조치세법」(1974년 폐지)에서 법령으로는 처음 사용하였다. 당시 범죄의 법률적인 측면의 개념상 외연이 지나치게 제한적이기 때문에 '부동산투기범죄'라는 용어보다 당시의 경제적 상황을 타개하기 위한 특별법의 제정 목적상 '부동산투기'라는 용어를 쓴 것이라 추정된다. 하지만 부동산투기의 문제점에 대한 충분한 법리 검토가 있었다면 '부동산투기범죄'의 법률적 개념 정립이 가능했을 것으로 생각된다.

부동산투기범죄는 특히 신도시개발예정지, 국가산업단지, 레저목적의 숙박 · 위락시설단지 등 신흥개발지역은 물론 해안지역의 외딴섬까지 투기범죄의 대상으로 하는 등 심각한 상황이다. 또한 부동산 관련 법령상 규제를 회피하기 위해 현지인이나 직원 명의의 명의신탁, 위장증여, 위장전입, 미등기전매 등 다양한 형태로 불법행위가 만연하고 있다. 그와 더불어 공인중개사 등 부동산 중개업자들이 투자자들을 모집하여 부동산을 전매하면서 전매차익을 얻거나, 고액의 부동산 수수료를 노리고 시세보다 높은 가격에 매매가 이루어지게 알선하는 등 투기범죄를 조장하는 유형도 많다. 일부 공무원들은 기획부동산업체에게 토지 분할측량 및 지목변경 절차 등의 편의제공을 하거나 부동산 정보를 제공하는 등 투기범죄세력과 결탁하는 유형도 있다.

제 4 장

부동산 탐정의 조사기법 및 업무영역

제4장 부동산 탐정의 조사기법 및 업무영역

제1절 부동산 탐정의 부동산 권리분석

1. 부동산 권리분석의 의의

부동산 거래 등 부동산활동에서는 대상 부동산으로부터 향유할 수 있는 권리가 진정한 것인가, 어떻게 형성되어 왔는가, 어떠한 제한이 있는가를 확인하는 일이 매우 중요한 일이다. 이와 같은 부동산 권리를 조사·분석하는 일을 '부동산 권리분석'이라 일컫는다. 다시 말해서 부동산 권리분석이란 부동산 권리의 진정성 등 권리의 하자여부에 대하여 조사·확인·판단하여 부동산 거래, 개발, 금융 등 부동산 활동을 안전하게 하기 위한 일련의 활동으로 정의할 수 있다. 미국에서는 'title analysis, title examination, title search' 등 다양한 용어로 표현되며, 일본에서는 '권리확인'이라는 용어를 사용하고 있다.

2. 부동산 권리분석의 성격

1) 비권력적 행위

권리분석은 수사행위나 재판행위와 같은 권력적 행위가 아니다. 증인에 대해 강요할 수도 없고 협력만을 바랄 뿐이다. 권리분석은 권리관계의 하자 여부를 조사·확인·판단하는 것이지 하자를 제거하는 활동은 아니다. 권리분석이 이처럼 비권력적 행위라는 점이 권리분석활동의 애로사항이며, 권리분석활동 주체에게 고도의 전문성이 요구되는 이유이다.

2) 사전확인행위와 사후확인행위

권리분석은 부동산활동 가운데 대부분 부동산 거래 등의 행위를 보조하는 활동의 성격이 강하다. 개발, 분양, 경영, 중개, 평가, 금융, 정책 등 부동산활동들의 판단에 사전적인 권리정보를 제공하는 성격을 가진다. 따라서 부동산활동을 기준으로 놓고 본다면 사전확인행위적 성격을 가진다.

미국처럼 리코딩시스템(recording system)에 의해 부동산등기를 하는 곳에서는 현재의 권리에 이르기까지의 발자취를 파악하는 일이 중요해진다. 이때의 권리분석은 과거에 존재했던 권리변동의 과정을 투명하게 밝혀내는 작업이면서, 현재의 권리가 어떠한 권익으로 되어 있는가를 밝히는 작업인 것이다. 즉, 현재의 시점을 기준으로 했을 때 과거시점에 전개되었던 권리변동이나 또는 형성되었던 권리를 조사한다고 볼 수 있다. 한편, 이미 존재하는 권리를 현재 시점에서 확인한다고 볼 수 있으므로 사후확인행위적 성격이 있다고 볼 수 있다.

3) 주관성과 객관성

권리분석은 등기부 등 공부서류만으로 하는 것이 아니라 사실관계, 임장활동 등을 수반하는 활동이므로 어느 정도 조사자의 개인적인 관점이나 견해가 많이 작용할 수 있다는 점에서 주관적인 성격이 있다.

다른 한편, 권리분석활동에 있어서는 특히 사회성과 공공성이 중요하다. 주관의 작용이나 영향에 의하지 않는 객관적인 보편타당성이 있어야 한다. 서비스로서 너무 주관성을 내세우는 것은 좋지 못한 것이며, 증거에 있어서는 주관적인 것을 객관적으로 만드는 것이 매우 중요하다.

4) 과학성과 기술성

부동산활동에서 최유효이용의 원칙이 지켜지지 않으면 토지오용의 문제가 발생하는데, 우리나라의 경우 이러한 문제가 특히 많이 발생한다. 토지의 오용은 사회적으로나 경제적으로 큰 손실이다. 토지의 오용은 부동산활동에서 과학성이 결여됨으로써 야기되는 것인데, 토지 이용에 보편타당성과 객관성을 견지하기 위해서는 특히 부동산 권리분석활동에서 과학성의 개념이 보다 광범위하게 전개되어야 한다. 과학적 분석이야말로 올바른 토지용도결정에 보다 중요한 요소가 될 것이다.

부동산의 기술적 측면은 구조물의 설계, 설비, 내용년수, 토지의 측량 등을 말하는 것으로 건축기술이 발달할수록 기술적 측면이 중요해진다. 기술적 측면에 대한 분석은 최광의의 권리분석에 해당되며, 오늘날 권리분석에 있어서 기술성은 더욱 강조되고 있다.

한편, 권리분석은 체계화된 학문이란 측면에서 본다면 과학이고, 실무활동의 측면에서 본다면 기술이라고 볼 수 있다.

5) 사회성과 공공성

요즘은 부동산에 대한 사회성, 공공성이 많이 강조되고 있다. 이러한 측면에서 부동산활동 전반에 공익상 규제가 광범위하게 이루어지고 있고, 권리분석활동에서도 사회성·공공성이 더욱 크게 작용되고 있다. 이는 권리분석의 결과가 개인은 물론, 사회에 미치는 영향이 크다는 점에 기인한다.

3. 부동산 권리분석의 분류

부동산 권리분석의 분류는 부동산분류에 따른 분류, 권리관계에 따른 분류, 권리관계의 시점에 따른 분류, 분석주체에 따른 분류 등 분석기준이나 목적, 학문적 입장에 따라 다양한 형태의 분류가 나올 수 있다. 여기의 부동산 권리분석 분류는 실무에서 권리분석을 함에 있어 단계별 효율성을 고려하여 분류한 것이다.

1) 협의의 권리분석

협의의 권리분석은 등기부등본, 건축물대장, 토지대장 등 공부서류 분석을 의미하며, 기본적으로 필히 해야 할 권리분석을 의미한다.

(1) 등기부상 권리관계 분석

등기사항전부증명서(등기부등본)를 분석할 때는 우선 갑구의 소유권 관련 권리를 분석하는 것으로, 소유권, 압류, 가압류, 가등기, 가처분 등 소유권 관련 권리에 대하여 분석한다. 다음으로 을구의 소유권 이외의 권리를 분석하는 것으로, 저당권, 지상권, 지역권, 전세권, 임차권 등 소유권 이외의 권리에 대하여 분석한다.

(2) 공부서류 비교분석

등기사항전부증명서와 지적공부(토지대장 등), 건축물대장 등의 기타 공부서류을 비교하여 소유권, 소재지, 면적 등 기본적인 사항에 대하여 분석한다.

2) 광의의 권리분석

광의의 권리분석에는 협의의 권리분석 외에 다음의 분석이 포함된다. 공법상 규제 및 이용관계 분석를 하는 것으로, 지적공부(토지대장 등), 건축물대장, 토지이용계획확인원, 기타 공부서류를 통하여 공법상 규제 및 이용관계를 분석한다.

또한 등기되지 않은 권리관계도 분석하는 것으로, 등기를 요하지 않는 권리 즉 상속, 공용징수, 판결, 경매, 기타 법률의 규정에 의해 취득되는 물권(법정지상권, 분묘기지권, 유치권 등) 등에 관하여 분석한다.

3) 최광의의 권리분석

최광의의 권리분석에는 광의의 권리분석 외에 다음의 분석이 포함된다. 기타 사실관계 및 권리관계를 분석하는 것으로, 기타 사실관계, 세금관계, 불완전소유권에 대한 법률적 가치의 실질적 판단을 한다. 또한 경제적·기술적 관계를 분석하는 것으로, 가격분석, 입지분석, 환경분석, 구조분석 등을 한다.

4. 부동산 권리분석의 기본원리

부동산 권리의 분석에는 일반적으로 준수하여야 할 행위기준과 법률적 가치에 중점을 두는 법적 기준이 있다. 일반적으로 준수하여야 할 행위기준에는 안전성의 원칙과 능률성의 원칙이 있다. 법률적 가치에 중점을 두는 법적 기준으로는 증거에 입각하려는 증거주의 원칙과 그에 필요한 자료를 수집하기 위한 탐문주의 원칙이 있다. 따라서 부동산 권리분석의 지도원리로는 안전성의 원칙, 능률성의 원칙, 증거주의 원칙, 탐문주의 원칙 등 네 가지 원칙이 있다.

1) 안전성의 원칙

안전성의 원칙이란 부동산 권리분석활동의 능률화에만 집중한 나머지 합리적 안전성의 유지를 소홀히 하여서는 안 된다는 것이다. 개인마다 제각기 생각과 사고가 다름으로 인해 권리분석자가 권리분석을 자기 편향적·주관적으로 행할 수가 있는데, 이것이 부동산 거래를 불안전하게 하는 요인이 된다. 안전성을 제고하는 데는 몇 가지 원리가 있다.

(ⅰ) 하자전제의 원리 : 모든 권원에 하자가 있다고 전제하고 신중하게 권리분석에 임한다.

(ⅱ) 안전심증의 원리 : 의심스럽고 미진한 부분은 완전히 해소될 때까지 철저히 조사·분석한다. '설마', '어떻게 되겠지' 하는 마음은 금물이다. '금요행의 원리'라고도 일컫는다.

(ⅲ) 적용범위의 원리 : 권리분석의 폭을 높이거나 넓히기 위하여 부단히 노력한다. 권리분석을 하는데 있어 사실을 조사하기 위해서 행하는 물적 증거의 수집, 탐문, 분석 등에 있어 작업이 주관적이거나 단편적이어서는 안 된다.

(ⅵ) 차단의 원리 : 권리분석자의 판단을 흐리게 할 염려가 있는 사항들을 분류하여 권리분석자의 선입견을 배제시킨다.

(ⅴ) 유동성 대비의 원리 : 권리분석에 영향을 주는 사태의 유동성에 유의한다(예, 판례, 당사자의 사망·이민, 자료의 멸실, 증언내용의 변경 등).

2) 능률성의 원칙

부동산 권리분석의 목표는 부동산 거래사고의 발생을 최소화시키고 과다하게 긴 부동산 거래기간을 단축시키는 것이다. 이러한 활동을 원활히 하기 위해서는 능률성이 필요한 것이다. 또한 부동산 권리분석활동은 제 부동산활동의 안전화와 능률화를 목표로 삼고 있다. 따라서 능률성의 원칙은 부동산 권리분석활동의 실무활동은 물론이고, 이론의 서술과정에서도 견지되어야 한다. 일반적으로 능률의 개념은 수량적인 것으로 그 지표는 주로 수치에 의해 표시되어 왔다. 그러나 현대적 의미에서 능률은 본래의 자기 몫을 발휘하는 정도, 투입에 대한 산출의 비율, 목적에 대한 수단의 균형상태 등으로 정의한다.

한편, 능률성은 안전성과 밀접한 관계가 있다. 부동산 권리분석을 하는데 있어 능률을 너무 강조하다보면 안전에 문제가 있고, 안전을 지나치게 강조하다 보면 능률의 문제가 심각하게 대두되므로 균형적인 활동을 하는 것이 필요하다. 능률성을 높이기 위해서는 다음과 같은 몇 가지 원리들을 활용하여야 한다.

(i) 이전의 원리 : 사람이 직접 행하던 일을 기계로 하여금 행하게 하고, 인간은 유관한 기타의 일을 할 수 있게 한다.

(ii) 보족의 원리 : 인간의 한계를 컴퓨터 등 기계로 보조한다.

(iii) 분담의 원리 : 적당한 사람이 분담함으로써 비능률성을 제거한다.

(vi) 연속의 원리 : 분담활동을 행한 후에 그 결과를 놓고 유기적으로 잘 연결시킨다.

(v) 표준의 원리 : 서식, 분석요령, 행동방향 등을 표준화시켜 사용한다.

(vi) 분발의 원리 : 권리분석자의 의욕적인 자세가 능률성을 높인다.

(vii) 윤리성의 원리 : 권리분석활동에는 사회성·공공성이 강조되므로 직업윤리성이 강조된다.

3) 증거주의원칙

부동산활동에는 여러 가지 위험부담이 있기 때문에 부동산 권리분석의 결과로 귀결된 것은 후일에 그 결과에 관한 제반 증거에 의하여 뒷받침되어야 한다. 일반적인 내용에서의 증거는 '어떤 사실에 대한 조사·확인·판단을 하는데 직·간접으로 지원하는 자료'를 말하고, 법적인 내용에서의 증거는 '증거방법으로 될 수 있는 적격' 또는 '사실의 인정을 위해 사용될 수 있는 적격' 등의 개념으로서 '증거능력'이라는 용어가 있다.

그러나 부동산 권리분석은 그 성격이 비권력적이라는 점에서 모든 증거는 권리분석자의 자유로운 심증의 형성을 지원하는데 그치기 때문에 어떤 증거에 대한 취사선택의 문제 또는 증거력은 전적으로 권리분석자의 재량에 해당한다.

(1) 인적 증거와 물적 증거

증거의 대상을 기준으로 분류한 것인데, 인적 증거란 권리분석자가 확인하고자 하는 사실을 사람의 진술 등을 통해서 전달받은 자료이며, 물적 증거는 어떤 사실을 물리적으로 전달 또는 표시하는 것을 말한다.

인적 증거는 확인하고자 하는 사실을 사람의 진술 등을 통하여 전달받은 자료이다. 인적 증거를 채택할 경우에는 증언에 그 사람의 주관 또는 이해관계가 작용하기 쉽다는 점, 증거가 존속되는 기간에는 한계가 있다는 점, 증언한 후에 태도가 변할 가능성이 있다는 점, 증언환경에 영향을 받는다는 점에 유의하여야 한다. 물적 증거는 등기사항전부증명서, 토지 및 건축물 대장, 인감증명서, 계약서, 영수증, 법조문, 대상부동산과 유관한 사실관계나 사실상태에 관한 자료를 말한다.

(2) 직접증거와 간접증거

증거가 대상부동산에 관해서 어떤 사실을 전달하는 능력을 가지게 된 동기가 직접적인가 간접적인가에 의한 구별이다. 특히, 권리분석의 관점에서 중요시 되고 있는 것은 직접증거라고 할 수 있다. 직접증거나 간접증거에 의해 증언하는 태도는 그 신뢰도에 큰 영향을 주므로 권리분석자는 그것에 관한 관찰을 정확하게 하여야 하고, 소문도 중요한 조사방향을 제시하는 경우가 있으므로 흘려버리지 말고 참고할 필요가 있다. 결국 직접증거와 간접증거의 구분은 인적 증거의 제공자가 직접적인 관계인지 아닌지에 의한 구별이라 할 수 있다. 다만, 직접증거는 인적 증거에 해당하는 경우가 많으므로 증언자의 태도와 신뢰도의 관찰에 유의해야 한다.

직접증거는 전소유자, 공부상에 기재되어 있는 사람의 성명, 등기공무원, 법무사, 목격자 등의 사람에게서 해당 부동산의 증거를 수집하는 것이다. 간접증거는 인근지역 부동산의 이용자, 유사지역 부동산의 이용자를 포함한 동일수급권 내의 부동산 이용자, 이웃사람, 친지, 친구 등을 통하여 증거를 수집하는 것이다.

(3) 본증과 반증

본증과 반증은 일반적으로 법률에서 쓰이는 개념이다. 법률상의 본증이란 입증책임을 지는 당사자가 어떤 사실을 증명하기 위하여 제출하는 증거방법을 말하고, 반증은 소송상의 입증책임은 없으나 상대가 제출한 증거방법을 부정할 목적으로 그것과 양립할 수 없는 사실을 입증하기 위해서 제출하는 증거를 말한다.

그러나 권리분석에서는 다른 의미로 사용된다. 즉, 본증은 당해 사례나 자료를 긍적적인 방향으로 입증하여 주는 것이다. 반증은 당해 사례나 자료 등을 일단 부정적인 입장에서 조사하고 분석해 나가는 중에 하나씩 긍정적인 방향으로 유도하거나 보정하여 나가는 방법이다. 현장조사시에는 사실과 많은 본증을 확보해야 하지만 반증의 수립도 소홀히 해서는 안 된다.

(4) 안전한 증거와 불완전한 증거

권리분석자의 관점에서 보아 심증의 형성에 대한 신뢰도가 높은 증거를 안전한 증거라 하고, 그렇지 못한 것을 불안전한 증거라 한다. 권리분석은 가능한 한 안전한 증거에 의하여야 한다. 안전·불안전의 기준은 권리분석자의 재량에만 맡겨서는 아니 되고, 어떤 기준을 설정하여 그것에 따라 판단하는 것이 안정성을 높이는데 유리하다. 증거의 안전성을 높이기 위해서는 다음과 같은 요건을 염두에 두면 좋다.

(ⅰ) 당해 사례나 자료에 대하여 권리분석자가 타인에게 의뢰하지 않고 권리분석자 자신이 직접 수집한 증거이어야 한다.

(ⅱ) 증거조사 결과 조사자가 심증을 굳히고 확인한 증거여야 한다. 권리분석자가 의심이 드는 증거는 안전성이 떨어진다고 볼 수 있다.

(ⅲ) 대상 부동산에 대한 증거를 수집함에 있어 당해 부동산과 이해관계 있는 자가 제공한 증거는 역정리하여 다른 방향에서 재조사되어야 한다. 이해관계인이란 현재의 이해관계인과 과거의 이해관계인으로 구별할 수 있고, 경매의 경우에는 경매를 통하여 배당을 받을 채권자와 잠재적 이해관계인과 준이해관계인, 공부상의 이해관계인(등기능력 있는 자) 등이 있다는 것을 유의해야만 한다.

4) 탐문주의 원칙

탐문활동이란 권리분석에 필요한 자료와 정보는 권리분석자가 직접 탐문하는 것을 말한다. 탐문활동을 행함에 있어서는 가급적 다수의 의견을 듣고 참고하는 것이 바람직한 일이나, 탐문활동 자체가 무리가 있어서는 안 되고, 권리분석자의 정력과 시간에는 한계가 있는 것이므로 신중을 기하여야 한다. 또한 권리분석자는 모든 분석활동을 증거적·능률적·안전적으로 처리하되 신속·정확하게 처리하는 것이 필수적이다.

탐문활동의 대상은 주로 대상 부동산에 대한 직접·간접의 증인으로써 개인이 대부분이나 때로는 관공서, 기타 기관을 탐문하는 경우도 있다. 탐문활동을 효율적으로 하기 위해서는 상대방이 자발적으로 협조할 수 있도록 하여야 하며, 권리분석자가 바라는 사항을 충분히 또는 정확하게 확인할 수 있도록 유도하여야 한다. 이렇게 함으로써 권리분석자가 예견하지 못했던 사실도 발견할 수 있는 것이다.

탐문활동을 행함에 있어 탐문에 응하여 주는 사람이 탐문장소나 제 환경에 대하여 불안감을 느끼게 해서는 안 된다. 따라서 탐문에 응할 마음이 되게 하기 위해서는 제반 불안요소를 제거하고 권리분석자의 여러 가지 배려가 있어야 한다. 탐문장소가 너무 엄숙하거나 산만하면 역효과가 있을 수도 있다는 것을 염두에 두어야 할 것이다. 그리고 탐문대상자에게 탐문에 관하여 사전통보하는 것보다는 바로 가서 만나는 것이 유리하다.

또한 탐문활동은 설득활동이라고 말할 수 있을 정도로 설득력이 중요하다. 따라서 권리분석자는 탐문대상자에게 좋은 인상을 주어야 하는데, 예절·언어·음색·복장·태도 등 예의에 추호라도 벗어나는 일이 있으면 목표하는 탐문활동을 할 수 없는 것이다.

그리고 탐문활동은 타인의 자발적인 협조가 중요한 비권력적인 행위이다. 때문에 상대방에게 불편한 느낌을 주어서는 안 되고 마음으로 권리분석자에게 협조하는 자세가 될 수 있도록 노력하여야 한다. 예를 들면, 권리분석자의 말은 최대한 줄이고 상대방에게 말을 많이 시켜야 한다. 또한 어려운 전문용어는 되도록 피하고 쉬운 일상용어를 사용하여야 하며, 상대방의 말을 귀담아 듣는 진지한 태도가 중요하다. 주의할 점은 권리분석자와 상대방이 동등한 입장에서 토론하는 상황은 권리분석자에게 해가 된다는 것을 유념하여야 한다.

제 2 절 부동산 탐정의 자료판독 기법

1. 수집자료의 진위 판단

부동산 거래사고의 가장 심각한 요인이 되고 있는 관계서류의 위조·변조 여부를 사전에 발견해 낼 수 있다면 각종의 부동산 거래사고의 방지에 큰 도움이 될 것이다. 관계서류의 진위를 판별해내기 위해서는 먼저 어떠한 방법으로 관계서류를 위조·변조하는지 그 수법에 관하여 구체적으로 알 필요가 있다.

1) 기재된 문자 등에 대한 세밀한 점검

판독담당자는 수집된 서류에 기재된 문자 등의 모양을 세밀하게 확인하고, 일부 수정 후 복사한 것은 아닌지 확인하며, 정정된 부분에 정정인이 누락된 경우, 문자의 모양이 규정과 부합하지 않은 경우, 본래의 문체를 식별할 수 없도록 삭제한 경우 등 의심이 가는 경우에는 재확인하는 등의 노력을 기울인다면 서류의 진위를 어느 정도는 식별할 수 있을 것이다.

2) 장수나 간인 등에 대한 확인

서류의 총 장수에 미달하는 장수의 서류, 간인이나 대조인이 없는 서류는 위조의 여지가 있으므로 세심한 주의를 기울여야 한다.

3) 위조 여부 판단을 위한 다른 관계서류 확인

부동산사기범이 원부와는 관계없이 관계서류를 위조하는 경우가 많다. 주민등록등본이 위조된 것으로 의심되는 경우에는 주민등록증과 비교·검토하고, 가족관계증명서, 등기필증, 등기사항전부증명서가 위조된 것으로 의심되는 경우는 그 원부나 신청서부속서류 등을 열람·확인해 본다.

4) 기일이 경과된 서류인지 점검

(1) 인감증명서

1993년 12월 28일 「인감증명법」 시행령(대통령령 제14032호, 1994.1.1. 시행)이 개정되면서 임감증명서의 유효기간과 용도지정제가 폐지되어 발급위임장 및 법정대리인의 동의서 유효기간이 위임 또는 동의일부터 6개월로 규정된 것을 제외하고는 증명서 자체의 유효기간을 따로 규정하지 않고 있다. 다만, 부동산매도용 인감증명의 경우 인감증명서 자체의 유효기간은 없으나 등기법상 3개월 이내의 것에 한한다고 규정(부동산등기규칙 제62조[1])되어 있다. 하지만 이것도 등기소에 제출하는 인감은 3개월 이내에 발급받은 인감증명서만 제출받는다는 것이지 인감증명서 자체에 유효기간이 있다는 것은 아니다. 등기소뿐 아니라 개별거래나 기타 기관에서도 통상적으로 3개월을 많이 요구한다. 은행 등 대출용 인감증명은 통상 1개월 이내의 것을 요구한다.

(2) 기타 서류

기타 서류도 권리관계의 변동이 예상되는 경우에는 발급일로부터 시일이 많이 경과되지 않은 것이 좋고, 유효기간이 있는 경우(위임장 등) 기간이 도과하지 않아야 한다.

2. 각종 공부서류 비교분석

의뢰인의 설명이나 제출서류를 바탕으로 각종 공부를 면밀히 분석하여야 한다. 토지의 소재지·지목·면적, 건물의 소재지·종류·구조·면적 등 등 부동산의 기본적 사실에 관한 사항은 토지대장, 임야대장, 건축물대장 등을 통하여 분석하고, 소유권과 제한물권 등 권리관계에 관한 사항은 등기부등본을 통하여 분석한다. 공법상 거래제한 및 이용규제에 관한 사항은 토지이용계획확인원을 통하여 개

---

1) 제62조(인감증명 등의 유효기간) 등기신청서에 첨부하는 인감증명, 법인등기사항증명서, 주민등록표등본·초본, 가족관계등록사항별 증명서 및 건축물대장·토지대장·임야대장 등본은 발행일부터 3개월 이내의 것이어야 한다.

략적 사항을 분석하고, 필요한 사항은 관계법령 등을 통하여 확인한다. 토지의 지형, 지세, 위치 등의 사항은 지적도, 임야도, 지형도 등을 통하여 분석한다. 기타 환지예정지는 환지예정지증명서(사업시행청), 지형과 지세 확인은 지형도, 당사자의 행위능력 확인은 주민등록등본(동사무소)을 통하여 확인한다.

부동산의 소유권자 및 현황에 관한 사항이 불일치하는 경우 대상등기가 무효화 될 수 있고, 무효인 권리관계에 대하여 권리분석을 행하는 것은 가장 무능한 업무처리가 될 것이다. 따라서 판독담당자는 토지대장, 건축물대장, 지적도(임야도), 토지이용계획확인원 등을 중심으로 등기부의 기재내용과 비교·검토하여 확인·판단하여야 한다. 공부 중 등기부·토지대장·임야대장·건축물대장은 소유자가 기재되어 있으나, 지적도·임야도·토지이용계획확인원은 소유자가 기재되어 있지 않다.

〈공부서류 비교분석표〉

구분	소재지	지목 종류	면적	지형	소유자 성명	소유자 주소	소유권 지분	소유자 변동
토지등기부	○	○	○		○	○	○	○
토지대장	○	○	○		○	○	○	○
지적도, 임야도	○	○		○				
건물등기부	○	○	○		○	○	○	○
건축물대장	○	○	○		○	○	○	○
등기필증	○		○		○	○	○	
주민등록등본					○	○		
주민등록증					○	○		
인감증명서					○			
임장활동	○	○	○	○	○	○	○	○
의뢰인 설명, 서류	○	○	○	○	○	○	○	○

3. 권리관계서류 분석

1) 소유권자의 진정성 및 처분능력 확인

소유권자의 진정성 및 처분능력은 다음의 방법에 의하여 확인한다.

(ⅰ) 등기부상 소유자와 등기필증 등 등기 관련 증명서류(계약서, 판결정본, 화해조서, 공정증서 등)상 소유자의 일치 여부를 확인한다.

(ⅱ) 등기부상 소유자와 공부서류(토지대장, 건축물대장 등)상 소유자의 일치 여부를 확인한다.

(ⅲ) 등기부상 소유자의 인적 사항과 신분증명서류(주민증, 주민등본, 인감증명서 등)의 소유자의 인적 사항의 일치 여부를 확인한다.

(ⅳ) 재산세납세증명서, 제세금완납증명서 등을 통하여 등기부상 소유자와 납세명의자의 일치 여부를 확인한다.

(ⅴ) 소유자가 사망한 경우, 호적부를 통하여 그 상속권자 및 권리이전상의 문제가 없는지 확인한다.

(ⅵ) 소유권자의 행위능력에 대하여 신분증 등을 통해 제한능력자(미성년자, 피성년후견인, 피한정후견인) 여부를 확인하고, 의심스러운 경우에는 후견인등기사항부존재증명서를 통해 제한능력자 여부를 확인한다.

2) 등기사항전부증명서 분석

등기는 개개의 부동산을 중심으로 하여 등기부를 편성하는 것으로 1부동산에 1등기용지를 둔다. 1등기용지는 표제부, 갑구, 을구 3장으로 구성되어 1조가 되어 있으며, 그 내용은 등기번호란, 표제부, 갑구, 을구의 4부분으로 되어 있다. 이 구성은 토지등기부나 건물등기부에 있어서 동일하다.

(1) 등기번호란

등기번호란에는 각 토지 또는 각 건물대지의 지번이 기재되어 있다.

(2) 표제부

표제부라는 커다란 표시가 전면 상단에 표시되어 있다. 이 표제부는 등기사항 전부증명서의 얼굴로서 부동산을 특정하는 역할을 하고 있다. 표제부는 표시란과 표시번호란으로 나누어진다. 표시란에는 토지 또는 건물의 소재지, 지번, 지목, 면적, 건물의 종류 등 부동산의 표시와 그 변동에 관한 사항을 기재하고, 표시번호란에는 표시란에 등기할 순서를 기재한다.

(3) 갑구

갑구는 소유권에 관한 사항을 나타내는 것으로서, 사항란과 순위번호란으로 구분되어 있다. 사항란에는 소유권에 관한 사항, 즉 소유권의 보존이나 이전에 관한 사항 등을 기재한다. 소유권에 관한 사항은 소유권보존, 소유권이전, 소유권이전청구권 보전가등기, 소유권이전청구권 담보가등기, 소유권의 변경·경정, 소유권의 말소, 소유권의 처분제한등기인 압류, 가압류, 처분금지가처분, 경매신청등기, 소유권에 관한 소멸에 관한 약정, 부동산환매의 등기, 위 각 등기의 말소등기 등을 말한다. 등기한 순서의 기재는 독립된 순위번호나 부기번호, 부기호수 등을 기재하는 것을 말한다.

(4) 을구

을구는 사항란과 순위번호란으로 구분된다. 사항란에는 소유권 이외의 권리, 즉 지상권, 지역권, 전세권, 저당권, 권리질권, 부동산임차권 등에 관한 등기사항, 그 각 권리의 설정, 이전, 변경(경정), 처분의 제한, 소멸에 관한 등기를 기재한다. 또한 을구 사항의 권리에 대한 가등기, 가압류, 압류, 가처분 등도 여기에 기재한다. 순위번호란에는 역시 사항란에 등기한 순서를 기재한다.

4. 공법상의 이용제한 및 거래규제 관련 서류 및 법규의 분석

공법상의 이용제한이나 거래규제사항과 관련되는 법률은 매우 많다. 그러한 사항들을 일목요연하게 표시해 주는 공부서류는 없다. 대표적인 것으로 토지이용계획확인원이 있으나 이것도 불명확한 부분이 있으므로 판독담당자에 의한 관련 법규에 대한 철저한 분석이 중요하다.

1) 이용제한사항 확인

용도지역, 용도구역, 도시계획시설, 도시계획사항, 개발제한구역, 군사시설보호구역 등 소유권의 사용·수익을 제한하는 사항에 대하여 토지이용계획확인원, 부동산공법 등을 통하여 확인한다.

2) 거래규제사항 확인

소유권 중 처분권을 규제하는 사항, 즉 토지거래허가지역(국토의 계획 및 이용에 관한 법률), 학교법인의 기본재산 양도 제한(사립학교법), 수출자유지역 내의 토지 등의 양도제한(자유무역지역의 지정 및 운영에 관한 법률), 산업용지의 처분제한(산업집적활성화 및 공장설립에 관한 법률), 향교재산 매매 등의 금지(향교재산법), 전용 등의 제한(농지법) 등에 대하여 확인한다.

5. 지적공부 및 건축물대장 분석

지적공부라 함은 토지대장, 임야대장, 지적도, 수치지적부 등을 의미하며, 조사·분석자료로 활용될 수 있는 서류는 토지대장, 임야대장, 지적도, 임야도, 공유지연명부, 대지권등록부 등이 있다.

1) 지적도 및 임야도

지적도 및 임야도의 경계는 폐합된 다각형으로 표시되어 있는 것으로 지적도 등을 통하여 다음과 같은 사항을 개략적으로 판독할 수 있다.

(1) 일반적 현황

토지의 소재지, 지번, 지목의 유형과 분류, 면적, 소유권자, 그 밖의 행정자치부령이 정하는 사항에 대하여 판독한다.

(2) 물리적 현황

토지의 상세 위치 및 형상, 인접 토지와의 경계, 접면도로상의 폭·길이·방향· 넓이, 도로나 하천 등의 주요 지형·지물과의 거리 및 방향 등에 대하여 판독한다.

(3) 지적도(임야도)에 표기된 경계의 효력

지적도(임야도)상의 경계는 공신력을 갖게 된다. 토지는 인위적으로 구획된 일정범위의 지면에 사회관념상 정당한 이익이 있는 범위에서 상하를 포함하는 것 으로서 토지의 개수는 「공간정보의 구축 및 관리 등에 관한 법률」에 의한 지적공 부상의 필지 수, 분계선에 의하여 결정되는 것이다. 어떤 토지가 지적공부상 1필 의 토지로 등록되면 그 지적공부상의 경계가 현실의 경계와 다르다 하더라도 다 른 특별한 사정이 없는 한 그 경계는 지적공부상의 등록, 즉 지적도상의 경계에 의하여 특정된다(94다4615). 그러나 지적도(임야도)상 경계의 공신력이 부인되는 경우도 있다. 즉, 「공간정보의 구축 및 관리 등에 관한 법률」에 의하여 어떤 토지 가 지적공부에 1필의 토지로 등록되면 그 토지의 경계는 다른 특별한 사정이 없 는 한 이 등록으로써 특정된다. 그렇지만 지적도를 작성함에 있어 기점을 잘못 선 택하는 등의 기술적인 착오로 지적도상의 경계가 진실한 경계선과 잘못 작성되었 다는 등의 특별한 사정이 있는 경우에는 그 토지의 경계는 지적도에 의하지 않고 실제의 경계에 의하여 확정하여야 한다(95다5476).

2) 토지대장과 임야대장

토지대장과 임야대장을 통하여 다음과 같은 사항을 개략적으로 판독할 수 있다.

(1) 일반적 현황

토지의 소재지, 지번, 지목의 유형과 분류, 면적, 소유권자, 그 밖의 행정자치 부령이 정하는 사항 등에 대하여 판독한다.

(2) 권리적 현황

지적공부상 소유자와 등기부상 소유자의 일치 여부, 지적공부상 소유자의 진정성, 소유의 형태(단독, 공유) 등에 대하여 확인한다.

3) 공유지연명부

(1) 일반적 현황

공유지의 소재지, 지번, 소유권지분, 소유자의 성명·주소·주민번호, 그 밖의 행정자치부령이 정하는 사항 등에 대하여 판독한다.

(2) 권리적 현황

소유권 지분(표기된 지분권 확인), 소유권자의 주소(주민등록등본과 비교), 소유권자의 성명(등기사항전부증명서와 비교) 등에 대하여 확인한다.

4) 대지권등록부

(1) 일반적 현황

대지의 소재지, 지번, 대지권비율, 소유자의 성명·주소·주민번호, 그 밖의 행정자치부령이 정하는 사항 등에 대하여 확인한다.

(2) 권리적 현황

대지권비율(공부상 비율과 대지권등기비율 비교), 대지권자 주소(주민등본과 비교)·성명(등기사항전부증명서와 비교) 등에 대하여 확인한다.

5) 건축물대장 분석

건축물대장을 통하여 다음의 사항을 분석한다.
(i) 건축물의 구분 : 대지위치, 지번, 명칭 및 번호, 특이사항
(ii) 건물의 현황 : 대지면적, 연면적, 건축면적, 구조, 용도, 층수, 건폐율, 용적률, 높이, 지붕, 부속건축물
(iii) 도시계획사항 : 지역, 지구, 구역
(iv) 층별 건축물 현황 : 층별 구조, 용도, 면적
(v) 소유자 현황 : 성명, 주민등록번호(부동산등기용 등록번호), 주소, 소유권

지분, 소유권 변동원인·일자

(vi) 건축허가 : 허가일자, 착공일자, 사용승인일자, 관련지번

(vii) 건축주체 : 건축주, 설계자, 공사감리자, 공사시공자(현장관리인)

(viii) 설비 : 주차장, 승강기, 오수정화시설(변동일자 및 변동원인 포함)

(ix) 건축물현황도

(x) 집합건물의 경우 : 전유부분 및 공유부분의 층수, 구조, 용도, 면적, 평면도, 배치도

6) 등기사항전부증명서와 지적공부, 건축물대장이 불일치할 경우

(1) 부동산의 표시가 불일치할 경우

등기부에 표시된 부동산의 표시가 토지대장, 임야대장 또는 건축물대장과 부합하지 아니하는 경우에는 그 부동산소유권의 등기명의인은 부동산의 표시변경의 등기를 하지 아니하면 당해 부동산에 대하여 다른 등기를 신청할 수 없다(부동산등기법 제35조, 제41조 제1항). 따라서 등기부와 지적공부상 토지의 표시(지목과 면적)가 일치하지 않을 경우에는 지적공부를 기준으로 조사·분석하여야 한다.

> ■ **판례** ■ 일반적으로 부동산에 관한 등기의 소재지나 지번 등의 표시에 다소의 착오 또는 오류가 있다 할지라도 그것이 실제의 권리관계를 표시함에 족할 정도로 동일 혹은 유사성이 있다고 인정되는 경우에는 등기가 유효하고, 만일 이 표시상의 착오 또는 오류가 중대하여 그 실질관계와 동일성 또는 유사성조차 인정할 수 없는 경우에 그 등기는 공시의 기능을 발휘할 수 없다(95다22849,22856).

또한 등기사항전부증명서의 표제부의 표시가 실제의 부동산의 위치와 그 행정구역이 서로 다르게 기재되어 있다면, 비록 그 지번, 지목, 지적이 실제의 부동산과 상당부분 유사하게 기재되어 있다고 하더라도 소재지인 행정구역이 달라 위 등기부상의 표시부동산과 실제의 위 부동산은 사회관념상 동일하거나 유사한 것이라고 볼 수 없다. 따라서 그 등기는 실제 부동산을 표상하는 등기로서 효력이 없다(95다22849,22856).

(2) 소유권에 관한 사항이 불일치한 경우

① 소유권 이전등기의 내용 중 불일치 사항이 발견된 경우

토지소유권의 득실변경에 관한 등록사항은 관할 등기소에서 등기된 것을 증명하는 등기필통지서, 등기사항전부증명서에 의하여 지적공부를 정리하여야 한다. 토지의 소유권 이전등기로 인한 소유자에 관한 사항이 등기부와 지적공부 상호간에 일치하지 않을 경우 원칙적으로 등기부 기재사항을 기준으로 조사·분석해야 한다.

② 소유권 보존등기의 내용 중 불일치 사항이 발견된 경우

소유권 보존등기 원인증서(토지대장, 건축물대장, 판결문, 기타 증명)를 기준으로 판단해야 한다. 미등기토지의 소유권 보존등기는 다음 각 호의 1에 해당하는 자가 이를 신청할 수 있다(부동산등기법 제65조) 미등기의 토지 또는 건물에 관한 소유권보존등기는 다음 각 호의 어느 하나에 해당하는 자가 신청할 수 있다.

(ⅰ) 토지대장, 임야대장 또는 건축물대장에 최초의 소유자로 등록되어 있는 자 또는 그 상속인, 그 밖의 포괄승계인

(ⅱ) 확정판결에 의하여 자기의 소유권을 증명하는 자

(ⅲ) 수용(收用)으로 인하여 소유권을 취득하였음을 증명하는 자

(ⅳ) 특별자치도지사, 시장, 군수 또는 구청장(자치구의 구청장을 말한다)의 확인에 의하여 자기의 소유권을 증명하는 자(건물의 경우로 한정한다)

③ 토지대장이 없는 등기부는 효력이 인정되지 않는다.

토지의 개수는 지적법에 의한 지적공부상 토지의 필지수를 표준으로 하여 결정되는 것이다. 1필지의 토지를 수필의 토지로 분할하여 등기하려면 「공간정보의 구축 및 관리 등에 관한 법률」이 정하는 바에 따라 먼저 지적공부 소관청에 의하여 지적측량을 하고 그에 따라 필지마다 지번, 지목, 경계 또는 좌표와 면적이 정하여진 후 지적공부에 등록하는 등 분할의 절차를 밟아야 한다(90다카25208). 분할 전 임야가 등기부상으로만 분필되고 그에 터잡아 소유권 이전등기를 마쳤다 하더라도 그 전제가 되는 임야대장과 임야도상의 분할이 이루어져 있지 않기 때문에 분할의 효력은 발생하지 아니하고, 분할 후의 임야들에 대한 등기부상의 소유자명의의 각 소유권 이전등기는 특별한 사정이 없는 한 1부동산 1용지주의 원칙에 위

배되어 무효이다(95다47664).

6. 권리관계 및 물건 분석에 도움이 되는 기타 공부서류

1) 무허가건물대장

(1) 무허가건물대장의 법률적 효력

무허가건물대장은 법률상의 등록원부가 아니며, 행정상의 편의를 위하여 행정관청에 비치하여 일정한 권리자를 기재하는 장부의 일종이다. 무허가건물이라 등기가 불가능하고, 달리 권리자나 그 이전관계를 표시하는 공적장부도 없는 관계로, 권리자로 등재된 사람은 사실상 권리자로서 평가를 받고 있는 것이 현실이다(92다3847).

(2) 무허가건물대장에 표시된 건물표시 기재의 효력

무허가건물대장의 건물표시가 각각 독립된 별개의 건물 전부를 표상하는 것으로는 볼 수 없으나, 동사무소가 그 관내의 무허가건물에 대한 일제조사를 실시한 이후 무허가건물관리대장을 작성하여 그 건물들이 그 당시 조사된 건물현황자료에 따라 등재되었다면 그 관리대장이 작성될 당시 이미 그 건물들이 건립되어 그 후 별다른 변동 없이 그 상태를 유지하고 있다면 별다른 사정이 없는 한 그 무허가건물관리대장상의 건물표시의 기재를 그 면적에 있어 다소 차이가 있다 할지라도 그 건물들 중의 1동을 표상하고 있는 것으로 봄이 상당하다(94다3331).

(3) 무허가건물대장의 명의변경에 대한 청구소송

▪ **판례** ▪ 무허가건물대장의 명의변경에 대한 청구는 등기가 가능한 부동산에 대한 일반 가옥대장상의 명의변경청구와는 분쟁해결의 정도 및 필요성이 다르다고 볼 것이고, 이러한 대장에 등재된 권리자로부터 권리를 양수한 사람이 그 양도인을 상대로 그러한 장부상의 명의변경에 대한 협력의무의 이행을 구하는 소는 양도인의 장부보관자에 대한 양도의사의 진술을 구하는 소로서 그러한 진술로서 양도인과 양수인 사이의 분쟁이 종국적으로 해결될 수도 있는 것이며, 특히 이 소송사건의 경우에 있어서 이 사건 건물이 소재하여 있는 서울 동대문구 XX동 47-3 주변의 건물이 철거되는 경우 1981년 12월 31일 이전에 축조되어 항공촬영도면에 수록되어 있는 건물은 건물

> 보상 및 시영아파트를 특별분양할 예정인 사실을 인정할 수 있어 무허가건축물대장
> 상의 그 소유자명의자로 등재된 사람은 특별한 사정이 없는 한 건물철거에 따른 보
> 상청구권이나 시영아파트 분양권을 받을 수 있는 지위를 가지게 될 것이므로 소로서
> 그 명의변경절차의 이행을 구할 이익이 있다(91다21244, 92다3847).

2) 과세대장과 재산세증명서의 법률적 효력

미등기건물에 대한 소유권 보존등기를 함에 있어 시·구·읍·면의 장이 과세
대상에 의하여 발부한 재산증명서에 건물의 지번, 종류, 구조, 면적 등 건물의 표
시와 소유자의 표시가 구체적으로 적시되어 있는 경우에는「부동산등기법」제665
조의 소유권을 증명하는 서면에 해당한다(97다45266).

제 3 절   부동산 탐정의 임장활동 기법

1. 임장활동의 기본원칙

1) 능률성의 확보

임장활동이란 조사대상 부동산에 직접 가서 하는 현장조사를 일컫는다. 부동
산의 소유와 유통, 이용상의 능률성을 기하는 데에 있고, 새로운 분야의 개척에
있으므로 자칫 잘못 운용한다면 오히려 비능률적 활동으로 부동산의 유통저하를
초래하는 요인이 될 수도 있다. 따라서 임장활동은 실무의 능률화와 그 기술의 개
척을 제1원칙으로 삼아야 한다.

2) 안전성의 확보

임장활동은 그 목적에 따라 다각도로 활용될 수 있다. 부동산의 소유권에 관
한 임장활동이란 잠재되어 있는 권리 중 취소·무효 원인을 발견하고 불의의 피해
를 방지하는데 있으므로 사회성·공공성이 지대하지만 그 결과에서 도출되는 결
과적 판단은 주관적이 될 수 있었으므로 조사자는 증거조사에 입각한 높은 안전
도의 유지에 각별히 유의하여야 한다. 따라서 의심스러운 점은 안전도에 따른다는

것을 지표로 삼고 행동할 것이 요청된다.

3) 증거주의원칙에 의한 조사

임장활동은 대상 부동산 자체의 증거에 의하여 점검분석이 되어야 한다. 여기서 말하는 증거의 뜻은 편의상 인적 증거와 물적 증거를 포함한 부동산의 실질적 권리관계와 상태, 경제성을 입증하는 자료를 말한다.

임장활동에서 얻어진 증거는 조사의 합목적적인 판단이나 분석에 활용하기 위한 것이기 때문에 재판에 있어서 증거주의와 같은 엄격한 방향으로 다루지 못한다고 해도 증거에 의하지 아니하는 여하한 판단이나 분석을 결론으로 내려서는 아니 된다. 또한 일단 인용된 증거는 그 증거가 멸실되지 아니한 이상 보존되어야 하고 이를 다시 제시할 수 있어야 한다는 것을 원칙으로 삼아야 한다.

2. 임장활동의 절차

임장활동을 행하기 위해서는 사전에 합리적인 인식과 판단에 의하여 일정한 절차가 필요하며, 이와 같은 작업을 수행하기 위한 순서는 일반적으로 현장조사의 기본적인 사항이 이루어진 후 현장조사계획을 수립하고, 대상 부동산에 대한 자료의 수집 및 증거조사의 검토와 결과 분석의 순서로 실시하여야 한다.

1) 기본적 사항의 확정

임장활동은 개인, 기업, 정부, 금융 등 주체의 목적에 따라 기본적 사항에 대하여 먼저 확정한 다음에 실시하여야 한다.

2) 현장조사계획의 수립

기본적 목적에 따라 작업의 성질 및 양, 처리능력, 조사방법, 조사과정의 저해요인 등 현장조사와 관계된 전반적인 사항이 사전에 검토되고, 기타 정보도 고려되어야 한다.

3) 자료의 수집

현장조사의 성과는 수집된 자료에 의하여 좌우되므로 자료의 수집이나 증거 수집이 가장 중요한 작업이다. 의식적이거나 편향적인 의도에 의하여 공정성·타 당성을 결정하는 것은 부동산결정을 근본적으로 그르치는 결과가 된다.

(1) 확인자료

확인자료는 물적 확인 및 권리의 확인에 필요한 자료가 이에 해당되고, 등기 부등본, 토지 또는 건물 등의 도면, 사진, 부동산의 소재지에 관한 지도 등도 이에 속하는 자료로 볼 수 있다.

(2) 요인자료

요인자료는 대상 부동산에 대한 가격형성에 필요한 자료로서 일반적 요인과 관련되는 일반적 자료 및 개별적 요인에 관한 개별 자료로 구분하여 검토해야 한다.

(3) 사례자료

사례자료는 현장조사에 필요한 현실적 거래가격이나 지료 등에 관한 자료로 서 거래사례, 임대차 등의 수익사례, 건설사례 등을 들 수 있다.

4) 대상 부동산의 조사

(1) 대상 부동산의 물적 확인

대상 부동산의 물적 조사에 있어서 토지에 대해서는 그 소재 지번, 수량 등 을, 건물에 대해서는 건물번호, 구조, 용도 등을 각각 조사·확인하여야 한다. 대 상 부동산의 권리의 존부 등을 비롯하여 구체적인 내용은 확인자료나 인적 증거 에 의하여 대조·확인하여야 하고, 기술적인 부분이나 경제적인 측면에서는 정보 분석도 같이 하여야 한다.

(2) 권리상태의 조사

부동산의 권리상태의 조사는 가장 중요한 작업이며, 각종 자료를 근거로 하여 실체의 권리상태를 조사하여야 하므로 고도의 기술을 요한다.

5) 조사결과의 평가

부동산 조사결과의 평가를 함에 있어서는 주관적인 선입견을 지양하기 위해서는 사실을 입증하는 증거에 의한 판단이 되어야 하며, 사소한 분석이나 결론도 자료에 의하지 않고 결과의 분석을 도출해서는 안된다. 이처럼 증거에 의한 사실판단은 기본적 원칙인 동시에 필수적인 요청이다.

3. 임장활동의 내용

1) 권리조사

(1) 형식적 원인과 실질적 원인의 조사

「부동산등기법」에 표시된 원인을 형식적 원인이라 하고, 그러한 원인에 선행된 당사자 간의 거래시에 실질적으로 형성된 채권적 합의사항을 실질적 원인이라고 할 수 있다. 이처럼 분류하는 실익은 권리조사에 있어 궁극적으로 규명하여야 할 권리관계가 실체적 권리관계의 진정성 확인에 있는 관계로 조사의 대상을 등기부에 표시된 원인에 구애됨이 없이 실질적인 측면을 밝혀야 한다는 데 있다. 소유권이전의 원인은 매매 이외에도 교환, 증여 등의 실체적 원인이 내재하고 있으므로 형식적으로 등기부에 표시된 원인과는 상관없이 실체적 원인이 유효하다고 인정되느냐 않느냐가 현장조사에서 취급되어야 할 주요사항이다. 이처럼 형식적 원인과 실체적 원인이 다르게 나타나고 있는 것은 우리나라는 당사자 간의 신청에 의하여 이루어지는 신청주의에 속하고, 등기공무원이 실체적 원인을 규명할 권한을 갖지 않고 있는데 그 원인이 있다.

(2) 보존등기 및 진정한 권리조사

보존등기란 물권취득자가 자기의 권리를 보존하기 위하여 행하는 등기로, 미등기부동산에 대한 원시등기를 말한다. 보존등기를 요하는 부동산의 소유권은 항상 진실한 권리임을 요하는 바 타인의 권리를 사취하는 등의 경우에 자기명의로 보존등기를 하였다 하더라도 그러한 보존등기에 효력이 있을 리 없다. 따라서 권리조사자는 보존등기 명의자에 대항할 수 있는 다른 권리자의 유무를 밝혀내서 그 권리의 대항력을 판단하는 것이 요청된다.

(3) 등기부에 나타나지 않는 권리조사

부동산에 관한 권리 모두가 등기부에 표시되어 있는 것은 아니다. 현행법상 등기부에 기재함이 없어도 제3자에게 대항할 수 있는 건물이나 주택의 임차권은 그 점유로서 대항할 수 있는 것이기 때문에 점유상태를 확인하여 조사하여야 한다. 또한 점유자가 등기부상의 소유자와 동일인인가를 현장조사를 통하여 확인하여야 한다.

(4) 임차인 관련조사

주택임차인은 동사무소를 방문하여 세대별 전입자 열람을 통하여 전입상황을 확인하고, 의심스러운 점이 있으면 대상 주택을 방문하여 탐문을 통하여 확인한다. 상가임차인은 관할 세무서를 방문하여 임대차현황을 파악하여야 하는데, 이해관계인이 아니면 확인하여 주지 않는다. 현재로서는 대상 부동산을 방문하여 탐문을 통하여 확인하는 수밖에 없다.

(5) 특수권리 관계조사

특수권리인 물권으로서 유치권, 법정지상권, 분묘기지권, 채석권, 온천권 등의 권리 중 법정지상권을 제외하고는 등기능력이 없는 권리이다. 모두 관습법상 인정되는 권리로서, 실체적인 권리가 존재함에도 거래 당시 공시되지 아니함으로써 거래 후에 문제가 발생될 여지가 있으므로 현장조사시 각별히 유의해야 한다.

(6) 사법상 규제조사

부동산 소유권자의 사용·수익·처분권은 「민법」 제211조[2])에 의거하여 소유권제도의 기본적 원칙으로 되어 있으나 사회질서의 유지와 공공복리를 위하여 소유권자가 무한대로 자기 이익만 주장할 수는 없는 경우가 있다. 예를 들면, 매수한 토지에 무허가건물이 있다든가 등기상에 표시가 되어 있지 않는 군사목적상의 지역권이 있다든가 하는 것은 소유권자가 자기 부동산의 활용을 충분히 다 할 수 없게 만든다. 따라서 이러한 토지는 감가요인이 되고 있으므로 부동산을 매수할 당시 이와 같은 경우에 대하여 세부적이고 구체적인 내용까지 조사하여 분쟁요인을 미연에 방지해야 할 것이다. 특히, 타인으로부터 매수한 토지가 「민법」 제216조에 의한 인지사용청구권,[3]) 「민법」 제218조의 수도 등 시설권,[4]) 「민법」 제219조의 주위토지통행권[5]) 등에 의해 제한받는지에 대해서도 세심하게 살펴보아야 한다.

2) 공법적 규제의 조사

우리나라는 토지정책적 입장에서나 경제·사회·문화·정책적 입장에서 부동산에 대해 수많은 공법적 규제를 하고 있다. 막대한 금원을 투입하고도 정작 목적한대로 부동산을 활용하지 못하거나 투입금을 회수하지 못하는 경우가 발생하지

---

2) 제211조(소유권의 내용) 소유자는 법률의 범위 내에서 그 소유물을 사용, 수익, 처분할 권리가 있다.
3) 제216조(인지사용청구권) ① 토지소유자는 경계나 그 근방에서 담 또는 건물을 축조하거나 수선하기 위하여 필요한 범위 내에서 이웃 토지의 사용을 청구할 수 있다. 그러나 이웃 사람의 승낙이 없으면 그 주거에 들어가지 못한다.
4) 제218조(수도 등 시설권) ① 토지소유자는 타인의 토지를 통과하지 아니하면 필요한 수도, 소수관, 가스관, 전선 등을 시설할 수 없거나 과다한 비용을 요하는 경우에는 타인의 토지를 통과하여 이를 시설할 수 있다. 그러나 이로 인한 손해가 가장 적은 장소와 방법을 선택하여 이를 시설할 것이며 타토지의 소유자의 요청에 의하여 손해를 보상하여야 한다.
5) 제219조(주위토지통행권) ① 어느 토지와 공로 사이에 그 토지의 용도에 필요한 통로가 없는 경우에 그 토지소유자는 주위의 토지를 통행 또는 통로로 하지 아니하면 공로에 출입할 수 없거나 과다한 비용을 요하는 때에는 그 주위의 토지를 통행할 수 있고 필요한 경우에는 통로를 개설할 수 있다. 그러나 이로 인한 손해가 가장 적은 장소와 방법을 선택하여야 한다.

않도록 분석한 공부서류를 바탕으로 지역의 해당 관공서나 지역 전문가를 통하여 규제 여부를 정확히 파악해야 할 것이다.

3) 현황조사

현황조사는 부동산의 현황 및 상태조사는 부동산 자체의 물리적 흠결 여부를 탐구하려는 노력의 일환인 바, 토지에 대해서는 그 정착한 주택을 중심으로 안전도와 시설 및 환경을 중점적인 조사대상으로 하고, 기타 토목·건설공학적 측면은 제외한다.

(1) 주택의 실물조사

주택은 지붕, 기둥, 벽체설비 등이 일련의 균형성을 갖고 건축되는 것이 통상이므로 지붕을 보면 기둥을 예상할 수 있다. 주택에 임장하여 실물조사를 할 때는 환경(인근관계, 소음, 층간소음, 진동, 공기, 일조 등), 지반(지세, 방위, 고저, 경사, 언덕, 축대 등), 용수(상수도, 지하수, 배수관계 등), 건물상태(물적 확인, 방위, 균형상태, 전체상태 및 다른 건물과 관계 등), 전기 및 가스(계량기 존재 여부 및 작동 여부 등) 등에 대하여 세밀하게 조사하여야 한다.

(2) 환경성 조사

환경성이란 인간생활을 둘러싼 외적 조건으로서, 환경에는 자연환경과 생활환경이 있다. 오늘날 환경문제가 심각하게 대두된 것은 생활환경의 파괴로 인한 자연환경의 파괴 때문이다. 생활환경은 안전성, 건강성, 능률성, 쾌적성을 지표로 삼는다. 1차적으로 소음, 진동, 공해, 일조 등에 대하여 조사하고, 2차적으로 교통상태, 위험물상태 등을 조사하여야 한다.

(3) 주위현상 조사

부동산의 현상은 부동산활동에서 비롯되는 고유의 개념이다. 이러한 현상에 영향을 미치는 직접·간접의 많은 현상이 있는데, 그와 같은 현상을 바로 부동산 주위현상이라고 한다. 부동산의 결정이나 부동산현상의 분석을 함에 있어서 이 같은 주위현상은 무시할 수 없는 요소를 이루고 있다. 주위현상의 예로는 부동산 구

매력에 영향을 미치는 기업동향 및 종업원의 수, 택지의 파생수요에 영향을 미치는 주택수요 동향, 부동산의 소유비용, 정부의 시책 등이 있다.

4) 경제가치 조사

(1) 부동산가격의 3면성의 고려

인간이 느끼는 효용과 상대적인 희소성과 유효수요에 따라 상관관계가 발생되는 일반경제재와 같이, 부동산에서도 인간이 느끼는 효용과 상대적인 희소성과 유효수요에 따라 상관관계가 발생되므로 어느 정도의 비용이 투하되었을까, 시장에서 어느 정도의 가격으로 매각 가능할 것인가, 어느 정도의 이익을 올릴 수 있을까 하는 세 가지 측면에서 대상 부동산가격의 3면성을 염두에 두고 현장조사에 임해야 한다.

(2) 원본가격의 재조사

우리가 어떤 부동산을 소유하고 이를 부동산 활동의 대상으로 하는 경우에 그 경제적 가치는 활동의 중심이 되므로 그 부동산의 경제적 가치를 정확하게 파악하는 것은 활동의 중심선을 결정하는 중요한 과제이다. 목적물의 취득원인에 비정상적인 요인이 작용하였다고 인정되는 경우에는 실제의 취득원가를 일단 무시하고 다시 정상적인 시가를 산정하여 활동기준으로 삼도록 할 필요가 있다.

(3) 수익 및 비용의 재조사

수익성 부동산인 경우에는 총수익에서 그 수익을 올리는 데 소요된 제반비용을 공제한 순수익이 가장 중요한 관심대상이 된다. 임대용 부동산은 원본가격에 합리적 기대율을 적용한 이윤을 반영하는 수익을 중요시하며, 이를 경제임료라 하여 부동산이 도출하는 총수익과 필요한 관리비용 총수익 등의 합리성을 목적물의 계약당시와 인수시로 구분하여 조사하고, 그 합리성을 검토하여야 한다. 때로는 계약당시에 어떤 불합리한 점이 있는가를 결정하고 후일 개선과제로 인수하는 경우도 있고, 때로는 인수하고 보니 그 상태가 악화되어 있을 수도 있다.

(4) 임대상태 등 조사

대상 부동산이 어떤 임대인들에게 임대되고 있는가, 그 임대인들의 특징은 무엇인가, 임대되고 있는 기간은 얼마나 장기적인가, 그러한 상황이 임료의 설정 등에 어떠한 영향을 미치고 있는가 등을 조사하여야 한다. 상업용 부동산인 경우에도 마찬가지이다.

5) 증거조사

부동산활동의 현장조사를 행하는 경우에는 무엇보다 선행되어야 할 사항으로서는 객관적 증거에 의한 안전성이 확보되어야 하고, 현장확인 전에는 대상 부동산에 하자가 있는 것으로 생각하여야 한다. 부동산 증거조사의 성격은 비권력적인 것으로 현장조사자의 취사선택은 자유재량에 의하여야 한다(전술 참조).

부동산의 현장조사를 통하여 확인하기 위하여 많은 사람의 인적 증거를 도출하거나 증거의 확인을 구하기 위하여 탐문활동을 전개하여야 하므로 그 기술의 중요성은 매우 높다. 주로 대상 부동산에 대한 직접·간접의 증인으로 개인이 대부분을 점하고, 그 외 관공서를 대상으로 하는 경우로 구별할 수 있겠다. 그러나 탐문활동시에 있어서는 상대방의 자발적인 협조를 유도하는 하나의 대인관계의 기술이나 그 외 정보의 발견 등이 선행되어야 한다. 즉, 탐문활동에 있어서는 대인 접근방법 여하에 따라 능률성과 안전성에 많은 차이가 있음으로 다음의 점에 유의하여야 한다.

(i) 대화의 환경 등을 충분히 고려하고 목적을 의식하는 대화방식을 모색하여야 한다.

(ii) 상대방을 충분히 의식하고 득실을 사전에 고려하여야 한다.

(iii) 시간적인 문제를 배분하여 중요한 핵심을 빠트리지 말아야 한다.

(iv) 대화 중의 기록이나 관심의 표명 등은 상대방의 자극적인 요소가 됨으로 지양되어야 한다.

제 4 절 부동산 탐정의 업무영역

탐정업의 업무영역은 우리 사회 모든 분야가 될 수 있다. 「변호사법」, 「신용정보의 이용 및 보호에 관한 법률」, 「보험업법」, 「법무사법」, 「행정사법」 등 현행법에서 금지하고 있는 부분을 제외하면 고객의 요청이 있다면 어떠한 분야든 가릴 필요가 없을 것이다.

부동산 분야에서도 탐정의 역할은 무궁무진하다. 개인 간 거래는 물론 관련 산업까지, 활동분야가 매우 다양하게 존재한다. 부동산 거래에서 탐정의 역할을 세부 분야에 따라 정리하면 다음과 같다.

1. 부동산중개업 분야

1) 진정한 소유권자 조사

일본 탐정업계의 경우 부동산 분야에서 가장 의뢰가 많은 것은 '진정한 소유권자 조사'라 한다. 매수자가 잔금을 지불하고 소유권 이전등기까지 마쳤음에도 불구하고 진정한 소유권자가 나타나 이전등기 무효소송을 통하여 소유권을 되찾아가는 경우가 있다. 매수인은 소유권을 빼앗기고 매매대금은 매도인에게 청구해야 하는 상황이 되는 것이다. 만일 매도인이 매매대금을 소진하고 다른 재산이나 자금이 없다면 민사상 청구권만 있을 뿐 금전적 손실을 회복하기에 어려움이 있다. 이는 등기의 공신력을 인정하지 않고 있는 나라에서 발생하는 사고사례이다. 즉, 등기부등본에 명기되어 있는 소유자가 진정한 소유자가 아닐 경우 그와 거래한 매수자는 매매대금을 지불하고 이전등기를 한 이후라도 진정한 소유권자에게 소유권을 되돌려 주어야 하는 것이다. 이는 우리나라와 일본처럼 등기의 공신력을 인정하지 않고 있는 등기제도를 채택하고 있는 나라에서 발생하는 사고사례이다.

다음으로 의뢰가 많은 것은 부동산 사기꾼의 소재와 재산을 파악해 달라고 요청하는 경우이다. 이외에도 부동산매매와 관련하여 중개사나 매매 당사자로부터 여러 가지 의뢰가 있다. 최근 우리나라에서 발생한 사고 중 확보물건이 적은 신규 오픈 중개업자에게 접근하여 신분증을 위조하고 소유자 행세하며 계약금을 편취한 사례와 월세 세입자로 들어가 소유자의 신분증을 위조하여 주택을 팔아치 우고 잠적한 사례가 있는데 모두 진정한 소유권자 조사와 관련한 업무들이다.

2) 불법 무등록 · 떳다방 조사

간혹 공인중개사 자격증도 없이 관련 서류를 위조·변조하여 중개업소를 운 영하는 사람들이 있는데, 이들은 필히 부동산범죄를 목적으로 하고 있으므로 매우 주의해야 한다. 또한 공인중개사 자격증을 대여하여 운영하는 중개업소도 사고를 유발하기 쉬운 곳이므로 조심해야 한다. 신도시 등에서 아파트분양권의 불법 당첨 이나 전매를 유도하는, 일명 '떳다방'들이 활동하는데, 공인중개사는 이러한 행위 를 할 경우 전술한 것처럼 「공인중개사법」에서 처벌하고 있다. 따라서 공인중개 사 자격증도 없이 이러한 활동을 하고 있는 자들은 모두 불법행위자이고, 범죄가 능성이 높으므로 매우 주의해야 한다. 공인중개사 자격증이나 사업자등록 등의 내 용은 지방자치단체나 공인중개사협회를 통하여 확인하는 것이 좋고, 조금이라도 의심스러운 정황이 있다면 반드시 조사하여야 한다. 따라서 이 경우에도 부동산 탐정의 역할이 요구되는 경우라고 할 수 있다.

3) 상습사기 중개보조원 조사

부동산중개업계에는 공인중개사에게 고용되어 일하는 중개보조원이 있는데, 이들 중 일부가 고객의 계약금이나 중도금, 잔금 등을 편취하고 잠적하여 공인중 개사와 고객에게 피해를 입히는 사례가 많이 발생하고 있다. 이들은 중개업소를 옮겨 다니며 사고를 일으키고 있으므로 신원이 불명확한 사람을 고용할 시 각별 히 주의해야 하고, 다수의 중개보조원을 고용해야 할 경우에는 관리에 신경을 써 야 하며, 의심스러운 정황이 발생하고 있는 경우에는 부동산 탐정의 조사를 통하 여 사고를 사전에 예방할 수 있을 것이다.

2. 분양사업 분야

신문 등 언론을 통하여 광고를 접하는 경우 언론에 대한 신뢰성 때문에 광고에 대한 신뢰성 또한 높아진다. 그러나 광고의 내용은 대부분 불법·허위·과장광고의 내용을 포함하고 있다. 이들 분양업자 중에는 불법적인 허위·과장 광고를 상습적으로 내보내며 피해자를 양산하는 사업자도 있다. 허위·과장 광고에 대하여 판례가 '청약의 유인'에 불과한 허위·과장 광고는 소비자에게 주의의무를 전가하는 경향을 보이고 있는 안타까운 현실이다. 따라서 부동산에 대한 전문적인 지식을 갖추고 있는 부동산전문 탐정의 조력을 받아 광고의 진실 여부를 파악해 본다면 큰 도움이 될 것이다.

3. 전문사기단 조사

지속적으로 국민들에게 부동산 피해를 입히고 있는 기획부동산 업체는 서울시 강남 지역을 중심으로 우후죽순으로 설립되어 전 국토의 부동산 투기를 주도하고 있다. 특히, 행정도시, 공기업지방이전도시, 판교 등 신도시 개발예정지, 국가산업단지 등 신흥개발지역을 중심으로 활개를 치고 있다. 이들 업체는 개발계획이 없거나, 개발계획이 있다고 하더라도 개발이 불가능한 맹지 등을 대규모로 사들인 뒤 텔레마케팅을 통해 땅에 투자를 하면 1년 내에 몇 배의 수익을 올릴 수 있다는 솔깃한 유혹으로 투자자를 유치하여 수십 배의 차익을 챙기고 있다. 또한이들 업체는 가짜 개발계획 등을 내세워 '땅값이 많이 오를 것'이라며 전 국민을 상대로 투기를 부추겼고, 사기라고 해도 과언이 아닌 과장광고, 명의신탁, 미등기전매 등 각종 불법행위를 자행하고 있다.

그러나 정부의 강력한 단속으로 인하여 기획부동산업체는 전화를 통한 땅 분양이 어렵게 되자 이들 업체의 투기행위가 한동안 잠잠해졌다. 그런데 2006년 말경부터 이들 업체들이 간판을 영농조합, 육림조합, 영림법인 등의 상호를 사용하면서 조만간 개발될 예정인 유망한 땅을 분양한다는 광고를 신문 등을 통해 내보내고 있다. 법의 규제와 단속을 피해 땅을 직접 분양하는 대신 농장지분을 판매하는 등의 신종수법을 동원하기도 하였다. 최근에는 사무직 직원 모집광고를 통하여 채용한 직원을 세뇌교육시켜 회사보유 토지를 매입케 하거나 지인들을 끌어들이는 수법을 사용하고 있으며, 경매물건에 공동입찰하는 등의 수법을 사용하기도 하는 등 사회적 이슈와 관심, 변화 속에서 발빠르게 진화하고 있어 주의가 요망된다. 이들에게 피해를 당한 대부분의 피해자들은 사기의 고의 입증의 곤란, 업체의 바지사장 체제, 폐업 후 다른 상호를 사용하여 재개업 등의 이유로 인해 사기꾼 주범을 일망타진 못하는 경우가 많이 있다. 이들의 범행은 장기에 걸쳐 진행되고, 전문적인 지식을 갖춘 자들이므로 부동산전문 탐정의 도움을 받게 되면 문제해결이 상당히 용이해질 것이다.

4. 개발업 분야

개발회사나 한국토지주택공사(LH) 등이 대규모 토지개발을 할 때 간혹 일부 토지의 소유자가 이사, 해외 이주, 행방불명, 일본인 소유 등의 사유로 접촉이 되지 않아 개발사업이 늦어져 막대한 손실을 보는 경우가 있다. 이때 개발대상 필지의 소유권자 소재 및 연락처 파악이 중요한데, 이웃 탐문 등 상당한 노력과 노하우가 필요한 경우가 있으므로 부동산 탐정의 역할이 필요하다. 또한 대규모 개발사업에 속한 토지임을 미리 알고 일명 '알박기' 투기를 하여 무리한 매매금액이나 배상을 요구하며 사업을 곤란하게 하는 경우가 있다. 이러한 불법 알박기 투기자들은 사회적 비용을 증가시키는 범법자들이므로 문제를 쉽게 해결하기 위해서는 이들의 소재 및 약점을 파악하여 협상의 지렛대로 삼을 필요가 있다. 이러한 부분에 역시 부동산 탐정의 역할이 큰 도움이 될 것이다.

5. 건설업 분야

건설업에는 많은 종류의 자재가 사용되고, 그 자재비 또한 고가이어서 횡령이나 절도의 대상이 되는 경우가 있다. 이는 부실공사로 이어져 향후 심각한 사회적 손실로 나타날 수 있으므로 건설업체는 관리에 만전을 기해야 한다. 만일 손실의 정황이 포착되었을 때는 부동산 탐정 등 전문가의 조력을 받아 신속히 손실 원인을 조사하여 추가손실을 막아야 한다. 최근 건설회사 직원들까지 공모·

방조하여 장기간 진행된 건설자재 도난사고가 탐정의 활동으로 밝혀진 실제 사례가 있다.

6. 불법 유치권자 조사

경매물건에서 주장하는 유치권의 90%는 가짜라는 속설이 있다. 정확한 통계는 알 수 없지만 유치권이 정확한 근거가 부족하거나, 요건을 충족하지 못하거나 하여 유치권이 성립되지 못하는 경우가 대부분이라고 한다. 심지어 전혀 근거가 없이 불법점거하며 유치권자 행세를 하는 경우도 있다. 유치권자는 정당성만 갖추고 있으면 부동산의 점유를 유지할 권리가 있는 사람이므로 낙찰자는 그 주장하는 금액을 지불해야만 목적부동산을 사용할 수 있기 때문에 유치권을 주장하는 현수막이나 점유자가 있는 경우에는 입찰을 꺼려하는 요인이 되어 유찰이 거듭된다. 이는 채무자, 채권자, 입찰자 모두에게 손실을 끼치는 상황이 되지만 유치권 존재 여부를 판단하고, 유치권이 성립하지 않는 경우 당해 물건을 점유자에게 명도하게 하는 것은 일반인들에게는 매우 어려운 일이므로 부동산 탐정이나 경매전문가의 조력이 필요한 부분이다.

7. 변호사업 분야

법관은 분쟁과 관련하여 적용할 법규를 찾아내고 해석하는 법률적 문제에 부딪히며, 다른 한편으로는 사건의 경위를 규명하는 사실문제를 해결하여야 한다. 그런데 대부분의 재판과정에서는 법률문제보다는 오히려 사실문제가 크게 부각되므로 법관은 법률문제의 해결보다는 사실을 확정하는데 더 큰 어려움을 가지게 된다. 이와 같은 사실은 법정에서 증거를 통하여 자신의 주장이 실제와 같음을 증명할 수 있는 자가 소송의 승자가 될 수 있다는 것을 의미하므로 분쟁의 당사자들은 자신에게 유리한 판결을 얻기 위해 법관의 심증을 확정해 줄 수 있는 결정적인 증거를 찾아 제시하려고 노력하게 된다.

현실적 관점에서 살펴보면 변호사의 주된 업무는 법률문제의 적용과 해석, 소송과 관련한 서류의 작성과 준비, 법정에서의 변론 등이고, 증거의 조사와 수집,

증인확보 등의 현장업무는 사무장이라 불리는 실무자가 변호사의 권한을 위임받아 수행하는 경우가 많다. 만일 변호사와 탐정이 협업관계를 설정하게 되면, 탐정이 한층 전문화된 조사활동과 증거수집 서비스를 제공함으로써 일차적으로는 변호사에게 양질의 소송업무 지원을 제공하고, 궁극적으로는 소송 당사자가 자신의 권리를 구제받는데 상당한 도움이 될 것이다.

제 5 장

부동산범죄 및 사고사례 분석

제 5 장   부동산범죄 및 사고사례 분석

제 1 절   부동산범죄의 사례

1. 등기건물의 양수인이 대지소유자에게 유치권을 주장한 사례[1]

1) 사건개요

A는 토지소유자인 원고의 허락 없이 그 토지 위에 무허가 미등기건물을 완공하면서 피고에게 공사비 명목으로 금 600만원을 빌리고, 그 600만의 변제에 갈음하여 위 무허가미등기건물을 양도하기로 하는 대물변제계약을 체결하였으며, 피고에게 위 건물의 점유를 이전해주었다. 토지소유자인 원고는 건물점유자인 피고에게 건물의 철거를 요구하였으며, 이에 대하여 피고는 유치권을 주장하며 대항하였다.

2) 판결요지

건물철거는 그 소유권의 종국적 처분에 해당하는 사실행위이므로 원칙으로는 그 소유자에게만 그 철거처분권이 있으나 미등기건물을 그 소유권의 원시취득자로부터 양도받아 점유 중에 있는 자는 비록 소유권취득등기를 하지 못하였다고 하더라도 그 권리의 범위 내에서는 점유 중인 건물을 법률상 또는 사실상 처분할 수 있는 지위에 있으므로 그 건물의 존재로 불법점유를 당하고 있는 토지소유자는 위와 같은 건물점유자에게 그 철거를 구할 수 있다.

---

1) 대법원 1989.2.14. 선고 87다카3073 판결.

위 건물점유자가 건물의 원시취득자에게 그 건물에 관한 유치권이 있다고 하더라도 그 건물의 존재와 점유가 토지소유자에게 불법행위가 되고 있다면 그 유치권으로 토지소유자에게 대항할 수 없다.

3) 해설

위 판결은 두 가지 논점을 가진다. 무허가건물의 존재로 불법점유를 당하고 있는 토지소유자가, 원시취득자로부터 미등기건물의 소유권을 양수하여 점유 중에 있는 자에게 그 철거를 구할 수 있는가 하는 점과, 이 경우 그 건물의 점유자가 토지소유자에게 자신의 유치권으로 대항할 수 있는가 하는 점이다. 첫째, 논점에 관하여 대법원은 미등기건물을 양수한 자라도 점유 중인 건물을 법률상 또는 사실상 처분할 수 있는 지위에 있으므로 토지소유자는 위와 같은 건물점유자에게 그 철거를 구할 수 있다고 하며, 둘째, 논점에 관해서는 유치목적물의 존재와 점유가 토지소유자에게 불법행위가 되는 경우에는 그 유치권으로 토지소유자에게 대항할 수 없다고 판시하였다.

그럼에도 불구하고 유치권주장자가 끝내 유치권을 주장하면, 「형법」 제315조에 의거하여 위계 또는 위력 기타 방법으로 경매 또는 입찰의 공정을 해한 자에 해당하여 2년 이하의 징역 또는 700만원 이하의 벌금 처벌을 받을 수 있다.

2. 전원주택부지 허위개발 사례[2]

1) 사건개요

기획부동산업자들이 개발 가능성이 있는 토지를 저가로 매입한 후, 지가상승 호재를 이용하여 일반인들의 투기심리를 부추겨 이들에게 고가로 분양함에 있어서 지적공부상 1임야를 여러 필지로 분할하기로 모의하였다. 그러나 법규정상 지적분할 절차가 까다롭고 직접 군청에 대단위로 필지분할 신청을 하면 지적법상 금지규정 등에 의하여 허가를 받지 못한다는 사실을 알고 분할방법을 모색하던 중 허위매매계약서를 작성한 후 법원에 필지를 분할하는 소유권 이전등기절차를

---

2) 수원지방법원 여주지원 2009.2.16. 선고 2009고단3 판결.

이행하라는 내용의 조정조서를 작성하게 하였다. 이로써 피고인들은 공모하여 공정증서원본인 조정조서에 부실의 사실을 기재하여 그 정을 모르는 ××군청 담당 공무원에게 위 조정서를 제출하여 행사하였다.

한편, 피고인들은 이 사건 1임야 중 일부 29,000㎡를 건축부지로 조성하고 있다는 사실을 분양받은 사람들에게 보여줌으로써 분양을 원활히 하기 위하여 입목을 벌채하기로 하고, ××군청으로부터 입목벌채 허가를 받았다. 피고인들은 위 조정조서와 입목벌채허가서 등을 토대로 성명불상의 텔레마케터 및 고용한 공소외 7인으로 하여금 지인 및 불특정 사람들에게 전화를 걸게 하여, "주말농장이지만 주택을 건축할 수 있어 토지가격이 상승할 것이다" 등의 과장광고를 하며 분양을 받도록 적극 유도하였다. 그리고 이에 현혹된 투자자들에게 매입가격의 3~4배, 많게는 5~6배 이상 되는 가격에 분양받았으며, 2007.12.하순경까지 이 사건 1임야를 90억원에 분양하여 약 60억원 상당의 차익금을 취하였다.

2) 범죄사실

(1) 피고인 특정

(i) 피고인 1은 피고인 9 주식회사의 대표이사로서 전원주택부지로 개발가능성이 있는 토지를 저가로 매입하여 지가상승 호재 등으로 일반인들의 투기심리를 부추겨 이들에게 고가로 분양함으로써 그 차익금을 올리는 이른바 기획부동산업자이다.

(ii) 피고인 2는 부동산중개사무실을 운영하면서 기획부동산업자가 매입한 토지를 전원주택을 건축할 수 있도록 지적분할, 평탄작업 등의 개발과정을 거쳐 지가를 최대한 상승시키는 이른바 부동산개발전문업자이다.

(iii) 피고인 3은 피고인 10 주식회사의 대표이사로서 중장비 등을 이용하여 임야 및 대지를 평탄하게 조성하는 공사업자이다.

(iv) 피고인 4는 경기 ××군 ××읍에서 ○○공인중개사사무소라는 상호로 사무실을 운영하였던 공인중개사이다.

(v) 피고인 5는 위 ○○공인중개사사무소에서 허가 없이 부동산 중개업을 영위하는 사람이다.

(ⅵ) 피고인 6은 ○○공인중개사 사무실에서 허가 없이 부동산 중개업을 영위하는 사람이다.

(ⅶ) 피고인 7은 경기 ××군 ××읍에서 ○○공인중개사사무소라는 상호로 사무실을 운영하는 공인중개사이다.

(ⅷ) 피고인 8은 대한지적공사 ××지사 소속 지적기술자로 지적산업기사 자격증을 소지하고 지적측량업무를 담당하고 있는 사람이다.

(ⅸ) 피고인 9 주식회사는 부동산임대업 등을 주목적으로 설립된 법인이다.

(ⅹ) 피고인 10 주식회사는 철근콘크리트 공사를 주목적으로 설립된 법인이다.

(2) 피고별 범죄내용

① 피고인 1, 2의 공동범행(공정증서원본부실기재, 부실기재공정증서원본행사)

(a) 피고인들은 2007.3.6.경 경기 ××군 ××읍 (이하 상세주소 2 생략)번지 ((이하 상세주소 1 생략)로 등록전환, 이하 '이 사건 1임야'라 한다)에 있는 64,463㎡를 30억원(평당 15만원)에 피고인 9 주식회사 명의로 매입하여 전원주택 부지로 개발한 후 그 보다 훨씬 높은 가격으로 분양함으로써 많은 이득을 남기기로 마음먹었다. 우선 분양받을 사람들로부터 공신력을 얻어 단기간에 분양하기 위하여 지적공부상 이 사건 1임야를 여러 필지로 분할하기로 모의하였다. 하지만, 법규정상 지적분할 절차가 까다롭고, 특히 기획부동산회사에서 직접 군청에 대단위로 필지분할 신청을 하게 되면 지적법에 의한 금지규정 등에 의하여 허가를 받지 못한다는 사실을 알고 다른 방법으로 분할하는 방법을 모색하던 중 법원으로부터 '이 사건 1임야를 여러 명이 매입하였으니 분할한다'는 내용의 조정결정을 받아 이를 토대로 군청에 필지분할 신청을 하면 군청으로부터 용이하게 필지분할 허가를 받을 수 있다는 사실을 알았다.

이에 따라 피고인들은 공소외 1 등 10명으로부터 명의를 빌려 각 지분별로 허위의 매매계약서를 작성한 후, 2007.3.20.경 ○○지방법원 ××지원에서, 사실은 공소외 1 등 10명이 이 사건 1임야를 실제 매수한 사실이 없음에도 불구하고, "이 사건 1임야는 2007.5.15. 매수자 공소외 1 등 10명이 피고인 9 주식회사로부터 매수한 것이니 이 사건 임야를 분할하여 달라"는 내용의 소유권 이전등기 조정 신청서 및 위 허위내용의 부동산매매계약서를 그 정을 모르는 접수 공무원에게 제출하여 2007.7.20.경 위 법원 공소외 2 판사로 하여금 "2007.5.15. 매매계약을 원인으로 하여 이 사건 1임야를 (이하 상세주소 1 생략) 121−119까지 113개 필지로 분할하여 각 매수인에게 소유권 이전등기절차를 이행하라"는 내용의 조정조서를 작성하게 하였다. 이로써 피고인들은 공모하여 공정증서원본인 조정조서에 불실의 사실을 기재하게 하고, 2008.5.22.경 경기 ××군 ××읍에 있는 ××군청에서, 그 정을 모르는 위 군청 담당 공무원에게 위 조정조서를 제출하여 행사하였다.

(b) 피고인들은 2007.8.경 경기 ××군 ××읍 (이하 상세주소 3 생략) 임야 30,129㎡를 공소외 3 주식회사 명의로 매입하여 전원주택 부지로 개발한 후 그보다 훨씬 높은 가격으로 분양함으로써 많은 이득을 남기기로 마음먹었다.

이에 따라 피고인들은 위와 같은 방법으로 공소외 4 등 3명으로부터 명의를 빌려 각 지분별로 허위의 매매계약서를 작성한 후, 2007.8.경 ○○지방법원 ××지원에서, 사실은 공소외 4 등 3명이 위 임야를 실제 매수한 사실이 없음에도 불구하고, "위 임야는 2007.8.10. 매수자 공소외 4 등 3명이 공소외 3 주식회사로부터 매수한 것이니 위 임야를 분할하여 달라"는 내용의 소유권 이전등기 조정신청서 및 위 허위내용의 부동산매매계약서를 그 정을 모르는 접수 공무원에게 제출하여 2007.9.14.경 위 법원 공소외 5 판사로 하여금 "2007.8.10. 매매계약을 원인으로 하여 위 임야를 662−3에서 662−61까지 59개 필지로 분할하여 각 매수인에게 소유권 이전등기절차를 이행하라"는 내용의 조정조서를 작성하게 하였다. 이로써 피고인들은 공모하여 공정증서원본인 조정조서에 불실의 사실을 기재하게 하고, 그 무렵 경기 ××군 ××읍에 있는 ××군청에서, 그 정을 모르는 위 군청 담당 공무원에게 위 조정조서를 제출하여 행사하였다.

(c) 피고인들은 2007.12.경 경기 ××군 ××읍 (이하 상세주소 5 생략) 임야 11,075㎡를 공소외 3 주식회사 명의로 매입하여 전원주택 부지로 개발한 후, 그보다 훨씬 높은 가격으로 분양함으로써 많은 이득을 남기기로 마음먹었다.

이에 따라 피고인들은 공소외 6 등 2명으로부터 명의를 빌려 각 지분별로 허위의 매매계약서를 작성한 후, 2007.12.경 ○○지방법원 ××지원에서, 사실은 공소외 6 등 2명이 위 임야를 실제 매수한 사실이 없음에도 불구하고, "위 임야는 2007.12.3. 매수자 공소외 6 등 2명이 공소외 3 주식회사로부터 매수한 것이니 위

임야를 분할하여 달라”는 내용의 소유권 이전등기 조정신청서 및 위 허위내용의 부동산매매계약서를 그 정을 모르는 접수 공무원에게 제출하여 2008.2.1.경 위 법원 공소외 5 판사로 하여금 “2007.12.3. 매매계약을 원인으로 하여 위 임야를 428−1에서 428−24까지 24개 필지로 분할하여 각 매수인에게 소유권 이전등기 절차를 이행하라”는 내용의 조정조서를 작성하게 하였다. 이로써 피고인들은 공모하여 공정증서원본인 조정조서에 불실의 사실을 기재하게 하고, 그 무렵 경기 ××군 ××읍에 있는 ××군청에서, 그 정을 모르는 위 군청 담당 공무원에게 위 조정조서를 제출하여 행사하였다.

② 피고인 1, 2, 3의 공동범행(산지관리법위반)

(a) 한편, 피고인들은 이 사건 1임야 중 일부인 29,000㎡를 건축부지로 조성하고 있다는 사실을 분양받은 사람들에게 보여줌으로써 분양을 원활히 하기 위하여 입목을 벌채하기로 모의하였다. 이에 따라 피고인들은 2007.5.1.경 ××군에 자작나무 8,000본을 심어 수종갱신을 하겠다는 목적으로 입목벌채허가를 신청하여 2007.5.4.경 ××군으로부터 입목벌채허가를 받았다.

피고인들은 위 조정조서와 입목벌채허가서 등을 토대로 성명불상의 텔레마케터 및 고용 공소외 7로 하여금 주변의 지인 및 불특정 사람들에게 전화를 걸게 하여 “주택을 건축할 수 있는 임야를 평탄작업한 후 분양한다. 부지조성을 위하여 겉으로는 주말농장이지만 주택을 건축할 수 있어 토지가격이 상승할 것이다. 특히 이 지역은 △△고속도로와 아울렛 매장이 인접해 있고, 앞으로 수도권전철이 들어올 계획으로 아주 전망이 좋은 곳으로서 투자가치도 있으니 분양을 받도록 하라”는 내용의 광고를 하면서 투자를 적극 유도하였고, 이에 현혹된 투자자들에게 매입가격의 3~4배, 많게는 5~6배 이상 되는 가격에 분양하였으며, 2007.12. 하순경까지 이 사건 1임야를 90억원에 분양하여 약 60억원 상당이 차익금을 취하였다.

피고인들은 분양 중, 입목을 벌채한 것으로는 부족하여 분양받을 사람들에게 이 사건 1임야를 건축부지로 조성한다는 사실을 좀 더 확실하게 보임으로써 분양을 원활히 하기 위하여 평탄작업을 하기로 하였다. 그러나 이 사건 1임야를 밭으로 전환하는 개간허가를 받음에 있어, 30,000㎡ 이상의 면적은 환경성 검토는 물론 문화재지표조사를 받아야 하는데, 그 조사에 소유되는 기간은 약 1년 정도로, 짧은 기간에 승부를 걸어야 하는 기획부동산의 업무특성에 맞지 아니한 이유로 위 문화재지표조사에 저촉되지 않는 범위로 개간허가를 받기로 하고, 이미 입목벌채 작업이 끝난 토지를 포함한 이 사건 1임야 중 일부 29,800㎡(이하 이 사건 2임야라 한다)에 대하여 개간허가를 받아 평탄작업을 하기로 하였다.

또한 피고인들은 2007.11.20.경 이 사건 2임야 29,800㎡를 고구마 또는 관상수를 식재하기 위하여 전으로 전환한다는 목적으로 개간허가신청을 하여, 2007.12.17.경 ××군으로부터 개간허가를 받고, 그 무렵부터 평탄작업을 함으로써 산지를 전용하였다. 이로써 피고인들은 공모하여 거짓 그 밖의 부정한 방법으로 산지전용허가를 받아 산지를 전용하였다.

(b) 피고인 1, 2는 평탄작업이 이루어지지 아니한 이 사건 1임야 중 일부를 분양받거나 분양받을 사람들이 약속대로 부지조성 작업을 하지 않는다고 항의하자 이를 무마하기 위하여 2008.2.14.경 이 사건 1임야 중 21,600㎡(이 사건 3임야라 한다)에 대하여도 2차 개간허가신청을 하였다. 그러나 피고인 1, 2는 1차 허가를 받아 평탄작업을 하는 곳에서 인근 주민들로부터 민원이 제기되고, 2차 허가 신청지(이 사건 3임야)의 환경성 검토 등으로 많은 기일이 소요되어 계획과는 달리 2008.4. 하순경까지 군청으로부터 개간허가를 받지 못하게 되었다. 이에 이미 분양받은 사람들이 이전등기를 해 주지 않고 개간공사도 하지 않는다고 재차 항의하고, 나아가 그 중 일부는 분양계약을 취소하며 환불을 요구하는 등 금전적 손실이 발생하자 피고인 3에게 위와 같은 사정을 알리고 평탄작업을 강행하도록 지시하였다.

이에 피고인 3은 개간허가를 받지 않았다는 사실을 알면서도, 2008.5.2.경부터 같은 달 10.경까지 이 사건 3임야 중 일부인 경기 ××군 ××읍 상거리 (이하 상세주소 1 생략) 임야 20,968㎡를 굴삭기 등을 사용하여 그 곳에 식재되어 있는 입목과 암석 등을 제거하고 평탄하게 전원주택 부지로 조성하여 산지를 전용하였다. 이러한 경우 사전에 행정관청으로부터 산지전용허가를 받아야만 하지만 피고인들은 공모하여 산지전용허가를 받지 아니하고 산지를 전용하였다.

③ 피고인 9, 10 주식회사(산지관리법위반)

피고인 9 주식회사는 대표이사인 피고인 1이 피고인의 업무에 관하여 2항과 같이 거짓 그 밖의 부정한 방법으로 산지전용허가를 받아 산지전용을 하고, 산지 전용허가를 받지 아니한 채 산지를 전용하였다.

피고인 10 주식회사는 대표이사인 피고인 3이 피고인의 업무에 관하여 2항과 같이 거짓 그 밖의 부정한 방법으로 산지전용허가를 받아 산지전용을 하고, 산지 전용허가를 받지 아니한 채 산지를 전용하였다.

④ 피고인 2, 5의 공동범행(공인중개사의업무및부동산거래신고에관한법률위반)

누구든지 타인의 공인중개사자격증을 양수 또는 대여받아서는 아니된다. 그 럼에도 불구하고 피고인들은 2006.5.경부터 2008.7.경까지 위 ○○공인중개사사 무소에서, 연 400만원을 주는 조건으로 공인중개사인 피고인 4로부터 그 명의 공 인중개사 자격증을 대여받아 공인중개사 업무를 하였다. 이로써 피고인들은 공모 하여 다른 사람의 공인중개사 자격증을 대여받았다.

⑤ 피고인 2(공인중개사의업무및부동산거래신고에관한법률위반)

피고인은 위 ○○공인중개사사무소의 중개보조원으로 등록되어 있다. 피고인 은 2007.3.6.경 ○○○종친회 대표자인 공소외 8과 피고인 9 주식회사와 사이에 이 사건 1임야 64,463㎡를 30억원에 매매하는 매매계약을 중개하고, 피고인 1로 부터 2억 3,200만원을 교부받았다. 그런데 중개업자 등은 사례·증여 그 밖의 어 떠한 명목으로도 공인중개사의 업무 및 부동산 거래신고에 관한 법률에 규정된 수수료 또는 실비를 초과하여 금품을 받을 수 없다. 그럼에도 불구하고 피고인은 부동산중개업무로 인한 법정수수료인 2,700만원을 초과한 금액인 2억 3,200만원 을 받았다.

⑥ 피고인 4(공인중개사의업무및부동산거래신고에관한법률위반)

공인중개사는 다른 사람에게 자기의 성명을 사용하여 중개업무를 하게 하거 나 자기의 공인중개사 자격증을 양도 또는 대여하여서는 아니된다. 그럼에도 불구 하고 피고인은 2006.5.경부터 2008.7.경까지 위 ○○공인중개사사무소에서, 피고 인 2와 피고인 5에게 자신의 공인중개사 자격증을 대여하였다.

또한 피고인은 중개보조원인 피고인 2가 피고인의 업무에 관하여, 위와 같이 부동산중개업무로 인한 법정수수료인 2,700만원을 초과한 2억 3,200만원을 받아 위반행위를 하였다.

⑦ 피고인 6(공인중개사의업무및부동산거래신고에관한법률위반)

누구든지 부동산중개업을 영위하고자 하는 사람은 관할 시장, 군수에게 개설등록을 하고, 다른 사람의 성명 또는 상호를 사용하여 중개업무를 하여서는 아니 되며, 다른 사람의 공인중개사 자격증을 양수하거나 대여받아 이를 사용하여서는 아니 된다.

피고인은 2007.3.6.경 위 ㅁㅁ부동산사무실에서, 공인중개사인 피고인 7의 공인중개사 자격증을 대여받아 ㅇㅇㅇ종친회 대표자인 공소외 8과 피고인 9 주식회사 간의 이 사건 1임야에 대한 부동산 매매계약을 피고인 7, 4 명의로 중개하고, 중개수수료로 1억 3,000만원을 교부받은 것을 비롯하여 2005.11.경부터 2008.8.경까지 피고인 7의 공인중개사 자격증을 대여받아 중개업무를 하였다. 이로써 피고인은 중개사무소의 개설등록을 하지 아니하고 중개업을 하고, 다른 사람의 성명을 사용하여 중개업무를 하고, 다른 사람의 공인중개사 자격증을 대여 받아 사용하였다.

⑧ 피고인 7(공인중개사의업무및부동산거래신고에관한법률위반)

피고인은 2007.3.6.경 위 ㅁㅁ부동산사무실에서, (7)항과 같이 피고인 6에게 피고인이 중개하지 아니한 이 사건 1임야에 관한 공소 외 8과 피고인 9 주식회사 간의 부동산매매계약을 피고인의 자격과 명의를 사용하여 중개업무를 하도록 하고, 그 대가로 피고인 6으로부터 1,500만원을 교부받은 것을 비롯하여 2005.11.경부터 2008.8.경까지 피고인 6에게 피고인의 공인중개사 자격증을 대여하였다. 이로써 피고인은 다른 사람에게 자신의 공인중개사 자격증을 대여하고, 자기의 성명을 사용하여 중개업무를 하게 하였다.

⑨ 피고인 8

지적측량수행자인 대한지적공사의 직원은 지적법 소정의 지적측량수수료 외에는 어떠한 명목으로도 업무와 관련된 대가를 받아서는 아니된다. 그럼에도 불구하고 피고인은 2006.12.경 공소외 9 주식회사의 공소외 10으로부터 경기 양평군 양동면 외 4필지에 대한 토지분할을 의뢰받고 이를 대행하여 주는 대가로 2006. 12.11.경 공소 외 10으로부터 240만원을 교부받은 것을 비롯하여 그때부터 2007. 11.26.경까지 별지 범죄일람표 기재와 같이 6회에 걸쳐 합계 54,622,800원을 교부받았다.

3) 판결

법원은 "피고인 1, 2를 각 징역 2년에, 피고인 3을 징역 1년에, 피고인 4, 5, 6, 7, 8을 각 징역 4월에, 피고인 9 주식회사, 피고인 10 주식회사를 각 벌금 10,000,000원에 각 처한다. 이 판결선고 전의 구금일수 31일을 피고인 1에 대하여, 32일을 피고인 2에 대하여, 1일을 피고인 3에 대하여 위 각 형에 산입한다. 다만, 이 판결 확정일로부터 피고인 1, 2에 대하여 3년 간, 피고인 3, 4, 5, 6, 7, 8에 대하여 2년간 위 각 형의 집행을 유예한다. 피고인 9 주식회사, 피고인 10 주식회사에 대하여 위 벌금에 상당한 금액의 가납을 명한다"라고 판시하였다.

3. △△시 건축부지 허위·과장광고 사례[3)]

1) 사건개요

부동산 거래에 있어서 부작위에 의한 기망에는 담보부담제공 사실에 관한 기망, 근저당설정사실의 불고지, 공용제한의 대상사실에 관한 기망 등이 있다. △△시 건축부지 허위·과장광고 사례를 보면, 토지이용계획확인원을 보지 않고 건축이 불가능한 사실을 고지하지 않은 점은 부작위에 의한 기망이라고 볼 수 있다. 그리고 피고인은 피해자에게 아래 △△시 ××구 ㅁㅁ면 ㅇㅇ리 땅을 매도할 의사나 능력이 없었던 점에서 작위의 처분권한에 관한 기망으로 볼 수 있으며, 전체적으로는 작위의 기망으로 볼 수 있다.

피고인은 서울시 강남구 ㅇㅇ동(이하 지번3)에 있는 '주식회사 ㅇㅇ인베스트'라는 기획부동산 업체의 대표이사이다. 피고인은 2007.8.12.경 △△시 ××구 ㅁㅁ

---

3) 서울중앙지방법원 2009.1.6. 선고 2008고단4146 판결.

면(이하 지번1) 부근에서 피해자 공소외 1에게 △△시 ××구 ㅁㅁ면 ○○리(이하 지번1)에 대해 설명하면서, 위 토지의 토지이용계획확인원을 보지 아니한 채, "위 토지는 아파트, 타운하우스, 전원주택 등의 건축이 가능한 부지이며, 위 (이하 지번 1) 토지 220평은 전체가 1필지로 된 토지이다. 언제든 개발이 가능하고 이 토지를 매수하면 상당한 수익을 얻을 수 있으니 매입하라"고 기망하였다. 그러나 사실 위 토지는 임업용 보전산지여서 아파트, 타운하우스, 전원주택 등의 건축이 불가능하고, 위 토지 220평 중 34평은 도로 부지로서 같은리(이하 지번2)로 분할되어 수인의 공유관계에 있었기 때문에 피고인은 피해자에게 말한 것과 같은 내용의 토지를 매도할 의사나 능력이 없었다. 피고인은 이처럼 피해자를 기망하여 이에 속은 피해자와 즉석에서 위 토지에 대한 매매계약을 체결하고, 피해자로부터 2007.8.13.경 계약금 명목으로 1,400만원, 2007.9.12.경 잔금 명목으로 1억 2,600만원, 합계 1억 4,000만원을 송금받았다.

2) 범죄사실

첫째, 피고인은 위 제1항의 토지를 등기함에 있어 위 공소외 1과 작성한 최초의 매매계약서에 나타난 토지의 지번 및 필지가 실제와 일치하지 아니하고, 공소외 1의 잔금 지급일 이후에야 위 회사 명의로 위 토지에 대한 소유권을 취득할 수 있었기 때문에 등기 원인 날짜를 최초의 계약서와 일치시킬 수 없게 되었다. 이에 피고는 위 토지에 대한 매매계약서를 위조하기로 마음먹고, 2007년 9월 27일경 서울시 강남구 역삼동에 있는 법무사 공소외 10사무실에서 그 사실을 모르는 위 공소외 10으로 하여금 컴퓨터를 사용하여 부동산 매매계약서의 부동산 표시란에 "1. 경기도 △△시 ××구 ㅁㅁ면 ○○리 (이하 지번1) 임야 617㎡, 2. 동소 (이하 지번2) 임야 5,063㎡(○○인베스트지분 5063분의 117 이전)," 계약 내용 중 잔금란에 "금 126,000,000원정은 2007년 10월 8일 지불한다," 계약서 작성일자로 "2007년 9월 27일," 매수인란에 "주소 서울시 강남구 ○○동 (이하 지번4), 주민등록번호 (생략), 성명 공소외 1"라고 기재한 다음, 위 부동산 매매계약서의 공소외 1이름 옆에 임의로 새긴 공소외 1의 도장을 찍게 하였다. 이로써 피고인은 행사할 목적으로 권한 없이 권리의무에 관한 사문서인 공소외 1명의로 된 부동산 매매계약서 1장을 위조하였다(사문서 위조).

둘째, 피고인은 2007년 9월 27일경 △△시에 있는 △△시청에서 법무사사무실 직원으로 하여금 위 토지에 대한 등기신청을 하면서, 그 위조 사실을 모르는 성명을 알 수 없는 등기공무원에게 위와 같이 위조한 부동산 매매계약서를 마치 진정하게 성립한 것처럼 제출하게 하여 이를 행사하였다(위조사문서행사).

3) 판결

법원은 이 사건 범행은 피고인이 소위 기획부동산 업체를 운영하면서 피해자에게 토지에 대한 필지, 지목 및 개발 가능성을 과장하거나 허위로 설명하여 부동산 매매계약을 성사시키고 그 대금을 편취한 다음, 등기대행 업무를 하는 과정에서 부동산매매계약서를 위조하여 행사한 것으로서 "그 죄질이 나쁜 점, 피해자에게 토지에 대한 소유권 이전등기가 마쳐진 점을 감안하더라도 현재까지 실제 손해에 대한 피해회복이 되지 않은 점 등에 의할 때, 피고인에게 실형을 선고함이 불가피하다"라고 하였다.

4. 부동산개발 빙자 불법펀드 사례[4]

1) 사건개요

2009.10.15. 서울ㅁㅁ지방검찰청은 경찰, 국세청, 서울시, 강남구, 서초구와 부동산투기사범 합동수사부를 편성하여 부동산범죄에 대한 일제 단속을 전개하였다. 그 결과 테마파크 개발을 빙미로 피해자 7,000명으로부터 총 3,000억원을 편취한 '부동산개발 빙자 불법펀드' ○○부동산 컨설팅 그룹 본사 사장 등 7명을 인지, 구속하는 등 총 12개 부동산 업체 대표 등 35명을 적발하여 10명을 구속기소하고, 18명을 불구속 기소하였으며, 7명을 지명수배하였다. 위 '○○' 그룹은 기존 기획부동산 업체의 토지분할, 판매가 아닌 부동산개발 투자금 유치 및 원리금 반환이라는 신종 부동산펀드 수법을 내세워 7,000명의 피해자로부터 3,000억원 상당의 투자금을 편취한 것으로 드러났다.

---

4) 장우혁, "부동산범죄의 억제방안에 관한 연구," 한양대 공공정책대학원, 2012, 50~53면을 참조하여 재구성한 것임.

2) 범죄사실

○○그룹 본사 사장 최○○, 관리이사 전○○, 개발본부장 이○○, 권○○ 등은 회장 양○○(지명수배중) 및 20여 개 계열사, 지사 대표 등과 공모한 뒤, 1999.경부터 2008.11.경 강원, 제주 등 10곳 테마파크 사업지 개발사업 추진을 허위 홍보하며, 매번 '3년 내 개발사업 완료, 5배 수익보장' 등으로 기망하여 피해자 7,000명으로부터 투자금 명목 합계 3,000억원 상당을 편취하였는데 이점에 대해 특정경제범죄 가중처벌 등에 관한 법률위반(사기)로 구속기소되었다. ○○부동산 컨설팅 그룹은 그간 피해자별 소액 피해에 대한 20여 회의 개별 고소사건에서 증거부족 등을 이유로 검찰에서 모두 혐의없음 처분을 받았으나, 서울중앙지검에서 각 고소사건을 모두 병합, 본사 압수수색 등 총체적 수사를 통해 그 범죄전모가 밝혀졌다.

또한 2004.1.5.(간접투자자산운용업법 제정, 시행일)부터 2008.11.경 금융감독원의 허가나 등록 없이 약 2,000억원 규모의 불법 투자수신업을 영위하였는데, 이점에 대해 간접투자자산운용업법위반 및 유사수신행위의 규제에 관한 법률위반으로 기소하였고, 회장 양○○ 등은 위 투자금 중 151억원 상당을 개인 토지구입, 계열사 유상증자 등 명목에 유용하였던 바, 특정경제범죄 처벌 등에 관한 법률위반(횡령) 및 동법위반(배임) 등으로 기소되었다.

3) 범행방법

1999.경부터 2009.경까지 투자자를 모집하여 이들에게 투자를 하면 '3년이내 개발사업 완료'하여 원금의 3~5배 이상을 보장하고, 개발이 되지 않으면 원금 및 이자 10%를 주겠다고 속이고, 2년 내지 3년에 한군데씩 개발지를 늘려 정선, 강릉, 제주 등 전국 10곳 사업지 개발을 핑계로 투자를 유치하였다. 그러나 10년이 경과되도록 어느 한 곳도 개발사업을 전혀 진행하지 아니하고 있고, 향후 개발 가능성도 막연한 상황이었다. 투자자들에게는 가치가 없는 정선 등 전국 10곳 부지에 매매예약에 의한 소유권일부이전청구권 가등기를 해주는 방법으로 심리적으로 안심을 시켰으나, 한 부지에 수백명에게 극히 일부분의 지분에 대한 가등기를 경료하여 투자금에 대한 보전조치로써 보기에는 사실상 의미를 찾기 어려웠다. 또

한 이들은 분기별로 코엑스몰이나 유명 백화점에서 투자자대회, 투자자보호대회를 개최하여 수 백명의 투자자들을 모아두고 거액을 들여 홍보자료를 상영하고, 의미 없는 인허가 관련 공문을 보이며 관할관청의 인허가 절차 지체로 사업이 지연되나 조금만 기다리면 개발이 곧바로 이루어지고, 투자금 회수 및 거액을 벌어들일 것처럼 말하여 지속적으로 투자자들을 기망하였다. 그러나 ○○ 컨설팅 및 그 계열사들은 모두 한결 같이 막대한 결손이 누적되는 과정에 있었으므로 투자자들로부터 지속적으로 투자금을 받더라도 개발사업을 진행하거나 추가 투자자들과의 약속을 이행할 의사나 능력이 전혀 없었던 것이다.

4) 영업형태

이들은 신문광고나 인터넷을 통해 수시로 계약직 텔레마케터를 모집하여 전화번호부, 동창회명부 등을 이용하여 전화를 하거나 연고자들로부터 투자유치, 투자자대회, 세미나 등 명목으로 투자자를 유인하여 투자금을 유치하였다. 그리하여 매번 투자유치시마다 영업직원에 대해 12~15% 내외, 팀장은 5% 내외, 지사장은 3% 내외의 수수료를 순차적으로 지급하고, 영업직원들에게 매일 일비 1만원과 월급 70만원을 지급하였으며, 투자 즉시 약 33%의 투자금을 수수료 등으로 지급하였다. 기존 기획부동산 회사의 경우 가치 없는 부지를 수십 개로 분할하여 소액 투자자에게 비싼 값에 팔고 등기를 이전하여 주는 방식이었으나, 이들은 더 진화시켜 부동산 개발을 빙자하여 투자금 수신행위를 한 것이었다.

5) 회사자금 운용실태

이 회사는 투자금 약 3,000억원을 받아 그 중 1,000억원 상당은 직원들에게 투자유치 수당으로 지급하고, 나머지 1,000억원 상당은 대표이사 가지급금, 관계회사 대여금 등으로 흘러나가 자금행방을 알 수 없었다. 또한 나머지 1,000억원 상당은 사업비, 부지구입, 용역비, 3년이 지난 일부 투자자에게 지연배상금을 주는 자금으로 사용하였다. 자금추적 결과, 회장 양○○ 등은 투자금 중 합계 87억 6,600만원을 개인용도에 사용하여 횡령하였고, 투자금 중 64억 400만원을 투자금 수령 목적과 전혀 관련 없고 회수 가능성 없는 타법인에 투자하여 유용하였다.

6) 피해상황

피해자들은 주로 가정주부, 샐러리맨, 퇴직 공무원 등 서민들이었고, 가정 및 재정이 파탄되는 등 심각한 피해사례가 다수였으며, 피해자들 수천 명이 회원으로 가입한 인터넷 카페가 개설 운영 중이었는데 피해자들의 억울함을 호소하는 탄원이 이어졌다. 2000년 초반부터 ○○ 컨설팅의 개발사업 허구성과 투자로 인해 피해사례가 증대되었고, 그 과정에서 피해자들이 산발적으로 고소하였으나, 양○○ 등은 개별적 고소에 대해 마치 개발사업이 가능한 것처럼 호도하여 형사처분을 면하고, 계속 이어지는 고소에 대해서는 인허가 절차 지연 등으로 사업이 지연되고 있을 뿐 개발이 가능한 것처럼 말하여 안심시켰으며, 일부 집요한 고소인에게는 합의금을 주는 방법으로 형사처벌 없이 계속 영업을 영위해 왔다.

7) 해설

본건 수사로 인해 불법 부동산펀드 기획부동산업체가 지속적 경제불황으로 인한 가정주부, 샐러리맨 등 중소서민들의 고수익 투자심리를 악용하여 합법을 가장하여 서민들을 울리는 등의 범죄가 확산일로에 있음이 확인되었다. ○○그룹의 경우 기존 경찰수사 등으로 수회 혐의없음 처분을 받은 대규모 신종 '부동산개발 빙자 불법펀드'로써, 이에 대해 검찰이 간접투자자산운용업법(2009.2.4. 자본시장과 금융투자업에 관한 법률로 통합)을 적용하여 기소한 최초사례에 해당한다. 향후 일반인들이 이러한 부동산개발을 빙자한 펀드에 투자할 경우 금융감독원의 인가여부, 개발진행 여부 등에 대해 각별한 확인이 필요함을 알게 해 준 사건이었다.

5. 도시계획사업 관련 비리 사례[5]

1) 사건개요

서울××지방검찰청은 서울지역 도시계획사업 관련 비리에 대하여 2009.2. 말경부터 3개월간 집중적인 수사를 전개하여, 2009.5.22. 도시계획시설사업 부지

---

5) 장우혁, 앞의 논문, 50~53면을 참조하여 재구성한 것임.

선정, 입주권 취득 등과 관련하여 수천만원에서 수억원을 받은 지방의회 의원 6명과 지자체 공무원 8명 등 총 23명을 적발하고, 그 가운데 15명을 특정범죄가중처벌등에관한법률위반(뇌물), 특정범죄가중처벌등에관한법률위반(알선수재) 등으로 구속·기소하고, 8명을 불구속·기소하였다.

2) 비리유형

(1) 도시계획사업 부지선정 관련 금품수수

도시계획시설사업의 입안은 주민의 요청 또는 구의 행정계획에 의해 계획안이 마련되고, 관련 부서와 사전협의를 거쳐 의견을 청취한 후, 2개 이상 일간지에 14일 이상 그 내용을 게재하여 주민들이 동의하고, 그 타당성이 인정되는 경우에 이루어진다.

이러한 점을 이용하여 지방의회 의원들이 입안업무 담당공무원들에게 영향력을 행사하여 특정부지를 도시계획시설사업 부지로 입안되도록 해 준다는 명목으로 부동산투기업자들로부터 거액을 수수하였다. 또한 전문브로커들이 지방자치단체의 장 등과의 친분을 과시하면서 도시계획시설사업 부지입안 청탁 명목으로 부동산투기업자들로부터 거액을 수수하였다.

(2) 임대주택을 불법 분양승인하여 입주권이 나오게 해주고 금품수수

서울시 철거민 등에 대한 국민주택특별공급규칙에 의하면, 특별공급주택(속칭 '입주권')은 원칙적으로 '철거되는 주택의 소유자'나 '1983.4.13. 이전에 건축된 무허가주택의 소유자'인 철거민에게 지급되고, 철거되는 주택의 전용면적이 40㎡ 이상인 경우에만 60㎡ 이상 85㎡ 이하의 중형 국민주택을 공급받을 수 있다. 이와 관련하여 ㅁㅁ구청 공무원들이 소유자가 법인이어서 입주권지급 대상인 철거민에 해당되지 않아 입주권이 나오지 않는 법인 소유의 임대주택에 대하여 입주권이 나오도록 불법으로 분양승인하여 95개의 입주권이 나오게 해주어 부동산투기업자들이 100억원의 막대한 이익을 취득하게 하고, 그 대가로 수천만원에서 수억원의 금품을 수수하였다.

(3) 주거환경개선사업 편의제공 대가로 금품수수

○○○구청 공무원들이 사업 대상지 철거 예정주택 십여 채를 확보해 취득한 입주권 판매로 막대한 이득을 챙긴 주거환경개선사업자로부터 신속한 사업추진 및 사업추진을 반대하는 각종 민원 해결을 도와준다는 명목으로 금품 및 입주권을 상시적으로 수수하였다.

(4) 무허가건물 확인원 발급 관련 금품수수

△△구청 공무원이 '입주권이 나올 수 있도록 1983.4.13. 이전 발생한 무허가 주택'이라는 확인원을 발급해 달라는 청탁을 받고 금품을 수수하였다.

3) 해설

이 건 수사에서 서울시 및 각 구청 공무원들과 지방의회 의원들이 종로·서대문·성북·은평·관악·금천·양천·중랑 등 8개 구에서 부동산투기업자들과 결탁하여 조직적 불법행위를 저지르고 거액을 수수한 구조적 부패구조가 확인되었다. 또한 부동산투기업자들이 도시계획사업 추진과정에서 철거민들에게 지급되는 SH 공사 특별공급 주택입주권을 가로채 매매하여 거액을 챙김으로써 도시계획사업의 근본 취지를 훼손하고, 서민들의 주거비용을 증가시켜 부동산시장을 왜곡시키고 있는 사실도 함께 확인하였다.

지방자치단체의 장들은 지방자치단체 공무원의 비리가 적발되면 이미지가 나빠져 재선에 애로가 있을 것을 염려하여 공무원 비리적발에 소극적이고, 적발된 비리에 대해서도 솜방망이 징계에 그치고 있는 것이 현실이다. 따라서 지방자치단체 공무원들에 대한 상급기관의 감사를 강화할 필요가 있으며, 지방자치단체에 감사 전담기구 설치를 의무화하고, 감사 담당공무원의 독립성을 법적·제도적으로 뒷받침할 필요가 있다. 서울시는 지난 2008.4.10. 신규택지 부족, 특별분양 입주권의 부작용, 「공익사업을 위한 토지 등의 취득 및 보상에 관한 법률」의 개정에 따라 예상되는 재정부담 문제 등을 해결하기 위하여 「서울시 철거민 등에 대한 국민주택 특별공급규칙」을 개정하였는데, 위 규칙 개정을 통하여 철거민에게 공급하던 주택을 분양주택에서 임대주택으로 변경하였으므로, 현재는 특별분양 입주권이

고가에 거래되는 것으로 인해 발생되는 문제들은 표면적으로 해소가 된 상태이다. 그러나 위 규칙이 개정되면서 도시계획사업이 철거민들의 반대로 원활하게 진행되지 못하고 있어, 일부 지방의회 등에서 도시계획사업을 원활하게 진행하려면 특별분양입주권제도를 부활하거나 보상금을 높여야 한다는 주장이 제기되고 있다. 그러나 이렇게 될 경우 부동산투기업자들이 다시 등장하게 될 것으로 본다. 부동산투기업자들이 도시계획사업에 개입할 수 없도록 하기 위해서는 주민들의 사업 진행과정 참여, 심의내용 공개 등으로 도시계획사업 입안 및 심의절차를 투명하게 하고, 도시계획사업 대상 건물의 소유관계에 대한 면밀한 사전 검토 등 행정적인 조치와 감시가 필요하다고 판단된다.

6. 주택조합 가입 권리증 사기 사례[6)]

1) 사건개요

수사기관이 법률상 보호받지 못하는 주택조합 가입 권리증이 수천만원에 거래되고 있다는 첩보를 입수하고 내사에 착수한 결과, 주택조합의 조합원으로 가입시켜 주겠다고 거짓말하여 그 가입비 명목으로 피해자 200여 명으로부터 130억원을 편취한 주택시행사 대표이사 및 부동산중개업자 7명을 인지하고, 그 중 이○○ 등 5명을 특정경제범죄 가중처벌 등에 관한 법률위반(사기) 등으로 기소하고, 도주한 중개업자 2명을 기소중지하였으며, 본건 주택시행사업과 관련하여 해당 구청 공무원에게 로비해 준다는 명목으로 금품을 교부받은 ○○당 김○○ 등 2명을 변호사법위반으로 구속 기소한 사건이다.

2) 범죄사실

피의자 이○○는 ××동 제1주택조합의 공동시행사인 ○○건설대표로서, 부동산중개업자인 정○○와 공모하여, 위 조합 건설의 아파트분양은 일반 공모 및 추첨절차를 거쳐야 함에도, 2002.9.18.경부터 2004.9.17.경까지 부동산중개업자인 피의자 전○○ 등을 통하여 피해자 199명으로부터 조합 가입 권리금 및 계약금

---

6) 전광천, "부동산범죄 수사능력증진 및 피해자 구제방안에 관한 연구," 건국대 부동산대학원, 2007, 68~70면을 참조하여 재구성한 것임.

명목으로 1인당 3,000만원 내지 8,000만원씩 총 130억원을 교부받아 이를 편취 및 주택조합 가입 권리증을 매매하였다. 피의자 전○○ 등은 중개업자로서, 2002.9. 18.~2004.3.8.경 124명의 피해자들로부터 주택조합 가입비 및 권리금(프리미엄) 명목으로 66억원 상당을 교부받아 이를 편취 및 주택분양과 관련 있는 증서매매를 중개하였다. 피의자 김○○은 2004.6.경 위 이○○으로부터 해당 구청장 및 구청 공무원에게 로비하여 위 주택사업 승인을 받을 수 있도록 해 주겠다는 명목으로 3회에 걸쳐 7억 5,000만원을 수수하였다. 피의자 김○○은 같은 해 8.경 위 김○종으로부터 해당 구청장에게 로비하여 위 주택사업 승인을 받을 수 있도록 해 주겠다는 명목으로 4억원을 수수하였다.

3) 사건진행 및 피해현황

(1) 주택조합 권리증 판매, 중개업자들을 통한 편취

사업자금을 마련하기 위하여 중개업자들을 통하여 조합가입 권리증을 판매하되 정○○에게 위 건설사의 지분 40퍼센트를 주기로 약정하고, 중개업자들을 모집하여 1장당 3천만원에 주택조합 권리증을 판매하여 건설회사에 입금하되, 이를 초과하여 판매한 금액에 대하여는 중개업자들의 몫으로 하기로 약정하였다. 중개업자들의 능력에 따라 권리증이 판매되는 액수는 천차만별이었으며, 피해자들은 자신들이 납부하는 금원이 전액 건설사로 입금되는 것으로 알고 있었으며, 권리금 명목으로 수수된 금원을 중개업자들이 착복하는지 전혀 모르고 있었다.

(2) 타회사의 모델하우스를 빌려 사업진행 가장

피의자들은 주택사업이 서울시의 반려 등 사업이 지연되자 정상적으로 진행되는 것처럼 가장하기 위하여 타회사의 모델하우스를 빌린 다음, 이미 권리증을 소지한 사람들에게 주택조합아파트 가입계약서를 작성하여 주면서 계약금 명목으로 추가로 2천만원을 받고, 중도금 납입을 독촉하였다.

(3) 피해구제가 곤란한 상태

본 건 사업지역은 1종 주택지구로서 4층 이상이 건립되지 아니하고, 주택노

후도가 20년 이상 된 건물이 2/3 이상이 되어야 재건축이 가능하지만 본 건 장소는 29%에 불과하여 서울시로부터 사업승인이 반려된 상태이며, 주택법상 20세대 이상의 주택분양은 일반인들을 상대로 공모, 청약 및 추첨 등의 일반분양절차에 의하여야 하고 시행사가 개별 분양을 하지 못하므로, 본 건 사업이 정상적으로 진행된다고 하여도 피해자들이 적법하게 주택을 분양받을 수 없는 상황이었다.

7. 공무원, 법조브로커 등이 결탁된 기획부동산업자에 의한 사기 사례[7]

1) 사건개요

막대한 자금력을 가지고 있는 전주(錢主)가 부동산 거래를 전문으로 하는 속칭 '기획부동산' 업체를 설립, 서울시 강남에 초호화 사무실을 차려놓고, ××지역 악산(嶽山) 등 개발가능성이 희박한 임야를 저가에 대거 매수하여 필지분할한 후, 텔레마케터 등을 동원하여 불특정 다수인을 상대로 곧 개발되어 지가가 급상승할 것처럼 속여 고가에 매각하고, 토지매입 및 매각과정에서 비자금 조성 및 조세포탈을 목적으로 이중계약서를 작성하였다. 그리고 기획부동산업체가 일단 토지를 매입하면 시청 지적공무원들에게 1,700만원 상당의 뇌물을 제공하여 신속하게 등록전환 및 분할을 마치고, 3개월 내 일반인들을 상대로 분필된 토지를 판매하여 9배의 시세차익을 얻는 한편, 일부 기획부동산업자는 수사를 받는 과정에서 사건 무마 등을 청탁하면서 법조브로커들에게 교제비 명목으로 합계 금 5억 9,000만원 전달하였다.

2) 수사배경

××지역의 지가가 3~10배 상승하는 등 부동산 거래가 과열되고 있는 배경에는 기획부동산업체들이 조장하고 있다는 것을 확인하고, 2005.6.경 ××시청을 통하여 회사 명의로 거래된 토지거래내역을 입수한 후, 그 중 회사명이 "○○레저," "○○센츄리," "○○아이앤디," "○○알앤디," "○○ 컨설팅" 등으로 된 '기

---

7) 전광천, 앞의 논문, 80~82면의 내용을 참조하여 재구성한 것임.

획부동산' 업체 12곳을 확인하고, 위 업체들의 상세한 토지거래내역, 검인계약서 및 과세자료를 확보한 후 수사에 착수하여 일부 기획부동산업체의 차명계좌를 압수수색한 결과, 관련 공무원 및 법조브로커에게 금원이 전달된 정황을 포착하였다.

3) 해설

(1) 기획부동산업체의 불법적인 토지거래의 발본색원

온갖 불법적인 방법을 동원하여 관내 토지 지가 상승을 부추기고 수백 명의 피해자를 양산한 기획부동산 업체의 실제 전주(錢主)까지 색출 엄단하고 국세청에 통보하여 불법이득을 철저히 환수하였으며, 특히 기획부동산업체가 개발불가능한 토지를 분할판매한 행위 이외에도, 토지매입 단계에서 소위 '업(up)계약서'를 작성하여 비자금을 조성한 행위 및 회계장부상 허위로 대표이사 가수금 항목을 계상한 행위를 업무상배임죄로 기소함으로써 수사의 효율성을 도모하였다.

(2) 비호세력으로 활동한 공무원의 비리 엄단

기획부동산 업체가 단기간에 분필등기 등을 거쳐 매도하고 빠지는 방식으로 부동산투기를 할 수 있었던 이면에는 관계 공무원들의 묵인과 비호가 있었음을 확인하고, 시청 공무원 및 알선 브로커 등 3명 구속하고, 특히 위 공무원 및 알선 브로커에 대하여 「범죄수익은닉의 규제 및 처벌 등에 관한 법률」을 적용하여 범죄수익에 대한 철저한 환수조치를 하였다.

(3) 거물급 법조브로커 관련 법조비리의 척결

수사 및 재판의 공정성에 대한 국민의 신뢰를 저해하는 법조브로커, 특히 슬롯머신 업계 대부의 친동생, 법률신문 기자, 전직 대통령의 양아들 행세를 한 자 등 사건무마 대가로 수억원씩 수수한 거물급 법조브로커 3명을 구속하였으며, 소유 부동산에 대한 추징보전조치까지 필하는 등 범죄수익을 환수하였다.

8. 신분증 등 위조 이용한 토지사기단의 부동산 편취 사례8)

1) 사건개요

A지방검찰청 강력부는 1984.7.1. 이전에 토지소유권을 취득한 경우에는 등기부등본상 그 소유자를 표시함에 있어 이름과 주소만 기재함을 기화로 속칭 '바지'를 내세워 그 바지의 이름이 실제 토지소유자(등기부상 소유자)와 같은 이름으로 개명된 것처럼 호적등본을 위조·행사하여 동사무소로부터 토지소유자와 같은 이름의 새로운 주민등록증과 인감증명서를 발급받은 후, 위 '바지'를 실제 토지 소유자인 양 위장하여 타인의 토지를 담보로 금융기관으로부터 15억원 상당을 대출받아 편취한 전문 토지사기 조직 일당 10명을 적발하여 2002.5.29. 주모자 김△대(남, 59세) 등 7명을 특정경제범죄 가중처벌 등에 관한 법률위반(사기) 등으로 구속기소, 나머지 3명을 지명수배를 하였다.

이들 토지사기단의 위와 같은 수법은 그 동안 토지사기단이 사용하지 아니하던 새로운 수법이다. 심지어 이들은 전(前) B증권 회장 이모씨 소유의 토지를 위와 같은 방법으로 바지를 내세워 금융기관 등에 담보로 제공하고, 금원을 편취하기 위하여 속칭 바지의 이름을 위 이모씨와 같은 이름으로 개명된 것처럼 호적등본을 위조·행사하여 동사무소로부터 새로운 주민등록증을 발급받았다. 그러나 제3자가 위 토지에 대하여 가압류를 하는 바람에 대출에 실패한 사례도 발견되었다.

2) 수사배경

검찰은 2002.3. 하순경 C은행 산업금융채권 위조조직을 수사하던 중 새로운 수법의 토지사기조직이 속칭 '바지'를 내세워 금융기관 등으로부터 거액의 금원을 대출받아 편취하였다는 첩보를 입수하고, 1개월여에 걸쳐 내사를 벌여 그 조직원 피의자 조△섭 등이 바지를 내세워 타인의 토지를 매도하려고 시도하는 현장을 급습, 동인을 체포하여 여죄를 추궁하고, 체포된 위 조△섭의 주거 등에 대하여

---

8) 김창모, "부동산 거래사고에 있어 부동산 범죄유형과 그 예방책에 관한 연구: 사기·횡령·배임죄를 중심으로," 건국대학교 부동산대학원, 2003, 43~50면을 참조하여 재구성한 것임.

압수·수색하여 나온 주민등록등본의 명의자 이름이 최근에 개명된 것을 파악하고, 전 금융기관에 그 명의자의 이름으로 나간 대출건이 있는가를 확인, 그 바지 및 윗선을 추적하여 검거하게 된 것이었다.

3) 범죄사실

피의자 김△대, 같은 이△표, 같은 이△수, 같은 김△석은 상호 순차로 공모하여, 2002.4. 초순경 ◉◉시 ▣▣구 ◆◆동 522의 1 소재 답 8,192㎡가 1974.2.6.경 그 소유자인 김△준 명의로 매매에 의한 소유권이전등기가 경료된 후 등기부등본상 소유관계에 아무런 변동이 없는 상태로 있음을 기화로 속칭 '바지'를 내세워 그 바지의 이름으로 호적등본을 위조·행사하는 방법으로 위 토지소유자와 같은 이름인 김△준으로 개명된 것인 양 주민등록증을 재발급받아 그 바지를 위 토지의 소유자인 김△준인 양 위장하여 타인에게 위 토지를 매도하거나 이를 담보로 금융기관 등으로부터 금원을 편취하기로 마음먹고, (ⅰ) 2002.3. 중순경 위와 같은 방법으로 호적등본을 '김△석(金△錫)'의 이름이 '△준(△俊)'으로 변경된 것처럼 공문서인 서울특별시 ××구청장 명의의 호적등본 1부를 위조하고, (ⅱ) 같은 해 4.1.경 서울 ☆☆ 4동 동사무소에서 위조된 위 호적등본을 담당 공무원에게 제출하여 이를 행사하고, (ⅲ) 같은 달 25.경 서울 ##구청에서 발급받은 위 김△석의 주민등록초본을 위와 같은 방법으로 주소변경란을 수정하여 공문서인 서울특별시 종로구청장 명의의 주민등록초본 1장을 위조하고, (ⅳ) 성명불상자의 법무사 사무실에서 가져온 매도증서 용지의 부동산 표시란에 "경기도 ○○군 ▢▢면 ◇◇리 438번지의 278 답 2,325평," 매도연월일란에 "서기 1974년 2월 6일," 대금란에 "86,025원정," 매도인란에 "경기도 ○○군 ▢▢면 ◇◇리 578번지 李△貴"라고 기재한 다음 위 이△귀라는 이름 옆에 미리 새겨 가지고 있던 동인의 도장을 날인하여 사문서인 매도증서 1부를 위조하고, (ⅴ) 같은 달 초순경 위 (주)푸른2상호저축은행에서 위조된 위 주민등록초본 1장 등이 마치 진정하게 성립된 것인 양 대출신청을 하면서 담당 직원에게 제출하여 행사하고, (ⅵ) 위조된 위 서류 등을 이용하여 위 김△석을 위 토지의 소유자인 위 김△준인 양 위장하여 상호저축은행으로부터 위 토지를 담보로 12억원을 대출받아 편취한 것이었다.

4) 사건특징

(1) 새로운 기법의 토지사기 조직

종전의 토지사기단은 실제 토지소유자의 인장, 주민등록증, 등기부등본, 인감증명, 호적, 계약서 등 기타 등기수단에 필요한 제반서류를 빠짐없이 위·변조하여 행사하는 어려운 절차를 거쳤다. 그러나 본 건 토지사기단은 등기부상 토지소유자와 같은 이름으로 속칭 '바지'의 이름이 개명된 것처럼 호적등본을 위조·행사하여 새로운 주민등록증을 발급받아 위장하고, 등기부상 실제 토지소유자의 주소와 같은 주소에서 살았던 적이 있는 것처럼 위장하기 위하여 바지의 주민등록초본의 주거지 변동란에 등기부등본상 소유자의 주소지에서 같은 시기에 산 적이 있는 것처럼 주민등록초본을 위조한 다음, 바지가 등기부상 소유자인양 행세하면서 사기를 치는 새로운 형태의 사기수법을 이용한 것이었다.

(2) 범행대상 토지

본 건 범행대상 토지는 등기부등본상 그 소유자 표시로 이름과 주소만 기재(1984.7.1.부터 등기부등본상 소유자표시를 함에 있어 이름과 주소 외에 주민등록번호까지 기재하게 됨)되어 있고, 1970년대에 소유권 이전등기가 경료된 후 등기부등본상 소유관계에 아무런 변동이 없었다. 위와 같은 토지는 실제로 그 토지의 소유자가 관리를 하고 있다하더라도 소유자가 등기부등본 등을 열람할 여지가 많지 아니하고, 소유권 변동이나 담보권 설정의 가능성이 적어 피의자들의 범행이 빠른 시간 내에 발각될 위험성이 적으므로 위와 같은 토지를 범행대상으로 택하였다. 피의자들이 담보로 제공하고 금원을 대출받아 편취한 토지의 실제 소유자들은 자신들의 토지가 위와 같은 사기에 제공된 사실을 전혀 모르고 있다가 ××지방검찰청의 연락을 받고 등기부등본을 열람하고서야 자신들의 토지에 자신들을 채무자로 하는 저당권과 지상권이 설정되어 있는 사실을 알고서 피해회복방법을 문의한 적이 있었다. 더욱 특이할 만한 점은 피의자들은 자신들의 범행사실이 발각되는 시점을 늦추기 위하여 위와 같은 사기수법으로 대출받은 금원에 대한 이자를 꼬박꼬박 지급하였다.

(3) 물색된 속칭 '바지'

전문 토지사기단이 영입한 속칭 '바지'는 실제 토지소유자와 같은 '성(性)'을 가지고 있고, 실제 소유자와 비슷한 나이에 있는 경제적으로 빈곤하고 교육 수준이 낮은 자이었다. 즉, 속칭 '바지'를 실제 토지소유자와 같은 이름으로 개명하려면 토지소유자와 같은 성을 가진 자이어야 하고, 교육 수준이 낮고 경제적으로 어려운 자이어야 싼 대가를 지급하더라도 쉽게 바지로 포섭할 수 있고, 범행이 발각되더라도 바지들로부터의 추적이 쉽지 않은 점을 활용하려 한 것이었다.

(4) 개명에 의한 주민등록증 재발급 절차의 허점 이용

일반적으로 개명을 하려면 법원으로부터 개명허가를 받아 법원허가서를 가지고 본적지에서 호적상의 이름을 정정한 다음, 정정된 호적등본을 발급받아 주거지 동사무소에서 개명에 의한 주민등록 재발급신청을 하면 동사무소에서 인감증명서, 주민등록부 등에 개명된 이름을 기재하고 개명된 이름으로 주민등록증을 재발급하여 주는 절차를 거치게 된다. 이처럼 토지사기단들은 동사무소에 호적등본만을 가져다주면 담당 공무원들이 별다른 확인 절차 없이 주민등록증을 재발급하여 주고, 인감 등을 변경하여 주는 점에 착안하여 법원의 개명허가에 의하여 호적이 정정된 것인 양 호적등본을 위조하여 동사무소로부터 주민등록증을 재발급받고 인감증명을 변경하여 인감증명서를 발급받은 것이었다.

(5) 속칭 바지의 호적등본, 주민등록초본 등만 위조

종전의 토지사기단은 실제 토지소유자의 각종 공문서 등을 빠짐없이 위조하여 행사하는 어려운 절차를 거쳤으나, 본 건 전문토지사기단은 1970년대에 소유권 이전등기가 경료된 후 소유관계에 아무런 변동이 없는 토지의 등기부상 소유자와 같은 이름으로 속칭 '바지'의 이름이 개명된 것처럼 1차로 호적등본을 위조한 후, 등기부상 실제 토지소유자의 주소와 같은 주소에서 살았던 적이 있는 양 위장하기 위하여 주민등록증을 재발급받은 바지의 주민등록초본의 주거지 변동란에 등기부등본상 소유자의 주소지에서 같은 시기에 산 적이 있는 것처럼 2차로 주민등록초본 등을 위조한 다음, 동사무소로부터 인감증명서, 주민등록등본

등은 정상적으로 발급받아 바지가 등기부상 소유자인 것처럼 행세하면서 사기행각을 벌인 것이다.

(6) 점조직화된 전문 토지사기 조직

본 건 전문 토지사기조직은 철저하게 점조직화되어 있어서 관련 서류 위조책에서부터 최종 피해자들에 이르기까지 여러 단계로 구성되어 있었고, 각 단계별로 서로 단절되어 있었을 뿐만 아니라 서로 가명을 사용하고 휴대전화도 추적이 불가능한 도난품이나 타인의 것을 사용하고, 그 바로 윗선 다음의 윗선에 대하여는 전혀 알지 못하는 점조직으로 구성되어 있어서 피의자들 검거에 어려움이 적지 아니하였다.

5) 해설

(1) 사기조직 적발을 통하여 진행 중인 사기범행 차단

피의자들에 대한 수사결과 본 건과 같은 수법으로 6건의 범행을 모의, 그 중 2건은 성공하여 상호저축은행으로부터 15억원을 대출받아 편취하였으나, 나머지 4건은 피의자들의 검거로 모두 미수에 거쳐 피해발생을 사전에 예방할 수 있었다.

(2) 새로운 유형의 토지사기방법에 대한 국민들의 경각심 고취를 통한 일반 국민과 금융기관의 피해발생 예방

본 건 전문 토지사기단의 토지사기 수법 전파를 통하여 일반 국민들과 각종 금융기관 담당자 등에게 토지사기단에 대한 경각심을 고취시켜 새로운 피해발생을 예방하는 데 일조하였다.

(3) 개명에 의한 주민등록증 재발급 담당 공무원 등에 대한 주의 환기

본 건 전문 토지사기단 수사과정에서 확인한 결과에 의하면 토지사기단이 개명에 의한 주민등록증 재발급신청을 하는 속칭 '바지'들의 나이는 대부분 60대이고 이들의 이름도 "△재"를 "△식"으로, "△수"를 "△영"으로, "△원"을 "△수"로 변경되었다면서 개명에 의한 주민등록증 재발급신청을 하는 것이어서 조금만 주의를 기울이면 개명에 특별한 사유가 없어 보여 법원의 허가를 받기 어려운 것이라는 것을 알 수 있었다. 그럼에도 불구하고 담당 공무원은 위조된 호적등본을 첨부하여 이름이 개명되었다면서 신청하는 주민등록증 재발급신청(신청서에 첨부된 호적등본은 공무원들의 간인이 없고, 일부 조잡한 면이 있어 자세히 살펴보면 이상한 점을 발견할 수 있는 경우가 적지 아니함)을 별다른 확인절차 없이 받아들이는 허술함을 보였다. 그러나 본 건 토지사기단의 검거를 통하여 개명에 의한 주민등록증 재발급 담당 공무원들의 주의를 환기시키는 좋은 계기가 되었으며, 그리고 본 건 토지사기단의 호적등본위조를 통한 개명에 따른 주민등록증 재발급신청 사례를 행정자치부에 통보하여 전국의 담당 공무원에게 전파함으로써 유사사례 발생을 예방하도록 조치하였다.

제 2 절   부동산 거래사고 사례

1. 임차인에 대한 분석이 부정확하여 발생한 사례

1) 사건개요

매수인 甲은 2009.3월경 6~7천만원의 금액을 투자해서 150~200만원의 월세 수익률이 높은 부동산이 있다는 벼룩시장 광고를 접하고, 경북 ××시로 가서 乙이 대표로 있던 ○○부동산사무실로 들어갔다. 이에 乙은 잠시 후 △△파크보다 가격도 더 비싸고 집도 천장이 낮아서 비교가 확실히 되는 다른 한집을 보여 주었다. 그러나 甲은 매매대금이 생각하였던 대금보다 너무 높은 집이어서 광고에 나와 있는 싼 집을 보여 달라고 계속 요구하였지만 乙은 들은 체도 하지 않고 이 집이 건축주가 직접 지어서 좋은 자재를 사용하였고, 또한 세입자들도 2년 계약 위주로 계약하여서 관리도 쉽다고 강조하면서 그 집만 자꾸 권하였다. 하지만 甲이 자금이 부족하다고 하자, 乙은 처음에는 8억원 가는 집을 7억 8천만원까지 깎고, 1억 5천만원만 준비하면 매입할 수 있도록 금액을 조정해 준다고 하였다. 그러나 당시 甲은 처음부터 6,500만원 정도의 적은 돈을 예상했었는데 갑작스런 일이라서 당황스럽기도 하였으나 특별히 가격도 깍아 주었고, 양복을 빼입은 직원들이 둘러서서 건축주가 집을 두 채 지었는데 바로 옆 건물 □□파크라고 몇 일 전에 팔았는데 그 집보다 3천만원 이상 싸게 계약해 주는 조건이니 절대 이 가격에 샀다고 말하지 말라고 신신당부를 하면서 가격조건이 꽤나 좋은 듯이 말하였다. 이에 甲은 은행 이자를 제외하고도 월세가 200만원 정도 나오면 1~2년 뒤에는 형편이 나아지리라는 수익률에 대한 기대감에 2009년 3월 29일 경에 매매계약을 하기에 이르렀다. 그러나 甲이 이 집을 매입한 후 처음 3~4개월 정도는 월세도 잘 들어오고 하여서 아무런 문제가 없는 듯 하였으나 이사를 가겠다는 호실(306호, 205호)이 생기면서 세를 놓아야 하는 상황이 되었다. 이에 시장 상황을 파악하다 보니 살 때 들은 말과는 달리 이 지역에 공실이 너무 많은 상황이었으며, 또한 전월세 금액도 너무 높고 거품이 많다는 것을 알게 되었다. 또한 이사를 가겠다고 한 호실들이 월세를 내지 않고 있었고, 지역의 중개사무소에 임대를 부탁하였지만 아무런 연락도 오지 않았으며, ○○부동산의 도움을 받고 싶었지만 이미 없어진 상태여서 연락도 되지 않았다. 그러면서 시간이 흐를수록 세입자들이 이사를 가겠다고 연락이 오고, 세입자들을 설득하고 가격을 많이 내려 주었지만 비싸다고 하며 재계약을 하지 않겠다고 하면서 밤낮으로 전화를 하였고, 계약기간이 남은 세입자들도 계약 해지를 조르기 시작하였다. 심지어 어떤 세입자는 사채업자를 데려갈테니 사채를 내서 달라고 하기도 하고, 어떤 세입자는 캐피탈에 대출해서 달라고 하기도 하고, 계약기간이 만료되면 집과 직장을 찾아다니며 가만두지 않겠다고 하는 등, 여러 사람들에게 시달리게 되었다. 또한 월세수입으로는 관리비와 은행 이자도 충당되지 않으면서 경제적으로 어려움을 겪게 되었고, 카드를 돌려 막기까지 해야 하는 상황에 이르게 되었다. 이때 甲은 매도인과 중개업자 乙에게 사기당한 것 같아 고소를 하게 되었다.

이 사례에서 매도인측은 실제 금액보다 많은 임차보증금 및 월세 금액이 적힌 임대차계약서를 확보할 목적으로 여러 중개업자들에게 적게는 100만원에서 많게는 168만원 상당을 소위 '월세 및 관리비의 지원금'조로 임차인에게 먼저 지급한 후, 매월 월세 및 관리비를 되돌려 받는 수법으로 작성한 허위계약서를 마치 사실인 양 매수인 甲에게 제시하였다. 그리고 계약서상에는 보증부월세로 기재하였지만 월세는 내지 않고 전세인 경우, 보증부월세 계약으로 기재해 놓고 월세는 내지 않고 관리비만 내는 경우 등 다양한 방법으로 교묘히 매수인을 속여 거래하였다는 사실을 확인할 수 있었다. 또한 매월 343만원의 수입이 발생하고, 융자금 이자 150만원 상당을 공제하더라도 193만원 상당의 이익이 발생한다는 식으로 매수인을 기망하였다. 만일 계약 당시 위와 같은 사실을 알았더라면 어느 누구도 이건 부동산을 매수하지 않았을 것이며, 결국 매도인측은 잘 팔리지도 않는 이건 부동산을 터무니없이 높은 가격에 매도함으로써 매수인에게 손해를 입히고 엄청난 폭리를 취했던 것이다.

2) 해설

매도인은 이 부동산의 소유자로서 남편과 공모하여 임차인들과 허위의 임대차계약을 체결하였으며, 중개업자 乙에게 '1년치 월세와 관리비를 임대인이 부담하는 조건'으로 임대해 달라는 식으로 의뢰하여 거래한바, 매도인측과 중개업자 乙 사이에 암묵적인 공조가 이뤄졌음을 짐작케 한다. 중개업자 乙은 매수인을 현혹하기 위하여 이건 부동산에 대한 '원룸 매물현황표'에 허위임대차계약서의 금액을 마치 사실인 양 그대로 옮겨 적었고, 또한 잔금 납부시 고소인에게 제시한 '세입자현황정산표'에도 마치 임대차계약서의 금액이 사실인 양 기재하여 매수인을 속였다. 이외에도 매도인은 이건 계약서의 월세 금액이 허위라는 사실을 숨기기 위하여 임차인인 丙(301호), 丁(105호)과 암묵적인 거래를 하였으며, 공인중개사무소 명의의 계약서를 작성하면서 위 계약서에 임대인을 매수인으로 하였고, 매수인의 목도장이 날인되어 있었으나 위 계약은 매수인의 위임을 받은 乙이 체결한 것이다. 이러한 행위는 형법상 사문서위조 및 위조사문서행사죄에 해당될 뿐만 아니라, 부동산의 거래상의 중요 사항에 관하여 거짓된 언행으로 중개의뢰인인 고소인의 판단을 그르치게 하였으므로 「공인중개사의 업무 및 부동산 거래신고에 관한 법률」에 규정된 처벌을 면할 수 없으며, 계약의 무효를 주장할 수 있을 것이다. 계약체결 전 꼼꼼하고 정확한 임차인조사를 하지 않을 경우에는 심각한 금전적, 시간적, 정신적 손실을 당할 수 있음을 알게 해 준 사례이다.

2. 중개업자들이 소유권자 확인을 소홀히 하여 발생한 사례

1) 사건개요

2008년 2월 25일 중개업자 A는 자신이 운영하는 공인중개사무실에서 서울 강남구 개포동 ××아파트 ○○동 ○○호의 소유자 甲을 사칭하는 위장매도자(성명불명) X의 매도의뢰를 받았다. 중개업자인 A는 이 사건 아파트의 등기부등본을 교부받아 소유명의자가 甲의 취득일자 등(2002.8.27. 주민번호000－000, 주소 강남구 일원동)을 확인하였고, 2008년 2월 26일 매도대상 아파트를 방문하여 임차인 Y로부터 소유자인 甲이 아파트를 매도하려고 한다는 이야기를 전해 들었다. 그래서 인근 중개업자 B에게 공동중개를 의뢰하였고, 중개업자 B의 사무실에서 근무하는 중개보조원 C는 2008년 3월 4일 매수의뢰자 乙과 중개업자인 A의 사무실을 찾아왔다. 이에 중개업자인 A는 위장매도인 X에게 A의 사무실로 나오도록 연락하였고, 위장매도인 X로부터 사건부동산 소유자 甲명의의 주민등록증(기재사항일치)을 건네받아 행정안전부에서 운영하는 주민등록증 진위확인 서비스(전화번호 1832)를 이용하여 주민등록번호와 발급일자를 입력해서 위장 매도인으로부터 건네받은 주민등록증이 행정안전부에 등록된 유효한 주민등록증임을 확인하였다. 중개보조원 C도 매수의뢰인 乙과 함께 중개업자 A의 사무실에서 중개업자 A로부터 이 사건 아파트의 등기부등본과 위장매도인 X가 소지하고 있던 甲명의의 주민등록증을 통하여 이 사건아파트의 소유관계를 확인하였다. 이후 매매당사자인 乙과 위장매도인 X가 매매가격을 협의하여 대금 7억 6,000만원을 확정하고, 중개업자인 B가 매매계약서 작성을 준비하는 동안 B의 중개사무소 사무보조원인 C와 매매 당사자인 乙이 다시 사건아파트를 직접 찾아가 그 현황을 확인하였다. 그런데 추후 위장매도인 X가 소유자 甲의 주민증을 위조하여 소유자 행세를 하며 매매대금을 수령한 후 도주하였다.

2) 해설

중개업자 A는 위장매도인 X가 평소부터 알고 지내는 사람이 아니어서 이 사건아파트의 소유자인지를 알지 못하였고, 위장매도인 X는 매도의뢰를 하는 아파트에 실제 거주하지도 않고 있었다. 또한 등기부등본과 주민등록증에 기재된 소유자의 주소와 위장매도인이 실제로 살고 있다는 주소인 매매계약서에 기재하였던 주소도 서로 다르고, 등기부등본상 주민등록번호가 완전하게 표시된 것도 아님에도 위장매도인에 대해 매매계약의 체결 당시는 물론이고 중도금의 지급기한까지도 그 처분권한의 유무의 확인 등을 위해 필요한 등기권리증을 소지하고 있는지 여부를 확인하지 않다. 그리고 이 사건 매매계약이 기존의 임대차계약을 승계하기로 한 계약임에도 중개업자 A는 위장매도인 X나 임차인 Y로부터 임대차계약서를 확인하지도 않았다. 따라서 중개업자 A는 매도의뢰인이 진정한 소유자와 동일인인지 여부에 관한 조사확인의무를 다하지 아니하여 위장매도인을 이 사건아파트의 진정한 소유자인 甲으로 잘못 알고 중개행위를 한 주의의무 위반이 있으므로 「민법」제750조의 불법행위자로서 매수인 乙이 입은 손해를 배상할 책임이 있다.

한편, 중개보조원 C는 매수인으로부터 아파트의 매수를 중개의뢰받은 부동산 중개업자 B의 업무를 보조하는 중개보조원으로서 B에 갈음하여 매수인을 위하여 직접 또는 A를 통하여 위장매도인에게 등기권리증을 소지 여부를 확인하고, 위장매도인 X나 임차인 Y로부터 임대차계약서를 확인하여 아파트의 매도의뢰인이 진정한 소유자와 동일인인지 여부를 확인하여야 한다. 그럼에도 불구하고 아파트의 등기부등본과 위장매도인으로부터 건네받은 주민등록증만으로 섣불리 위장매도인을 이 사건아파트의 소유자인 甲으로 믿고 중개행위를 하여 아파트의 매도의뢰인이 진정한 소유자와 동일인인지 여부에 관한 조사확인의무를 다하지 않은 과실이 있으므로 불법행위자로서 「민법」제750조에 따라 원고가 입은 손해를 배상할 책임이 있다. 뿐만 아니라 중개업자 B의 중개보조원인 C가 매도의뢰인이 진정한, 소유자와 동일인인지 여부에 관한 조사확인의무를 게을리 하여 위장매도인을 이 사건아파트의 소유자인 甲으로 믿고 중개행위를 한 과실로 원고에게 손해를 입게 하였고, 중개보조원의 중개행위는 그를 고용한 중개업자의 행위로 되므로(부동산중개업법 제15조 제2항) 중개업자 B는 중개보조원 C의 사용자로서 「민법」제756조에 따라 원고가 입은 손해를 배상할 책임이 있다(뿐만 아니라 「부동산중개업법」제30조 제1항에 따른 손해배상책임도 성립한다).

한편, 수인이 공동하여 타인에게 손해를 가하는 「민법」제760조의 공동불법행위에 있어서는 행위자 상호간의 공모는 물론, 공동의 인식을 필요로 하지 아니하고, 다만 객관적으로 그 공동행위가 관련 공동되어 있으면 충분하며, 그 관련 공동성이 있는 행위에 의하여 손해가 발생함으로써 공동 불법행위가 성립한다(99다41749참조). 이 사건에서 보면, 부동산중개업자 A와 B의 중개보조원인 C와 위장매도인 사이의 이 사건아파트 매매의 중개행위는 객관적으로 관련 공동성이 있는 행위에 해당하므로 A와 C는 연대하여 원고가 입은 손해를 배상할 책임이 있고, 또한 중개업자 B에 대한 사용자책임은 이와 같은 공동불법행위 책임과 별개의 원인으로 발생한 채무이지만 원고가 입은 손해의 배상이라는 동일한 경제적 목적을 가진 채무로서 서로 중첩되는 부분에 관하여는 일방의 채무가 변제 등으로 소멸하면 다른 일방의 채무도 소멸하는 부진정 연대관계에 있다고 해석된다.

따라서 이 사건에서 매수인 乙은 위장매도인 X에게 지급한 계약금 7,600만원(＝500만원＋7,100만원)과 중도금 3억 3,000만원 등 합계 4억 600만원의 손해를 입었으므로 중개업자들이 연대하여 매수인 乙에게 지급하여야 할 손해배상액은 합계 4억 600만원이 된다. 그러나 매수인도 매매계약의 당사자로서 위장매도인에게 등기권리증을 보여줄 것을 요구하지 않았고, 임대차계약을 승계하기로 하였음에도 위장매도인으로부터 임대차계약서를 교부받아 확인하지 않았으며, 이와 같은 사정도 자신의 손해의 발생과 확대의 한 원인이 되었으므로 이를 참작하여 30% 정도의 책임이 있다고 볼 수 있다. 그러므로 중개업자들은 연대하여 매수인에게 손해배상금 284,200,000원(＝500만원×1.7＋7,100만원×0.7＋3억 3,000만원×0.7) 및 그 중 3,500,000원에 대하여는 매수인의 손해가 발생한 날인 2008.3.4.부터 49,700,000원에 대하여는 2008.3.5.부터 231,000,000원에 대하여는 2008.3.14.부터 중개업자들의 이행의무의 존부나 범위에 관하여 항쟁함이 상당하다고 인정되는 이 판결선고일인 2008.11.20까지는 민법에 정해진 연 5%의 그 다음날부터 다 갚는 날까지는 「소송촉진 등에 관한 특례법」에 의한 연 20%의 비율에 따른 지연손해금을 지급할 의무가 있다(서울지법 2008가합50528).

부동산의 매매에 있어서 부동산중개업자는 매매대상물의 소유권자확인을 신분증을 확인한 후 등기부등본상의 소유권자와 대조하여 소유권자 확인을 하는 것이 통상적인 예이다. 그러나 범죄의 형태가 나날이 발전하여 사례와 같이 소유권자의 주민등록증을 위조하여 행정자치부에서 운영하는 주민등록 진위확인 서비스에서 조차 진정한 소유권자 확인이 안 되는 예가 발생하고, 법원에서 중개업자의

주의의무 위반의 귀책사유로 판단하고 있는 등기권리증 확인, 임대차계약서 확인
은 보편화 되지 않은 상태이다. 이 부분의 귀책사유로 인하여 손해액의 70%를 부
담하라는 법원의 판결은 중개업자측에서는 가혹하다고 생각할 여지가 있으나, 전
문가책임의 비중을 점차 높여가고 있는 것이 판례의 경향임을 유의하여야 한다.

3. 특약사항 부실기재로 인해 발생한 사례

1) 사건개요

2005년 7월 20일, 계약 체결 전 매도인 甲과 매수인 乙, 그리고 중개사 丙은
서울시 송파구 ××동 소재 주택에 대한 현지답사 후 매매계약을 체결하였다. 중
개사 丙은 매수인 乙에게 대상건물이 무허가 건물이라고 구두상으로 사전 고지하
였고, 계약서 특약사항란에 '등기부상 내용대로임: 현상태의 매매계약임'이라 기재
하였으며, 토지대장, 토지이용계획확인원, 등기부등본을 첨부하였다. 그런데 2005
년 7월 23일에 매수인 乙이 중개업자 丙에게 무허가건물이라는 것을 알지 못했다
고 억지 부리며, 매도인 甲에게 전화로 8,000만원 감액을 요구하였다. 매도인 甲
은 터무니없는 억지라며 거절하였다. 이후 매도인 甲과 매수인 乙은 수차례 통화
하였으나 합의점을 찾지 못한 상태에서 2005년 8월 17일(계약서상 중도금일) 매도
인 甲은 매수인 乙에게 전화를 걸어 중도금을 요구하였으나 乙은 또다시 甲에게
5,000만원의 감액을 요구하며 중도금 지급을 거부했다. 2006년 4월 14일 매수인
乙은 대상물건에 가처분한 후, 2006년 4월 15일 甲에게 전화통화로 재차 3,000만
원의 감액을 요구하였다. 그러나 매도인 甲은 감액을 거절하였고, 매수인 乙은
2006년 4월 16일 중도금을 지급했다. 2006년 5월 20일 매수인 乙은 경찰에 매도
인 甲과 중개사 丙에 대한 고소장 제출하고, 손해배상청구소송을 제기하였다. 이
에 2007년 1월경 3천만원을 감액하는 것으로 법원의 조정결정이 있었고, 법원의
조정판결 잔금 약정일 2007년 3월 22일에 사건은 종결되었다.

2) 해설

거래 목적물은 외관상으로는 3층 벽돌 주택인데 건축물대장에는 옛날 구옥 1

층으로 되어 있었다. 매수인 '乙'은 구두상으로 무허가건물이라는 사실을 고지받고 계약을 하였으나 못들은 걸로 억지를 부려서 감액을 시도한 사례이다. 특히, 이 사례는 매매 계약서 작성시, 특약사항란에 무허가건물 내역을 상세히 기재하지 않음으로 인해 발생하였다. 구두로 계약내용을 전달한 것은 법적으로 보호받지 못하며 오직 특약사항에 정확히 기재해야 유효하다는 것을 판결을 통하여 확인한 사례이다. 중개업소에서는 관행적으로 공부서류와 현황이 다를 때 '등기부상 내용대로임: 현상태의 매매계약임'이라고 다소 추상적으로 기재하는 경향이 있다. 이에 대하여 경종을 울리는 사례로 중개사들은 이 점에 대하여 각별한 유의해야 한다.

특히, 이 사례는 특약사항 기재 소홀로 인해 2005년 7월 20일부터 2007년 3월 22일까지 약 2년여의 기간 동안 매도인 甲과 중개사 丙은 인해 고소, 소송 등으로 인하여 상당한 정신적 피해와 3,000만원의 물질적 피해를 입은 시건이다. 다만, 이 사례의 경우 매도인이 손해를 감수하고 끝난 사례이지만 매도인 甲은 중개사 丙을 상대로 중개대상물확인설명서 부실기재를 들어 별도의 손해배상을 청구할 수도 있었던 사례이다.

4. 계약금의 일부만 지급한 계약의 해제 사례

1) 사건개요

매수인 乙은 2005년 6월 8일 공인중개사 丙으로부터 매도인 甲 소유의 아파트가 매물로 나왔다는 말을 듣고, 丙과 함께 또 다른 공인중개사 丁의 사무소에 가서 매도인 甲의 장모인 戊와 대리방식으로 아파트에 관한 매매계약을 체결했다. 계약서에는 매매대금은 6억원으로 정하고, '계약금은 계약과 동시에 매도인에게 지불하고, 매도인은 매수인으로부터 중도금을 받기 전까지(중도금이 없을 때에는 잔금을 받기 전까지)는 위약금으로 계약금의 배액을 배상하고 계약을 해제할 수 있다'고 작성했다. 그런데 이날 乙은 계약금이 준비되지 않아 '당일 300만원을 중개사무소 계좌로, 나머지 5,700만원은 甲의 계좌로 송금하기로 한다'는 별도 약정을 하고, 우선 380만원이 예치된 자신의 통장을 중개사무소에 맡겼다. 매도인 甲의 장모 戊는 계약체결 당일 밤 해외에 체류 중인 甲에게 매매사실을 알렸다. 그런데 사위 甲이 "아파트를 처분할 의사가 없다"고 말하는 것이었다. 깜짝 놀란 戊는 다음날 오전 중개사무소에 가서 "매매계약은 무효이니 계약금을 넣지 말라고 乙에게 전해달라"고 말했다. 하지만 매수인 乙은 계약서에 기재된 매도인 甲의 계좌로 5,620만원을 송금했다. 이에 戊'는 이날 오후 6,000만원을 인출해 중개사무소에서 매수인 乙에게 되돌려 주려 했으나, 乙이 이를 거부하자 바로 공탁했고, 그 이후 乙은 공탁금을 찾아갔다. 그리고 계약서에 기재된 대로 계약금의 전액인 6,000만원에 대한 배액상환을 청구하는 소송을 제기했다.

2) 해설

재판과정에서 甲은 장모인 戊에게 매매계약을 체결할 권한을 위임하지 않았다고 주장하였고, 결국 1심법원은 戊의 대리권이나 표현대리책임을 인정할 아무런 증거가 없다는 점에서 甲에 대한 청구는 인정하지 않은 반면, 戊에 대해서는 무권대리인으로서의 배상책임을 인정했다(다만, 계약서상의 정해진 위약금은 비록 6,000만원이지만, 계약 다음날 계약철회의 의사가 표시되고, 지급받은 계약금을 바로 돌려준 점 등을 감안하여 배상액은 2,000만원으로 감액하였다). 또한 중개업자 丙에게도 과실을 인정하여 1,000만원의 배상책임을 인정하였다. 이에 대해 원고 '乙'은 항소하였다. 이에 대해 항소법원에서는 "원고 乙이 단지 부동산중개인에게 380만원이 예치된 자신의 명의의 통장을 맡겼다는 것만으로는 이 사건 매매계약에서 정한 계약금의 일부가 지급된 것으로 볼 수 없다"고 말했다. 또 "매매계약 체결에 있어 매수인이 매도인에게 계약금을 지급하기로 약정했음에도 이를 교부하거나 실제 그와 동일한 이익을 받은 단계에 나아가지 못한 상태라면, 계약금계약은 요물계약(要物契約＝당사자 중 한쪽이 물건의 인도 및 기타의 행위를 해야 성립되는 계약)이기 때문에 아직 성립했다고 볼 수 없다"고 밝혔다. 이어 "약정에 따른 계약금이 지급되기 전까지는 계약 당사자의 어느 일방이든 그 계약에 구속되지 않고 자유로이 파기할 수 있고, 이때 해제를 위해 매수인이 계약금 지급의무를 여전히 부담한다거나, 해제에 대한 책임으로 위약금을 지급할 의무가 생긴다고 볼 수 없다"고 판결하였다.

이와 함께 재판부는 "무권대리인(無權代理人＝대리권이 없으면서 대리권을 행사한 사람)에 의해 체결된 계약이 무권대리 이외의 사유로 효력을 상실한 경우에는 그 상실사유에 따른 법적 효과를 묻는 것은 별론으로 하되, 더 이상 무권대리인에게 계약상 책임을 물을 수 없다"며 丙의 장모인 戊에게도 책임을 물을 수 없다고 판시했다. 그러나 대법원은 이러한 1심과 2심의 판결을 뒤집고, 원고 乙이 "적법하게 아파트를 구입하겠다는 계약을 체결했는데 집주인이 계약금을 받기 전이라며 일방적으로 계약을 파기하는 바람에 손해를 입었다"며 집주인 甲을 상대로 낸 손해배상 청구소송에서 원고승소 취지로 판결하고 사건을 서울고법으로 돌려보냈다(2007다73611). 대법원은 이 판결에 대하여 "계약금이 오가지 않더라도 일단 계약이 체결되면 계약 내용을 양측이 준수해야 할 의무가 생긴다는 것을 대법원이 명확하게 판례로 남긴 것"이라고 설명했다. 이 대법원 판례는 부동산계약은 요물계약이 아니므로 계약금 지급이 계약의 성립요건이 아니라며 부동산계약의 요물계약성 논란에 종지부를 찍은 판결이다. 따라서 부동산계약의 당사자는 충분히 숙고하여 계약체결을 해야 하며, 한번 체결한 계약은 반드시 지켜야 한다는 점을 명심해야 한다. 대법원 판결에 따라 丙측은 추가적으로 5,700만원을 지급하게 되었다. 계약금을 지급해야만 계약이 유효하게 성립(요물계약성)되는 것으로 하고 있는 거래계의 관행, 고등법원 판례의 요물계약성 인정 사례, 지급금액 범위 내에서의 요물계약성을 인정하는 일본 대법원의 일관된 입장, 학계의 대립이 분분한 상황 가운데 나온 판결이어서 거래실무에서는 중요한 참고사항으로 삼아야 한다.

5. 전매보장, 수익률보장 광고를 믿고 상가를 분양받은 사례

1) 사건개요

정년퇴직을 앞둔 乙은 2005년 12월에 서울 ○○삼거리 초역세권의 ××쇼핑몰 2구좌를 2억 6,000만원에 분양받았는데, 전매나 임대가 여의치 않아 어려움을 겪고 있다. 분양대행사직원으로부터 전매를 약속받고 분양을 받았지만 전매약속이 지켜지지 않고 있었다. 또한 연 16%라는 높은 예상수익률을 광고하는 신문기사 등을 신뢰하고 한 구좌당 1억 3천만원이라는 거금을 들여 여러 구좌의 상가분양을 받았는데, 그 약속과는 전혀 다른 결과가 나타나고 있었다. 이에 대해 분양 회사측 에서는 "분양할 때와는 달리 현재의 상가시장이 불황이다"라는 핑계를 대며, 입점을 앞둔 몇 달 전에는 한 구좌당, 보증금 1천만원에 월차임 50만원에 임대를 대행하겠다며 위임장을 일괄적으로 받아갔다. 당초 회사가 제시했던 연 16%의 수익률보다 훨씬 낮은 조건이다. 그러더니 이런 조건으로도 임대가 여의치 않았던지 회사측에서는 "보증금 2백만원에 처음 3개월 간은 월차임 없이 관리비만을 부담하는 조건으로 임차인을 유치하고, 그 후로는 월차임 20~30만원 정도로 임차인을 물색하겠다"는 취지로 당초 제시했던 수익률과는 비교도 될 수 없는 터무니없는 조건을 제시하였다.

2) 해설

해당 쇼핑몰은 대로가 교차하는 곳으로 대로변을 따라 발달되어 있었다. 또한 주변에 여러 백화점까지 들어서 있어서 상권 경쟁이 치열한 곳이었고, 생존경쟁에 살아남기 위해 기존 상가들이 새 단장을 하고 있었다. 지역적으로는 향후 많은 발전이 예상되는 지역은 틀림이 없었다. 그러나 어떤 이유에서인지 그 쇼핑몰은 활성화는 커녕 공실이 점점 더 늘어가고 있었다. 분양계획서를 보니 지하 1층에는 패션잡화, 지상 1층에는 명품·준보석, 2층에는 숙녀정장, 3층에는 숙녀캐주얼, 4층에는 남성복, 5층에는 스포츠용품, 6층에는 IT전문매장, 7층에는 근린생활시설, 8층에는 푸드 코트, 9~12층은 영화관이 들어설 예정이라고 쓰여 있었다. 하지만 1층은 명품은 커녕 핸드폰 판매와 네일아트를 하고 있었고, 지하 1층은 PC방이었으며, 2층은 불이 꺼져있어 무엇을 하고 있는지 도무지 알 길이 없었고, 3층에는 헬스장이 들어서 있었다. 더욱 재미있는 것은 4층부터 6층까지는 들어갈 수도 없게 문이 잠겨 있었다.

더구나 1개 층에 150개의 구좌가 있고, 구좌 1개당 1억 3,000만원이라면 처음에 분양회사가 제시했던 16%의 수익률이 나오려면 1개 층에 연간 28억원 이상의 월세가 나와야 하는데, 총면적이 220평이라고 해도 지하 1층에 PC방이나 지상 3층에 있는 헬스장이 과연 연 28억원의 월세를 낼 수 있을까 의심스러웠다. 현실은 사실상 분양받은 사람들이 서로 힘을 모아 지분합치기를 하여도 결국엔 관리비 충당하기에도 빠듯한 실정이었다. 그리고 2층이나 4층에서 6층까지 분양을 받은 사람들은 수익도 없이 관리비로 자기 돈만 까먹고 있는 셈이었다. 일부 분양자들은 분양대금에 충당하려고 대출을 받았던 터라 점포가 비어 있어도 관리비는 물론 은행이자도 내야 하는 현실이었다. 만약 개인이 이자를 제때 납부하지 못하게 되면 상가는 경매를 당하게 되고, 경매낙찰에서 은행대출원금을 회수하지 못하게 되면 다른 재산에도 압류가 들어오게 되므로 결국에는 상가 하나에 잘못 투자하여 모든 재산에 막대한 피해가 발생하게 된다. 이 사례에서 문제의 핵심은 분양가가 지나치게 높았다는 점이다. 거기에는 구좌 단위로 분양하는 방식의 함정이 있었다. 1구좌는 실4평이었다. 하지만 공유면적으로 1구좌당 2.5평이 날아갔다. 즉, 1층에 1구좌를 사면 공유면적을 뺀 1.5평을 1억 3,000만원에 사는 셈이었다. 평수로 팔지 않고 구좌로 분양함으로써 구좌라는 뜻을 모르는 소비자들을 더욱 현혹시킨 것이었다. 분양자들은 얼마나 작은지 모르고 하나의 점포를 주겠거니 하며 현혹되어 사버린 것이었다.

　이 사례에서 논점을 살펴보면 다음과 같다. 첫째, 전매약속이 지켜지지 않은 점에 대하여 알아보았다. 전매약속을 했다는 사실은 이를 입증하는 자체가 곤란하였다. 상가는 분양대행사를 통해 분양이 이루어졌고, 분양이 어느 정도 마무리될 즈음에서는 분양대행 인력이 철수해 버리면서, 준공을 앞둔 시점에는 전매를 약속했던 분양대행사 직원을 찾아서 확인을 받기가 쉽지 않았다. 분양회사 측에서 분양대행사를 사주하여 다소 과장된 방법으로 분양을 유도하고, 나중에 분양사가 그 결과를 발뺌하는 구조를 고의적으로 만들고 있지 않나라고 하는 의심이 들었지만 입증할 수가 없었다. 계약서에 명기되어 있지 않은 이상 어떠한 입증도 법률상 구속력이 없기 때문이다. 둘째, 다음으로는 수익률 보장에 대해 살펴보았다. 예상수익률은 그야말로 분양회사 입장에서 '예상'하는 수익률에 불과한 것이고 이를 '보장'한 것은 아니라고 볼 가능성이 크다. 분양을 결정함에 있어서 단순히 참고자료 정도로 판단할 수 있는 정도의 문제로 판단될 여지가 크다. 따라서 실제 수익률이 예상수익률에 미치지 못한다고 해서 이를 이유로 계약을 해제하기는 곤란할 수 있다. 셋째, 손해배상 역시 불법행위나 채무불이행이 될 수 있을지 의문이 있고, 손해배상액수 산정도 매우 애매해질 수 있는 어려움이 있다.

[상가분양을 받을 경우의 주의사항]

　상행위에 있어서 다소의 과장은 청약의 유인에 불과할 뿐 계약해제나 손해배상의 근거로 보지 않는 것이 판례의 일관된 입장인 만큼, 소비자들이 계약에 신중하게 임하는 것이 가장 중요하다고 하겠다. 상가를 분양받을 때 특히 유의해야 할 사항은 다음과 같다.

　첫째, 시공회사를 철저히 확인하여야 한다. 상가신축계획은 시행사가 하지만 공사를 맡는 시공사가 차지하는 비중 또한 작지 않기 때문이다. 자금사정이 좋은 시공사일 경우에는 상관이 없지만 그렇지 않은 경우 공사 진행에 차질이 빚어질 수도 있고, 최악의 경우 시공사의 부도로 공사가 중단되는 사태도 벌어지기 때문이다. 그래서 자금 사정이 좋은 시공사인지부터 확인하는 것이 중요하다.

　둘째, 선분양 상가를 조심해야 한다. 특히 선분양 상가일 경우 시공사의 중요성은 더욱 커지게 된다. 「건축물의 분양에 관한 법률」에 따르면 해당 건축물의 사용승인에 대하여 다른 건설업자 둘 이상의 연대보증을 받아 공증받은 경우에는 골조공사의 3분의 2 이상이 완료된 후 분양하여야 한다(제4조 제1항 제2호). 그러나 사전 분양을 하는 경우가 많다. 이런 선분양 상가들은 공사비 조달 등의 이유로 사전 분양을 하게 된다. 때문에 사업이 원활하게 진행되는지 불투명할 수 있어 투자시 유의해야 한다.

　셋째, 분양업체가 말하는 수익률에 현혹되면 안 된다. '수익률 연 20% 보장!!' 이런 문구를 내걸었다면 실제 대출비율이나 임대료 수준을 분양담당자에게 직접 듣고 산출해 봐야 한다는 것이다. 임대료 보장 등 확정 수익률을 보장한다며 홍보하는 상가들이 많지만 이는 실제로 그런지 여부를 확인하기 어렵고, 기간이 경과하면 의미 없는 계약조건이 되므로 주의해야 한다. 가장 중요한 것은 광고대로 수익률이 발생하지 않는다고 해서 시행사가 계약을 해지해 주거나 수익을 보장할 의무는 없다.

　넷째, 테마상가는 분양당시처럼 운영사가 소비자를 위하여 계속적으로 노력하면서 운영하고자 하는 책임의식이 없으며, 상가의 운영상에 조금만 상태가 좋지 않으면 바로 운영사가 바뀌거나 떠나버리는 경우가 많으므로 소비자는 운영사의 말만 믿으면 절대로 안 된다.

　다섯째, 가장 중요한 것은 부동산 투자는 쇼핑처럼 가벼운 금액이 아니고 전 재산이 걸려있는 것이므로 분양사, 시행사, 그리고 영업사원의 말에 현혹되지 말고 개개인이 분양상가의 속성과 객관적 사실들을 이해하고 투자를 하여야 하며, 이 모든 책임은 자신에게 있다는 것을 명심해야 한다.

▪ 판례 ▪ 1. 상가를 분양하면서 그 곳에 첨단 오락타운을 조성·운영하고 전문경영인에 의한 위탁경영을 통하여 분양계약자들에게 일정액 이상의 수익을 보장한다는 광고를 하고, 분양계약 체결시 이러한 광고내용을 계약상대방에게 설명하였더라도, 체결된 분양계약서에는 이러한 내용이 기재되지 않은 점과, 그 후의 위 상가 임대운영경위 등에 비추어 볼 때, 위와 같은 광고 및 분양계약 체결시의 설명은 청약의 유인에

불과할 뿐 상가 분양계약의 내용으로 되었다고 볼 수 없고, 따라서 분양 회사는 위 상가를 첨단 오락타운으로 조성·운영하거나 일정한 수익을 보장할 의무를 부담하지 않는다. 또한 상품의 선전 광고에 있어서 거래의 중요한 사항에 관하여 구체적 사실을 신의성실의 의무에 비추어 비난받을 정도의 방법으로 허위로 고지한 경우에는 기망행위에 해당한다고 할 것이나, 그 선전 광고에 다소의 과장 허위가 수반되는 것은 그것이 일반 상거래의 관행과 신의칙에 비추어 시인될 수 있는 한 기망성이 결여된다고 할 것이고, 또한 용도가 특정된 특수시설을 분양받을 경우 그 운영을 어떻게 하고, 그 수익은 얼마나 될 것인지와 같은 사항은 투자자들의 책임과 판단하에 결정될 성질의 것이므로, 상가를 분양하면서 그 곳에 첨단 오락타운을 조성하고 전문경영인에 의한 위탁경영을 통하여 일정 수익을 보장한다는 취지의 광고를 하였다고 하여 이로써 상대방을 기망하여 분양계약을 체결하게 하였다거나 상대방이 계약의 중요부분에 관하여 착오를 일으켜 분양계약을 체결하게 된 것이라 볼 수 없다(99다55601,55618).

 2. 청약은 이에 대응하는 상대방의 승낙과 결합하여 일정한 내용의 계약을 성립시킬 것을 목적으로 하는 확정적인 의사표시인 반면 청약의 유인은 이와 달리 합의를 구성하는 의사표시가 되지 못하므로 피유인자가 그에 대응하여 의사표시를 하더라도 계약은 성립하지 않고 다시 유인한 자가 승낙의 의사표시를 함으로써 비로소 계약이 성립하는 것으로서 서로 구분되는 것이다. 그리고 위와 같은 구분 기준에 따르자면, 상가나 아파트의 분양광고의 내용은 청약의 유인으로서의 성질을 갖는 데 불과한 것이 일반적이라 할 수 있다. 그런데 선분양·후시공의 방식으로 분양되는 대규모 아파트단지의 거래 사례에 있어서 분양계약서에는 동·호수·평형·입주예정일·대금지급방법과 시기 정도만이 기재되어 있고 분양계약의 목적물인 아파트 및 그 부대시설의 외형·재질·구조 및 실내장식 등에 관하여 구체적인 내용이 기재되어 있지 아니한 경우가 있는바, 분양계약의 목적물인 아파트에 관한 외형·재질 등이 제대로 특정되지 아니한 상태에서 체결된 분양계약은 그 자체로서 완결된 것이라고 보기 어렵다 할 것이므로, 비록 분양광고의 내용, 모델하우스의 조건 또는 그 무렵 분양회사가 수분양자에게 행한 설명 등이 비록 청약의 유인에 불과하다 할지라도 그러한 광고 내용이나 조건 또는 설명 중 구체적 거래조건, 즉 아파트의 외형·재질 등에 관한 것으로서 사회통념에 비추어 수분양자가 분양자에게 계약 내용으로서 이행을 청구할 수 있다고 보이는 사항에 관한 한 수분양자들은 이를 신뢰하고 분양계약을 체결하는 것이고 분양자들도 이를 알고 있었다고 보아야 할 것이므로, 분양계약시에 달리 이의를 유보하였다는 등의 특단의 사정이 없는 한, 분양자와 수분양자 사이에 이를 분양계약의 내용으로 하기로 하는 묵시적 합의가 있었다고 봄이 상당하다(2005다5812,5829,5836).

 3. 아파트 분양광고의 내용 중 구체적인 거래조건, 즉 아파트의 외형·재질·구조 등에 관한 것으로서 사회통념에 비추어 수분양자가 분양자에게 계약의 내용으로 이행을 청구할 수 있다고 보이는 사항에 관한 것은 수분양자가 이를 신뢰하고 분양계약을 체결하는 것이고 분양자도 이를 알고 있었다고 보아야 할 것이므로, 분양계약

을 체결할 때에 달리 이의를 유보하였다는 등의 특별한 사정이 없는 한 이러한 사항은 분양자와 수분양자 사이의 묵시적 합의에 의하여 분양계약의 내용으로 된다고 할 것이지만, 이러한 사항이 아닌 아파트 분양광고의 내용은 일반적으로 청약의 유인으로서의 성질을 가지는 데 불과하므로 이를 이행하지 아니하였다고 하여 분양자에게 계약불이행의 책임을 물을 수는 없다(2005다5812,5829,5836 등 참조). 이 사건아파트 분양광고의 내용을 이루는 이 사건 개발사업은 아파트의 입지조건에 관한 것으로서 아파트의 외형·재질·구조 등 거래조건에 관한 것이 아닐 뿐만 아니라, 지방자치단체나 국가 또는 개별 개발주체들이 계획하고 추진하는 것으로 피고들이 실현할 수 있는 것이 아니고, 이러한 점은 이 사건아파트의 수분양자들도 잘 알고 있다고 보아야 한다. 따라서 피고들에게 이 사건 개발사업이 이 사건아파트 분양계약의 내용이 되었음을 이유로 한 이행불능의 책임이 있다고 할 수 없어 일부 원고들의 이 부분 주장은 배척될 것임이 분명하다(2015.5.2.8; 2014다24327,24334,24341,24358, 24365, 24372).

참고문헌

[단행본]

강동욱, 윤현종,「탐정학개론」, 박영사, 2019.

강영숙, 김태환,「프로탐정의 테크닉」, 백산출판사, 2004.

고봉성 외,「(엑셀을 이용한)전산통계학」, 율곡출판사, 2002.

김영진,「부동산학총론」, 범론사, 1996.

김창덕,「건설관리 및 경영」, 보성각, 1997.

김태훈,「부동산학 사전」, 부연사, 2003.

김행종,「지적법론」, 부연사, 2009.

민규식, 유선종,「부동산의 이해」, 부연사, 2005.

방경식 외,「부동산학개론」, 부연사, 2002.

오세경 외,「위험관리론」, 경문사, 2000.

이건창,「퍼지이론」, 경문사, 2004.

이방식,「경제를 살리는 지혜」, 전주대학교출판부, 1998.

이상원,「PIA민간조사학개론」, 넥센미디어, 2017.

이원준 편,「부동산컨설팅업 경영과 실무」, 경록출판사, 2002.

이종규,「부동산 개발사업의 이해」, 부연사, 2007.

이창석,「부동산학개론」, 형설출판사, 2007.

이태교,「부동산중개론」, 부연사, 1999.

임이택,「주택마아케팅을 위한 주택구입자의 행태분석」, 목포대학교, 1995.

조근태 외,「앞서가는 리더들의 계층분석적 의사결정」, 동현출판사, 2005.

조주현,「부동산학원론」, 건국대학교출판부, 2004.

최광선,「몸짓을 읽으면 사람이 재미 있다」, 일빛, 1999.

최상규,「대한민국 과학수사파일」, 해바라기, 2004.

[학위논문]

강영숙, "한국의 공인탐정제도 도입에 관한 연구", 용인대학교 대학원 박사학위논문, 2006.

공도환, "한국에서의 탐정제도의 필요성과 탐정의 역할 및 업무범위에 관한 연구", 연세대학교법무대학원 석사학위논문, 2007.

김민태, "퍼지분석기법에 의한 건설공사의 위험관리에 대한사례연구", 진주산업대학교 석사학위논문, 2003.

김성수, "공동주택 리모델링사업 저해요인 분석을 통한 활성화 방안", 전주대학교 박사학위논문, 2009.

김영민, "철근콘크리트 건축구조물의 퍼지기반 상태평가", 서울대학교 박사학위논문, 2002.

김재환, "부동산개발프로젝트의 리스크 인자분석에 관한 연구", 건국대학교 석사학위논문, 2006.

김진문, "권원보험이 부동산 거래 효과에 미치는 소비자행태 분석", 경기대학교 박사학위논문, 2008.

김창모, "부동산 거래사고에 있어 부동산 범죄유형과 그 예방책에 관한 연구: 사기·횡령·배임죄를 중심으로", 건국대학교 부동산대학원 석사학위논문, 2003.

김창현, "부동산 거래사고 예방에 관한 연구", 고려대학교 석사학위논문, 2006.

김하현, "부동산중개업자의 공신력제고방안에 관한 연구", 대불대학교 박사학위논문, 2009.

나영민, "탐정제도의 도입방안에 관한 연구", 연세대학교 행정대학원 석사학위논문, 2005.

노재현, "부동산 개발사업의 리스크 저감 및 사업주체간 역할의 개선방안에 관한 연구", 중앙대학교 석사학위논문, 2005.

신규호, "개발사업 사전기획단계의 리스크인자 중요도에 관한 연구", 한양대학교 석사학위논문, 2002.

염진섭, "부동산 거래절차 선진화 방안 연구", 목원대학교 석사학위논문, 2008.

윤영식, "부동산 개발론의 학문적 체계확립에 관한 연구", 건국대학교 박사학위논문, 2004.

윤유상, "건설공사의 공정리스크 관리시스템 개발", 경원대학교 박사학위논문, 2005.

윤현종, "부동산 거래단계별 리스크요인 분석에 관한 연구", 전주대학교 박사학위 논문, 2010.

이교하, "에스크로우제도 및 확인설명제도를 통한 부동산 거래사고 예방에 관한 연구", 한남대학교 박사학위논문, 2009.

이철규, "골프리조트 개발사업의 리스크 관리방안 연구", 전주대학교 박사학위논문, 2008.

전광천, "부동산범죄 수사능력증진 및 피해자 구제방안에 관한 연구," 건국대학교 부동산대학원 석사학위논문, 2007.

장인권, "보험범죄에 관한 실증적 연구", 경상대학교 박사학위논문, 2010.

장우혁, "부동산범죄의 억제방안에 관한 연구," 한양대학교 공공정책대학원 석사학위논문, 2012.

조재영, "부동산 공시제도의 개선방안에 관한 연구", 한양대학교 박사학위논문, 2008.

최광영, "AHP모형에 의한 지구단위계획의 합리적 의사결정 방안에 관한 연구", 전주대학교 박사학위논문, 2009.

황요안, "공인탐정제도 도입 시 문제점과 해결방안에 관한 입법론적 연구", 동아대학교 박사학위논문, 2017.

황재연, "부동산 개발사업 단계별 개발위험 관리방안에 관한 연구", 국민대학교 석사학위논문, 2007.

황현, "부동산 거래사고와 권리보험 역할에 관한 연구", 강원대학교 박사학위논문, 2006.

[학술지]

강동욱, "민간조사제도 도입에 관한 연구−국회관련법률안 중심으로−", 「법과정책 연구」 제13집 제3호, 한국법정책학회, 2013.

_____, "탐정제도의 법제화에 관한 소고−20대 국회법안을 중심으로," 「한양법학」 제29집 제2호, 한양법학회, 2018.

강인석 외, "건설공사단계별 리스크 인자 중요도에 관한 현황분석", 「한국건설관리학회 논문집」, 1999.

경찰청, "민간조사제도 법제화 필요성과 바람직한 도입방안", 경찰청 미래발전담당
관실, 2013.

고덕철 외, "부동산 거래사고 실태분석",「부동산학회보」, 한국부동산학회, 2009.

고봉성 외, "의사결정나무를 이용한 고객분류와 사이버쇼핑몰의 연구",「산업논총」
제20집, 전주대학교산업경영연구소, 2001.

권순오 외, "건설공사 위험관리 기법의 상황별 적용기준 정립",「한국건설관리학회
논문집」 제5호, 2004.

권순학, "퍼지집합, 퍼지측도 및 퍼지적분",「한국퍼지 및 지능시스템학회 논문집」,
1996.

김상균, "민간조사원의 업무범위와 타 법률과의 관계에 관한 연구-민간조사업법
(안)을 중심으로-",「한국공안행정학회보」 제27호, 한국공안행정학회, 2007.

김선규, "건설공사 위험대응 반복 프로세스 모델",「한국건설관리학회 논문집」,
2002.

김민형, "부동산 개발사업의 리스크 요인 분석 및 관리방안", 한국건설산업연구원,
2005.

민규식, "부동산자산관리의 구조 및 기능",「부동산학연구」 제7집 제1호, 한국부동
산분석학회, 2001.

소비자보호원, "아파트 소비자피해 실태", 분쟁조정국 조사보고서, 2005.

_____, "부동산중개공제의 문제점 및 개선방안", 분쟁조정국 조사보고서,
2007.

서석원 외, "건설공사 최적 리스크 대응방안 선정을 위한 의사결정 모델",「한국건
설관리학회 논문집」, 2002.

윤현종, 민규식, "부동산 거래사고예방을 위한 체크리스트제도 개선에 관한 연구",
「주거환경」 제7권 제1호, 한국주거환경학회, 2009.

이강훈, "민간조사업 전문직업화에 대한연구",「한국경호경비학회지」 제32호, 한국
경호경비학회, 2012.

이방식, 최경호 "은행 고객만족에 영향을 미치는 요인에 대한 실증분석",「산업논
총」 제25권 2호, 전주대학교산업경영종합연구소, 2006.

임이택 외, "부동산중개업의 문제점 및 개선방안에 관한 연구", 「한국지적정보학회지」 제8권 제1호, 한국지적정보학회, 2006.

이하섭, "민간조사원을 활용한 실종자 조사에 관한 연구", 「치안정책연구」 제27권 제1호, 치안정책연구소, 2013.

장희남 외, "부동산 중개품질 향상방안 연구", 국토연구원, 2007.

키쿠치 히데미, "일본탐정업의 실태", 경찰청·대한민간조사연구학회·한국경찰학회 공동 국제학술세미나자료집, 2014.

한국감정평가연구원, "공제제도 개선을 통한 부동산거래의 안전성 제고방안", 조사보고서, 2002.

황병돈, "민간조사원(사설탐정)제도의 도입 방안에 관한 연구 - 민간조사업법안과 경비업법안의 쟁점을 중심으로 -", 대검찰청 검찰미래기획단연구용역보고서, 2009.

황윤재 외, "건설사업에서 사업타당성 분석모델구축을 위한 위험요소구분에 관한 연구", 「대한건축학회 논문집」 제24권, 2004.

황지선 외, "초기 건설공사의 리스크 분류체계에 관한 연구", 「대한건축학회 논문집」, 2003.

[외국문헌]

Brandl, Steven G., Criminal Investigation: An Analytical Perspective, Boston: Pearson, 2004.

Chapman, R. J. "The controling influences on effective risk identification and assessment for construction design management, International Journal of Project Management", Vol.19 No.3, 2001.

Dubois, D. and Prade, H., "Outline of Fuzzy Set Theory: An Introduction, Advances in Fuzzy Set", Theory and Applications, eds., M.M.Gupta et. al, North-Holland, Amsterdam, 1979.

Harold Kerzner, "Project Management Approach to Planning, Scheduling, and Controlling, 5th Edition", Van Nostrand Reinhold, 1995.

Kir, G. J. and Folger, T. A., "Fuzzy Sets, Uncertainty, and Information", Prentice Hall, Englewood Cliffs, New Jersey, 1988.

P. M. I., "A Guide to the Project Management Body of Knowledge", Project Management Institute, 2000.

Ramanujam, V. and Saaty, T. L., "Technological choices in less developing countries", Technological Forecasting and Social Change 19, 1981.

Rothkopf, M, H., "On Measuring Risk", Working Paper, Xerox Palo Alto Research Center, 1975.

Saaty, T. L., "A Scaling Method for Priorities in Hierarchy Structure", J, Math, Psychology, Vol. 15, 1977.

Travers, Joseph A., Introduction to Private Investigation, Illinois: Charles C. Thomas, 2005.

Wideman, R. M., "Risk Management", Project Management Journal, 1986.

日本探偵協會 編著, 「探偵調査 完全マニュアル」, 日本文藝社, 2004.

葉梨康弘, 「探偵業法」, 立花書房, 2006.

찾아보기

〈저자 약력〉

강 동 욱

법학박사
동국대학교 법무대학원 탐정법무전공 교수
동국대학교 법과대학 학장/법무대학원 원장
한국탐정학회 회장
한국법정책학회/한국아동보호학회 고문
동국대학교 법무대학원 PIA(민간조사사) 최고위과정 강사
한국특수직능교육재단 민간조사사 자격취득
일반사단법인 일본조사업협회(JISA) 특별탐정업무종사자 자격취득
필리핀 전문탐정협회 특별회원 자격취득

윤 현 종

부동산학박사
동국대학교 법무대학원 탐정법무전공 겸임교수
한국탐정학회 부회장
미국 캘리포니아 주립대학교 한국교육원 민간조사전문가(CAL－PI CEO)과정 강사
동국대학교 법무대학원 PIA(민간조사사) 최고위과정 강사
중앙경찰학교 강사
전라북도인재개발원 초빙교수
한국특수직능교육재단 민간조사사 자격취득

탐정학 시리즈 3

탐정과 부동산 거래

초판 발행	2020년 2월 10일
지은이	강동욱·윤현종
펴낸이	안종만·안상준
편 집	우석진
기획/마케팅	이영조
표지디자인	박현정
제 작	우인도·고철민
펴낸곳	(주) **박영사**
	서울특별시 종로구 새문안로3길 36, 1601
	등록 1959. 3. 11. 제300-1959-1호(倫)
전 화	02)733-6771
f a x	02)736-4818
e-mail	pys@pybook.co.kr
homepage	www.pybook.co.kr
ISBN	979-11-303-0885-2 94360
	979-11-303-3368-7 (세트)

정 가   22,000원